차와 수양

茶 修 養

차와 수양

초 판 1쇄 발행일 2020년 2월 28일
개정판 2쇄 발행일 2024년 10월 25일

지은이 최성민
펴낸이 양옥매
교 정 조준경

펴낸곳 도서출판 책과나무
출판등록 제2012-000376
주소 서울특별시 마포구 방울내로 79 이노빌딩 302호
대표전화 02.372.1537 **팩스** 02.372.1538
이메일 booknamu2007@naver.com
홈페이지 www.booknamu.com
ISBN 979-11-5776-986-5 (03100)

이 도서의 국립중앙도서관 출판시도서목록(CIP)은 서지정보유통지원 시스템
홈페이지(http://seoji.nl.go.kr)와 국가자료공동목록시스템
(http://www.nl.go.kr/kolisnet)에서 이용하실 수 있습니다.
(CIP제어번호 : CIP2020053876)

동양사상 수양론 / 한국 수양다도

차茶와 수修양養

최성민 지음

책나무

21세기 한국 차(茶)와 원천적 힐링을 위한 제언,
나는 왜 '한국수양다도(韓國 修養茶道)'를 말하는가.

오늘날 한국 차계에서는 "○○다례'라는 이름 등으로 포장된 허례허식, 계급지향 봉건의식(封建儀式) 잔재의 상업성 겉멋 부리기 행다(行茶) 놀이가 한국 차문화의 전통인 양 득세하고 있다. 반면 선조들의 고결하고 진득한 차 일상이었던 수양론적 다도 및 그것의 상속이어야 할 대중의 검소하고 실질·실용적인 차생활은 흔적조차 사라지고 있다. 심각한 문제는 한국 차계, 차학계, 행정당국 어느 누구도 한국 차와 차문화의 이런 질식 상태를 걱정하거나 그 원인과 대책을 말하는 이가 없다는 것이다.

차는 선사 시대 신농씨에 발견되어 당나라 때 한국과 일본에 전해졌다. 그러나 오늘날 한·중·일 삼국 중 한국의 차와 차문화가 가장 뒤떨어져 있음은 부인할 수 없는 사실이다. 각종 차 행사장에서 전통 덖음녹차가 사라지고 그 자리에 정체불명의 황·갈색 차류와 외래차류 및 감잎차·꽃차와 같은 이른바 대용차류가 들어서 있는 세태가 단적인 예다. 중국과 일본은 각각 '다예(茶藝)'와 '다도(茶道)'라는 이름의 대중적이며 차의 수양론적 본질과 특색을 살린 차문화로써 자국의 차를 국제적 브랜드로 올려놓았다.

차는 당대(唐代) 육우(陸羽)가 『다경(茶經)』을 저술한 무렵부터 '다도(茶道)'

라는 뛰어난 정신문화와 함께해 왔다. 다도는 곧 차의 본질이요 정체성이자 다른 음료나 물상이 갖지 못한 독특한 차별성이다. '도(道)'는 동양 사상(道·佛·儒) 공유의 수양(수행·양생) 언어이므로 다도는 곧 차를 매개로 한 수양론이다.

이 책은 선현들이 차가 물질과 정신을 통섭하는 동양 사상 특유의 현철(賢哲)한 수양 원리(機制)인 '기(氣)'로써 우리 심신을 바루어 준다는 사실을 발견하여 구체적으로 와닿게 설명한 대목들을 찾아내 엮은 것이다. 내용 구성은 지자의 박사 학위 논문 「한국수양다도의 모색」을 보완하고, 다도 수양과 진정한 차생활 및 차의 본질 이해를 위해 동양 사상 수양론 전반을 다뤄 '한국수양다도'의 이해에 이어지도록 했다.

안타깝게도 국내 대학과 대학원 차 관련 학과엔 차학의 핵심이어야 할 다도의 수양론적 원리에 관한 강좌가 없다. 한국의 차인이나 차를 논하는 학자들 가운데 차의 생명이자 정체성이며 차문화의 뿌리라고 할 수 있는 다도의 수양론적 함의를 제대로 이해하여 전달하는 이를 보기 어렵다. 차를 왜 마셔야 하는지 본질적으로 알지 못하고, 철학적·논리적·과학적으로 설명하거나 가르치지 못하니, 황망(慌忙)한 허언(虛言), 부수적 잡사(雜事), 허례허식의 카르텔 망(網)이 이른바 '그들만의 리그'로서 한국 차계와 차학계를 지배하고 있다. 그 귀결(歸結)이 중구난방 제다(製茶), 전통 덖음녹차 실종, 자칭 '초의차 계승'의 난립, 상업성 추구 잡차류와 외래차의 득세, 전통 차문화와 차산업의 쇠퇴, 한국 차학(茶學) 부재(不在)의 문제들로 나타나고 있다.

　1970년대에 최초로 '한국 다도' 정립을 주장한 최차란(崔且蘭, 1926~2018)은 일찍이 이런 사태를 예견하여 2003년에 낸 저서 『한국의 차도』에서 "언제부터인지 차문화의 맥이 끊겨 버리고, 어디서부터 그 맥을 다시 이어야 할지 모를 정도가 되어 버렸다. 그 맥을 다시 잇자고 시작한 것이 필자가 1979년 ○○○씨에게 한국차인회 설립을 건의한 것인데, 저마다 차인이라고 나타난 사람들은 순리며, 도리의 뜻을 해명하지 못한 채 차도라는 간판을 걸고 모르는 사람이 모르는 사람에게 교육을 하니 모두가 모를 수 밖에 없게 된 것이다. 이것이 우리 차문화의 현주소이다."라고 일갈(一喝)했다.

　이와 같은 한국 차문화 본말전도 현상은 일차적으로 한재(寒齋) 이목(李穆)이 『다부(茶賦)』에서 '오심지차(吾心之茶)'로써, 초의 선사가 『동다송(東茶頌)』

에서 '채진기묘(採盡其妙)~포득기중(泡得其中)'의 설명으로써, 각각 다도수양의 '경지'와 '과정'을 기론(氣論)에 바탕한 차(茶)의 수양론적 원리로 풀어낸 '한국수양다도'의 내용을 모르는 데 기인한다.

이 책이 그들의 무명(無明)을 깨우고, 한국 차계와 차학계의 양심에 조금이라도 경종을 울려서 한국 차와 차문화의 정체성 확립, 외래차 맹종의 퇴치, 후학들의 차공부에 도움이 되길 바란다. 또한 명상과 힐링을 외쳐대는 오늘날, 마음고생 깊은 이들이 차를 도반(道伴) 삼아 걷는 자연합일의 원천적 치유의 길에 착한 길라잡이가 되면 좋겠다.

2021년 들머리
곡성 산절로야생다원
남도정통제다·다도보존연구소에서

| 차례 |

I. 동양 사상 수양론

오늘날 우리는 마음고통을 안고 산다. 고삼은 입시 경쟁, 청년은 취업 걱정, 중년은 가정사의 굴레 및 노후 걱정, 노년은 외로움과 심신의 결핍증, 부자는 재물의 무게에 가위눌림…. 남녀노소 빈부 가릴 것 없이 마음 편할 날이 적다.

그런 개인 차원의 걱정 외에도 한국인들의 일상은 지정학적·사회적 요인이 유발하는 집단적·계층적 갈등의 먹구름에 덮여 있다. 남북 갈등과 남쪽 안에서의 동서 갈등, 그것의 농축판이라고 할 수 있는 강남과 강북의 '양극화', 또 그것의 다른 분출인 '광화문'과 '서초동'….

이런 때 우리 마음앓이를 속 시원히 씻어 줄 묘안이 없을까? 부처, 노·장(老·莊), 공·맹(孔·孟)은 그 당시에도 오늘과 비슷한 세상의 얽힘을 목도(目睹)하고, 또는 이런 고해(苦海)를 예견하여 일찍이 만고에 변치 않을 '마음공부법'을 제시하였다. 그것이 동양 사상 수양론이다. 불·도·유가(佛·道·儒家)의 수양론은 각각 어떤 특성으로 따로 가고 어느 대목에서 함께하며 오늘 우리의 삶에 어떤 울림을 주어 우리 가슴을 우주적 마음으로 공명케 하는가?

I장은 수양이 무엇이며 오늘날 우리에게 왜 수양이 필요한지를 생각해 볼 수 있도록, 동양 사상 수양론 전반을 유기적 총론으로 다루고 있다. 이 장은 이 책의 목표인 한국수양다도의 이해를 위한 기초 공부에 해당한다.

1. 수양, 동양 사상의 마음 비우기 · 채우기 · 기르기

'수양(修養)'은 '닦고(고치고) 기르기'이다. 무엇을, 왜, 어떻게 닦고 길러서 어쩌겠다는 것인가? '修養'과 비슷한 '존양(存養)'이라는 말이 있다. 『맹자』 '진심(盡心)' 장에 나오는 '존심양성(存心養性)'을 줄여서 '存養'이라고 한다. 맹자는 마음공부 방법으로 방만해진 마음(放心)을 다잡는 일(求放心)을 강조하였다. '存心'은 이 달아난 마음을 되찾는 일 또는 마음이 달아나지 않도록 단속하는 일로서 구방심과 같은 의미이다. 맹자는 '성선(性善)'을 주장했으니 '養性'은 마음에 있는 그 착한 본성(善性)을 기르자는 의미라고 할 수 있다. 이때 '性을 기른다'는 의미는 存心한 마음에 들어 있는 性이 나중에 원만히 발현될 수 있도록 존심 후에도 계속 마음속의 성을 잘 보전 · 관리하라는 주문이다.

修養은 存養과 의미가 거의 같고 존양에서 수양이라는 말로 변이(變移)된 듯하지만 세밀하게 따지면 서로 약간 다른 의미가 엿보인다. 공 · 맹 시절엔 아직 마음의 구조가 세분되지 않아서 心과 性이 구분된 심성론(心性論) 개념은 없었고 단지 心과 性을 혼용하는 人性(인간의 본성)論 개념이 있었다. 송대(宋代)에 들어와 유학이 기론(氣論)과 더불어 정주학(程朱學), 곧 성리학으로 정리되면서 선진 유학의 인성 개념이 심성론으로 발전되었는데, 성리학에서 心은 '심통성정(心統性情)'이라는 말에서 알 수 있듯이 마음의 주재성과 활동성이 강조되는 개념이다.

'修心養性' 즉 수양이라는 말은 성리학적 마음공부법이라고 할 수 있고, '修心'은 心이 활동성으로 인해 오염될 수 있는 여지를 전제하는 말이다. 즉 '修心養性'은 오염될 수 있거나 훼손된 마음을 잘 간수하고 다스려서 그 안에 깃든 선성(善性)을 보전하자는 말이다. 오염된 마음을 닦는다는 것은 곧 잡념이나 사욕을 없앤다는 의미이다. 이는 불가 수행에 있어서 우주적 진실을 보기 위해 '왜곡의 틀'인 프레임[1] 자체를 없애는 '마음 비우기(明心見性)'와 같고, 도가(道家)의 '수심련성(修心練性)'(또는 修身養心)처럼 우주의 청명한 기(氣)에 의한 '마음 채우기'를 위한 자리 마련과도 같은 것이다.

'수양'의 의미와 관련하여 『불교와 유학』의 저자 라이용하이(賴永海)는 불교와의 비교 측면에서 '존심양성'을 '수심양성'이라고 표현하면서, 수심양성의 기본 원칙이 '내성(內省)'과 '반구제기(反求諸己)'라고 짚고 있다. '내성'은 자기 마음을 수시로 반성하면서 선한 마음이 발생하고 있는지를 살펴보는 일이다. 이것은 일의 잘잘못의 원인을 남에게 돌리지 않고 '돌이켜 자신에게서 구한다(反求諸己)'는 자세를 갖게 해 준다.

자기의 마음을 성찰하거나 잘잘못의 원인을 자신에게서 구하는 일은 '성실함(誠)'에 이르기 위한 노력이다. 성실함의 중요성은 맹자, 순자, 자사가 거듭하여 강조하였다. 수양은 이처럼 유가적 마음공부 개념이지만 오늘날에는 편의적으로 동양 사상(儒·道·佛) 전반에 두루 통하는 심법으로 받아들여지고 있다. 마음의 오염을 닦아 내서 순수 요소를 보전 발현시키자는 의미의 수양은 '심신의 결핍을 극복하려는 주체의 자력적인 노력'이라고 할 수 있다.

---

1   Frame. 서양 심리학 인지 이론의 이른바 '마음의 창', 즉 세상을 보는 의도된 심리적 구도나 틀을 말한다. 더 넓은 개념으로는 '패러다임(Paradigm)'이 있다.

수양은 내성적(內省的) 사유를 고양시킴으로써 이상적인 경지 또는 초월적 경계에 이르고자 하는 주체의 자력적 노력으로서, 일찍이 마음에 관한 성찰을 깊게 한 동양 사상의 사유체계가 외부 존재를 대상으로 외향적 관찰에 치중한 서양 철학의 사유체계와 다름을 보여 주는 가장 뚜렷한 징표이다. 즉 동양 사유체계에서는 인간은 스스로 수양을 통해 최고의 경지에 도달할 수 있다고 생각하고, 서양 사유체계에서는 원죄인인 인간의 구원은 신성불가침인 신의 영역에 속한다.

이런 맥락에서 '수양'은 요즘 회자되는 '힐링(healing, 治癒)'과는 근본적으로 다른 개념이다. 심리학의 여러 과제들처럼 힐링은 약물 또는 외적 자극에 의한 '병증 후치료(病症 後治療)' 개념이다. 이에 비해 수양은 자력적·내성적·원천적인 마음 건강 증진법이라고 할 수 있다. 수양은 원천적일 뿐만 아니라 일상적일 수 있는 일이다. 16세기 조선 유학을 대표한 학자 중 한 분인 남명 조식(曺植, 1501~1572) 선생의 수양 모습은 그 대표적인 예다. 그는 '경(敬)'의 자세를 일깨워 주는 '성성자(惺惺子)'라는 방울을 몸에 차고 그 소리를 들으며 스스로 경계와 반성을 그치지 않았고, 몸에 차고 다니는 칼에 '내명지경 외단자의(內明者敬 外斷者義)'라는 글을 새겨 주역의 '경이직내 의이외방(敬以直內 義以外方: 경으로써 마음을 곧게 하고 의로써 몸가짐을 바르게 한다)' 정신을 일상적으로 실천하였다.

종교와 철학이 미분화된 동양 사상(儒·道·佛)[2]에는 이상적인 인간형으로 공자·맹자(孔子·孟子), 노자·장자(老子·莊子), 석가모니(釋迦牟尼) 등 성인

---

2   동양 사상은 종교와 철학을 겸하고 있어서 '철학'이라는 제한적 이름을 붙이기보다는 '사상'이라고 하는 게 적절하다.

들이 제시되고 있으며, 동양 사상의 가르침은 이들 성인들과 같은 고매한 인간적 품격을 갖춘 사람이 되라는 것이다. 수양은 한마디로 이 목표를 달성하기 위한, 즉 공자, 맹자, 노자, 장자 또는 부처와 같은 사람이 되기 위한 마음공부라고 할 수 있다.[3] 이렇게 볼 때 동양 사상은 근본적으로 수양론이며, 특히 불교는 최종 목표가 불성을 닦아 부처와 같은 고매한 인격자가 되는 것(見性)이므로, 불교 자체가 수행의 장이라고 할 수 있다.

동양 사상에서 수양론은 마음을 닦는 일에 관한 논의이되 마음을 닦는 일에는 그 닦아진 마음의 '도덕적 실천'이 전제돼 있다. 그래서 마음을 닦는 일만을 '수양'이라 하고 도덕적 실천 문제까지 포함시켜서는 '공부'라고 구별하여 일컫기도 한다. 그러나 서양에서는 종교와 철학이 구분돼 있어서 원죄를 지은 인간의 마음은 오로지 종교 방면에서 신에 의해서 구제될 뿐, 철학적 성찰로써 스스로 인간의 마음을 원천적으로 변화시키는 기제는 아직까지 개발돼 있지 않다.

흔히 동양 사상의 수양론은 서양 철학의 인식론에 비유된다.[4] 서양 철학 인식론이 외부 존재의 실상이나 진리를 객관적으로 파악하기 위한 방법론이라면 동양 사상 수양론은 우주 궁극의 원리인 도(道)나 성인들의 가르침을 내성

---

3 수양(修養)과 공부(工夫)는 혼동되는 말이다. 수양을 '동양 사상의 성인들과 같은 품성을 갖추려는 노력'으로 본다면 여기엔 '도덕적 실천'이 전제된다. 그래서 주희는 '올바르게 행동하려는 실천적 노력'을 공부라 하고, 수양이란 용어는 도교의 수련에 한하여 사용하였다. 주희의 공부론인 '居敬窮理'는 마음을 함양(居敬涵養)하는 것과 사물의 이치를 파악하는 것(格物致知)을 포함한다.

4 동양 사상의 분야를 수양론(공부론), 천도론(우주론), 인도론으로 나눌 때 서양철학에서 이에 해당하는 것은 인식론(경험론, 합리주의, 관념론으로 분류됨), 형이상학(우주론 또는 존재론), 가치론이라 할 수 있다.

적으로 터득하기 위한 방법론이라 할 수 있겠다. 그런데 동양 사상에서 道나 성인들의 말씀에 관한 논의는 결국은 마음에 관한 일로 관계 지어진다. 그래서 수양 및 수양과 유사 개념인 존양, 수도, 수신, 수행은 그 속성이 곧 '마음 공부'라고 할 수 있다.

이처럼 수양은 본래 유가의 개념이고 마음을 대상으로 하는 일이지만, 이것이 오늘날엔 '마음을 고양시키는 일' 따위를 일컫는 대명사처럼 쓰이게 되었고, 동양 사상(儒·道·佛) 전반의 일 또는 여느 사상이냐에 무관하게 '마음을 닦는' 일상의 일로 그 의미가 확장되었다. 이는 동양인들이 심연(深淵)의 마음을 중시하고 동양 사상이 근본적으로 마음을 대상으로 삼는 탐구(探究) 임을 적시(摘示)한다. 동양 사상을 '철학'이라 하지 않고 '사상'이라고 이름하는 경향이 있는데, 이는 동양 사상이 마음의 근저를 지향하는 '학문'이라는 철학적 성격을 띠면서도 철학이라는 학문적 탐색만으로는 불가한 인간의 번뇌(煩惱)와 마음 고통의 해결을 지향하는 '종교성'을 겸하여 내함하고 있기 때문이다.[5]

修養이 피상적으로는 동양 사상 儒·道·佛에 공유되는 개념이지만, 儒·道·佛은 각각 세계 또는 마음의 구조를 어떻게 보느냐에 따라 각기 특유의 다른 유사 개념을 갖는다. 수양은 앞에서 말했듯이 본래 유가의 개념이고, 도가에는 유가와 다른 修養(修身養心 또는 修心養神) 및 양생(養生)이, 도가 사상에 신선술을 비롯한 민간신앙이 더해져 종교성을 갖춘 道教에는 (丹의) 수

5　서양 철학은 종교와 분리되어 이성으로써 외부의 존재를 대상으로 인식하여 객관적 진리를 도출함을 목표로 한다. 그러나 동양 사상은 철학성과 종교성을 모두 포함하므로 '철학'이라고만 한정하기보다는 '사상'이라고 일컫는 게 적절하다.

련(修錬) 및 연화(練化)[6]가, 불가에는 수행(修行)이라는 이름의 '마음공부론'이 있다. 이들 개념은 '마음공부'라는 점에서 상호 유사하지만 각기 특유의 우주론 및 세계관과 심성론을 기반으로 방법상의 세밀한 차이를 보인다.

'식초를 맛보는 세 사람'에 대한 宋代의 우화는 儒·道·佛 세 사상의 경향과 수양론적 지향을 설명해 준다. 어느 날 석가모니와 공자와 노자가 인생의 표징인 식초 단지 앞에 서서 각자 손가락을 담가 그 맛을 보았다. 공자는 시다고 말했고, 붓다는 쓰다고 말했고, 노자는 달다고 말했다.[7]

유가의 수양론은 유학이 선진 유학에서 한대(漢代)의 정비기를 거쳐 송대의 성리학으로 발전되는 과정에서 많은 변모를 보였다. 孔子가 말한 '극기복례(克己復禮)'는 '사욕을 극복하여 공공(公公) 질서를 바루기' 위한 장치로서 공자의 수양론 원칙이면서 유가 수양론의 성격을 나타내 주는 말이다. 예(禮)는 시비판단의 마음인 의(義)의 표현이며 義는 인(仁)에 기반한다. 그런데 공자의 말에는 仁의 유래(所從來)에 대한 설명이 없다. 즉, 仁은 단지 공자의 자각심으로서 도가나 성리학에서 말하는 자연 또는 천(天道)과는 무관하다고 할 수 있다. 따라서 공자의 수양론은 공자의 이론 전개인 '仁 → 義 → 禮'의 선상에서 인도(人道)를 어떻게 잘 구현하느냐의 문제로 파악된다. 仁에 대해서는 맹자가 비로소 인간의 본래성(本來性)이라고 설명하여 그 개념을 인·의·예·지로 확장하고 '存心養性'의 수양론을 피력하였다.

---

6   단련(鍛練)하여 이루고, 고쳐서 변화시키는 것.
7   오카쿠라 텐신 저, 정천구 옮김, 『차의 책 The Book of Tea』, 산지니, 2009, 83쪽.

공자는 또한 義와 命을 각각 '자각적 주재'와 '객관적 제한'으로 구분하고 자신의 경우를 예시하여 의와 명을 가릴 수 있는 인격 성숙의 단계를 설명하였다.

子曰 吾十有五而志於學 三十而立 四十而不惑 五十而知天命 六十而耳順 七十而從心所欲不踰矩(「爲政」). 공자 왈 나는 열다섯에 배움에 뜻을 두었고, 서른에 주견이 섰으며, 마흔에 의혹이 없었고, 쉰에 천명을 알았으며, 예순에 耳順(이순: 義·命을 가리기 수월함)하였고, 일흔에는 맘대로 해도 법도에 어긋남이 없었다.

여기에서 지천명은 사람의 힘으로 할 수 있음과 없음(객관 제한)을 알았다는 뜻이다. '불혹' 이전의 공부는 옳고 그름을 가릴 수 있는 자각적 의지(義)의 배양이어서 不惑에 와서 義를 잘 알게 되었고 이윽고 知天命에 와서는 義와 구별되는 사실의 문제(命, 天命)를 알게 되어서 인간이 주재할 수 있는 영역(義)과 주재할 수 없는 영역(命), 즉 사실과 가치판단의 문제가 분리되어 드러나게 되었다. 그럼으로써 耳順으로부터 마음껏 하고 싶은 것을 해도 저절로 義와 命의 구분에 따르는 셈이 되어 법도에 어긋나지 않는 영역으로 들어간 것이다.

선진 유가와는 달리 성리학은 천도가 본체로서 마음 안에 들어와 있는 데서 인도를 찾는다. 성리학의 수양은 인간에게는 천명(天命)으로 부여받은 선한 본성이 있다는 전제 아래 성·경(誠·敬)의 노력을 통해 천명(性)의 구조적 성격(誠)을 이해하고 이를 현실에서 인간의 덕성으로 발현시켜 행동으로 실천하자는 것이다.

자연의 운행법칙인 천도에 오로지 잘 순응하고자 하는 도가는 마음을 유가나 불가처럼 세밀하게 살펴기보다는 단지 우주의 청기(淸氣)라는 질료로 채워져 있는 단순 구조로 본다. 도가의 수양은 인간의 마음이 淸氣가 아닌 것으로 오염되는 상황을 경계하여 '마음 비우기'를 통해 순수 자연의 상태를 회복하는 것, 즉 자연의 청순한 기가 빈 마음에 들어와 차도록 하는 것이다. 도가의 '마음 비우기'는 더 나아가 氣를 고도화시켜 신(精神)으로 발현시키는 일이기도 하여 '수양'보다는 '양신(養神)'이라는 말을 쓰기도 한다.

도가의 양생(養生)은 또 다른 의미로서, 자연이라는 거대한 생명계로부터 부여받은 심신의 생명력(氣, 生主)을 잘 보전하는 일이다. 그 방법은 분별지와 과도한 지식욕을 덜어 내고, 삶의 운영을 '연독이위경(緣督以爲經)[8]과 '처순(處順)'의 원칙에 따라 하는 것이다. 여기에서 안시처순(安時處順)의 원리에 따라 때에 맞게 '자연의 순리'를 잘 파악하는 일이 중요한데, 이는 심신의 기를 정화하고 보충하여 자연의 기와 공명하게 함으로써 가능하다. 이는 곧 자연과 합일하는 일이이서 養生은 또한 養神으로서의 修養이라고 할 수도 있다. 자연 합일을 지향하는 도가의 수양과 양생은 모두 '인간의 자연화'라고 할 수 있다.

도가의 이론을 도입하고 민간 신앙의 여러 설을 융합시킨 도교(道敎)의 수련은 한 발 더 나아가 우주의 청기를 심신(心身)에 끌어들여 이를 고도화시키는 것으로 우주의 태초 상태로 돌아감으로써 생사를 벗어나고자 하는 일이다. 즉 '연기화정(練氣化精) → 연정화기(練精化炁: 몸 안 선천 炁의 보강) → 연기화신(練炁化神) → 연신환허(練神還虛)'의 과정을 거쳐 나의 심신을 영원한 우주의 한 부분으로 되돌리고자 하는 것이다.

8　'중의 이치(督)에 따라(緣)에 따라 그것을 기준(經)으로 삼는다(以爲)'(『莊子』「養生主」)는 뜻.

불교는 이 세계를 바탕 마음(한마음, 아뢰야식)이 그려 낸 몽환(夢幻)이라고 보고 수행을 통해 모든 표피적인 감각과 의식을 걷어 내고 아뢰야식을 체인함으로써 무명(無明)에서 비롯되는 윤회의 실상을 이해하고 한마음 공동체를 구현하고자 한다. 佛家의 수행(修行)은 수양(修養)보다 범위가 더 넓은 포괄적 의미를 갖는다. '修'를 '닦는다'는 의미로 본다면 修行은 '행동(실천)을 착실하게 한다'는 정도의 의미가 되겠다.

불가에서는 이론에 해당하는 부처의 말씀(설법)을 이해의 대상이라는 의미로 '해(解)'라 하고, 解에 입각한 실천 행동을 '행(行)'이라 한다. 따라서 行의 방법과 목표는 解가 규정한다. 불가에서 근본적인 解(부처의 깨달음)는 곧 연기(緣氣)이며 그것이 가리키는 바는 인간의 생사와 괴로움은 진리(眞如)에 대한 무지, 즉 마음의 無明에서 비롯된다는 것[9]이다. 따라서 이 解에 따른 行의 목표는 무명을 타파하여 연기의 사슬에서 벗어나 해탈(解脫)을 성취하는 것이다.

석가모니는 교설(解)을 낼 때마다 그것의 실천 방안(行)을 반드시 함께 설명해 주었다. 초기 경전에 나오는 사념처·사정단·사신족·오근·오력·칠각지·팔정도(四念處·四正斷·四神足·五根·五力·七覺支·八正道, 이상 37助道品)를 포함한 실천적 교설들이 그것이다. 그중에서도 십업설(十業說)과 사제설(四諦說)[10]은 중요한 비중을 차지하고 있다. 십업설은 세속적인 사회윤리에 관한 대표적인 교설이며, 사제설은 생사 괴로움의 근본적 멸진으로 향하는

---

9   12支 緣氣(1無明 → 2行 → 3識 → 4名色 → 5六入處 → 6觸 → 7受 → 8愛 → 9取 → 10有 → 11生 → 12老死)의 원리를 말함.

10   석가의 전체 가르침의 네 가지 관념인 苦·集·滅·道를 말함. 생명 및 현상에 대한 관찰(苦·集)과 이를 타파하여 목적에 이른다는 주장(滅·道)으로 되어 있다.

대표적 수행의 길이다.[11] 사제설에서 修行은 道諦에 해당한다. 道諦는 계·정·혜(戒·定·慧)로 이루어지며 이것을 세분한 것이 八正道[12]이다.

동양 사상 수양론은 각론에서 시각 차이가 보이지만 그것들이 지난한 중국 역사 속에서 경쟁과 보완의 관계를 유지해 왔기에 하나의 맥(脈)으로 모아지는 지점도 있다. 류쩌하(劉澤華, 1935~2018)는 사마담(司馬談)의 말[13]을 인용해 그 지점이 '治(왕도정치)'라고 주장한다. 이는 제자백가의 사상이 왕과 군주의 마음가짐에 관한 지침, 즉 치자(治者)의 수양 문제로 귀결되고 있다는 주장이다.

또 '治'와 연관된 맥락에서 동양 사상이 갖는 마음탐구로서의 또 다른 특성을 일지(一指) 스님(1960~2002)은 "불교와 중국 철학은 반복되는 일치일란(一治一亂)의 역사를 체험하고 극복하려는 불굴의 가치관과 의지가 투영되어 있는 종교이며 철학이라는 점을 유념할 필요가 있다. 이 점이 바로 지적(知的)인 사상 이해만으로서는 고전의 완전 해독을 불가능하게 만드는 것이다."[14]라고 말했다.

지금까지 살펴본 바에서 동양 사상 수양론의 근간(根幹)을 간추리자면, 철

---

11 고익진, 『불교의 체계적 이해』, 광륵사, 2015, 73–74쪽.

12 불가 수행의 올바른 길로서 정견(正見)·정사유(正思惟)·정어(正語)·정업(正業)·정명(正命)·정념(正念)·정정진(正精進)·정정(正定)을 말함.

13 "계사하(繫辭下)에 말하길 '천하의 목표는 일치하나 그것을 향한 생각은 수만 가지이고, 다 같이 한곳으로 귀결되나 걷는 길이 다르다'고 한다. 음양, 유, 묵, 명, 법, 도덕가 모두는 정치에 힘쓴 사람들이다. 다만 그들이 좇는 말이 다른 길을 걸어 혹자는 전해져 성찰되었으나 혹자는 성찰되지 못했을 따름이다." (류쩌하 저, 장현근 옮김, 『중국정치사상사1』 11쪽).

14 일지 저, 『중관불교와 유식불교』, 세계사, 1992, 66–67쪽.

학과 종교, 사유와 신앙을 구분하지 않는 기반 위에 있다는 것, 인간 마음의 궁극적 경계를 지향한다는 것이다. 같은 맥락에서 수양(수행)은 일상적 인식을 초월하여 평소에는 접하지 못했던 '지혜'를 스스로 얻고자 노력하는 일이다. 그것의 목적지가 불가의 깨달음인 각(覺)이고, 도가의 자연합일인 득도(得道)이고, 유가의 성(誠)의 체득(體得)이며 선성(善性)의 원만한 발현(發顯)이다. 동양 사상은 근본적으로 인간이 어떠한 존재인지, 어떻게 하면 성인, 지인, 부처가 될 수 있는지를 논한다. 동양의 인식론과 존재론은 곧 수양(수행)론이며, 이론은 실천수행과 분리되어 있지 않다고 할 수 있다. 동양 사상의 이론적 지향이 '철학'이고, 그 '이론'의 궁극적 실천이 '종교'라고 할 수 있다.

2. 동양 사상의 '수양', 서양 종교의 '구원'

동양 사상사를 '덕성의 발견과 발전의 역사'라 하고, 서양 철학사를 '이성의 발견과 발전의 역사'라고도 한다. 즉 서양 철학의 핵심 개념은 '이성'이고, 동양 사상의 핵심 개념은 '덕성'이다. 서양 철학은 이성에 기반한 합리적 사유로써 외재적 사물이나 현상을 대상으로 객관적이고 보편적인 진리를 탐구한다. 동양 사상은 덕성에 기반한 공감적 감성으로써 외향적으로는 외재적 사물과 소통하고 내성적으로는 만물 공유의 마음을 찾는다. 확고한 원리이자 보편적 기준인 이성으로써 객관적 진리를 찾아내야 하는 서양 철학에서는 가변적이고 개별적인 감성은 억제의 대상이다. 덕성은 기(氣)로서 정(情)이고 기는 변화의 원리를 내포하므로 '닦아지고 교체되는' 속성을 갖는다. 동양 사상의 덕성 중시 내성적 성찰은 동양 사상 수양론의 원천이다.

동·서 사유 체계의 이성과 덕성에 대한 이러한 견해 차이 때문에 서양의 사유체계에는 동양 사상의 수양론과 같은 마음공부법이 없다. 동양 사상이 '사상'이라 불리는 이유 및 서양 철학과 다른 특색은 철학과 종교가 미분화되어 마음의 구조를 철학적으로 탐구하고 존재론적 절대와 의지처를 마음 안에서 찾는다는 데 있다. 서양 철학은 종교와 분리되어 있어서 영혼의 구제와 같은 마음의 궁극적인 과제를 신(神)의 영역으로 돌려놓았다.

서양 철학에서 마음에 관한 논의는 오로지 인식론의 차원에서 진리 인식 담당 기능인 '이성(理性)'에 초점이 맞춰져 있고, 심적 고통이나 고뇌를 포함한 감성 또는 존재에 대한 직관과 같은 마음의 다른 요소들은 철학적 인식의 국외자들로서 도외시된다. 특히 서양 철학에서 마음의 근본적 고뇌나 죽음 앞의 불안과 같은 마음 심층의 갈등 문제는 '실존'이라는 이름의 마음 외적인 '현상'으로 다뤄지거나 '영혼의 구제'라는 명제로서 창조론 기반의 종교 영역으로 돌려진다. 즉 인간 마음의 근본적인 문제는 신에 의존하여 신의 힘으로 구원받음으로써 해결될 수 있다는 것이다. 중세의 마녀사냥은 이러한 '신의 영역' 침범에 대한 경고였다.

서양 사유체계에서 이성이 중시된 다른 이유는, 서양 철학의 고향인 그리스의 입지 조건에서 찾을 수 있다. 지중해의 사통팔달하는 자리와 척박한 토지는 일찍이 그리스인들에게 모험심과 장사 기질을 길러 주었다. 상품(올리브기름과 이를 담는 도자기 등) 생산과 무역거래를 위해 말을 잘하고 계산이 빨라야 했으므로 '합리적으로 따지는 문화'가 길러졌다. 그리스 문명의 이러한 특징을 집약하는 말이 'logos'다. '로고스'는 언어, 이성, 추론, 정의, 주제, 우주의 이법(理法) 등으로 번역된다.

그리스 철학은 '로고스'를 사용하여 마음 바깥에 있는 현상과 사물을 탐구하는 자연철학으로 시작됐고, 소크라테스 이후 관심의 축이 인간 쪽으로 이동되어 '객관적이고 보편적이고 불변하는' 것(절대 존재로서 이데아)을 찾는 서양 철학 존재론의 기본 골격이 형성되는 과정에서도 로고스의 원리가 채택되었다. "이데아는 이성적 직관으로만 도출해 낼 수 있다."[15]고 한 플라톤

---

15 '이데아'는 소크라테스가 윤리적·미적 가치를 일컬은 말인데 플라톤은 '보편적 최고의 진리 또는 이상'이라는 철학적 개념으로 확장 사용하였다. 플라톤은 이데아는 '영혼'의 능력인 '이성'으로써 도출해 낼 수 있는 것이며, 현상에 대해 상대적인 감각으로는 파악할 수 없다고 했다.

의 말에서는 서양 철학 사유 체계에서 다뤄진 이성(로고스)의 역할과 중요성을 알 수 있다.

이러한 탓으로 이성을 중시한 서양 철학에는 동양 사상에서와 같이 이성을 포함한 인간의 마음을 내성적으로 깊이 들여다보는 장치나 노력이 별로 없었다. 동양 사상가들의 사유 내용, 즉 석가모니의 깨달음, 공·맹의 인성에 대한 자각, 노·장의 인간의 본래성 파악은 모두 사람의 마음을 들여다보고 그 구조와 성격을 탐색해 낸 것이거나 인간의 마음에 든 자연성을 본 것이다. 그러나 서양 철학에서는 고대 그리스 철학에서부터 '마음'을 외부 존재(대상)를 인식하는 방법으로서 '이성'으로만 파악하여 인식론과 존재론의 기제로 다뤄 왔을 뿐, 20세기 초에 프로이드가 정신분석 작업을 하기 전까지 마음의 내부 구조를 상세히 들여다보는 일을 하지 않았다.

"현대문명의 자연파괴, 이기주의는 자연과 마음의 이원적 대립으로 인한 것이다. (불교의) 유식사상(唯識思想)은 모든 생명체, 자연현상은 그 생태적·우주적인 근원에서부터 연결되어 있다고 경고한다."[16]

이 말은 불교 유식론(唯識論)의 관점에서 볼 때 서양 철학의 '이성'은 완전하지 못하여 많은 문제를 야기한다는 것이다. 이성의 한계와 부작용을 더 지적한 글이 있다.

인간의 뇌는 환상을 만든다. 우리는 그 환상만을 실재로 인식하고, 환상의 관

---

16   일지 저, 『중관불교와 유식불교』, 세계사, 1992, 319쪽.

념만을 지각할 뿐이다. 인간의 이성이 존재질서를 있는 그대로 인식하지 못하고 허구의 세계를 만들고 있다는 것은 우리가 자연과 조화하지 못한다는 데서 확연하게 드러난다. 인간이 지구 위 다른 생명체와 공존하지 못한다는 것, 동물을 학대하고 식물생태를 파괴한다는 것, 수억 년에 걸쳐 축적된 자원을 일시에 뽑아 쓰고 지구 표면을 숨 못 쉬게 콘크리트로 덮어 버리며 핵무기와 핵발전소를 만들어 폭탄놀이를 하고 있다는 것, 이 모든 것은 인간이 사실은 진화가 아니라 퇴화의 산물이라는 것, 스스로 멸망의 길을 재촉하고 있다는 것을 말해 주는 것이 아닐까?[17]

그렇다면 영혼의 능력이자 '만고불변의 원리'인 '이성'을 만능시하는 서양의 사유 체계에서는 '영혼의 구제'는 독실한 신앙인들만의 혜택이고 신심이 약한 사람이나 무신론자들은 영원히 타락한 존재로서 살아가는가? 서양인들은 수양론적 사유 체계를 지닌 동양인들에 비해 대체로 낮은 수준의 심리 상태에 있는가? 여기에서 서양의 마음개념 발전사를 살펴볼 필요가 있겠다.

서양 철학의 태동기인 고대 그리스 철학의 초기 피타고라스학파엔 동양 사상에서와 같은 '혼의 윤회' 사상 및 불가의 수행과 같은 '혼의 정화' 관념이 있었다. 이에 따르면 혼은 원래 순수 불멸의 신적 존재였으나 죄로 인해 육체라는 감옥에 갇혔다. 육체가 죽으면 현생의 죄를 둘러쓴 혼은 내생의 육체로 옮아간다. 혼의 목표는 이런 윤회의 고통, 즉 육체의 감옥에서 벗어나 본래의 신적인 세계로 돌아가는 것(정화, katharsis)이다.

정화의 방법으로는 일정한 계율 지키기, 음악이나 수학과 같은 교양의 습

---

17 한자경, 『명상의 철학적 기초』, 이화여자대학교출판부, 2011, 242-243쪽.

득 및 지혜의 터득이 있었고, 지혜의 터득 방법은 '관조(觀照)'였다. 이런 방법은 영혼이 육체에 붙들려 있기에 육체로부터 받게 되는 영향을 최소화하려는 것이다. 이 정화의 방법들이란 오늘날 동양 사상의 수양법과 유사하다. 특히 명예나 이기심 등 잡념을 제거하고 무심(無心)의 상태가 되는 '관조'가 그렇다.

'혼의 윤회' 사상은 인간의 사유 체계가 신화(종교)에서 이성(철학)으로 이행되던 과도기에 철학에 함유된 종교성의 반영이라고 할 수 있다. 이후 그리스 철학의 초점이 인간으로 옮겨져 인간 마음에 대한 탐구가 소크라테스 – 플라톤 – 아리스토텔레스로 이어졌다. 서양 정신사에서 플라톤은 최초로 '마음'을 들여다보는 문을 열었다. 플라톤은 피타고라스학파의 영혼관의 핵심을 원용하여 이전의 '영혼' 개념을 정리하면서 영혼과 신체의 관계, 영혼의 불멸성 등 서양 철학사에서 마음에 관한 근본적 물음의 학구적 단초를 마련하였다.

이는 "영혼을 돌보라"(플라톤의 「대화」 편)는 말로써 영혼과 신체의 관계를 목적과 도구의 관계로 파악한 소크라테스의 주장에서 영향을 받은 것이었다. 플라톤에게 있어서 영혼은 의식과 도덕적 실천의 주체로서 인간의 '정신'을 포함한 우주 자연의 생명 원리[18]였다. 영혼은 인간이 살아 있는 동안 '정신'으로서 자아 정체성의 근간을 이루며 사후에는 윤회의 주체가 된다. 이는 우주적 생명력의 연장으로서의 정신을 기(氣)로 파악한 동양 사상 도가의 심론(心論)과 비슷하고 영혼이 인식 능력과 윤회성을 겸한다는 점에서는 불가의 아뢰야식설과 일맥상통한다.

---

18   이는 동양 사상 氣論에서 氣의 정의와 같다.

플라톤은 영혼의 존재론적 위상을 영원불변의 이데아 세계와 끊임없이 움직이며 변화하는 물질세계의 사이에 놓았다. 그는 영혼은 운동을 한다는 점에서는 이데아와 구별되지만, 운동의 원인을 자체 내에 가지고 있기 때문에 그 운동은 타자에 의해서만 움직여지는 물질의 타성적 운동과는 근본적으로 다르다고 이해했다. 영혼의 이런 성격 때문에 영혼을 지닌 인간을 비롯한 생명체는 모두 끊임없는 물질적인 운동 변화를 겪는 육신을 가지고 이 세상에 존재하면서 자신의 정체성을 지켜 나갈 수 있는 것이다.[19]

플라톤은 『국가』에서 영혼을 '이성 부분', '기개 부분', '욕구 부분' 등 세 부분으로 나누었다(영혼 삼분설). 앞에 나온 '영혼을 돌보라'는 말은 영혼을 이루는 이 요소들이 조화를 이루도록 하라는 주문이다. 플라톤은 영혼의 세 부분이 조화를 이루고 있는 상태를 영혼의 건강에 비유하여 이것이 행복한 삶의 조건이라고 주장했다. 영혼이 조화를 이루고 있는 상태란 지혜를 사랑하는 부분(이성 부분)이 주도적인 위치를 차지하고 다른 부분들이 그에 호응하는 질서를 갖는 구조를 말한다. 플라톤의 영혼 삼분설은 '좋은 삶'이란 이성의 기능을 발휘하여 지혜(진리)를 찾는 삶이며 그러기 위해서는 영혼의 여러 요소들을 거기에 맞게 조절해야 한다는 주장을 품고 있다.

따라서 "영혼을 돌보라"는 말은 곧 동양적인 '수양'의 필요성을 역설한 것이라고 볼 수도 있겠다. 영혼과 육신의 완전 분리를 지향하는 플라톤의 영혼관은 중세 철학에 흡수돼 기독교의 영혼 구제 메시지로 녹아들어서 천 년

---

19 서울대학교 철학사상연구소 엮음, 『마음과 철학−서양편 상』, 서울대학교 출판문화원, 2015, 35쪽.

이상 서양인들의 정신세계를 지배했지만, 그 대척점에 영혼을 일종의 물질로 보는 물질주의 영혼관의 문을 열어 놓았다. 물질주의 영혼관은 오늘날 마음의 문제를 신경생리학이나 뇌과학에서처럼 현대의 자연과학적 방법으로 접근하려는 시도를 가능케 했다.[20]

플라톤의 여러 대화편에 산재해 있던 영혼에 대한 논의는 아리스토텔레스의 '형상(원리, 본질)과 질료(재료, 원료)'의 이론에 따라 플라톤주의도 물질주의도 아닌 '영혼(형상)과 몸(질료)'이라는 상호 떨어질 수 없는 이원론[21] 구도로 체계가 잡힌다. 아리스토텔레스는 질료인 몸 안에 내재된 형상이자 자연계 생명 원리로서의 영혼의 기능을 영양 섭취의 식물적 기능(식물혼), 감각과 운동의 동물적 기능(감각혼), 인간만이 갖는 지성적 사유의 기능(이성혼) 등 셋으로 구분한다.

여기에서 '이성혼'은 앎을 획득하는 기능으로서 가장 중요한 기능이다. 아리스토텔레스는 영혼이 앎의 단계에서 그 최상의 모습을 보여 준다고 생각하고, 행복은 이성의 기능을 완전하게 발휘하는 삶에서 찾아진다고 하였다. 그리고 『정치학』에서 국가의 본질은 인간의 최고선, 즉 이성을 완전히 발휘한 상태로서의 행복의 실현에 있다고 했다. 여기에서는 무엇보다도 '앎'을 획득하기 위한 이성이 강조되고 있다.

---

20 물질주의 영혼관은 직접 관찰이나 실험이 어려운 대상인 마음의 문제(정신 사태)에 자연과학적 방법을 적용하는 딜레마를 안고 있다.

21 서양 철학의 심신관계론은 이원론(심신이원주의)·관념론(정신주의)·유물론(물질주의) 등 셋으로 구분할 수 있다. 이원론은 몸과 마음이 대립되는 둘이면서도 서로 영향을 주고받는 관계냐 아니냐에 따라 '상호관계 이원론'과 '비상호관계 이원론(기독교의 심신관계론)'으로 나뉘고, 관념론은 몸을 마음과 동일한 범주이거나 종속 요소로 보는 것이고, 유물론은 그 반대이다.

또 여기서 앎(에피스테메, 지식)이란 덕(아레테, 선)의 실현을 위한 사람의 구실이나 기능에 대해 아는 것을 말한다.[22] 따라서 인간의 행복은 덕이 실현된 상태이고 이는 이성에 의한 사람의 구실에 대한 앎이 전제돼 있다. 즉 행복의 관건은 이성의 기능 발휘이다. 아리스토텔레스는 덕을 '윤리적 덕'과 '지적 덕'으로 나누고, 윤리적 덕을 기르기 위해서는 지속적인 습관과 훈련이 필요하다고 하여 '수양'의 의미를 얹어 놓았다.

고대 서양 철학의 수양론적 계류는 '그리스 철학의 석양 무렵'인 헬레니즘 시대의 철학자 플로티노스의 사상으로 이어진다. 플로티노스는 헬레니즘시대의 '신플라톤주의자'로 불린다. 그는 플라톤의 '영혼 윤회설'을 이어받아 '유출(流出)설'[23]과 '영혼의 정화'[24]를 주장했다. 소크라테스에서 플라톤과 아

22　소크라테스는 "아레테(덕)는 에피스테메(지식)다."라고 말했다. 이는 '덕을 실현하자면 (이성을 통해) 덕을 갖춘 인간의 내면을 먼저 알아야 한다'는 뜻으로 해석할 수 있다.

23　神(一者)에게서 만물이 흘러나온다. 일자에게서 맨 처음 흘러나오는 것이 사유하는 실체요 만물의 원인인 이성(누스)이다. 이성은 이데아를 대상으로 인식활동을 한다. 이러한 인식활동에는 주관과 객관, 하나와 여럿의 대립이 따른다. 이데아 속에는 사유할 때 사용하는 근본 규정인 범주도 포함되어 있는데 그것은 존재, 정지, 운동, 동일성, 차이성 등이다. 이성에서 다시 혼이 나온다. 혼에는 세계혼과 개체혼이 있는데 세계혼이 먼저 유출되고 개체혼이 나온다. 혼은 감각계와 예지(叡智)계의 접촉이며, 육체와의 관련 아래서만 성립한다. 혼의 세계는 이성이 감각계에 투사되어 시공간화된 뒤에 눈에 보이는 세계. 혼은 이데아의 세계를 원형으로 삼고 질료에서 감성적인 세계를 만든다. 그렇게 해서 혼 다음에 감각의 세계가 유출된다. 감각적 세계이 물질적 현상들은 가장 불완전하다. 이 과정은 완전한 것에서 불완전한 것으로, 빛에서 어둠으로의 '하강'이다. 일자의 유출물은 일자에서 멀어질수록 그 완전도를 잃어버린다.

24　위에서 말한 '하강'의 반대 수순인 '상승'의 과정을 밟는 것을 말한다. 불완전한 유출물들의 이상은 일자인 신에게로 돌아가는 데 있으므로, 인간의 영혼도 그 고향인 신에게로 되돌아감을 이상으로 삼는다. 인간은 일자에서 타락해 떨어져 나왔으나 끊임없이 일자로 되돌아가려고 노력하는 존재다. 그러나 인간은 육체에 구속되어 있기 때문에 신에게 쉽게 돌

리스토텔레스로 이어져 온 영혼과 이성의 개념에서 이성은 아리스토텔레스에 의해 영혼의 한 부분으로서 앎을 획득하는 방법으로 견고하게 자리매김되었다.

이어 플로티노스에 의해 이성은 사유하는 실체로서 이데아를 상기시키며 관상(觀想)을 통해 신의 존재도 현현(顯現)시키는 것으로 규정되면서 '관상'이라는 수양론적 언어를 수반했다. 이러한 이성은 기독교가 유럽을 지배하던 중세(5세기 말~15, 16세기)에 들어서면서 신의 존재를 합리적으로 설명하기 위한 수단으로 사용되기에 이른다.

중세 철학은 그리스 철학과 그리스도교의 만남이자 '신앙과 이성의 조화'로 일컬어진다. 중세 철학은 신플라톤주의자들의 '일자(一者)'를 바로 그리스도교의 신과 동일시함으로써 그리스철학을 그리스도교에 수용하여 그리스도교의 교리를 확립·체계화한 교부철학(2~8세기)과 함께 문을 열었다. 아우구스티누스는 데카르트에 앞서 '사고하고 있다'는 '진리'로서의 자신의 모습을 발견하고 그 '사고'를 통해 다른 진리인 신이 나타날 수 있다고 믿었다. 아우구스티누스는 그 신이 우리 내면에 존재한다고 하여 이를 '내적인 스승'이라고 불렀다.

아우구스티누스에 따르면 사람들 각자의 마음이 인식하는 여러 '진리들'은

아갈 수 없다. 따라서 인간은 금욕을 통해 육체에서 해방해야 한다. 이것이 '혼의 정화'다. 더 나아가 혼을 넘어서 이성의 세계로 들어서야 일자에 대한 순수한 사색이 이루어진다 (플라톤은 "이데아는 이성에 의해 상기되며 신은 직관적 이성에 의한 테오리아觀想에 의해서만 顯現된다."고 했다-필자 주). 그런데 이 사색까지도 넘어서서 무의식의 상태, 忘我의 상태에 들어가서 초월적인 일자에 침잠하게 되면 비로소 일자와의 합일이 성립한다. 이러한 상승 과정은 다름 아닌 내면성에의 육박이다. 그 최고의 정점은 '일자(신)와의 합일', 이른바 '엑스터시'이다(이강서 지음, 『서양 철학 이야기-1』, 책세상, 2012, 193~194쪽).

모든 진리의 근원이 되는 '진리 자체'의 빛을 받아서 우리에게 드러난다. 이 성적 인식 대상을 파악하기 위해서는 이성의 논리에 공명하는 다른 울림체의 진동이 필요하다. 그것이 앞에 말한 '내적인 스승'으로서 신, 신의 지혜, 진리, 로고스이다. 아우구스티누스는 각각 다른 인간들이 같은 진리를 인식하고 그것을 서로에게 말로 전달하여 확인할 수 있는 가능성은 이 동일한 스승에게서 나온다고 말한다. 우리가 마음속에 이 유일하고 동일한 스승을 가짐으로써 근원적인 진리의 동일성을 공유할 수 있다면 이는 유가의 '성즉리(性卽理)'설, 도가의 기론(氣論), 불가의 아뢰야식설과 원리적 맥이 통한다고 할 수 있겠다.

플라톤이 이성에 의한 상기(想起)를 통해 이데아를 인식할 수 있다고 한 것과 달리, 아우구스티누스는 '기억'을 통해 현재적 내면의 신과 만나게 된다고 했다. 플라톤이 '영혼의 윤회'를 내세워 영혼이 육체라는 감옥에 갇히기 이전에 자리했던 이데아의 세계를 다시 상기해 내는 방법으로 영원한 진리인 이데아를 인식할 수 있다고 한 데 비해, 영혼의 윤회보다는 영혼의 구제를 갈망하는 그리스도교로서는 과거에 대한 상기보다는 현재의 자기의식을 내면에 집중함으로써 '기억의 창고'에서 확실한 진리를 만날 수 있다고 생각했다. 이 내면에 정신을 집중하는 행위(기억)는 유가의 경(敬)으로써 선성(善性) 기르기, 도가의 좌망(坐忘)으로써 자연의 기운(氣韻)과 공명(共鳴)하기, 불가의 적멸(寂滅)에서 아뢰야식 체득하기와 무엇이 다른가?

중세 철학의 근본 전제는 이성에 기초한 철학적 진리와 계시에 기초한 신앙적 진리가 하나의 근원에서 유래하기 때문에 일치한다는 것이었다. 이런 전제는 그리스도교 교리의 합리화에 목적이 있고 이성과 신앙의 조화를 필연적인 것으로 설정한다. 캔터베리의 안셀무스가 "나는 이해하기 위해 믿는다."[25]라고 한 말이 대변하는 '이성과 신앙의 조화'라는 중세철학의 과제는 스콜라철학을 대표하는 토마스아퀴나스에 의해 완성된다. 그는 이성적 사고의 완성된 형태인 아리스토텔레스의 철학과 교부철학에서 마련된 전통적인 그리스도교 사상[26]을 학문 방법론을 통해서 표현하고자 했다.

영혼관에 있어서 토마스아퀴나스는 아리스토텔레스의 이론으로써 플라톤의 이원론을 극복하여 "영혼은 육체의 형상", 즉 '(지성적인) 영혼과 육체의 합일'을 주장했다. 그러나 아퀴나스의 영혼관은 아리스토텔레스의 이론을 그대로 받아들인 것이 아니라 당시 그리스도교도들이 믿고 있던 영혼불멸성에 의지하면서 단지 지성적인 영혼이 인식활동을 위한 육체적 감각의 필요에서 육체와 합일해야 한다는 주장이었다. 박승찬은 아퀴나스 영혼론의 의의에 대해 아래와 같이 말한다.

토마스아퀴나스가 제안한 균형 잡힌 영혼관 및 영혼과 육체의 합일에 대한 강조는 데카르트 이후 제기된 이원론적인 견해에 대한 현대 철학의 정당한 비판을 강화해 줄 수 있을 것이다. 그러면서도 그의 철학은 일부 현대 이론이 유물론적 입장이나 몸만을 강조하면서 야기한 또 다른 편협함도 해결할 수 있는 풍부함을 지니고 있다. 따라서 아퀴나스의 영혼관은 이런 논의들에 대해 더욱 풍부하고 균

---

25 '이해를 추구하는 신앙'이라고도 해석되는 이 말은 불가에서 말하는 '信→解→行→證'의 수행 과정을 연상케 한다. 부처님의 설법이 진리임을 우선 믿고, 그것을 (이성으로써) 이해하며, 부처의 말씀에 따라 실천 수행하여, 體認(마음으로 체험하여 인식함)함으로써 證悟한다는 의미이다. 그러나 '信→解→行→證'의 信은 곧 석가모니가 계시적 신이 아닌 인간이라는 의미에서 '인간적 층위'의 이해가 담보돼 있고, 중세 철학의 "이해하기 위해 믿는다"는 '알지 못하기 때문에 믿는다'는 의미로서 이해가 담보돼 있지 않다.

26 '신의 정신 안에 이데아가 들어 있다'는 플라톤-아우구스티누스 사상을 말한다.

형 잡힌 시각을 찾기 위한 단서를 제공해 줄 것이다.[27]

　수양론적 측면에서 보자면 아우구스티누스와 토마스아퀴나스가 플라톤과 아리스토텔레스의 영혼관을 종합하여 설립한 중세 철학의 영혼관은 인간적인 것과 신적인 것의 거리를 좁혀 놓으면서 기독교적 수양을 현재화하고 구체화시켜 인간의 영역으로 당겨 놓았다고 할 수 있다. 아우구스티누스의 '기억'과 '내면에의 집중', 아퀴나스의 육체적 감각을 통한 '지성적 영혼'의 인식 작용 등에서 그러한 장면을 유추할 수 있다.

　지금까지 서양 고대 철학과 중세 철학의 수양론적 흐름을 살펴보았다. 이는 수양론이 종교와 철학이 섞여 있는 동양 사상에서 확립된 이론으로서 근본적으로 존재론적 근원을 지향한다고 볼 때, 서양에서 종교와 철학의 분화가 덜 된 고대 철학이나 신앙과 이성이 교차하는 중세 철학에서 동양 사상과 유사한 수양론적 측면이 있었는가를 알아보고자 한 것이다. 이후 중세 철학은 그리스도교 교리는 학문적으로 기초 지을 수 없고 신앙의 대상일 뿐이라는 '종교개혁'의 주장이 일면서 '신앙으로부터 독립된 이성'의 시대인 근대 철학으로 바통을 넘긴다.

　근대 철학은 데카르트(R. Descartes, 1596~1690)가 "나는 생각한다. 고로 나는 존재한다."는 말로써 대륙 합리론의 문을 열면서 시작되었다. 데카르트는 진리 탐구의 주체로서 인간 안에 '생각하는 자아'의 원리를 세워서 진리에 이르는 방법으로 종래의 '신의 계시' 대신 인간의 '이성'과 '직관'을 택하고

27　서울대학교 철학사상연구소 엮음, 『마음과 철학―서양편 상』, 서울대학교출판문화원, 2015, 147쪽.

자 했다. 그는 인간의 이성은 지식의 확실성을 담보할 수 있다고 생각하고, 우리의 의식에서 의심이 가는 감각적 요소를 모두 제거한 직관[28]은 곧 명석한 지적 활동이나 통찰력이라고 신뢰했다. 데카르트는 인간의 마음과 몸을 '사유(思惟)'와 '연장(延長)'이라는 속성으로 파악하여 아리스토텔레스의 '형상과 질료'의 이원론을 '정신과 물질(육체)'의 이원론으로 바꿔 놓았다.[29]

그러나 데카르트의 '사유하는 자아' 발견과 관련하여 한자경은 서양 철학의 사유가 인간의 심층 마음에 이르지 못한 까닭에 대하여 이렇게 말한다.

서양에서 견문각지(見聞覺知)[30]의 마음을 넘어선 절대의 심층마음을 자신의 마음으로 처음 예감한 사람은 데카르트이다. '신의 피조물'이라는 중세적 관념에서 벗어나 인간을 그 자체로 이해해 보고자 한 그는 '의심의 방법'을 통해 견문각지의 마음으로부터 절대의 마음으로 나아간다. … 데카르트가 발견한 마음은 견문각지심을 넘어선 본심이다. … 데카르트는 절대자아를 직감하고도 자기 마음을

---

28 이 직관은 氣적 인식으로 사물을 만나는 동양 사상의 직관과 다른 이성적 직관을 일컫는다.

29 아리스토텔레스의 '질료-형상' 이원론과 데카르트의 '육체-정신' 이원론은 세계관에 있어서 다르다. 아리스토텔레스의 이원론은 질료는 형상의 실현을 위해 필요한 조건이고 형상은 질료가 실현해야 하는 목적이라는 목적론적 세계관에 입각해 있고, 데카르트의 이원론은 세계를 설명함에 있어서 일체의 목적을 부정하는 기계론적 세계관에 입각해 있다. 기계론적 세계관은 코페르니쿠스로부터 뉴턴에 이르러 완성된 근대의 과학혁명이 만들어 낸 것이다. 기계론적 세계관에서 질료가 실현해야 할 목적인 형상과 같은 존재자가 설 자리는 없다. 이때 상호관계 이원론의 입장에서 심신 관계를 해명하기 위해 등장한 것이 데카르트의 이원론이다. 그러나 데카르트의 이원론은 기계론적 인과로써 정신-육체 관계를 잘 설명해 내지 못했다.

30 오감을 통해서 얻는 감각적인 경험이나 앎.

세계 속 일부분인 상대적 마음으로만 여긴다. 즉 그는 '생각하는 한 존재하는 그 나는 과연 무엇인가?'라고 묻고 그 답을 찾는 과정에서, 그것을 그것 바깥의 '연장적 사물'과 대대(待對)가 되는 상대적 마음으로 이해한 것이다.[31]

고대에서 근대에 이르기까지 '마음' 개념의 변화를 보자면, 이데아와 물질 세계의 중간에 놓였던 플라톤의 '영혼'에서 아리스토텔레스가 더 상세히 규명한 '생명의 원리로서의 영혼'을 거쳐 데카르트에 이르러 '의식의 주체인 정신'으로 발전되었다. 그리고 데카르트에서 진리 탐구의 새로운 주체 및 방법론으로 설립된 '자아'와 '이성'은 합리론과 경험론을 지양·종합하여 독일 관념론이 완성되는 과정에서 칸트(I. Kant, 1724~1804) - 피히테 - 셸링 - 헤겔에 의해 비판적으로 검증되고 다듬어지고 고도화되면서(칸트의 '초월적 자아' → 피히테의 '절대적 자아' → 셸링의 '절대 주체' → 헤겔의 '절대 정신') 더욱 명징(明澄)되었다.

이 과정에서 칸트는 인식의 기제(機制)를 고찰하면서 서양 철학 사유 체계에서 동양적인 수양론이 원천적으로 불가함을 선언했다. 칸트는『순수이성비판』에서 인간이 사물을 파악하기 위한 감성과 오성의 틀로서 선험적 직관의 순수 '형식'인 '시·공간' 및 이 '형식' 속에서 사물을 알기 위한 주관의 요소인 '범주'를 제시하고 이는 인간이 태어날 때부터 갖추고 있다고 주장했다.

한편 그는 인간에게는 이 '형식'과 '범주' 밖의, 즉 경험적 현상 너머의 것을 인식할 수 있는 지적 직관이 없으므로 "초월적 자아는 의식되긴 하지만,

---

31 한자경 지음,『심층 마음의 연구』, 서광사, 2018, 89-91쪽.

인식되지는 않는다."고 함으로써 이성이 인식할 수 있는 대상을 경험 가능한 세계로 한정하여 합리론과 경험론의 절충을 기했다. 칸트의 이러한 생각은 초월적 자아인 '바탕 마음(아뢰야식)'의 깨달음을 목표로 삼는 불가의 수행론과 배치된다.

근대의 이성은 헤겔에 의해 역사의 정의를 실현하는 절대정신(절대지)으로까지 승격되었다. 헤겔은 이성의 변증법적 성격을 간파해 이성이 스스로 모순에 봉착하는 가운데 이를 역동적인 운동 속에서 해결해 나가 마침내 역사적 정의를 실현하는 절대정신으로 승화한다고 하였다. 수양론적 시각에서 보자면 이 이성의 변화 과정은 오랜 기간 자기운동 원리에 따라 외물 또는 주변 환경에 경험적으로 반응하는 집단지성적 자율운동일 뿐, 이성 소지자 개체의 의지와 주체적 노력이 개입되어 초월 지향의 내성적 변화를 일으키는 것은 아니다. 이 지점에서 서양 철학의 마음 논리에 수양의 여지가 없음이 확인된다.

니체의 "신(우상이 된 근대의 이성)은 죽었다."는 말로 상징되듯이 이성 만능의 근대 철학은 19세기 말~20세기 초에 걸친 1·2차 세계대전을 비롯한 각종 이성의 폐해물들로 인해 이성과는 다른 혁신적인 주제를 갈망하는 현대 철학으로 자리를 옮긴다. 현대 철학은 현상학, 해석학, 언어분석철학(비트겐슈타인)과 같은 방법론 및 실존주의(샤르트르, 하이데거), 구조주의 언어학(소쉬르), 포스트모던이즘, 비판 이론 등과 같은 사조(思潮)의 성격이 강한 과목들로 나뉘어 전개된다.

더불어 인간 의식에 대한 접근도 달라졌다. 인간은 자유의지에 따라 합리적으로 행위하는 주체라는 서양 철학의 고전적 전통의 인식이나 근대 철학의 이성적 인간관과는 달리 인간의 의식과 행위는 사회 경제적 구조에 의해 제약되고(마르크스), 무엇보다 '무의식'의 지배를 받는다(프로이드)는 것이 그 것이다.

이와 함께 근대의 과학혁명 이후 자연과학 만능시대가 되면서 인간의 심리현상도 자연과학적으로 설명할 수 있다는 생각이 고개를 들었다. 특히 19세기 중반에 다윈은 진화론을 통해 생물의 생물학적 기능들이 단지 목적성 없는 자연선택의 산물인 물리적 기제들에 의해 구현되는 것임을 보여 주었다. 이런 논리에서 출발한 오늘날의 진화심리학은 목적 지향적으로 보이는 인간의 합리적 사고와 행위를 좌우하는 마음의 기능들 또한 자연선택의 산물인 두뇌의 기제들에 의해 구현되는 것이라고 주장한다.

여기에 또 20세기에 들어와 영국의 논리학자이자 수학자인 튜링(A. Turing)이 모든 논리적 증명과 수학적 계산을 기계적으로 수행할 수 있다는 이른바 '튜링 기계'의 개념을 제시하고 이것이 오늘날의 컴퓨터로 구현됨으로써, 인간의 모든 정신 사태를 컴퓨터로 구성하고 구현해 보고자 하는 '인공지능(artificial intelligence)' 시대가 열리게 되었다.

위와 같은 과정을 거쳐서 도출된 오늘날 서양 철학 심신관계론의 주류는 유물론 또는 물리주의이다. 물리주의는 인간의 심리 현상 또한 자연과학적 탐구를 통해 설명될 수 있다는 주장이다. 이러한 추세에서 1970년대에 들어와서는 마음의 본성을 자연과학적으로 규명해 보고자 여러 인접 과학들(심리학, 신경과학, 뇌과학, 컴퓨터과학, 언어학, 철학)이 참여하는 '인지과학(cognitive science)'이 학제적 체제를 드러냈다. 인지과학의 성립에는 1950년대 말까지 50년 동안 심리학계를 지배해 왔던 행동주의 심리학의 '독단'도 영향을 끼쳤다. 행동주의 심리학자 스키너(B.F. Skinner)는 (주관적인) 마음 자체가 아예 존재하지 않으며 오직 주관적인 행동 기질이 있을 뿐이라고 주장했다.

행동주의적 접근은 의식은 말할 것도 없고 마음의 본질을 설명하기 위해 아무 것도 하지 않았다. 행동주의가 한 것은 오로지 이런 (마음의) 주관적인 현상을 과학의 기존 도구로 연구 가능한 부류의 객관적인 과정으로 환원시킨 일뿐이었다.[32]

그러나 인간의 심리 현상에 대한 자연과학적 탐구는 아직은 매우 빈약한 성과에 그치고 있다. 노벨 경제학상 수상자인 허버트 사이먼(H. Simon)은 1965년 출간한 책에서 "인간이 할 수 있는 어떠한 일도 앞으로 20년 안에 기계가 할 수 있을 것"이라고 예언한 바 있다. 그러나 현재의 과학기술로는 인간의 심리 탐구는 고사하고 체질이 인간의 육체와 비슷하다는 돼지의 심리를 밝혀내지도 못하고 있다. 이런 현상과 관련하여 언어학자이자 인지과학자인 노엄 촘스키는 "자연주의 심리학으로부터 얻는 것보다 사람들의 일상 활동에서 인간적으로 의미 있는 것을 훨씬 많이 배운다. 아마 앞으로도 언제까지나 그럴 것."이라고 말했다.

지금까지 서양 철학에 동양 사상에서와 같은 수양론 또는 그런 전통이 있는지를 알아보기 위해 서양 철학사 전반에 흐르는 서양의 마음 개념 변천사를 살펴보았다. 결론으로, 서양 고대 철학에서부터 영혼의 윤회 사상과 함께 영혼을 정화하는 수양의 개념이 발아했었다. 그러나 수양의 대상이 되는 '마음의 본질'을 직접 관찰하는 도구의 개발이나 '마음'을 방법론적으로 다듬는 일을 게을리했고, 중세에는 신앙과 이성의 관계 정립에 힘을 쏟느라 이성 이외의 마음 안쪽을 들여다보려 하지 않았고, 근대의 이성과 과학만능 시대에는 이성의 무게에 눌리고 외부 대상을 좇는 자연과학적 방법의 기세

32　앨런 월리스 지음, 최호영 옮김, 『뇌의식과 과학』, 시스테마, 2011, 96쪽.

에 밀려 마음을 향한 내성적 관찰이 무시되었으며, 과학 만능이 심화된 오늘날에는 인간 심리 기제에 대한 자연과학적 탐구 방법 추종으로 서양 철학에서 마음에 대한 수양론적 고려는 여전히 차단되고 있다.

그리스의 철학자들은 분명히 마음의 본질에 대해 관심을 가졌지만 그들이 마음의 '내성적 관찰법(內省的 觀察)'인 주의(注意)를 정제하기 위해 정교한 수단을 개발했다는 증거는 없다. 피타고라스학파나 다른 신비주의학파 또는 유대교의 신비주의자들도 의식의 본질에 대해 논의를 했지만 그들이 의식 탐구를 위해 주의력과 집중력을 기르는 등의 구체적인 수양 기법을 개발했다는 기록은 없다.

중세 기독교 전통에서 초기 교부들은 신과의 합일을 위해 마음의 안정이 필요함을 깊이 깨닫고 있었다. 그러나 그들과 그 뒤의 중세 기독교 명상가들이 정신 사태 관찰을 위해 효과적인 주의력 훈련과 같은 수양법을 개발했다는 증거 역시 없다. 그 뒤 종교개혁을 거친 신교도에서는 원죄를 범한 인간의 영혼은 본질적으로 사악하며, 오로지 믿음만이 구원과 신을 만날 수 있는 유일한 방법이라고 강조함으로써 인간의 심리 탐구는 원천적으로 봉쇄됐다.

서양 철학의 수양론 부재는 근대 철학기에 확정됐다고 할 수 있다. 데카르트는 '더 이상 의심할 수 없는' '절대의 마음'을 발견하여 마음에 대한 구조적 이해의 단서를 마련하고서도 이를 한낱 외물(外物) 또는 물질에 상대되는 대대(待對)의 존재로 추락시킴으로써 마음의 활동성을 표층에 한정시켰다. 칸트는 경험적 세계가 심층의 보편적 의식 일반이 그 보편적 형식(시·공간)과 범주에 따라 구성한 현상이라고 생각하여 심층의 마음 활동을 의식하고서도 '초월적 자아'는 자신을 대상화하여 직관할 수 없기에 스스로를 인식할 수 없다고 단언해 버렸다. 마음을 더 이상 깊이 구조적으로 보기를 포기한 셈이다.

칸트 이후 독일 관념론자들은 인간에게 감각적 직관 외에 지적 직관이 있음을 주장하며, 초월적 자아를 절대자아(피히테)나 절대주체(셸링) 또는 절대정신(헤겔)으로 논하면서 그에 근거하여 관념론체계를 완성해 간다.[33]

그러나 독일관념론을 만들어 가는 과정은 외재적 대상을 상대로 한 인식론의 문제였지, 역시 내성적 속성의 심성론 분야와는 거리가 멀었다. 현대 철학의 비트겐슈타인(L. Wittgenstein, 1889~1951)은 세계를 보는 나는 '보여진 세계 속의 나'와는 다른 '형이상학적 자아'라고 부르고, 세계를 보는 눈은 눈 자신을 볼 수 없으므로 우리는 이 '형이상학적 자아'에 대해 알 수 없다고 주장했다. 그 역시 동양 사상 수양론의 활동 무대인 '마음의 여지'를 부인해 버린 셈이다.

근대 철학에서 현대 철학에 이르는 사이에는 앞에 말한 바와 같이 이성과 자연과학의 만능으로 인해 인간 마음에 대한 수양론적 고려가 발을 붙이지 못했다. 수양론은 심성론에서 출발한다. 인간의 마음을 어떤 구조로 파악하느냐에 따라 마음의 한계를 극복하려는 노력과 방법이 수양론으로 나타나기 때문이다. 서양 철학은 이러한 전제를 기피했다고 할 수 있다.

서양 철학의 수양론 부재 현상은 오늘날까지 이어져 자연과학에 기반한 인지과학이 인간 심리 연구를 담당하면서 인간의 마음이 하나의 '외적 대상'처럼 자연과학적 탐구 대상이 됨으로써 수양론적 접근은 배제되고 있다. 이

---

33 한자경 지음, 『심층 마음의 연구』, 서광사, 2018, 117쪽(각주).

로 인해 인간의 덕성 문제는 윤리학이나 교육학의 과제로 넘겨져서 '진리를 향한 마음의 내성적 각성과 체인'이라는 수양의 본모습보다는 외적인 행동 실천과 규제를 통한 가치의 실현이라는 윤리적 행위 또는 타의적 가르침에 의한 인간 행동의 바람직한 변화라는 교육의 형태로 반영되고 있을 뿐이다.

그렇다고 해서 서양에 동양 사상 수양론과 같은 정신세계가 전혀 없다고 할 수는 없다. 그리스 철학 후기 신플라톤주의자 플로티노스의 유출설은 기독교 신비주의의 수양론적 기제로 이어졌다고 할 수 있다. 즉, 서양 철학 초기의 수양론이 훗날 종교 영역의 수양론 또는 명상론으로 전변(轉變)된 것이다. 14세기 후반 영국의 익명의 사제(司祭)가 저술한『무지의 구름(The Cloud of Unknowing)』에 나오는 '관상(觀想) 기도'와 16세기 수도원 수녀 '아빌라의 테레사'가 남긴『내면의 성(城)』에 나오는 '영적 여정'이 그것이다.

『무지의 구름』은 '인간 영혼이 어떻게 신에 대한 직접적인 앎을 가질 수 있는가'라는 핵심적 문제를 관상 기도라는 '수행법'을 중심으로 다루고 있다. 『무지의 구름』에서 저자는 "신을 포함한 궁극적 존재 또는 진리는 우리의 지적인 탐구로 완전하게 파악될 수 없기에 '무지의 인식'으로써 연결돼 비로소 하나가 됨으로써 알 수 있다."고 주장한다. 신과 나 사이의 격절을 이루는 이 '무지의 구름'을 통과하는 것은 관상 기도를 통해 신이 무지의 구름 사이로 보내 주는 빛을 접하는 일이다.

이는 플로티노스가 주장한 '유출설'에서 영혼이 '혼의 정화'를 통해 고향인 '일자(神)'와 합일한다는 논리와 비슷하다. 또 '무지의 인식'이란 도가의 설인 무지의 지(無知之知)의 개념과 유사하다. 즉 관상 기도는 육체적 감각에서 비롯되는 모든 잡념을 제거하여 '망아(忘我)'의 경지에 들어서 직관(直觀)의 바탕을 마련하는 '좌망(坐忘)'과 흡사하다.

『무지의 구름』의 관상 기도는 의식의 변형을 유도하여 신비적 합일의 의식 상태(Mystical State of Consciousness)에 도달하는 기법이다. 자력으로 의식 변형을 유도하여 궁극의 경지에 도달한다는 점에서는 동양 사상의 수행(수양)과 다를 바 없다.

『무지의 구름』은 플로티노스의 '유출—정화'라는 지성적 신비주의 경향과는 달리 '신에 대한 사랑과 은총'이라는 종교성을 지향한다. 그러나 신적 은총을 강조하면서도 저자는 신의 은총을 구하기 위해 영혼이 끊임없이 노력해야 한다는 점을 강조한다. 관상 기도 과정에서 영혼의 의도적인 노력과 신의 은총이 조화롭게 이뤄져야 한다는 것이다. 이 관상 기도의 과정은 초기 기독교부터 널리 활용돼 왔던 '정화—조명—일치(완덕)'의 3단계로 구분되는데, 이는『장자』「대종사」'남백자규(南伯子葵)와 여우(女偊)'의 우화에서 제시된 득도 과정인 '조철(朝徹) → 견독(見獨) → 영녕(瓔寧)'의 원리와 흡사하다.

『무지의 구름』의 관상은 '정화 → 조명 → 일치'라는 전통적인 방식 외에도 '집중 → 비움 → 드러남'이라는 수행 과정의 변화에 초점을 맞춘 도식으로도 해석될 수 있다. 여기서 제시되는 수행의 방법은 특정 단어의 반복적 음송, 화두(話頭) 참구(參究), 시각적 이미지의 활용, 호흡을 세는 등의 '마음 집중법' 및 분별적 사고에서부터 자아 개념에 이르는 의식의 모든 내용을 '비우는' 방법들이다. 이러한 의도적인 집중과 비움의 노력을 통해 자신을 철저하게 비워 내 수용성을 극대화하면, 가려져 있던 마음의 층위가 자연스럽게 드러나서 이원적 분리가 하나로 통합되는 합일 체험이 발생한다는 것이다. 이는 도가가 마음을 비워 청기(清氣)를 채움으로써 자연합일을 이루는 방법이나 불가에서 표층심리를 지워 아뢰야식에 도달하는 방법과 유사하다.

『내면의 성(城)』에서 테레사는 신비적 합일체험이 영혼의 부단한 노력과 신의 은총이 결합되어 이루어지지만, 그 이후에도 오랜 시련과 고통을 겪은 다음에야 비로소 '이웃 사랑'이라는 신의 뜻을 흔들림 없이 실천하는 인간적 완성이 가능하다고 했다. 그녀가 보여 주었던 적극적인 사회 참여는 이런 맥락에서 이해될 수 있다. 그 점에서 테레사의 가르침은 불교 전통이 궁극적 깨달음의 징표로 자비에 입각한 보살 정신을 강조하는 것과 매우 닮아 있다.[34]

프랑스 현대 철학자 미셸 푸코(Michel Foucault, 1926~1984)는 서양의 고대 사유와 문화에서 중요시됐던 '자기 인식'과 '자기 배려' 및 거기에 관련된 모든 기술들이 잊히게 된 이유를 그리스도교 금욕주의의 윤리적 역설, 자기 기술들 대부분이 오늘날 서구에서는 교육과 교습 및 의료와 심리학적 테크닉에 통합되어 버렸기 때문, 인간과학들이 자기와 자기가 맺는 가장 중요한 과제가 본질적으로 인식의 관계여야 한다고 전제하기 때문, 사람들은 자신들이 해야 할 바가 자신의 숨겨진 현실의 베일을 벗기고 해방시키고 발굴해야 한다고 생각하기 때문 등이라고 말했다. 그는 서구의 사유체계에서 중세 철학과 현대의 실존주의 및 심리 관련 학문의 타율적 과학주의에 묻혀 버린 수양론의 계발 필요성을 역설하고 있다.

저는 '자기(自己)'가 역사를 통해 발전돼 온 자기 테크놀로지들의 상관물로서 간주되어야 한다고 생각합니다. 그러므로 자기를 석방하거나 '해방하는 것'이 아니라 어떻게 하면 새로운 유형의, 새로운 종류의 자기 관계를 만들어 낼 수 있을지

---

34 박찬욱·윤희조 기획, 한자경 편집, 정준영 외 4인 집필, 『깨달음, 궁극인가 과정인가』, 운주사, 2015, 294쪽.

궁리하는 것입니다.[35]

    끝으로 동·서양의 신(神. god) 개념을 비교해 본다. 한자로 번역하기에 같은 '신(神)'이지만 동양의 신(神)은 자연과학적(기론)·심성론적 개념이고, 서양의 신(god)은 인격적 절대자이자 신앙의 대상으로서 종교적 개념이다. 이런 구별은 일차적으로 동양 사상이 자연과학과 종교성을 포괄한 넓은 범주인 것과 달리 현대 서양 철학이 종교는 물론 자연과학 등 여러 분과 학문으로 나뉘어 있는 차이에 기인한다. 동양 사상에서 '신(神)'은 기(氣)가 '정 → 기 → 신'의 단계를 거쳐 최고로 고도화된 것으로서 '묘(妙)'라는 작동성을 발휘하여 우주 만물에 통하고 미치어 자연합일·전일화(全一化)의 효과를 낳는다. 이런 신의 작동 모습을 '신통묘용(神通妙用)'이라 하고, 이를 줄여서 '신묘(神妙)'라고 한다. 도가의 수양과 양생은 이 신묘를 기제로 삼는다. 유가 수양의 교기질(矯氣質), 불가 마음구조의 장식(藏識)과 이를 바탕으로 한 불가수행 원리에도 신묘의 의미가 들어있다.

    이에 비해 서양의 신(god)은, 그 자체는 신성불가침이자 인지(人智)적 이해나 자연과학적 원리로 가 닿을 수 없는 종교적 영역이다. 그러나 그 신을 영접하여 만나기 위한 기도 등 정신적 노력이나 육체의 금욕적 수련은 동양 사상 유·불·도가가 신묘(神妙)의 원리로써 이루고자 하는 수양(양생, 수행)과 목적이 같다고 할 수 있다. 여기서 '종교(宗敎)'와 'religion'의 어원을 살펴볼 필요가 있다. 중국에서는 원래 불교를 '불가(佛家)'라 했고, 그 안에 천태종·

---

35   오트르망·심세광·전혜리 옮김, 『비판이란 무엇인가?/자기수양』, 동녘, 2017, 123-124쪽.

화엄종·선종 등 종파가 창시되어 각각의 가르침을 '종교(宗敎)'라 했다. '불교(佛敎)'라는 말은 일본에서 메이지(明治, 1868~1912) 시대에 쓰이기 시작하여 한자문화권에 퍼지게 되었다. 동시에 영어 'religion' 번역어로 '종교'라는 말이 전용(轉用)되면서 거꾸로 불교가 그 속에 포함돼 오늘에 이르고 있다. 즉 '불가의 한 종파의 가르침'에 해당하는 정도의 의미를 가진 말이 religion 번역어가 되면서 이윽고 천태종·화엄종·선종 등 원래의 '종교'들인 불가 전체를 포함하는 용어로 전도(顚倒)된 것이다. 원래 religion은 're(다시)+lig(묶다)+ion(명사형)'으로서 라틴어 relegere(다시 읽고 생각하다. 새로운 선택을 위하여 과거를 되돌아보다)에서 온 말로 성찰·반성·집중·일상 속의 신의 발견(신과의 재접속) 등의 의미가 있다고 한다. 동양 사상의 입장에서 보면 '종교'란 사상적 분파의 가르침이면서 그 바탕에 인간의 본래성 또는 자연성의 회복·합일·재결합을 시도하는 성찰·집중·반성 등 수양론적 함의를 공유하는 것이라고 할 수 있겠다.

동양 사상가 남회근(1918~2012)은 "형이상학적으로 본성을 말하는 것은 유가나 도가나 서양 종교나 철학이 모두 부처님 손바닥을 벗어나지 못한다"면서 도가의 내단은 불가의 이성을 실현하기 위한 공부[36]라고 설명한다. 독일 철학자 페터 슬로터다이크(73)는 『너의 삶을 바꿔야 한다』에서 종교란 '자기수련(수행)'의 외피로서, 죽음이라는 궁극의 위협으로부터 자신을 보호하기 위해 이 죽음을 다스리는 종교적 체계, 즉 자기수련의 체계를 만들어낸 것이라고 말한다. 그는 나아가 기후온난화라는 '전 지구적 차원의 위기'에 대한 '자기수련적 공동대응'을 말하고 있다.

---

36   남회근 지음 최일범 옮김, 『참동계 강의/ 하』, 2019, 부키, 제58강.

3. 유·도·불가(儒·道·佛家)의 수양론

1) 유가(儒家)의 수양(修養)

유학은 공자 시대의 선진 유학(先秦 儒學)에 비해『주역』과『중용』을 근간으로 하여 우주론과 심성론의 이론 체계를 갖춘 송대의 정주학(程朱學: 정명도·정이천 형제와 주희에 의해 설립된 신유학, 즉 성리학)은 정통의 순수성 문제가 거론될 만큼 내용상 상이한 측면이 있다. 공·맹의 선진 유학은 우주론(또는 존재론)에 기반한 바 없이 바로 인간의 본성을 말했다. 그것은 학문적 체계성을 띤 이성적 규정이라기보다는 인에 대한 순수한 서술이라고 할 수 있다. 이에 비하여 정주학은 상당한 토론과 탐색을 통해 존재론과 심성론 및 수양론을 구축한 측면이 있다. 따라서 유가 수양론에의 접근은 유학의 큰 두 줄기인 선진 유학과 송·명대 유학의 수양론을 '따로 또 같이' 살펴보는 방식을 취할 필요가 있다.

다시 말하면 공·맹의 인성론에 기반한 '극기복례' 및 '존심양성'설이 주자의 심성론(중화신설)에서 발원하는 '미발함양−이발성찰−격물궁리'(주자 수양론의 완성태)설과 어떻게 다르며 어떤 공통 맥락을 갖는지를 살펴보는 유기적 이해의 노력이 필요하다. 유가 수양론의 이해가 이처럼 번잡스런 것은 유가 수양론의 이론적 미비가 불가 수행론의 자극을 받아, 또는 불가 수행론과 경쟁 관계 속에서 보완되면서 뒤늦게 전에 없던 내용을 채우는 과정을 거쳤기 때문이다. 이와는 달리 불가의 수행론은 애초의 석가모니의 입설(解)에 입각한 실천(行)론으로서 한 줄기가 더욱 세련되는 쪽으로 일관되게 연변(演變)되었고, 도가의 수양론 역시 노자의 존재론적 도(道) 개념을 장자가 수양론적 '경지'의 차원으로 계승 발전시킨 것 밖으로 일관성을 잃지 않았다.

살펴본 바와 같이 '존심양성(存心養性)'과 '수심양성(修心養性)'의 의미를 '마음을 보존하고 닦아 선한 본성을 보전하여 확장하는 공부'라고 할 때, 유학의 수양론은 공자가 자각한 인간의 본성 내용인 仁과 더불어 출발한다고 할 수 있다. 여기서 '자각'이란 서양 종교의 '신의 계시'에 대비되는 개념으로서 동양 사상의 수양론적 특성을 나타낸다. 공자는 『논어』에서 인(仁)을 말하면서 그것을 알게 된 유래에 대해서는 언급하지 않았다.

이는 그가 인을 마음속 당위(當爲)로서 직관적 통찰에 의해 스스로 체인(體認)했음과, 동시에 공자와 같은 인간 누구나 그런 자각에 이를 수 있는 가능성을 열어 두었음을 말해 준다. 계시(啓示)가 '타력(他力)이 가르쳐 보여 주는 것'이라면 仁[37]은 공자가 자력으로 터득한 인도(人道)의 개념이므로 누구나 공자처럼 스스로의 노력(수양)으로 터득할 수 있는 것이다. 따라서 공자의 수양론은 仁을 체득하는 방법론이라고 할 수 있다. 공자는 仁이 무엇인지에 대하여 이렇게 말한다.

夫仁者己欲立而立人 己欲達而達人. 能近取譬, 可謂仁之方也已.(雍也)

무릇 인이란 자기가 서고자 하면 남도 세워 주고, 자기가 달성하고자 하면 남을

37　인은 후에 유학의 학문적 이론 체계 수립 필요성을 느낀 송대 유가에 의해 『주역』의 우주론과 『중용』 심성론을 종합·연역한 '誠'이라는 천도와 인도를 겸한 개념으로 이론화된다.

달성케 하는 것이다. 가까운 자신을 비유로 삼는다면 仁을 구하는 길(方)이라 할 수 있다.

仁이란 남을 나처럼 여기는 경지이다. 남을 나처럼 여기는 데는 사사로운 감정이 없어야 한다. 자신 안의 사사로운 감정을 없애는 일은 공심(公心, 공적 마음)을 세우는 일이며 이것은 스스로 주체성을 발휘함으로써 가능한 순수 자각의 범주이다. 여기에서 공자가 인을 구하는 방법으로 자아(自我)의 주재성(主宰性)을 밝혔다는 데에 仁을 향한 수양론적 함의가 있다. 이로써 공자는 천도로써 예의 근본을 삼는 종래의 세속신앙적 관념을 바꿔 놓았다. 이는 또한 훗날 성리학에서 성(性)을 천명(天命)으로 본 것과도 같지 않다. 공자에 따르면 인은 가까운 자신에서 자각을 통해 터득하는 것이어서 잠시라도 밖에서 구할 수가 없다. 유가 이론은 어디까지나 현실 인간세의 교화(敎化)를 지향하므로 仁이란 인간의 공동체적 삶과 질서 유지를 위한 선한 연대의식이라고 할 수 있다.

子曰 苟志於仁也, 無惡也.(里仁)
진실로 인에 뜻을 두면 죄악(그릇됨)이 없다.

우리가 크게 仁하면 公心을 가득 갖추고 있는 것이어서 사사로움이 없으므로 공적인 기준에 맞는 이치에 따라 시비(是非)를 판단할 수 있다. 이렇게 公心으로 가려낸 옳음은 곧 의(義)이다. 그러므로 仁은 義의 근본이 된다. 대개 義란 정당성(올바름)을 가리키며, 우리가 올바름을 구할 수 있는 것은 우리가 공심을 세울 수 있는 데에 있다. 공심과 사사로움의 관계는 동전의 양

면과 같아서 공심이 서지 못하면 반드시 이욕(利慾)에 빠지게 된다. 공심이 세워지면 저절로 합리적 직분(理分)에 따라갈 수 있다. 공심을 세우는 것이 仁이요, 이치에 따르는 것이 義이다.

뒷날 맹자는 공자의 인·의(仁·義) 관념을 밝혀 말하기를 "인에 머물고 의를 거친다(居仁由義)."고 했고, 또 "仁은 '인간의 마음'이요, 義는 '인간의 길'"이라고 했다. 仁은 자각의 내용이며, 義는 이 자각의 활용이다. 公心을 세울 수 있는 자는 실천 중에서 반드시 올바름(正當)을 구하게 된다. 이것이 바로 인은 의의 기초요, 義는 仁이 드러난 것이 되는 까닭이다.[38]

顔淵問仁. 子曰 克己復禮爲仁. 一日克己復禮, 天下貴仁矣. 爲仁由己, 而由人乎哉? 顔淵曰, 請問其目. 子曰 非禮勿視, 非禮勿聽, 非禮勿言, 非禮勿動.(顔淵)

안연이 인을 물었다. 공자께서 대답했다. "자기(사욕)를 누르고, 禮에 돌아가는 것이 仁이다. 하루만 극기복례하면 천하 사람들이 仁으로 돌아갈 것이다. 仁을 행함은 자신에 달려 있는 것이지 남에게 있겠는가?" 안연이 그 세목을 청하였다. 공자께서 말하길 "예가 아니면 보지 말고, 예가 아니면 듣지 말고, 예가 아니면 말하지 말고, 예가 아니면 움직이지 말라."

윗글은 仁과 禮의 관계를 말하고 있다. 극기(克己)는 사사로움을 제거하는 것이며, 복례(復禮)[39]는 이치에 따르는 것이다. 사욕을 누르고 禮로 돌아감은

---

38 노사광 저, 정인재 역, 『中國哲學史』(古代篇), 探求堂, 1990, 74쪽.

39 禮는 협의로 儀式을 말하고 광의로는 공적인 질서나 질서 의식을 의미한다. 질서는 공적 기준의 이치(理)에 맞게 차례가 유지되는 것이다. '공적 기준의 이치에 맞음'은 곧 義이니 禮는 義의 표현이다.

곧 공적인 이치(올바름)에 맞게 행동함, 곧 義의 실천이다. 사욕을 억누르고 禮로 돌아감, 즉 克己復禮는 이치에 따라서 올바름을 구하려는 의지의 방향대로 행동한다는 말이다.

여기에서 仁·義·禮는 '仁 → 義 → 禮'의 관계를 형성함을 알 수 있다. '질서 의식'인 禮는 義를 그 내용으로 삼고, 義는 또 仁을 기초로 삼는다. 公心(仁)에서 공적인 올바름(義)이 나오고 올바름은 禮로써 나타난다. 거꾸로 거슬러 보자면 사람은 예를 지킴으로써 '올바름을 추구하려는' 의지를 양성한다. 公心(仁)이 없으면 질서(禮)를 세울 수 없다. 질서는 올바름(義, 정당성)에 의거하고, 올바름을 구하려면 公心에 의거해야 한다. 이러한 의지 관계에 인하여 公心이 환기된다. 여기에서 克己復禮에 공자 수양론의 한 측면이 있음을 알 수 있다. 공자는 仁을 묻는 안연에게 仁(公心)을 환기시키는 수양의 방법을 말한 것이다. 그것은 克己復禮이고 좀 더 구체적인 방법(세목)은 '비례물시(非禮勿視), 비례물청(非禮勿聽), 비례물언(非禮勿言), 비례물동(非禮勿動)'이다.

여기에서 '克己復禮'를 '仁 ← 義 ← 禮'의 도식으로 풀이하여 '禮'라는 외형적인 규제로써 애초에 '없던' 仁'을 새로이 '양성'하는 것으로 판단해서는 안 된다. '禮'를 수양의 방법으로 삼는 것은 순자 수양론 또는 일본의 예치사상(禮治思想)에 기반한 '일본다도'나 서양의 행동주의 학습이론 등에서 볼 수 있는 것으로 성악설에 근거하는 것이다. 공자의 '극기복례'는 성선설을 내포하고 있음을 잊어서는 안 된다. '克己復禮'는 사람의 본성으로서 원래 타고난 仁을 예(禮)로써 환기시키고 함양(涵養)하는 일이다.

공자의 仁을 함양하는 수양 방법 중 또 다른 하나는 충·서(忠·恕)의 개념에서 볼 수 있다.

子曰 參乎! 吾道一以貫之. 曾子曰 唯. 子出, 門人問曰 何謂也? 曾子曰 夫子之道 忠恕而已矣.(里人)

공자께서 말했다. "曾參아! 나의 道는 하나로 꿰뚫었다." 증자가 말했다. "알겠습니다." 공자가 밖으로 나가자 문인들이 (증자에게) 물었다. "(선생님의 말씀은) 무슨 뜻인가?" 증자가 대답하였다. "선생님의 道는 忠恕일 뿐이다."

증자는 忠과 恕를 공자가 지닌 '일관지도(一貫之道)'로 판단하였다. 여기서 道=忠·恕라면 道와 仁, 仁과 忠恕의 관계는 어떤 것인가?

子曰富與貴, 是人之所欲也. 不以其道得之, 不處也. 貧與賤, 是人之所惡也. 不以其道得之[40], 不去也. 君子去仁, 惡乎成名?(里人)

공자께서 말했다. "부와 귀는 사람이 다 바라는 것이다. 道로써 그렇게 하는 게(부귀에 머무름) 아니라면 거기에 머물지 않는다. 가난과 천함은 사람이 다 싫어하는 것이다. 道로써 그렇게 하는 게(빈천을 버림) 아니라면 굳이 버리지 않는다. 군자가 인을 버리고서 어떻게 이름을 이루겠는가?"

이 글에서 공자는 道와 仁을 같은 맥락으로 사용하고 있다. 그렇다면 仁과 忠恕는 어떤 관계일까?

---

40 『논어』에서 우리말로 번역하기 어려운 문구의 하나이다. '(부귀에 머무름이나 빈천을 버림이) 정당한 방법(道 또는 仁)으로 그렇게 할 수 있는 것이 아니라면'으로 번역하는 게 적절하다. 즉 부귀를 좋아하고 그것에 머무름이나 빈천을 싫어하고 그것을 버림은 공적으로 정당하게 해야 한다는 의미이다. '以其道得之 도로써 그렇게 할 수 있음'은 모든 일이나 행동의 기준을 인에 두어야 한다는 의미이다.

仲弓問仁. 子曰 出門如見大賓, 使民與承大祭, 己所不欲 勿施於人.(顔淵)

중궁이 인을 물었다. 공자께서 대답했다. "밖에 나가서는(사람을 대할 때는) 큰 손님을 만난 듯이 하며, 백성을 부릴 때는 큰 제사를 모시듯이 하고, 내가 하고 싶지 않은 것을 남에게 시키지 말라."

子貢問曰 "有一言而可以終身行之者乎?" 子曰 "其恕乎! 己所不欲, 勿施於人.(衛靈公)

자공이 물었다. "한마디로 일생 동안 행할 수 있는 것이 있습니까?" 공자께서 말했다. "그것은 恕이다! 자기가 하고 싶지 않은 것을 남에게 시키지 말라."

윗글과 아랫글을 대비해 보면, 아랫글에서 윗글과 중복되는 부분(己所不欲 勿施於人)을 恕라고 설명하고 있으니 윗글 앞부분 '出門如見大賓, 使民與承大祭'은 忠임을 알 수 있다. '出門如見大賓'은 공경하고 삼감(敬), '使民與承大祭'은 정성을 다하여 받듦(誠)을 말한다. 이 두 구절은 공경스럽고(敬) 성실한 태도(誠)를 나타낸다. 공경스럽고 성실한 태도는 바로 자신의 마음을 극진히 하는 것(忠)이다. 따라서 忠의 세부 내용은 敬과 誠이다.

『논어』에서 공자가 忠을 상세히 설명한 대목은 눈에 띄지 않는다. 그러나 忠 자의 공통된 뜻으로 보건대, 공자가 말한 '충성과 믿음을 주로 하라(主忠信)', '충고하여 그를 선도하라(忠告而善導之)' 등의 말은 모두 忠의 의미가 바로 誠과 敬임을 가리킨다. 그러므로 仲弓의 네 구절을 합하여 볼 때 공자가 말한 것은 바로 忠과 恕 두 개념을 仁으로 해석한 것임을 알 수 있다. 뒷날 송유(宋儒)는 '자기를 극진히 발휘하는 것'을 忠이라 하고, '자기를 미루어 보는 것'을 恕라 한다(盡己之謂忠 推己之謂恕)고 충서의 뜻을 해석하였다.[41] 忠은 글자 뜻대로 '마음(心)의 중(中)을 확보하는 것' 즉 마음에 흔들리지 않는 기둥을 세우는 일이고, 恕는 충에 바탕하여 다른 사람을 이해하고 마음을 헤아려 주는 것이다.

여기에서 仁과 忠·恕의 관계를 좀 더 상세히 들여다보자. 仁은 내가 서고자 할 때 남을 세워 주는 公心의 '의지'이다. 이 '의지'는 실천행동(禮)으로 나타나야 그 의미가 실현된다. 실천행동으로 나타나는 인의 양 측면은 '사리사욕에 얽매여 있지 않음'과 '남을 위함'이다. 전자는 자신에 대한 처신으로서 '利慾에 지배되지 않아 생각마다 구차스럽지 않음' 즉 忠이다. 후자는 남에 대한 처신으로서 '남을 자기처럼 생각하는 것' 즉 恕이다.

그러나 모든 사람에게 있어서 본성인 仁이 저절로 실천행동으로 옮겨지는 것은 아니다. 공자와 같은 선각자의 가르침으로 우리 심성에 仁이 들어 있음을 믿어 이해하고 이를 실천행동으로 구현하려는 노력이 필요하다. 공자가 忠恕를 말한 것은 仁이라는 '의지 상태'에 도달하기 위해 마음을 닦는 방법을 말한 것이라고 할 수 있다. 즉 仁의 경계에 도달하기 위해 의지를 단련하는 忠·恕가 공자의 수양법이라고 할 수 있다. 공자의 수양론에서 확인된 忠·恕의 내용인 敬과 誠은 훗날 송대 성리학에서 공부법으로 자리 잡는다.

파생이론으로서 공자는 義와 命을 각각 '자각적 주재'와 '객관적 제한'으로 구분하고 자신의 경우를 예로써 의와 명을 가릴 수 있는 인격 성숙의 단계를 설명하였다. 이 또한 공자의 수양론에서 '수양의 단계적 공효(功效)'라는 측면으로 이해할 수 있겠다.

41　위의 책 89쪽.

子曰 吾十有五而志於學 三十而立 四十而不惑 五十而知天命 六十而耳順 七十而
從心所欲不踰矩(「爲政」)

공자 왈 나는 열다섯에 배움에 뜻을 두었고, 서른에 주견이 섰으며, 마흔에 의
혹이 없었고, 쉰에 천명을 알았으며, 예순에 이순(耳順: 義와 命을 가리기 수월함)
하였고, 일흔에는 맘대로 해도 법도에 어긋남이 없었다.

여기서 지천명은 사람의 힘으로 할 수 있음과 없음(객관 제한)을 알았다는
뜻이다. '불혹' 이전의 공부는 옳고 그름(도덕적 가치판단)을 가릴 수 있는 자
각적 의지(義)의 배양이어서 不惑에 와서 義를 잘 가릴 수 있게 되었고 이윽
고 知天命에 와서는 義와 구별되는 사실의 문제(命, 天命)를 알게 되어서 인
간이 주재할 수 있는 영역(義)과 주재할 수 없는 영역(命), 즉 사실과 가치판
단의 문제가 분리되어 드러나게 되었다. 그럼으로써 耳順으로부터 마음껏
하고 싶은 것을 해도 저절로 義와 命의 구분에 따르는 것이 되어 법도에 어
긋나지 않는 영역으로 들어간 것이다.

공자는 이 밖에 "도에 뜻을 두고, 덕에 근거하고, 인에 의지하며, 예에서
노닐다(志於道, 據於德, 依於仁, 游於藝)"(『論語』「述而」), "시에서 일어나고[42], 예
에서 바로 서며[43], 악에서 완성한다[44](興於詩 立於禮 成於樂)."(『論語』「泰伯」)고
하여 수양론을 보강하였다.

---

42 시가 주로 인간에게 언어·지혜의 계발과 고양을 일으킨다는 의미.
43 예의 규범에 대한 자각적 훈련과 습득을 말함.
44 내재적 심령의 완성을 말함.

'游於藝'의 '藝'는 六藝(禮樂射御書數)의 '藝'다. 공자가 "군자는 도에 뜻을 두고 덕에 근거하며 인에 의지하는 것" 외에 "예에서 노닐다"라고 한 것은 군자가 물질적 기능과 관련이 있는 모든 훈련을 숙련하고 습득해야 함을 말하는 것이다. 물질적 기능을 습득하는 데는 자연의 합법칙성을 이해하고 운용하는 것을 포함한다. 기능에 대한 숙련과 습득도 자유감을 낳는 기초가 된다. "예에서 노닐다"의 '예'는 바로 이러한 습득에서의 자유감을 강조한 것이다. 공자는 인간이 객관적 세계를 다루는 과정 중에서 심신의 자유를 느끼고 획득하며, 그것은 동시에 인간의 인격상의 이상을 실현할 때 기술적 습득의 역할을 중시한 것이다.[45]

결국 객관적 기예와 사물의 규칙을 물질적 실천을 통해 숙련하고 습득하여 자유롭게 운용함은 실천력을 몸에 갖춘 인격의 완성을 뜻하는 것으로서 공자가 말한 "마음이 하고자 하는 대로 하여도 법도를 넘지 않는" 것(從心所欲不踰矩)을 가능케 한다. 공자의 이러한 수양론은 송대(宋代)의 격물궁리(格物窮理)론으로 이어진다.

윗글에서 또 "成於樂"은 악의 도야를 통해 완전한 인격을 완성한다는 뜻이다. 악은 성정을 완성하는 것이고 성정을 완성하는 것은 또한 몸을 수양하는 것이기 때문이다. 詩가 인간에게 사유를 고취시키고, 禮가 외재적 규범을 준수토록 한다면, 樂은 위에서 말한 바의 藝처럼 내재적 성정의 완성을 기한다고 할 수 있다.

공자의 수양론과 관련해서『심경』에서는『논어』「자한편(子罕)」편에 나오는

---

45   리쩌허우(李澤厚) 지음, 조송식 옮김,『華夏美學』, 아카넷, 2016, 95-97쪽.

'절사(絕四)'[46]를 소개하고 있다.

맹자는 성선설을 제시하여 공자의 仁·義·禮 학통을 보충·완성하였다. 그런 만큼 수양론에 있어서도 맹자는 좀 더 구체적인 언급을 하였다. 맹자는 '마음을 간직하고 성품을 배양하는' '存心養性'의 방법을 제시했다. 存心의 과제로서는 마음을 수렴하는 구방심(求放心)과 마음의 중심을 확립하는 부동심(不動心)을 말하고, 養性의 과제로서는 '養氣'의 방법으로 야기(夜氣)와 호연지기(浩然之氣)를 기르는 방법을 제시했다. 여기에서 알 수 있는 것은 맹자는 당시 사상의 전반적 저류로 흐르던 기론(氣論)을 수양론에 응용하였다는 것이다. 맹자의 수양론은 「공손추(公孫丑)」 장에서 찾아볼 수 있다.

曰 敢問夫子之不動心, 與告子之不動心, 可得聞與? 告子曰 不得於言, 勿求於心. 不得於心, 勿求於氣. 不得於心, 勿求於氣 可. 不得於言, 勿求於心, 不可. 夫志, 氣之帥也. 氣, 體之充也. 夫志至焉, 氣次焉, 故曰持其志, 無暴其氣. 旣曰, 志至焉, 氣次焉. 又曰, 持其志 無暴其氣者, 何也? 曰志壹則動氣, 氣壹則動志也. 今夫蹶者趨者, 是氣也, 而反動其心.(公孫丑 上)

"감히 여쭙건대, 선생님의 부동심과 고자의 부동심의 차이를 들을 수 있겠습니까?" "고자는 말에서 얻지(理解) 못하면 마음에서 찾지 말고, 마음에서 얻지 못하면 氣에서 찾지 말라고 하였다. 그런데 마음에서 얻지 못하면 氣에서 찾지 말라고 한 것은 괜찮으나, 말에서 얻지 못하면 마음에서 찾지 말라고 한 것은 옳지 않다. 대체로 의지는 氣의 통솔자이고, 氣는 몸에 가득 차 있다. 의지가 이르는 곳에는 기가 부차적으로 따른다. 그러므로 그 의지를 꼭 잡고 있되 또한 기를 난폭

---

46   毋意(의도함이 없음), 毋必(기필함이 없음), 毋固(고집함이 없음), 毋我(사사로움이 없음).

하게 만들지 말라고 하였다." "이미 의지가 전일하게 되면 기는 부차적으로 따른다고 했는데, 또 그 의지를 꼭 붙잡고 기를 난폭하게 만들지 말라고 하는 것은 무슨 뜻입니까?" "의지가 전일하게 되면 기를 이끌어 갈 수 있고, 또 기가 전일하게 되면 의지를 이끌어 갈 수 있다. 지금 넘어지고 달리는 것은 기로 인한 것이지만 이 기가 돌이켜서 또한 마음을 움직이게 하기 때문이다."

윗글은 '求放心'으로 지켜 낸 마음이 더 이상 흔들리지 않도록 중심을 잡는 '不動心'에 관한 언급이다. 말(言)은 인식의 표현, 마음(心)과 지(志)는 덕성 또는 덕성을 지향하는 마음의 방향, 기(氣)는 감정의 흐름을 각각 가리킨다. 유학은 덕성을 중시하므로 반드시 지(志)로써 氣를 통솔해야 하고, 또 마음으로 말을 바로잡아야 한다. '志로써 氣를 통솔하는 최후의 경계는 생명정의(生命情意)의 이성화'[47]이다. '생명정의의 이성화'란 志로써 氣를 잘 통솔하여 정(情)이 심(心)의 관할하에 절도에 맞게 작동하도록 하는 것으로서 곧 '중용(中庸)'의 상태를 이룸을 말한다. 이런 상태에 이르는 공부 과정이 맹자의 氣的 수양론으로서의 '양기(養氣)'이다.

敢問, 夫子惡好長? 曰, 我知言, 我善養吾浩然之氣. (公孫丑 上)
"감히 여쭙겠습니다. 선생님은 무엇에 뛰어나십니까?" 대답하기를 "나는 남의 말을 알고(知言), 나의 호연지기를 잘 기른다."

지언(知言)은 다른 사람의 말(言)에 나타나는 덕성을 내 마음(心)으로 비추

47　노사광 저, 정인재 역, 『中國哲學史』(古代篇), 探求堂, 1990, 137쪽.

어 읽어 낸다는 뜻이고, 호연지기를 기름(養氣)은 내 마음의 의지(志)로 기를 잘 통솔하여 바람직한 방향으로 기가 대거 확충되도록 한다는 의미이다.

敢問, 何爲浩然之氣? 曰, 難言也. 其爲氣也, 至大至剛, 以直養而無害, 則塞於天地之間. 其爲氣也, 配義

與道, 無是, 餒也. 是集義所生者, 非義襲而取之也. 行有不慊於心, 則餒矣. 我故曰, 告子未嘗知義, 以其外之也.(公孫丑 上)

"감히 여쭙겠습니다. 호연지기란 무엇입니까?" 답하기를 "말하기 어렵다. 그 호연지기의 氣로서의 특징은 지극히 크고 강건하여 곧게 길러 아무런 해침이 없으면 천지 사이에 꽉 차 있게 된다. 그 기는 義와 道에 짝하고 있다. 이것(義와 道)이 없으면 (氣는) 굶주리게 된다. 이것은 義를 모아서(集義) 생기게 된 것이다. 義가 (저절로)엄습해 와서(義襲) 이를 얻은 것이 아니다. 행위함이 마음에 흡족하지 않음이 있으면 (호연지기는) 굶주리게 된다. 나는 그러므로 고자는 義를 알지 못했다고 말했다. 그것은 그가 義를 밖에 있는 것으로 여겼기 때문이다."

마음의 정적(情的) 요소(氣)가 志(이성)에 의해 온전히 통솔될 수 있는 상태를 '감정의 이성화'라고 한다면, 이성화된 氣는 지극히 강해진다. 맹자는 "의와 도에 짝하고 이것이 없으면 굶주리게 된다."고 말하고 "호연지기는 集義의 소생…"이라고 말함으로써 '養氣' 즉 호연지기를 기르는 방법이 '의로움을 쌓는 일'임을 알려 주고 있다. 여기에서 유가의 수양론이 초월적 인식론 차원에 있는 道·佛의 수양론과 달리 세속적 가치를 지향하고 있음을 알 수 있다.

유가의 수양론은 송대에 들어와 성리학의 전개와 함께 전기를 맞는다. 수양론적 견지에서 볼 때 성리학의 핵심 이론인 '성즉리(性卽理)'는 두 방향의 수양론적 전제를 담고 있다. 하나는 인간의 본성(性)과 마음(心)을 구분하여 선성(善性)을 실현하는 실천적 활동성인 마음의 역할에 대한 강조다. 이 선성을 담지한 마음을 일단 돈독히 하려는 노력이 존덕성(尊德性, 居敬涵養)의 공부이다. 다른 하나는 본성으로 자리 잡고 있는 리(理)가 개개의 구체적인 현상에서 기(氣)의 차이에 따라 차별적인 모습으로 나타난다는 것이다. 이 개별적인 차이를 파악하다 보면 세계 전체의 이치를 총괄적으로 이해하게 되는 것이다. 이는 현장의 도덕실천을 위한 이치의 탐구인 격물치지(格物致知, 省察·窮理·道問學), 현장에서의 실천인 예의 준수와 같은 '역행(力行)'이라는 수양의 모습으로 나타난다.

존덕성의 공부는 다시 마음 안에 정(情)이 발하기 이전인가 이후인가에 따라 '미발시공부(未發時工夫)'와 '이발시공부(已發時工夫)'로 나뉜다. 미발시공부는 마음 안에 어떤 감정이나 사려분별이 일어나지 않은 상태에서의 공부이다. 미발시 마음은 아무런 감각이 없고 오로지 정적(靜寂) 속에서도 성성(惺惺)하게 깨어 있는 '허령불매(虛靈不昧)'의 상태이다. 미발시공부는 허령불매의 마음, 즉 마음 심층의 본성 또는 마음 자체를 자각하고자 하는 것이다. 그 공부법이 '계신·공구(戒愼·恐懼)'이다. 이발시공부는 마음이 막 움직이기 시작하는 낌새(幾微)를 포착하여 그 안에 나타나는 성선(性善)의 여부와 정도를 잘 판별해서 마음의 주재성으로 조절할 수 있는 단서를 마련하는 것이다. 이 공부법, 즉 성선 실현을 위한 마음 다잡기를 은밀한 기미를 '홀로 신중히 살핀다'는 의미의 '신독(愼獨)'이라 한다.

그런데 미발공부에서 '허령불매'의 마음상태를 자각함에는 지각되는 것과 지각하는 자가 둘로 구분된다는 관점[48]과, 지각되는 것과 지각하는 것이 서로 분별되지 않는다는 관점이 있다. 주희는 전자를 강조한다. 허령지각에서 지각하는 것은 氣로서의 心이며, 지각되는 것은 심 안에 함유된 理라고 생각한다. 주희는 심은 리를 알기 위해 심 자신을 불편하게 들여다보기보다는 차라리 천지만물에 나타나는 리를 직접 관찰하는 것이 더 확실한 방법이라고 생각했다.

그래서 주희 성리학은 미발공부 또는 마음공부보다는 사물을 통해 그 리(理)를 궁구하는 이발의 견문공부, 격물치지 공부를 더 중시하게 되는 경향이 있다. 주희는 미발을 심이 체인하기 어려운 경지로 보는 '중화구설(심체성용, 性體心用)'[49]의 잔념(殘念)을 떨궈 버리지 못했거나, 본체를 직접 체인하는

---

48 칸트는 인간에게 초월적 자아를 인식할 수 있는 지적 직관력이 없기 때문에 초월적 자아는 의식되지만 인식되지는 않는다고 하였다.

49 주희의 미발함양공부는 중화신설의 심성 이해로부터 도출된 수양론이다. 이는 또한 맹자의 存心養性과 장재의 心統性情을 근간으로 성립된다. 즉 미발함양은 존심을 통한 양성이며 이는 심통성정의 원리에서 가능하다. 주희의 스승 이동(李侗, 1093~1163)은 주희에게 먼저 미발의 기상을 체득할 것을 주문하고 그 방법으로 정좌 수행을 강조했다. 이동이 미발의 순간에 理一의 근본이 이미 내 안에 있음을 체인(體認)하라고 한 것은 分殊의 현상에 理一이 편만해 있음을 체득하라는 것이었고, 이는 불교의 직접적인 본체 인식 방식과 다름을 강조한 것이다. 주희는 처음에 이동 아래에서 함양공부를 통해 미발체인을 얻고자 했으나 실패했고, 이동 사망 후 호남학파 장식(張栻)의 영향으로 병술년(1166)에 미발은 심의 경지가 아니어서 체인이 불가능하므로 수행은 이발시 성찰일 뿐이라고 판단하여 '性體心用'의 中和舊說을 설립했다. 그러나 구설은 심과 성이 미발과 이발로 분리되어 이원화된다는 문제가 있었다. 그래서 다시 기축년(1169년)에 "미발의 '기상(氣像)'"이라는 데에 착안하여 미발이 심의 경지일 수 있음을 깨달아 '心統性情'의 中和新說을 세웠다. '심통성정'은 심이 미발(性)과 이발(情)로 구분되지만 그것은 마음(心, 氣) 안에서 체·용으로 관통(統)되므로 미발공부와 이발공부가 상즉(相卽)해 있어서, 미발공부는 이발공부의 전제가 되고 이발공부는 미발공부를 확인하는 과정이라는 의미를 갖는다. 즉 위 '존심양성'의 논리에서 양성이 심의 미발에 내재하

불교 수행론과 차별을 두고자 했던 것이 아닌가 생각된다. 그러나 '사단리지발(四端理之發)'을 주장한 퇴계는 리는 지각되는 것이 아니라 심 안에서 스스로 실현되는 것으로 보았다. 이 경우 허령지각은 스스로 리를 실현시켜 구체적인 기의 세계를 형성하는 심의 활동성으로 간주된다. 이는 심(心)을 불가의 아뢰야식과 같은 층위로 파악한 것으로 보인다.

송대 성리학의 수양론 전개는 주돈이에서 주희에 이르는 성리학 발전 과정과 궤를 같이하면서 수양의 내용 내지 방법론적 개념으로 誠과 敬을 추출해 제시한다. 성과 경은 미발·이발시 공부에 두루 적용되는 유가 수양의 공통 기제(機制)이다. 불교에 사념처수행이 있고, 도가에 심재(心齋)라는 수양 방법이 있는 것처럼 유가에는 誠·敬이라는 수양 방법이 있는 것이다.

誠이 성리학 수양법으로 대두된 것은 불교나 도가와는 다른 유가적 이론 체계를 정립하고자 한 한말~북송의 유가에 의해서 『역경』과 「중용」이 텍스트로 채택되면서이다. 이고(李翶, 770~846)는 『역경』과 「중용」의 재해석을 통해 「복성서(復性書)」를 저술하여 성인(聖人)과 誠의 철학적 단초를 제시하였다. 그의 「復性書」 저술 취지는 '공·맹이 밝힌 유가의 性命의 도에서 마음을 다스리는 방법론을 확립하고자 함'이었다.

이고는 『역경』과 「중용」에서 각각 유가적 성인상과 성인의 본성이 誠임을 찾아낸다. 그리고 이를 기초로 인간과 우주 자연이 합일될 수 있는 근거는 인간의 덕성이자 우주 자연의 이치인 誠임을 밝힌다. 이고의 이런 노력은

는 성(理)을 순순히 하는 것이라 할 때 미발에 갖추어진 리에 따라 그대로 이발에서 대응하는 것이 바로 양성인데 그 주체는 심이다. 이때 공부의 초점은 心에 있고 그 心의 공부는 存心이며 存心이 곧 養性이다. 또한 심은 성을 주재하는 것이므로 敬으로써 心을 보존하면 養性이 된다. 이것이 존심양성과 심통성정의 논리적 합일점이다.

자각 단계에 머물렀던 공·맹의 인도에서 나아가, 천도로부터 인도를 추출해 내는 방식으로 '자연의 인간화(천도→인도)'라는 이론 체계를 수립했지만 이후 전개된 성리학과 양명학의 도통 정통성 문제에 논란의 여지를 남겼다.

이렇게 이고가 『역경』과 「중용」을 전범(典範)으로 하여 뽑아낸 유가적 성인의 품덕인 誠은 북송 초기 도학자들의 사상 기조로 이어진다. 주돈이는 『역경』의 성인론과 「중용」의 성론(誠論)으로써 자신의 철학체계를 구축하고 이를 「태극도설」과 그 해설서인 『통서』를 통해 개진한다. 그는 특히 『통서』에서 誠은 지극히 순수하고 선한 '하늘의 본원'이자 '성인의 근본'이며, 우주적 원리로서 인간의 본성으로 부여되어 있다고 주장한다.

그는 성인에 도달할 수 있는 길이 곧 모든 인간이 본성으로서 갖추고 있는 誠을 체인하는 것이라고 말하고 그 방법으로 '주정(主靜)'을 제시했다. 主靜하면 무욕(無欲)하고 무욕하면 誠에 가까워진다는 것이다. 주돈이에 있어서 '우주의 원리이자 인간의 도리'로서의 誠은 아직 수양 방법은 아니고 '主靜'이라는 수양 방법을 통해 체득해야 할 목표였다.

'主靜을 통한 본체로서의 誠의 인식'이라는 주돈이의 수양법은 그의 제자 이정(二程, 程顥·程頤)에 의해 배격된다. 이정은 유가 경전에 있는 敬의 내용을 재해석하여 미발공부만으로서의 靜이 아닌, 미·이발(動靜)을 아우르는 敬을 내세웠다. 이정은 본체로서의 誠의 파악은 일상의 인륜적 도리를 파악하는 것에서부터 출발하고, 공부가 진행되는 과정에서 늘 敬하여 일상에서 파악된 이치를 우주적 원리로서 함양하게 되면 그것이 곧 체인(體認)으로 이어지는 수양 공부라고 생각했다. 이정이 수양의 출발점을 일상의 이치 파악에 둔 것은 誠의 달성을 위한 실천성(誠之)을 강조한 것이다. 그 '誠하려는 실천성'은 다름 아닌 動·靜(已發·未發)을 관통하는 敬 공부를 통해 견인된다.

이정은 誠을 理로 대체하고 理를 敬 공부로 파악하는 자신들의 수양 방법을 제시한 것이다.[50]

특히 정호는 誠을 원리로서 이해하고 그 원리의 체득은 敬공부로써 가능하다고 하는 誠·敬공부론을 제시하였다. 정호는 주돈이의 靜 대신 더 적극적인 함양 방법인 敬을 주장한 것이다. 이 敬은 욕심을 없애는 主靜에서 더 나아가 마음을 안정시켜 誠을 구체화하려는 시도라고 할 수 있다. 정호는 敬을 더 적극화하기 위한 방법으로 정좌(靜坐)를 제시했다. 靜坐는 '主靜'의 '靜'의 상태를 유지하면서 '욕구의 무화(無化)'를 넘어 마음을 훨씬 더 적극적인 내성(內省)으로 집중하고자 하는 방법이다.

정이(程頤, 정이천)는 정명도가 誠·敬의 수양론을 내세운 것에서 나아가 敬을 더 강조하면서 주경(主敬)[51]과 격물궁리(格物窮理)의 공부방법론을 주장했다. 誠을 理로 대체하여 '性卽理'의 명제를 제시한 그는 일용간의 매순간에 집중하여 스스로 자신에게 갖추어진 이치(理)로서의 본성을 잘 보존하고 길러 내는 공부가 바로 함양으로서 敬이라고 했다. 그리고 자신에게 갖추어진 이치를 통해서 대상 사물의 이치를 궁구(窮究)하는 格物致知의 공부도 강조했다. 이것은 '리일(理一)'이라는 원리성이 개개의 사물이나 현상에 스며들어 있으므로 고원한 본체를 직관하는 主靜보다는 분수(分殊)의 현상에서 그 원리성을 찾아가는 공부를 강조한 것이기도 하다. 정이천은 誠을 본체의 측면에서 파악하고 공부 측면은 敬에 한정하여 已發공부를 중시하였다.

정호(程顥)에 의해서 誠은 원리 파악의 기제로, 敬은 체득 공부법으로 정

---

50 손병석 외 11인, 『동서 철학 심신수양론』, 한국학술정보, 2013, 108쪽.
51 主靜은 靜을, 主敬은 敬을 각각 위주로 한다는 말이다.

리됐던 성리학의 수양론은 정이(程頤)에 의해 誠이 理로 대체되고 敬이 공부법으로 강조되는 쪽으로 갔다가 다시 朱熹에 와서 '誠과 敬'이 모두 공부법으로 자리 잡는 것으로 정리된다. 주희는 정이천의 主敬공부론이 이전의 유가 경전에 산재한 敬개념을 유학의 실천적 공부론으로 추출해 낸 것임을 이해하고, 이발에 치우친 정이천의 敬을 이·미발을 관통하는 공부법으로 확장시킨다. 그는 '중화신설(中和新說)'에서 '심통성정(心統性情)', 즉 心 안에 미발과 이발이 相卽돼 있음을 파악한 터이다. 중화신설은 애초에 스승 이동이 지시한 대로 미발 정시(未發 淨時)의 공부를 중시하는 견해이다.

주희는 誠에 대해서는 본체로 간주하여 태극(太極)이나 理와 동일한 궁극적 원리로 보면서도, 정이천이 誠을 理라 하여 본체로만 파악한 것과는 달리 誠을 공부의 방법으로도 파악하였다. 주희는 誠의 본체로서의 성격을 '진실무망(眞實無妄)'이라 했다. 따라서 誠을 공부법으로 보면 '진실무망하고자 노력하는 것'이 된다. 또 敬공부의 내용은 '구차하지 않고 단지 안으로 거두어들이고 삼가 두려워하여 방종하지 않고자 노력하는 것'이다.

誠의 관념이 『중용』 원문 중에서는 본체의(本體義)와 공부의(工夫義)를 모두 지니고 있다. 주돈이의 『通書』 중에서 誠의 용법도 역시 이러한 두 가지 신분을 가지고 있다. 『通書』 첫머리에서는 이렇게 말하였다. "誠者, 聖人之本." 이것은 공부와 본체의 두 뜻을 겸하여 말한 것이다. 대개 한 측면에서 성인이 나타내는 최고의 공부경계가 바로 誠이며, 또 다른 측면에서 誠은 형이상학의 원리가 되니, 이것이 '성인의 근본'이 된다.[52]

---

52   노사광 저, 정인재 역, 『중국철학사 (송명편)』, 탐구당, 1987, 125쪽.

주희가 수양법으로서 성과 경을 강조한 것은 한때 선학(禪學)에 몰두한 적이 있는 그로서는 스승 이동의 가르침에 따라 불교 수행론과의 차별성을 기한 것이라고 볼 수도 있지만, 한편으로는 불교의 현란한 수행기법에 필적할 만한 유가의 수행 기제를 마련하고자 한 것으로 보인다. 예컨대 불교 수행법으로 사념처관이 있듯이, 未發과 已發 수양법인 涵養과 窮理를 견인하고 둘을 잇는 실제적 방법인 敬(또는 誠)을 설치하여 '거경–함양·궁리'라는 미발–이발 관통의 수양법을 완성하고 있는 것이다. 주희는 미발의 함양과 이발의 궁리에 걸쳐 공통적으로 경(敬)이 온 마음의 주재임을 강조하고, 이를 통해 최종적으로는 본성과 정에 대한 마음의 주재(心統性情)를 확립하려 하였다.[53]

그런데 앞에서 언급한 공자의 수양론에서 仁을 함양하는 공부법으로 忠과 恕가 있고 忠은 곧 誠·敬임을 알 수 있었다. 따라서 성리학의 수양법이 주희에 의해 誠과 敬으로 정리된 것은 한편으론 공자 수양론의 재확인과 다름없다고 할 수 있을 것이다. 그러나 천도론(우주론)으로부터 추출된 성리학의 수양론이 인간의 자각성을 중시하고 우주론에 무관심했던 공자의 수양론과 맥이 닿느냐에 대한 이견이 있을 수 있다. 이런 관점에서 양명학의 '심즉리(心卽理)'설과 '치양지(致良知)'의 수양론은 공·맹의 수양론과 맥이 직결되는 것이라는 평가를 받는다.

양명학의 '心卽理'에서 心은 '초월적(선험적) 자각능력(가치판단 능력)'이자 仁義의 가치가 나오는 원천(心=理)이다. 이는 성리학의 심이 온갖 이치(도덕

---

53 주희는 거경궁리의 실제적인 공부로서 『소학』과 『대학』의 공부를 차례로 하라고 했다. 소학의 쇄소응대진퇴 및 6예는 敬을 통해 존심양성하는 방법이며, 대학의 공부는 소학에서 이미 이룬 성과를 기반으로 격물치지가 이루어지는 과정이라는 것이다.

과 사물의 이치)를 관조하는 경험적 마음의 활동성인 것과 다르다. 양명학의
心은 가치 판단의 주체적 실재로서 본성론(인성론)을 건립하고 성리학의 심
은 그 안에 별도로 性이라는 가치의 原을 객관적 실재로 설정하는 심성론을
건립한다. 따라서 양명학의 수양론은 오로지 心이 갖춘 가치판단 능력인 양
지(良知)만을 대상으로 한 '致良知' 한마디에 있다. 치양지는 양명학의 중심
관념인 도덕주체성을 드러내고 전개하는 일이다. 양명은 치양지의 방법으
로 '치지격물(致知格物)'을 주장하며 다음과 같이 말했다.

　치지격물이란 내 마음의 양지를 각각의 사물에다 실현하는 것이다. 내 마음의
양지는 이른바 천리이다. 내 마음속 양지의 천리를 각각의 사물에다 실현시키면
각 사물은 모두 그 이치를 얻게 된다. 내 마음의 양지를 실현시키는 것이 치지이
다. 각 사물마다 모두 그 이치를 얻은 것이 격물이다. 이것은 마음과 이치를 합하
여 하나로 만든 것이다.(『전습록(傳習錄)』 중 '답고동교서(答顧東橋書)')

　유가의 성리학적 수양론은 조선 유가에서 좀 더 세밀화되고 세련된다. 이
황은 이·기(理·氣)의 개념을 수양론적으로 더욱 확장하여 조선 성리학의 특
색을 확립시킨다. 이황은 理를 근원적 본체로서 기와 차원을 달리한다는 이
기 분별적 관점에서 파악한다. 그는 근원으로서의 이가 심성에 구현되어 있
다고 보고 심의 지위를 성과 일치시키려고 하면서 본연지성과 기질지성을
각기 다른 것으로 본다. 그것이 '心·性=理'이면서 '心=理+氣'이다. 그리고
이 원리를 설명하는 것이 '사단(四端)은 리지발(理之發)', '칠정(七情)은 기지발
(氣之發)'이라는 것이다.
　퇴계의 수양법은 敬에 집중되는데, 敬으로써 '理之發'의 원리를 엄수하여

인간의 순수 절대의 마음을 잘 구현해 내자는 주장이다. 퇴계는 기질의 성과 본연의 성이 별개의 차원이며, 敬으로써 본연의 성에 입각해 기질의 성을 검속·제재하는 데 힘써야 한다고 주장했다. 퇴계는 리기지합(理氣之合)으로서의 성·정(性·情)을 통섭하는 心을 어떻게 주재하는가가 도덕적 이상 세계를 실현하는 관건이라고 생각하고 心을 주재하는 방법으로 敬을 채택했다. 퇴계는 敬의 수양을 통해 理를 터득하고 이를 실천에 옮기면 자연히 心과 理가 서로 관통하여 하나가 된다고 믿고, 敬을 중심으로 한 유가 수양 매뉴얼이라고 할 수 있는『심경(心經)』을 중시했다. 그러나 심을 리와 기로 쪼개어 각기 사단과 칠정으로 나누어 배속하는 데서 기대승과 사단칠정론쟁을 벌이게 된 것이다.

이이(李珥)의 수양론은 주희처럼 動·靜 및 未·已發을 아우르는 공부법이다. 이이는 인간의 본성이 순선(純善)하지만 그것은 도덕 실현의 가능성일 뿐 그 자체가 그대로 실현되는 것은 아니라고 본다. 이이는 가치의 기준으로서 理는 객관적으로 존재하며 내 마음에 의해 자의적으로 규정되는 것이 아니고 삶의 도리를 통해 드러난다고 보았다. 따라서 미발시에는 거경함양으로써 마음속에 있는 본성이 보전되도록 전일한 마음 상태를 유지하고, 이것이 이발에서 氣에 실려 현실화될 경우 궁리(窮理)로써 그 발현된 理를 객관적 이치와 대조하여 검증해 보고, 이어 역행(力行)을 통해 그 이치를 실현·체득해야 한다는 것이다. 이이는 기질의 성을 떠난 본연의 성이 있을 수 없으므로 기질의 순화(矯氣質)가 본연의 성을 확보하는 길이라고 주장했다.

퇴계와 율곡의 수양론은 '기질(氣質)'의 문제를 두고 큰 차이를 보인다. 그 출발은 주자 성리학의 기본 명제인 리기불상리(理氣不相離)·불상잡(不相雜)의 원칙이다. 퇴계는 '리기불상잡'의 입장에서 사단칠정 및 인심도심을 각각 둘씩으로 이원화해서 리의 능동성을 주장한다. 따라서 수양론에 있어서는 기질과 섞이지 않는 천리의 직접적인 체인을 중시한다. 그러나 理의 '무위 (無爲)'를 주장하며 오로지 리는 '기가 발함에 그 위에 타는 것(氣發而理乘之)' 일 뿐이라고 주장(氣發一途說)하는 율곡은 理를 안고 있는 기질지성에서 기질을 변화시키는 '교기질(矯氣質)'을 수양법으로 삼았다.

퇴계가 본연지성과 기질지성을 서로 다른 성으로 보고 리지발의 사단과 기지발의 칠정을 서로 다른 정으로 보는 것은 표층논리와 심층논리가 서로 다른 차원의 것임을 강조하기 위함이라고 본다. 반면 율곡은 리기지묘(理氣之妙)의 관점에서 기질지성 중 미발의 선을 본연지성으로 보고, 칠정 중 의리를 향한 정을 사단으로 간주함으로써, 성이나 정을 두 차원으로 구분하는 것을 비판한다. 퇴계는 표층과 구분되는 심층논리에 주목하고자 한 형이상학자라면, 율곡은 현상적인 표층논리에 충실하고자 한 현실주의적 경험주의자라고 할 수 있다.[54]

조선 성리학의 수양론은 조선 말기 다산에서 또 다른 면모를 보인다. 다산은 퇴계의 敬 중심 수양론을 존중하면서 '존심양성'의 의미와 실천과제를 실학적으로 재해석하고 제시한다. 다산은 수양론에서 '신독(愼獨)'과 '서(恕)'를 중시했다. 특히 다산은 성리학자들이 공자의 일이관지(一以貫之)를 윤리적 원리가 아닌 형이상학적 원리로 해석함으로써, 일상생활에서의 행동 방식과는 아무런 상관도 없는 것으로 만들었다고 비판하였다. 다산은 일이관지 (恕)의 진정한 의미를 오직 인륜의 실천에서 찾고 있다.

---

54   한자경 지음, 『심층마음의 연구』, 서광사, 2018, 113쪽 각주

우리의 도는 인륜을 벗어나지 않는다. 무릇 인륜에 처한 바는 오교(五敎) 구경(九經)과 같은 것에서 경례삼백(經禮三百) 곡례삼천(曲禮三千)에 이르기까지 모두 하나의 서(恕) 자로써 행하는 것이니, 이는 마치 하나의 줄에 천백 냥의 동전을 꿰는 것과 같아서 이를 일러 일관이라 하는 것이다.[55]

恕란 인륜에 대처하는 방법이며 일이관지이므로 恕 한 글자로 종신토록 행할 수 있는 것이다.[56]

여기서 다산은 恕가 곧 인간관계 내에서 타인을 대하는 방법이며, 이는 또한 사람이 나서 종신토록 행해야 하는 실천규범임을 강조하고 있다. 恕가 일관이 될 수 있었던 까닭은 "사람이 이 세상에 나서 종신토록 행하는 것이 모두 사친·사군·처형제·여붕우(事親事君處兄弟與朋友) 등 인륜과 관계된 일"[57]이며, 恕는 이 인륜의 도이기 때문이다. 아랫글은 다산이 상제를 섬기는 신독의 공부로부터 시작해서 마지막 서(恕)의 실천에 이르는 전 과정을 단 한 번의 길로 명료하게 설명하고 있다.

하늘이 사람의 선악(善惡)을 살피는 방법도 오직 두 사람이 서로 교제하는 때에 그들의 선함과 사특함을 감시하는 것이다. 또한 식욕과 색욕, 편안하고자 하는 욕구를 부여하여, 두 사람이 교제할 때에 그들이 다투는지 사양하는지를 증험하고 부지런한지 게으른지를 살피는 것이다. 이로부터 말한다면 옛 성인이 하늘을

---

55 吾道不外乎人倫 凡所以處人倫者 若五敎九經以至 經禮三百曲禮三千 皆行之以一恕字 如以一緡貫千百之錢 此之謂一貫也. 여유당전서, 2:2, 19b.

56 恕者 所以處人倫 一以貫之 故一字而可終身行之. 여유당전서, 2:8, 15b.

57 終身行之 則凡事親事君處兄弟與朋友牧民使衆 一應人與人之相接者. 여유당전서, 2:2, 20a.

섬기는 학문(事天學)이란 인륜(人倫)을 벗어나지 않는다. 이 하나의 서자(恕字)를 통해 사람을 섬길 수도 있고 하늘을 섬길 수도 있으니 어째서 서를 하찮게 여기겠는가?[58]

유가의 수양을 유가 외적 수양의 양태와 비교하며 현실적 삶에 연계시켜 생각해 보자. 성해영은 '아빌라의 테레사'의『내면(內面)의 성(城)』을 예로 들어 우리가 의식의 일시적 변형을 통해 신의 절대적 상태를 체험하고, 그 상태에 대한 명료한 앎을 가질 수 있으나, 우리는 그 상태에 지속적으로 머물러 있을 수 없거니와 그 앎이 현실적인 삶 속에서 윤리적으로 완성된 방식을 저절로 알려 주지 않으므로 지속적인 노력을 통해 '사랑'이라는 덕목을 겸손하게 실천할 때만이 신의 의지가 자신의 영혼을 통해 흔들림 없이 구현되는 완성의 단계에 이를 수 있다고 설명한다.[59]

자아와 세계가 '변화하는 조건들의 상호의존과 상호작용 방식(연기)'에 의해 생성·유지·변화·소멸하며, 따라서 불변의 독자적 자아/존재의 주소지는 없다는, 연기 이해를 계발하고 삶에 수용해 가려고 노력하는 것이 '깨달아 감'이다. 또 그 이해를 체득적으로 성취한 것이 '깨달음'이고, 체득한 이해를 심화하며 적용 범주를 확장시켜 가는 것이 '깨달음의 향상'이다. 그리고 그 체득적 앎과 적용이 완전

---

58 天之所以察人之善惡 亦惟是二人相與之際 監其淑慝 而又子之以食色安逸之慾 使於二人之際 驗其爭讓考其勤怠 由是言之 古聖人事天之學 不外乎人倫 卽此一恕字 可以事人 可以事天 何故而小之也 一者恕也. (『논어고금주』).

59 박찬욱·윤희조 기획, 한자경 편집, 정준영 외 4인 집필,『깨달음, 궁극인가 과정인가』, 운주사, 2015, 293쪽.

하게 된 것이 '깨달아 마침'이다. 자아와 세계를 정립하는 것이 '불변/독자/절대의 본질·실체'가 아니라 '변화/의존/관계의 조건화'라는 것이 진실이며, 그러한 진실에 눈떠 그 진실을 삶과 세계에 수용해 가는 것이 '깨달아 가는 것'이자 '깨달음' 및 '깨달음의 향상'이라는 것은, 구도자에게 각자성과 연기성의 균형과 통합을 요구한다는 점을 명심하자.[60]

윗글의 취지와 불가 수행의 실천 단계인 '신(信)-해(解)-행(行)-증(證)'의 원리(105쪽 참조)를 성리학적 수양에 적용시켜 보자면, 우주 자연의 원리 및 인간의 품덕이 誠(理)임을 일단 믿어 이해하고(信-解), 그 誠을 미발의 상황에서 거경함양하여, 誠(理致)이 기(氣, 기질)에 의해 情의 형태로 발동함에 있어서 그것의 순조로움을 기질로써 조절하여(已發省察), 그것이 일상의 사물과 현상에서 구현됨을 확인하고(格物窮理) 이를 삶에 수용하고 적용해 가려고 하는 노력이 '깨달아 감' 곧 수양(行)이다. 또 그 이해를 체득적으로 성취한 것이 '깨달음(證)'이고, 체득한 이해를 심화하며 일상과 우주 자연으로까지 적용 범주를 확장시켜 가는 것이 '깨달음의 향상', 즉 일상적 삶에서의 윤리적 실천이다. 그리고 그 체득적 앎과 적용이 완전하게 된 것이 '깨달아 마침'이자 誠과 仁의 완전한 실현이라고 할 수 있겠다.

(1) 『역경(易經)』의 수양론

『주역』은 성리학의 근간이다. 성리학의 수양론이 주희에 의해 '거경함양-성찰궁리-격물치지'로 정리되긴 했지만, 그 근저에는 천도를 거울삼아 인도

---

60 위의 책 245쪽.

를 건립한다는 의지가 배어 있고, 그 '천도'는 곧 『주역』이 일러 주는 우주 자연의 원리이다. 또한 『주역』은 기론(氣論)에 입각하여 자연의 변화·순환 원리를 채택하고 있기에 마음의 수양(修養)뿐만 아니라 몸과 마음을 두루 닦고 고양시키는 수신(修身), 나아가 자연의 법칙에 순응하는 양생(養生)의 방법과 행동거지의 방향까지 일러 주고 있다. 『주역』의 64괘(卦)는 「서괘전(序卦傳)」에 나와 있듯이 각 괘의 전후가 상승(相承)·상반(相反)의 관계로써 우주 자연의 변화 발전 모습을 나타내고 있는데, 우주 자연의 일원인 인간은 마땅히 『주역』이 말해 주는 64괘와 384효 및 그것들이 엮는 상호관계 속에서 나아갈 길을 찾을 수밖에 없다.

『주역』 '십익(十翼)' 중에서 괘상(卦象)을 풀이하는 「대상전(大象傳)」은 모두 문구 전·후 두 부분이 '군자이(君子以)…', '선왕이(先王以)…' 또는 '후이(后以)…'(군자는, 선대의 왕들은, 임금은 이를 본받아…)로 연결되어 있는데, 전반부는 자연 현상으로서 '天道'이고, '君子以…'로 이어지는 후반부는 앞의 자연 현상(천도)에서 추출(抽出)되는 '人道'에 해당된다. 즉 『주역』은 자연 현상을 교훈으로 삼는 지도계층의 수양과 처신의 방법을 논하고 있다. 이런 점에서 『주역』의 64괘는 모두 유기적 관계로서 오늘의 민주적 의미로 볼 때 지도계층뿐만 아니라 시민적 수양과 처신에 관해 말해 주고 있다고 할 수 있다. 그중에서도 직접적으로 수양, 수신, 양생의 방법론과 필요성을 일러 주는 괘명 및 괘의(卦義)는 아래와 같다.

1 중천 건(重天 健) … 강건한 자의 진취적 철학과 진취적 과정의 수양의 필요성.

4 산수 몽(山水 蒙) … 계몽과 수양의 도.

15 지산 겸(地山 謙) … 겸허한 처신·행사(行事)의 필요성.

16 뢰지 예(雷地 豫)… 안락에 처하는 道.

20 풍지 관(風地 觀) … 사물을 관찰하는 道.

24 지뢰 복(地雷 復)… 정기(正氣)의 회복과 성(性)의 발현을 위한 자세(誠).

26 산천 대축(山天 大蓄) … 도덕과 지혜의 축적·배양.

27 산뢰 이(山雷 頤) … 養生의 道.

35 화지 진(火地 晉) … 덕을 바탕으로 향상, 진보함.

39 수산 건(水山 蹇) … 고난과 위험에서 벗어남.

41 산택 손(山澤 巽) … 時, 誠, 修養의 중요함.

42 풍뢰 익(風雷 益) … 修身의 중요함.

48 수풍 정(水風 井) … 우물의 덕에 비유한 자아 수양.

52 중산 간(重山 艮) … 자아 억제, 지어지선(止於至善).

55 뇌화 풍(雷火 豊) … 성대할 때 겸덕의 필요함.

60 수택 절(水澤 節) … 절제(節制)의 道.

61 풍택 중부(風澤 中孚) … 信·誠의 강조.

63 수화 기제(水火 旣濟)… 끝까지 처음처럼 신중할 것.

혹자는 '52 重山 艮'괘와 '20 風地 觀'괘를 불교 수행의 '지·관(止·觀)'과 결부시켜 풀이하고, '23 산지 박(山地 剝)'괘('자연의 법칙에 순응하여 정기가 쇠퇴할 때는 편안히 머물며 때를 기다림')와 '16 雷地 豫'괘('안락에 처하는 道')를『맹자』'고자 하(告子 下)' 장에 나온 "생어우환 이사어안락야(生於憂患 而死於安樂也)"의 의미와 연계시켜 해석하기도 한다.

유가의 마음 수양 매뉴얼이라고 할 수 있는『심경(心經)』에는「문언전(文言傳)」에서 풀이하는 건(乾)괘의 구이효가 '한사존성장(閑邪存誠章)'으로, 곤(坤)

괘의 육이효가 '경이직내장(敬以直內章)'으로, 「대상전(大象傳)」이 풀이하는 손(損)괘의 괘상이 '징분질욕장(懲忿窒慾章)'으로, 익(益)괘의 괘상이 '천선개과장(遷善改過章)'으로, 「계사전(繫辭傳)」이 풀이하는 복(復)괘 초구 효사가 '불원복장(不遠復章)'으로서 각각 수양론적 맥락으로 소개되고 있다.

『주역』의 수양 관련 괘의 의미를 다도수양과 관련지어 풀이해 볼 수 있다. '61 風澤 中孚'괘는 신(信)과 성(誠)을 강조한다. 다산(茶山)정약용은 강진 유배 시절 초의(草衣)에게 『주역』을 가르치면서 초의의 호를 '中孚'라 지어 주었다고 한다. 초의에게 유가에서 보는 우주 자연의 원리이자 성인의 품격인 誠의 중요성을 강조하고자 한 뜻이 있었을 것이다. 『설문해자』에 따르면 '信=人+言, 誠=言+成'이어서 '사람의 말은 믿을 수 있어야 하고(信)', 그러기 위해서는 '말(言, 약속)을 지켜야 한다(成)'. 다산은 『주역사전(周易四箋)』에서 '風澤 中孚'에 대해 "대리(大離)의 믿음이 있어서(중부괘를 겸획하면 離의 형태) 그 마음 한가운데가 확 트여 있으니 이것을 일러 '中孚'라고 한다."[61]고 했다.

중부(中孚)괘

중부괘의 3효와 4효가 음효여서 괘상이 가운데가 비어 있는 것이 마음(中)이 비워져 있어 삿됨(邪)이 없으므로 믿을 수 있다(孚)는 말이다. 마음에 믿

---

61   다산 정약용 지음, 방인·장정욱 옮김, 『역주 주역사전』 7, 소명출판, 2013, 25쪽.

음을 갖고 일을 처리함은 곧 정성(精誠)스러움이니 이는 하늘의 뜻(誠)에 부응하여 하늘과 합일하는 일이다. 이러한 의미 맥락은 초의가 산천(山泉) 김명희의 '초의차에 감사'하는 시(「謝茶」)에 화답하는 시 「봉화산천도인사차지작(奉和山泉道人謝茶之作)」에서 "차는 성품이 군자와 같아서 삿됨이 없다."고 한 말과 '성(誠)'의 의미를 공유한다. 이런 맥락에서 『동다송』에서 초의가 규정한 다도[62]의 정신도 '誠'이라고 보는 것이 적절하다.

복(復)괘

송대 정이천(程伊川)은 자연의 창조력에 내함되어 있는 조리(條理)로부터 취상(取象)한 복괘(復卦)의 괘상을 음미하면서 그 조리의 의미를 이렇게 해석하고 있다.

陽이 처음 생겨날 때는 매우 미약하니 안정된 후에야 자랄 수가 있다. 그러므로 '선왕은 이로써 동짓날에 관문을 닫는다'고 한 것이다.[63]

---

62 초의는 『동다송』 제60행의 주석에서 "採盡其妙 造盡其精 水得其眞 泡得其中…至此而 茶道盡矣"라고 했다.

63 『近思錄』「存養」2. "伊川先生曰 陽始生甚微, 安靜而後能長, 故復之象曰, 先王以 至日閉關"

성(性)은 리(理)이고 리는 인(仁)이다. 인은 '행인(杏仁: 살구씨)', '도인(桃仁: 복숭아씨)'이라는 말에서 알 수 있듯이 '씨앗'의 의미도 갖는다. 복괘는 씨앗이 초구(양)로서 아직 땅에 덮여 있는 형국이다. 자연의 기운(天地之心)은 생명의 씨앗(초구)이 위에 겹겹이 쌓여 있는 두터운 음(陰)을 뚫고 싹터 나오도록 한다. 이 씨의 발아에 대한 세심하고 애틋한 자연의 마음처럼,[64] 인간의 성(性)도 그것의 발현을 위해 세심하고 애틋해야(誠) 한다. 이 정성스러운 마음을 확보·유지하기 위해 '고요함(靜)'이 필요하다.

정명도는 제자 사량좌에게 "우선 정좌(靜坐)하라"[65] 했다. "성이 고요한 뒤라야 학문에 들 수 있기 때문이다."[66] 이렇게 마음이 '고요함을 얻게 된 뒤에야 자신이 만나는 만물이 모두 스스로 그러하게 춘의(春意)를 가지고 있음'을 알게 된다. 춘의란 생명의 창조와 약동의 의지를 말한다. 존심을 통해 고요함을 얻고, 그로 인해 성을 기를 수 있는 환경이 만들어지는 것은 바로 우주가 가진 생명을 창조하는 사랑의 마음과 이치를 확인하는 것이다.[67]

여기에서 추사가 초의에게 써 보낸 차시 '정좌처다반향초 묘용시수류화개(靜坐處茶半香初 妙用時水流花開)'의 의미가 확연해진다. '靜坐處茶半香初'는 다도수양에서 차를 마시기 직전 성(性)의 미발(未發) 상태이다. '妙用時'는 차를 마셔서 다신(茶神)이 우리 몸의 기(氣)를 자극하여 이발(已發)의 상황으로

---

64 『주역』복괘(復卦)의 단사(彖辭) : 復, 見其天地之心.

65 『近思錄』「存養」63. "且靜坐"

66 『近思錄』「爲學」68. "明道先生曰, 性靜者, 可以爲學"

67 한형조 외 4인 지음, 『근사록―덕성에 기반한 공동체, 그 유교적 구상』, 한국학중앙연구원출판부, 2012, 65-66쪽.

전환시키는[68] 때이고, '水流花開'는 춘의(春意)가 발동되는 이발 묘경의 상태를 말한다.

『주역』을 점서로 보고 설시(揲蓍: 筮竹, 점치기)를 할 때는 점자(占者) 또는 대리 점자의 마음이 잡념, 사념, 번뇌가 제거되어 지극히 안정된 상태가 되어야 한다. 기(氣)로서 마음의 파동(또는 뇌파)이 우주 자연의 기운과 공명할 수 있어야 점자가 처한 그 시점의 우주 자연에서의 상황이 점자에게 잘 전달(神通)되어 점괘로 나타난다고 생각하기 때문이다.

그러한 마음 상태를 '신(神)'이라 한다. 수양다도에서 그런 경지에 이를 수 있다고 보았다. 명대(明代) 장원(張原)의 『다록(茶錄)』과 이를 베껴 쓴 초의 선사의 『다신전』 및 『동다송』에서 '차 마시는 법(飮茶之法)'으로서 첫 번째를 '독철왈신(獨啜曰神)'이라 했다. 다도수양에서 차는 여럿이 마시는 것보다 혼자 마셔야 '신(神)'의 경지에 도달할 수 있다는 것이다. '독철왈신'의 경지는 곧 '靜坐處茶半香初 妙用時水流花開'의 경지이고 주역점을 행사하기에 최선의 마음상태라고 할 수 있다. 조선 전기 한재(寒齋) 이목(李穆)은 『茶賦』에서 이런 경지를 '오심지차(吾心之茶)'라고 묘사하였다.

(2) 『심경(心經)』과 『심경부주(心經附註)』의 수양론

송대 성리학은 일찍이 기론(氣論)을 도입하여 '기(氣)'에 의한 수양론을 확립한 도가나 외래한 불교의 심오한 심성론 및 수행론에 비해 이론 체계나 수양 방법론에 있어서 독창성과 구체성이 아쉽다는 여지를 남긴다. 이를 보완하기 위해서인지 송대 진덕수(陳德秀)는 '성리학 마음 수양 매뉴얼'이라고

---

68 『다부』에서는 이를 '神動氣入妙'라고 표현했다.

할 수 있는『心經』을 엮었고, 명대 정민정은『心經』에 주(註)를 덧붙여『심경부주(心經附註)』를 남겼다.

　『心經附註』가 조선 성리학에 끼친 영향은 대단하였으며, 퇴계 선생은 수양에 있어서 '경(敬)'의 중요성을 설파하는 것과 더불어『心經』과『心經附註』를 안고 살다시피 하면서 제자와 후학들에게 공부하기를 강조했다고 한다.『心經附註』가 퇴계의 학문 형성에 결정적인 영향을 끼쳤음은 퇴계의 저서「심경후론(心經後論)」에서 알 수 있다.

　"나는『心經附註』를 얻은 뒤에 비로소 心學의 연원과 心法의 정미함을 알게 되었다. 그런 까닭에 나는 평생 이 책을 믿기를 신명(神明)처럼 하였고, 이 책을 공경하기를 아버지처럼 하였다. … 애당초 道學에 感興하여 일어선 것은 이 책의 힘이었다. 그런 까닭에 평생토록 이 책을 높이고 믿어서 四書와『근사록(近思錄)』아래에 두지 않았다. … 許魯齋(許衡)가 일찍이『小學』을 神明과 같이 공경하고 부모와 같이 받든다고 하였는데, 나는『心經附註』에 대해서 그러하다."

　『心經』은 '마음을 다스리는 글'이란 뜻으로 남송 주자학파인 서산(西山) 진덕수(眞德秀, 1178~1235)가 경전들에서 마음 수양과 관련된 내용을 간략히 뽑아 유가의 '수기치인(修己治人)' 이념 중 '修己'를 위해 만든 책이다. 여기에 명나라 초기에 성리학자인 황돈(篁墩) 정민정(程敏政, ?~1499)이『心經』에 관련된 각종 자료들을 더 발췌하고 보완하여『心經附註』라는 책으로 냈는데,『心經』의 원문 해석은 물론 주렴계, 정명도, 정이천, 장횡거, 주자, 그리고 주자학파들의 수양론을 대폭 수용하여『심경』을 크게 보완했다.

　『심경부주』의 체제는 사서(四書)와 삼경(三經), 주렴계, 정이천, 범준(范

浚)[69], 주자의 글에서 뽑은 본문과 이에 관계되는 해석, 송유(宋儒)들의 학설을 모은 주석(註釋)으로 되어 있다. 또 주석은 원주(原註)와 부주(附註)로 나뉘는데, 원주는『심경』의 원저자인 진덕수와 그 문인들이 뽑은 것이고, 부주는 정민정이 추가로 제유(諸儒)의 설을 붙여 설명한 것이다.

본문의 구성은『서경(書經)』에서 1章,『시경(詩經)』에서 2章,『역경(易經)』에서 5章,『예기(禮記)』의「악기(樂記)」편에서 3章,『대학(大學)』에서 2章,『중용(中庸)』에서 2章,『논어(論語)』에서 3章,『맹자(孟子)』에서 12章, 주렴계의 글에서 2章, 정이천의「사물잠(四勿箴)」, 범준(范浚)의「심잠(心箴)」, 주자의「경재잠(敬齋箴)」·「구방심재명(求放心齋銘)」·「존덕성재명(尊德性齋銘)」등 총 37章으로 되어 있다.『心經』에서『孟子』를 가장 많이 인용하고 그 다음으로『易經』을 많이 인용한 것은,『孟子』가 '仁·義·禮·智' 개념을 구명(究明)하여 유가 본성론을 확립하고 송대 성리학 심성론과 수양론의 기반을 마련한 데 따른 것이고,『易經』역시 성리학의 기반으로서 기론(氣論)에 의한 우주 자연의 원리(天道)를 설명하여 인도(人道)를 닦는 수양의 지침이 되기 때문인 것으로 보인다.

『심경』의 본문 중 첫 번째로 인용한『서경』「대우모(大禹謨)」의 '인심유위 도심유미 유정유일 윤집궐중(人心惟危 道心惟微 惟精惟一 允執厥中)'의 16자는

---

69 남송 무주(婺州) 난계(蘭溪) 사람. 자는 무명(茂明)이고, 호는 향계(香溪)다. 고종(高宗) 소흥(紹興) 원년(1131) 현량방정(賢良方正)으로 천거되었지만 진회(秦檜)가 정권을 쥐고 있어 나가지 않았다. 문을 닫아걸고 강학(講學)했는데, 제자가 수백 명에 이르렀다. 양시(楊時)의 문인 반묵성(潘默成)과 교유했다. 학문적 성향은 심학(心學)이 중심이었는데, 존심양성(存心養性)과 신독(愼獨), 지치지회(知恥知悔)를 강조했다. 저서에『향계집(香溪集)』이 있는데, 주희(朱熹)가 그 가운데 실린「심잠(心箴)」을 대단히 존중했다.

『심경』의 근간이라 할 수 있다. 이 글은 주자(朱子)가 일찍이 『中庸』의 서문에서 '천고만성(千古聖賢)이 서로 전수한 심법(心法)'이라고 극찬한 바 있으며, 진독수 역시 『심경찬(心經贊)』에서 "순(舜)임금과 우(禹)임금이 주고받은 것이 열여섯 글자이니, 만세(萬世)의 心學에 이것이 연원(淵源)이네."라고 밝히고 있다. 사실 '心經'이라는 명칭 자체가 여기에서 나온 것이다.[70]

2) 도가(道家)의 수양(修養)과 양생(養生)

도가의 세계관은 유가의 '현실'과 불가의 '초월'의 중간인 '자연'에 자리한다. 공자의 의 · 명(義 · 命) 구분 원리에 따르자면 도가의 세계는 '자연'으로서 인간의 의지로는 어쩔 수 없는 命의 경계에 있으므로 인간은 인위적인 개입을 멈추고 단지 자연에 의한 자연의 지배를 관조하며 그 자연의 지배력 위에 얹혀 있음을 자족함으로써 그것을 이용, 순응할 뿐이다. 이런 도가 학설의 지향은 유가의 경세(經世)와 불가의 출세(出世) 사이에서 인간을 자연화하는 것이다.

한편으로 도가의 세계관은 유가 및 불가의 세계관과 겹치는 부분이 있다. 도가에 불가적 색채가 있는 것은 애초의 도가적 특성일 수도 있지만 불교 도래 초입 단계에서 '격의불교'[71] 시절을 거치면서 道 · 佛이 나눈 대화의 잔

---

70   成百曉 譯註, 『譯註 心經附註』, 전통문화연구회, 2012, 9쪽.
71   불교의 교의를 타 종교의 교의에 의탁해 해석하는 방법론. 예컨대 중국 불교 초기에 불교의 '空'을 도가의 '無' 개념으로 해석한 것과 같다.

영이라고 말하는 이도 있다. 유가의 세계관이나 수양론에 도가적 색채가 들어 있는 것은 예컨대 조선 전기 한재(寒齋) 이목(李穆)의 다도사상 등에서 엿볼 수 있다. 이런 지점은 유·도·불 수양론의 흐름이 도가를 중심으로 접속되고 있음을 말해 준다. 이는 도가가 모든 존재의 터인 우주 자연과 그 질료인 기(氣)를 사상적 핵심으로 삼고서 철학사상 설립에 중요한 존재론을 확실하게 마련했다는 데 기인한다.

도가는 그 이름이 말해 주듯이 우주 자연의 존재 형식이자 그 운영 원리인 '도(道)'를 강조한다. 이는 춘추시대 주나라의 패망을 본 노자가 인위적 정치의 무망(無望)함을 한탄하여, 전국시대 일치일난(一治一亂)의 혼란과 그로 인한 인생의 파탄을 본 장자가 정치, 사회, 인생의 진정한 안정과 보전을 추구하여 마련한 답(答)이라고 할 수 있다. 도가는 '도'를 강조하되 도의 완벽한 '자연성'을 강조하기에 道를 인간이 규정하거나 인위적 이름을 붙이는 것조차 저어하였고[72], 마침내는 사람도 땅도 하늘도, 또한 도 자체도 자연을 본받아야 한다고 역설했다.[73] 도가의 학설이 이처럼 자연 위에 정초(定礎)돼 있는 만큼 도가의 수양은 자연과 같아지기 즉 자연과의 합일 추구이며, 도가사상은 철저한 자연주의이다.

도가의 주류는 노장 계열을 말하므로 도가 수양론의 핵심은 노자의 사상이나 노자 사상을 계승하여 발전시킨 장자의 언설에서 찾아볼 수 있다. 노자의 관심사는 주로 정치철학이었다. 노자는 주(周)나라의 패망을 보고 그

---

72 道可道 非常道. 『도덕경』 제1장에 나오는 말로 '도라는 이름을 붙이면 진정한 도가 아니다'라는 뜻. 强字之曰道(억지로 이름을 붙여 '道'라 하였다)(『도덕경』 제25장).

73 人法地 地法天 天法道 道法自然(사람은 땅을 본받고, 땅은 하늘을 본받고, 하늘은 도를 본받고, 도는 자연을 본받는다)(『도덕경』 제25장).

원인이 지나친 인위(人爲)에 있었다고 생각한 것 같다. 노자는 당시의 정치적 혼란과 무질서한 사회상의 해결책으로 '무위(無爲)'를 주장했다. 『도덕경』의 '무위이무불위(無爲而無不爲)'라는 문구가 그것이다. 그런데 노자의 '무위'는 외물을 대상으로 한 정치적 무위였으며 노자의 '성인'은 무위를 구현한 정치적 이상인(理想人)이었다.

노자와 달리 장자의 관심사는 수양론이다. 『장자』 전편이 거의 수양론이라고 할 수 있지만 장자가 직접 썼다는 내편(內篇)은 더욱 그렇다. 장자의 사상을 노자 사상과 비교하여 '경지의 철학'이라고도 한다. 장자의 '무위'는 노자가 외물을 대상으로 한 것과 달리 내성(內省)의 차원으로 옮겨지고, 노자의 '성인'에 해당하는 장자의 '지인(至人)', '진인(眞人)', '신인(神人)'은 주체적 개인의 성격을 띤 수양가들이다. 도가의 수양론을 살펴보기에 앞서 노·장(老·莊)의 도(道)의 차이를 알아볼 필요가 있다. 도가의 수양론은 큰 틀에서는 노자의 도에 입각하면서 각론은 『장자(莊子)』에 있기 때문이다.

장자가 노장 사상을 가장 크게 발전시킨 점은, 노자한테서 중요하던 우주론 및 본체론적 의미의 '도'를 주관적인 경지로 변화시킨 점이다. 이렇게 되어 장자 철학은 일종의 경지 철학의 성격을 띠게 되었다. 장자가 가장 큰 관심을 기울인 점은 도를 체득한 후에 인간이 갖는 경지와 이런 경지에 도달하는 방법이지, 객관적이고 실존적인 '도'가 아니다. … 자연성의 문제에서 장자는 인간의 자유성과 자재성을 더욱 깊고 넓게 발휘하였다.[74]

---

74   진고응 저, 최진석 옮김, 『老莊新論』, 소나무, 1997, 190쪽.

장자가 수양론에 치중하게 된 사정이나 그 목표를 자연합일에 두게 된 원인은 인간 세상의 갈등과 질곡에 있다. 장자와 석가의 차이는 장자는 주로 인위에 기인하는 현실적인 고뇌를 '자연'으로써 치유하고자 했으며, 석가는 인간세의 원천적인 고민을 그 원천인 인간의 마음에서 원인과 치유책을 찾고자 한 것이다. 장자는 인간을 얽매는 삶의 질곡의 원인이 자연을 떠난 데에 있음을 알았다. 장자가 「제물론(齊物論)」에서 말하듯이 순수 자연의 상태에서는 모든 존재가 차별 없는 순환의 띠를 형성하고 있다. 그곳에는 차별이 없으니 대립과 갈등도 생기지 않는다.

제물(齊物)의 이치를 깨달은 사람은 일체의 갈등과 질곡에서 벗어나, 마치 구만 리 상공을 날아가는 대붕(大鵬)처럼 세상을 소요(逍遙)하며 자유롭게 살아갈 수 있다고 보았다. 그러므로 장자는 성심(成心)에 갇혀 있는 소지(小知)의 사람들을 일깨워 대지(大知)를 채득하게 하고, 궁극적으로는 소요유(逍遙遊)의 절대 자유 경지로 나아가길 바랐다. 소요유를 추구했던 장자 철학은 노자 철학과 달리 수양론으로 흐를 수밖에 없었다.[75]

도가 수양론의 연원과 그것이 발아된 환경을 살펴보려면 황로(黃老)사상부터 들여다봐야 한다. 황로사상은 백가쟁명의 전국시대 중기에 제(齊)나라 직하(稷下)를 중심으로 제기되어 실질적인 대통일문화권을 형성한 한(漢)나라 초기의 주류가 된 사상 체계이자 통치이념으로서, 중원문화의 상징인 황제의 이념과 노자로 대표되는 초(楚)나라 등 만이(蠻夷)의 이문화(異文化) 사

---

75   이석명 지음, 『장자, 나를 깨우다』, 북스톤, 2015, 299-300쪽.

상이 융합하여 유가 중심 세계관보다 더 높은 차원의 대통일적 세계관을 지향한 것이다. 이런 맥락은 오늘날까지 중국 사상의 심원적 주류가 도가 사상이라는 주장에 근거를 제공하기도 한다.

황로사상은 노자의 사상(道論)을 도입하고 있으므로 오늘날 일반적으로 칭하는 넓은 의미의 도가 사상에 포함된다. 황로사상이 설립되던 전국(戰國) 중기 이후 도가에는 두 파벌이 있었는데, 원래의 장자학파와 직하의 도가학파에서 제창하고 나선 황로학파가 그것이다. 그런데 원래 전국시대에는 '도가'라는 이름의 학파는 없었고 노자(老子), 장자(莊子), 양주와 열자, 황로 등 자연주의 철학사상을 표방하는 사상의 계류(溪流)들이 있었다.

'도가'라는 말은 『사기(史記)』 「태사공자서(太史公自序)」에서 사마담(司馬談)이 여섯 개의 학파를 분류하면서 처음으로 사용하였다. 그런데 사마담이 분류한 도가의 실제 내용은 노·장이 아니라 황로였다. 도가 개념의 실질적인 원천이 황로인 셈이다. 현재 사용하는 도가 사상의 대표로서 '노·장(老·莊)' 개념은 한대 『회남자(淮南子)』의 「요략(要略)」편에 처음 나오고, 그것이 광범위하게 쓰인 때는 위진(魏晉) 시대부터다.[76]

황로사상은 기론(氣論)에 입각한 우주론과 그것의 원리를 인간의 몸에 대입시킨 치신론(治身論) 및 그것을 사회·정치적으로 확장 해석한 치국론(治國論)으로 구성된 포괄적 세계관이다. 황로사상에서 수양론은 기론과 치신론의 결합에서 찾을 수 있다. 이러한 황로사상의 수양의 원리는 『관자』 4편에 적시되고 있다. 『관자』 4편인 「내업(內業)」, 「심술(心術)」 상·하, 「백심(白心)」 등에 있는 도·덕·정기론(道·德·精氣論) 및 인간의 몸과 마음의 수련에

---

76   김희정 지음, 『몸·국가·우주 하나를 꿈꾸다』, 궁리, 2010, 16쪽.

관한 언급들이 그것이다.

凡物之精 此則爲生 下生五穀 上爲列星 流於天地之間 謂之鬼神 藏於胸中 謂之
聖人 是故此氣 杲乎如登於天 杳乎如入於淵 淖乎如在於海 卒乎如在於己 是故此
氣也 不可止以方 而可安以德 不可呼以聲 而可迎以音 敬守勿失 是謂成德 德成而
智出 萬物必得(內業).

모든 사물의 정기, 이것은 곧 생명이 된다. 이것은 내려가서 오곡을 낳고 올라
가서 뭇 별이 된다. 천지 사이에 흐르면 일러 귀신이고 가슴 안에 차면 그를 성인
이라 한다. 이 때문에 기는 하늘에 오르듯 밝고 심연에 들 듯 어두우며 바다에 있
는 듯 질펀하고 꼭대기에 있는 듯 우뚝하다. 이 때문에 기는 외부적 힘으로 멎게
할 수 없고 내면적 덕(체화된 정기)으로써 안정시킬 수 있으며, 소리로 부를 수 없
고 음으로써 맞을 수 있다. 경건히 지켜서 잃지 말아야 하니 이를 일러 덕을 이루
었다고 한다. 덕이 이루어지면 지혜가 나와 만물을 필히 얻는다.

이 대목은 우주 생명에너지인 정기(精氣)가 수용되는 인간의 내면에 관심
을 두고 있다. 정기를 받아들여 경건히 지켜서 그것이 몸에 오래 머물도록
하는 게 수양의 관건이다. 정기가 들어와 덕을 이루고 덕은 또 들어오는 정
기를 안정시킬 수 있다고 하여 정기를 치신양생의 근거로 제시하고 있다.

天曰虛, 地曰靜, 乃不貸. 潔其宮, 開其門, 去私毋言, 神明若存.(「心術」上)

하늘은 텅 비었다 하고, 땅은 고요하다 하니, 이에 잘못이 없다. 그 집(마음)을
깨끗이 하고 그 문(눈과 귀)을 열고서, 사욕을 버리고 부질없이 말하지 않아야 신
명이 존재하는 듯하다.

이 대목은 기(氣)와 마음의 관계에서 수양의 원리를 찾고 있다. 하늘의 '텅 빔(虛)'과 땅의 '고요함(靜)'을 본받아 마음을 청결히 하고 (자연의 기가 들어오도록) 오감을 청결히 하여 안정시키면 (그 문을 열고서) '신명[77]이 존재하는 듯 하다'. '거사무언(去私毋言)'은 유가의 경(敬)과 같은 의미로서 마음을 전일(專一)하게 하는 것이다. 마음을 비워(虛), 고요하고(靜), 전일하게(一) 하면 자연의 청신한 기가 들어와 우주 자연과 소통하는 신기(神氣)가 되어 자연합일을 가능케 할 수 있다는 뜻으로 풀이된다. 여기서 도가의 수양은 기론(氣論)을 바탕으로 하고 그 방법론은 '허-정-일(虛-靜-一)'임을 알 수 있다. 이 '虛·靜·一'은 직하학파에 속했던 유가(儒家)인 순자의 수양법으로도 공유되고 있다.

　專于意 一於心 耳目端 知遠之證 能專乎? 能一乎? 能毋卜筮而知凶吉乎? 能止乎? 能已乎? 能毋問於人而自得之於己乎? 故曰, 思之. 思之不得, 鬼神敎之. 非鬼神之力也, 其精氣之極也.(「心術」下)

뜻이 전일하고, 마음을 한결같게 하면 눈과 귀가 열리고 멀리 떨어진 증험을 안다. 전일(집중)할 수 있는가? 마음을 한결같게 할 수 있는가? 점을 치지 않고도 길흉을 알 수 있는가? 그칠 수 있는가? 그만둘 수 있는가? 남에게 묻지 않고 스스로 터득할 수 있는가? 그래서 "깊이 생각하라. 깊이 생각해도 터득하지 못하면 귀신이 가르쳐 준다"고 한다. 이는 귀신의 힘이 아니라 그 정성스런 기운이 온 것이다.

---

[77]　神明은 자연의 기가 고도화되어 신통력을 갖춘 상태를 말한다. 신통력을 갖춘 기를 신(神) 또는 신기(神氣)라 하며, 정신(精神)은 정기(精氣)와 신기(神氣)를 합한 말이다.

마음을 집중(專一)하면 그 안에 정기가 들어와 지극해져서 신통력을 발휘하게 된다는 설명이다. 마음 집중의 수양에 의해 정기가 신기(神氣)로 고도화된다는 것이다.

道滿天下, 普在民所, 民不能知也. … 何謂解之? 在於心安. 我心治 官乃治, 我心安, 官乃安. 治之者心也, 安心者心也. 心以藏心, 心之中又有心焉. 彼心之心, 意以先言. 意然後形, 形然後言. 言然後使, 使然後治. 不治必亂, 亂乃死.「內業」

도는 천하에 가득하여 두루 백성이 살고 있는 곳[78]에 있는데, 백성은 알지 못한다. … 무엇으로 그것을 이해하는가? 마음이 편안할 때 가능하다. 내 마음이 다스려지면 감각 기관이 다스려지고, 내 마음이 편안해지면 감각 기관이 편안해진다. 다스리는 것도 마음이고 편안하게 하는 것도 마음이다. 마음(심장)으로써 마음을 담으니, 마음(심장) 가운데 또 (생각하는)마음이 있는 것이다. 저 '마음 안의 마음'에 있어서는 뜻이 말에 앞선다. 뜻이 있은 뒤에야 형체(이미지)가 있게 되며, 형체가 있은 뒤에야 말이 있다. 말이 있은 뒤에야 부림이 있고, 부림이 있은 뒤에야 다스림이 있다. 다스려지지 않으면 필히 어지러워지고 어지러워지면 망한다.

「내업」 편에 나오는 이 대목은 불교의 '심층 마음(아뢰야식)'과 같은 '마음속의 마음'을 말하면서 '마음속의 마음'을 다스리는 일이 수양의 관건임을 말해준다. '마음속의 마음'을 기르는 방법은 말과 형체와 뜻을 차례로 잘 다스리는 것이다. 다스림의 대상인 마음속의 '뜻'은 마음에 활동성의 기(氣)가 더해진 심기(心氣)이다. '마음속의 마음'인 심기를 잘 다스려야 하는 수양의 중요

———
78 인간이 거주하는 곳. 사람의 몸을 말한다.

성을 말하고 있다. 이러한 기론적 수양론의 맥락은『장자』「인간세」편의 '심재(心齋)' 개념으로 이어지고 있다.

无聽之以耳而聽之以心. 无聽之以心而聽之以氣. 耳止於聽, 心止於符, 氣也者虛而待物者也. 唯道集虛. 虛者, 心齋也.

귀로 듣지 말고 마음으로 들어라. 마음으로 듣지 말고 기(氣)로 들어라. 귀는 소리를 접할 뿐이고, 마음은 소리에 맞추어 가릴 뿐이지만, 기는 비어 있어서 대상을 기다리고 있다. 도는 오직 비어 있는 데에 모인다. 비움이 마음의 재계(齋戒)이다.

듣는 주체가 '귀 → 마음 → 기'로 옮겨지면서 들음의 질이 달라진다. 기가 비어 있음은 그 기를 담은 마음이 비어 있음을 뜻한다. 비어 있는 마음을 비운 채 채우고 있는 기는 모든 대상을 포용하고 동화한다. 천지간에 만재한 도를 받아들임은 마음이 도와 일체가 되는 것이다. 그것이 마음을 기로써 정화하여 채우는 心齋이다. 심재는 나의 심층 마음을 채운 기와 우주의 기가 주파수 공명으로 하나가 되게 하는 것으로서, 불교 수행에서 말하는 '한마음'으로서의 아뢰야식의 깨달음과 같다.

이처럼『관자』4편에 나오는 수양 관련 대목들이 기(氣)에 의한 도가 수양의 원리를 표명한 것이라면 좀 더 구체적이고 실제적인 도가 수양론은『莊子』의 여러 '우화(寓話)'에서 찾아볼 수 있다. 장자 수양론은 오염되기 쉬운 인간의 마음을 '텅 비우는' 일에 치중돼 있다. 비본래적(인위적) 요소들로 채워진 마음을 완전히 비워 내고 그 자리에 본래성(자연성)을 채워 넣어 자연화(자연과의 합일)하는 게 장자 수양론의 방법이자 목적이다.

『장자』 수양론에서 자연합일의 기제(機制)로는 『관자』 4편에 제시된 기(氣)의 원리를 원용하고 있다. 분별적 지식이나 욕망을 덜어 내서 순수한 근원으로 돌아감을 노자는 '허기심(虛其心)'[79]이라 했고, 장자는 자아적 분별을 없앤다는 뜻으로 '망아(忘我)'·'상아(喪我)'[80]라고 했다. 망아나 상아는 명상 수행에서 '좌치(坐馳: 마음이 대상의 분별로 산만하게 질주함)'를 극복하고 마음을 다잡아 가지런히 하여 본래의 청정한 마음 상태를 유지하는 일(齋戒)이며 심재(心齋)의 결과라고 할 수 있다.

(心齋)

顔回見仲尼, 請行 曰 "奚之?" 曰 "將之衛." … 顔回曰 "吾無以進矣, 敢問其方." 仲尼曰 "齋, 吾將語若! 有心而爲之, 其易邪? 易之者, 皡天不宜." 顔回曰 "回之家貧, 唯不飮酒不茹葷者數月矣. 如此, 則可以爲齋乎?" 曰 "是祭祀之齋, 非心齋也." 回曰 "敢問心齋." 仲尼曰 "若一志, 无聽之以耳聽之以心, 无聽之以心而聽之以氣! 耳止於聽, 心止於符. 氣也者, 虛而待物者也. 唯道集虛. 虛者, 心齋也." (「人間世」)

안회가 공자를 뵙고 작별 인사를 했다. 공자 왈 "어디로 가려느냐?" 안회 왈 "위나라로 가려 합니다." … 안회 왈 "저는 더 이상 모르겠습니다. 부디 그 방법을 알려 주십시오." 공자 왈 "재계하라. 내가 네게 말하노니 의도적인 마음을 품고 일을 행하면 쉽게 이루어지겠느냐? 쉽다고 생각하는 자는 하늘도 마땅하게 여기지 않을 것이다." 안회 왈 "저는 가난하여 술이나 자극성 있는 채소를 먹지 못한 지 수개월이 되었습니다. 이러면 재계했다고 할 수 있지 않겠습니까?" 공자

---

79 『도덕경』, 3장.
80 『장자』, 「제물론」, 1장.

왈 "그것은 제사의 재계이지 심재, 즉 마음의 재계는 아니다." 안회 왈 "그러면 심재는 어떻게 하는 것입니까?" 공자 왈 "뜻을 하나로 모아라. (그러려면) 귀로 듣지 말고 마음으로 들어라. 나아가 마음으로도 듣지 말고 기(氣)로 들어라. 귀는 듣는 것에만 그치고, 마음은 부합(분별)하는 것에만 그친다. 그러나 기로 듣는다는 것은 마음을 텅 빈 채 사물을 대한다는 의미이다. 도는 오직 텅 빈 곳에 모이게 되는 것이니, 마음을 텅 비우면 심재에 이르게 될 것이다."

(坐忘)

顔回曰 "回益矣." 仲尼曰 "何謂也?" 曰 "回忘禮樂矣." 曰 "可矣, 猶未也." 他日, 復見, 曰 "回益矣." 曰 "何謂也?" 曰 "回忘仁義矣." 曰 "可矣, 猶未也." 他日, 復見, 曰 "回益矣." 曰 "何謂也?" 曰 "回坐忘矣." 仲尼蹴然曰 "何謂坐忘?" 顔回曰 "墮肢體, 黜聰明, 離形去知, 同於大通, 此謂坐忘." 仲尼曰 "同則無好也, 化則無常也. 而果其賢乎! 丘也請從而後也."(「大宗師」)

안회 왈 "저는 나아졌습니다." 공자 왈 "어떻게 나아졌느냐?" "저는 예악을 잊었습니다." "좋다. 그러나 아직 부족하다." 얼마 후 안회가 다시 공자를 뵙고 말했다. "저는 나아졌습니다." 공자가 물었다. "어떻게 나아졌느냐?" "저는 인의를 잊었습니다." "좋다. 그러나 아직 부족하다." 얼마 후 안회가 다시 공자를 뵙고 말했다. "저는 나아졌습니다." "어떻게 나아졌느냐?" "저는 좌망했습니다." 공자가 깜짝 놀라 물었다. "좌망이 무엇이냐?" 안회 왈 "육신의 욕망을 무너뜨리고 눈과 귀의 인식 작용을 물리쳐, (그 결과) 형체와 지식의 구속에서 벗어나 자연과 크게 하나가 되는 것, 이를 좌망이라고 합니다." "자연과 하나가 되면 좋아하고 싫어함의 구별이 없어지고, (자연과 하나가 되어) 변화하면 집착함이 사라지지. 정말로 훌륭하구나! 나도 너의 뒤를 따라야겠다."

(喪我)

南郭子綦隱机而坐, 仰天而噓, 苔焉似喪其耦. 顔成子游立侍乎前, 曰 "何居乎? 形固可使如槁木, 而心固可使如死灰乎? 今之隱机者, 非昔之隱机者也." 子綦曰 "偃, 不亦善乎? 而問之也! 今者吾喪我, 汝知之乎? 汝聞人籟而未聞地籟. 汝聞地籟而未聞天籟夫!"(「齊物論」)

남곽자기가 책상에 기대어 앉아 하늘을 향해 "휴~" 하고 길게 숨을 내쉬고 있는데, 멍하게 앉아 있는 그 모습이 마치 형체를 잊은 듯했다. 안성자유가 그 앞에 모시고 있다가 물었다. "어찌 된 일입니까? 어떻게 형체를 마치 마른 나무처럼 만들고 마음을 마치 식은 재와 같이 할 수 있습니까? 지금 책상에 기대어 있는 분은 예전에 책상에 기대어 있던 분이 아닌 것 같습니다." 남곽자기가 대답했다. "자유야, 참으로 훌륭한 질문이구나! 지금 나는 나를 잊었다. 너는 알겠느냐? 너는 '인간의 음악'은 들어 보았겠지만 '땅의 음악'은 들어 보지 못했을 것이다. 설사 땅의 음악을 들어 본 적이 있다 한들 아직 '하늘의 음악'은 들어 보지 못했을 것이다. … "

장자 수양론에서는 수양의 구체적 방법과 단계를 세분하여 제시하고 있다. 장자 수양론의 원칙은 『관자』 4편 등에서 제시된 '허-정-일'이고, 이 원칙에 입각한 방법론은 '心齋-坐忘-喪我'이며, 이의 구체적 과정은 '외천하(外天下) → 외물(外物) → 외생(外生) → 조철(朝徹) → 견독(見獨) → 무고금(無古今) → 불사불생(不死不生) → 영녕(攖寧)'이다. '外天下'에서 '不死不生'에 이르는 단계적 과정은 『장자』 내편 「대종사(大宗師)」에 있는 '남백자규(南伯子葵)와 여우(女偊)의 대화'에 나온다.

南伯子葵問乎女偊曰 "子之年長矣, 而色若孺子, 何也?"

曰 "吾聞道矣."

南伯子葵曰 "道可得學邪?"

曰 "惡! 惡可! 子非其人也. 夫卜梁倚有聖人之才而无聖人之道, 我有聖人之道而无聖人之才, 吾欲以教之, 庶幾其果爲聖人乎! 不然, 以聖人之道告聖人之才, 亦易矣. 吾猶告而守之, 三日以後能外天下, 已外天下矣, 吾又守之, 七日以後能外物, 已外物矣, 吾又守之, 九日以後能外生, 已外生矣, 以後能朝徹, 朝徹以後能見獨, 見獨以後能古今, 无古今以後能入於不死不生. 殺生者不死, 生生者不生, 其爲物. 無不將也, 無不迎也, 無不毀也, 無不成也. 其名爲攖寧. 攖寧也者, 攖而後成者也."

남백자규가 여우에게 묻기를 "당신은 나이가 많은데도 안색이 젖먹이 아이와 같소. 왜 그렇소?" 여우 왈 "나는 도를 배웠소." 남백자규 왈 "도를 배울 수 있나요?" "아니, 어찌 가능하겠소! 당신은 그럴 만한 사람이 못되오. 저 복량의는 성인의 재질은 있으나 성인의 도를 몰랐고, 나는 성인의 도를 지녔지만 성인의 재질은 없소. 내가 그에게 도를 가르치고자 한다면 과연 그는 성인이 될 수 있을까? 그렇게는 못 되더라도 성인의 바탕을 지닌 이에게 성인의 도를 가르쳐 주기는 쉬울 것이오. 그래서 그에게 성인의 도를 일러 주고 지켜보았소. 그는 3일 만에 세속적 욕망을 잊었소(外天下). 천하를 잊게 되었으므로 나는 다시 신중히 지켜보았는데, 7일 만에 물질적 욕망에서 벗어났소(外物). 물질의 욕망에서 벗어났으니 나는 또 신중히 지켜보았는데, 9일 만에 몸과 마음에 대한 집착에서 벗어났소(外生). 이미 외생하게 되면 아침이 밝아 오듯 첫 깨달음의 순간이 오고(朝徹), 깨달음을 더욱 심화시켜 관조로써 사물의 참모습을 보게 되고(見獨), 더 나아가 시간의 변화를 초월하게 되고(无古今), 이윽고 생사(生死)를 호·불호(好·不好)하지 않는 달관의 경지(不死不生)에 들어갔소. 삶을 초월하는 자에게 죽음은 없고, 삶을 탐하는 자에게 삶은 없소. (그것이 도요.) 도는 모든 것을 보내고 모든 것을 맞아들이며, 모든 것을 파괴하고 모든 것을 이룩하오. 이를 두고 변화 속의 안정(攖寧)이라 하오. 변화 속의 안정이란 변화가 있은 후 비로소 이루어지는 법이오.” (만물이 생성 훼멸되는 어지러운 변화 속에서 고요한 마음을 간직할 때만이 ‘도’를 배우는 두 가지 과정을 완성하여, 도를 체득한 최고의 경지에 도달하였다고 말할 수 있다.)

　‘外天下’는 세상의 관계망에서 비롯되는 욕심(명예욕, 권력욕 등)을 잊는 것이다. ‘外物’은 물질적 욕망에서 벗어나는 것이다. ‘外生’은 나의 몸과 마음에 대한 집착, 즉 자의식에서 벗어나는 것이다. ‘朝徹’은 아침의 여명처럼 밝아지는 것이다. 이는 앞의 ‘천하(天下)’, ‘물(物)’, ‘생(生)’에 대한 망상과 집착에서 벗어나는 수행 과정을 거쳐서 첫 깨달음을 얻는 순간이다.

　조철의 단계에서는 삶과 죽음이 하나로 인식되고, 물아(物我)의 경계가 홀연히 사라지며, 주객의 이원적 대립도 사라져서 아침처럼 환한 마음만 의식된다. 이는 마치 불가의 수행에서 표층의식과 제7 말라식(자의식)까지를 다 제기하고 이뢰야식을 체인하는 단계로 들어서는 것과 같다. 이 ‘소철’ 단계 이후는 오직 수행을 통해 내적 깨달음의 깊이를 더해 갈 뿐이다. 이어서 ‘見獨’은 절대의 경지, 곧 부수적 조건이나 인연들이 제거된 사물 자체를 관조하는 단계이다. ‘無古今’은 시간의 변화에 순응하는 것이다. ‘不死不生’은 삶을 기뻐하거나 죽음을 두려워하지 않는 ‘달관의 경지’에 들어가는 것이다.

　이러한 장자의 수양론은 유가 수양론이 ‘경·성(誠·敬)’의 단조로운 방법[81]

81　주자 수양론인 ‘미발함양−이발성찰−격물궁리’에서 깨달음의 대상인 ‘理’는 경험 경계

을 취한 것에 비해 진일보한 면이 있지만 수행의 방법을 매우 다양하고 상세하게 개발한 불가 수행론에는 못 미친다고 할 수 있다. 예컨대 심재(心齋), 좌망(坐忘), 상아(喪我)는 그러한 경지의 상태를 설명하는 형용어일 뿐 수양의 방법론이라고 하기엔 미흡하다. 마찬가지로 '外天下 → 外物 → 外生 → 朝徹 → 見獨 → 無古今 → 不死不生'의 과정에서도 그러한 과정이 전개될 수 있다는 개연성(蓋然性) 외에 각 단계에 드는 구체적 방법론이 보이질 않는다.

이러한 현상은 도가 수양론이 『도덕경』에서 말하는 '無爲而無不爲'의 원칙을 따르는 것 같기도 하다. 오로지 더 이상의 작위를 하지 않고 기존의 인위적 마음만을 비워 내는 '허–정–일'의 원칙을 '無爲'로써 고수하고 그것을 극진히 하는 것이 도가 수양론에서 있어서 최선의 방법론이라고 읽히는 대목이다.

『장자』에서는 이렇게 하여 수양이 완성된 경지에 이른 사람을 '진인(眞人)' 또는 '지인(至人)'이라 하고, 「대종사(大宗師)」편과 「덕충부(德充符)」편에서 몇 가지 우화를 통해 그들의 인격과 삶의 자세를 보여 주고 있다. 특히 「德充符」에서는 '왕태(王駘)'와 '애태타(哀駘它)'라는 인물을 통해 수양으로써 달성한 '덕의 충만함'의 아름다움이 외적인 미·추(美·醜)보다 위대함을 가르쳐 준다. 또 「소요유(逍遙遊)」에 나오는 대붕(大鵬)은 수양의 필요함과 수양이 완결된 사람이 획득한 자연에서의 무한한 자유를 상징하고 있다.

古之眞人, 不逆寡, 不雄成, 不謨士. 若然者, 過而不悔, 當而不自得也. 若然者,

인 '격물'에서 찾아진다. 따라서 주자 수양론에서 '미발' 단계에서는 함양을 위한 성·경이 강조될 뿐, '깨달음(체인)'을 위한 상세한 방법론은 없다.

登高不慄, 入水不濡, 入火不熱. 是知之能等假於道者也若此. 古之眞人, 其寢不夢, 其覺無憂, 其食不甘. 其息深深, 眞人之息以踵, 衆人之息以喉. 屈服者, 其嗌言若哇, 其耆欲深者, 其天機淺. 古之眞人, 不知說生, 不知惡死. 其出不訢, 其入不距, 翛然而往, 翛然而來而已矣. 不忘其所始, 不求其所終. 受而喜之, 忘而復之. 是之謂不以心損道, 不以人助天. 是之謂眞人.('大宗師)

옛 진인은 사소한 것도 가벼이 여기지 않았고, 이루고도 과시하지 않았으며, 선비들을 꾀지 않았다. 이런 사람은 지난 일을 후회 않고, 당연한 일을 자기가 해냈다고 생각하지 않는다. 높은 곳에 올라도 떨지 않고, 물에 들어도 젖지 않으며, 불에 들어도 뜨거워하지 않는다. 이는 그의 앎이 높은 도의 경지에 이르렀기 때문이다. 옛 진인은 자도 꿈꾸지 않았고, 깨어 있어도 근심하지 않았으며, 음식을 먹어도 맛을 따지지 않았다. 숨을 쉴 때는 호흡이 매우 깊었으니, 보통 사람들은 목구멍으로 숨 쉬지만 진인은 발꿈치로 숨을 쉬었다. 외물에 굴복한 자는 목구멍에서 토하듯이 말을 하고, 욕심 많은 자는 천기가 얕다. 옛 진인은 삶을 기뻐할 줄 몰랐고, 죽음을 싫어할 줄 몰랐다. 세상에 나온 것을 좋아하지 않았고, 저세상으로 돌아감을 거부하지 않았다. 홀연히 오고 갈 뿐이었다. 자신의 시원을 잊지 않았고 종말을 알려고 하지 않았다. 삶을 받음을 기뻐했고 삶을 잃으면 기꺼이 돌아갔다. 이를 일러 마음으로 도를 손상시키지 않고, 인위로 자연을 간섭하지 않는다고 한다. 이런 사람을 진인이라 한다.

도가에서 '수양(修養)'은 '양생(양생)'과 구별된다. 양생은 일반적으로 오해되는 '불로장생'이 아니라 생명의 주인(生主)인 자연의 생명력을 보전하여 타고난 수명을 무난히 지키는 일이다. 특히 장자가 양생을 중시한 것은 전란의 인명살상과 민생피폐가 극에 달했던 전국시대의 시대상에 대한 회한(悔

恨)을 반영한 것으로 보인다. 중국의 철학적 사유에서는 자연을 거대한 생명체로 본다. 도가의 양생은 자연으로부터 부여받은 몸과 마음의 생명력을 어떻게 보전(保全)하느냐의 과제로서 그 답은 '연독이위경(緣督以爲經: 中의 이치를 따름)'과 '안시처순(安時處順: 때에 맞게 행동하고 자연의 순리에 따름)'이다. '중(中)'을 중시하는 양생의 원칙은 「양생주(養生主)」 첫머리에 나온다.

吾生也有涯 而知也无涯 以有涯隨无涯 殆已. 已而爲知者 殆而已矣. 爲先无近名 爲惡无近刑. 緣督以爲經 可以保身 可以全生 可以養親 可以盡年.

우리 삶은 유한하고 지식은 무한하다. 유한한 삶으로 무한한 지식을 좇으면 위태로울 뿐이다. 그런데도 계속 지식을 추구하면 더욱 위태로울 뿐이다. 선을 행하더라도 이름이 드러나지 않게 하고, 악을 범하더라도 형벌을 받지 않을 정도로 하라. (선악에 얽매이지 않는) 중간 입장을 따라(緣督) 그것을 기준(經)으로 삼으면(以爲) 몸을 온전히 지킬 수 있고, 평생을 무사히 보낼 수 있으며, 부모를 공양하고 천수를 누릴 수 있다.

양생의 원리와 방법뿐만 아니라 수양의 필요성 및 진인의 모습에 관해서는 '포정해우(庖丁解牛)' 이야기가 말해 준다.

庖丁爲文惠君解牛, … 文惠君曰 "譆, 善哉! 技蓋至此乎?" 庖丁釋刀對曰 "臣之所好者, 道也, 進乎技矣. 始臣之解牛之時, 所見无非全牛者. 三年之後, 未嘗見全牛也. 方今之時, 臣以神遇而不以目視, 官知止而神欲行. 依乎天理, 批大郤, 導大窾, 因其固然, 技經肯綮之未嘗, 而況大軱乎! 良庖歲更刀, 割也. 族庖月更刀, 折也. 今臣之刀十九年矣, 所解數千牛矣, 而刀刃若新發於硎. 彼節者有閒, 而刀刃者

無厚. 而無厚入有閒, 恢恢乎, 其於遊刃, 必有餘地矣. 是以十九年, 而刀刃若新發
於硎. 雖然, 每至於族, 吾見其難爲, 怵然爲戒, 視爲止, 行爲遲, 動刀甚微, 謋然已
解, 如土委地. 提刀而立, 爲之四顧, 爲之躊躇滿志, 善刀而藏之."文惠君曰 "善哉!
吾聞庖丁之言, 得養生焉."(養生主)

　포정이 문혜군을 위해 소를 해체했다. … 이를 보고 문혜군이 말했다. "좋도다!
기술이 어떻게 이런 경지까지 이르렀단 말인가?" 그러자 포정이 칼을 내려놓으며
대답했다. "제가 좋아하는 것은 도입니다. 기술보다 앞선 것이죠. 제가 처음 소를
가를 때는 소가 통째로 보였습니다. 3년 뒤에는 소가 통째로 보이지 않았습니다.
지금 저는 소를 눈으로 보지 않고 신(神氣)으로 만납니다. 감각작용을 멈추고 신
기가 원하는 대로 움직입니다. 천리에 따라 움직이며 커다란 틈새와 빈 곳을 찾
아 칼을 들이댑니다. 소의 결에 따라 칼을 움직이니 뼈와 살이 엉킨 곳을 벤 적이
없습니다. 하물며 큰 뼈야 건드리겠습니까? 훌륭한 백정은 일 년에 한 번 칼을 바
꿉니다. 살을 가르기 때문이죠. 보통 백정은 한 달에 한 번 칼을 바꿉니다. 뼈를
자르기 때문이죠. 지금 저의 칼은 사용한 지 19년이 되었고, 갈라낸 소도 수천 마
리나 됩니다. 그럼에도 칼날은 마치 막 숫돌로 간 것 같습니다. 소의 뼈마디는 틈
이 있고 저의 칼날은 두께가 없습니다. 두께가 없는 것을 틈새로 집어넣으니 넓
고도 넓어 칼날의 움직임이 매우 여유롭습니다. … 그렇지만 뼈와 살이 엉킨 곳
에 이를 때면 저는 어려움을 알아채고 긴장합니다. 시선은 고정되고 움직임은 느
려지며 칼날을 조심조심 움직입니다. 그러다 보면 뼈와 살이 엉킨 곳이 툭하고
갈라집니다. … 그러면 저는 칼을 들고 사방을 둘러보며 잠시 머뭇거리다가 만족
하여 칼을 닦아 마무리합니다." 문혜군 왈 "훌륭하구나! 나는 포정의 말에서 양생
의 이치를 얻었노라."

포정은 자신의 솜씨가 술(術, 技術)이 아니라 도(道)라고 말한다. 道는 術에 마음이 얹어진 경지이다. 도가에서 마음은 기(氣)의 집적체로 해석된다. "소를 눈으로 보지 않고 신(神氣)으로 만난다."라는 포정의 말에는 기론에 입각한 도가의 수양 및 양생 원리가 들어 있다. 수양에 의해 기(氣)를 고도화시키면 신통력을 갖는 신(神)으로 전화(轉化)한다. 신(神)은 우주 원리와 통(通)하는 신통력(神通力)을 발휘한다.

신욕(神欲)은 직관지처럼 자연스레 사지와 백골을 움직이고 모든 기술행위를 창조한다. 감각기관이 멈추어지고 신욕이 작동하는 것은 각개 감각기관의 비지각화와 몸 전체의 지각화가 동시에 작동하는 것이다. 이 지점에서 몸은 철저히 변형되어 기의 명령만을 듣는다. 몸은 더 이상 개체가 아니라 우주의 모든 존재적 순환이 통과해야 하는 응결점이 된다. … 여기서 주목할 것은 어떤 사실에 대한 이론적 지식의 습득에 의해서가 아니라 몸으로 얻는 실천적 지식이 天理에 더 가까이 갈 수 있다는 점이다. 즉 포정의 몸짓 자체의 현장성과 즉흥성으로 터득되는 심신합일의 실천지이다.[82]

포정이 소를 신(神, 神氣)으로써 만난다는 것은 신기의 마음(神通力)으로써 소와 하나가 된다는 '자연합일'의 의미를 갖는다. 자연합일의 경계는 차별과 주객이 없는 무대(無待)의 세상이다. 그곳에서는 소와 하나가 되어 주객 사이의 간극이 없어진다. '포정 해우'는 수양의 필요성과 진인의 자유자재한 모습, 자연의 순리에 따르는 양생의 모습을 동시에 보여 주고 있다.

---

82   손병석 외,『동서 철학 심신관계론의 가치론적 조명』, 한국학술정보, 2013, 164-165쪽.

외편(外篇)에 나오는 「산목(山木)」의 '쓸모없는 나무와 울지 못하는 거위' 이야기 역시 양생의 도를 말해 주고 있다.

莊子行於山中, 見大木, 枝葉盛茂, 伐木者止其旁而不取也. 問其故, 曰 "無所可用." 莊子曰 "此木以不材得終其天年!" 出於山, 舍於故人之家. 故人喜, 命豎子殺雁而烹之. 豎子請曰 "其一能鳴, 其一不能鳴, 請奚殺?" 主人曰 "殺不能鳴者." 明日, 弟子問於莊子曰 "昨日山中之木, 以不材得終其天年, 今主人之雁, 以不材死. 先生將何處?" 莊子笑曰 "周將處乎材與不材之間." 材與不材之間, 似之而非也. 故未免乎累. 若夫乘道德而浮游則不然. 无譽无訾, 一龍一蛇, 與時俱化, 而无肯專爲. 一上一下, 而和爲量. 浮游乎萬物之祖, 物物而不物於物, 則胡可得而累邪? 此神農皇帝之法則也. 若夫萬物之情, 人倫之情則不然. 合則離, 成則毁, 廉則挫, 尊則議, 有爲則虧, 賢則謨, 不肖則欺, 胡可得而必乎哉? 悲夫. 弟子志之, 其唯道德之鄕乎.

장자가 산속을 가다가 큰 나무를 보았다. 가지와 잎이 무성한데 벌목꾼이 바로 옆에 있으면서도 베려 하지 않았다. 그 이유를 물으니 "아무 쓸모가 없소."라고 했다. 장자가 말했다. "이 나무는 쓸모가 없으므로 천수를 다 누릴 수 있게 되었구나!" 산에서 내려와 친구의 집에 머물게 되었다. 친구가 반가워하며 아이에게 거위를 잡아 삶도록 하였다. 아이가 물었다. "한 마리는 잘 울고 한 마리는 울지 못합니다. 어느 놈을 잡을까요?" 주인이 말했다. "울지 못하는 놈을 잡아라." 다음 날 제자들이 장자에게 물었다. "어제 산속의 나무는 쓸모가 없기에 천수를 누릴 수 있었는데, 오늘 주인집 거위는 쓸모가 없어서 죽게 되었습니다. 선생님은 어디에 머무르시렵니까?" 장자가 웃으며 답했다. "나는 쓸모 있음과 쓸모없음 사이에 머물겠다." (그러나) 쓸모 있음과 쓸모없음의 중간이란 도와 비슷하면서도 참된 도가 아니어서 화를 아주 면하지는 못한다. 만약 (이런 구별을 떠나서) 자연의 도에 의거하여 (자연 속에서) 유유히 노닌다면 그렇지 않게 된다. (거기엔) 영예도 비방도 없고, 용이 되었다 뱀이 되었다 하듯 때의 움직임에 따라 변화하여 한 군데에 집착하지 않는다. 올라갔다 내려갔다 하며 대상과 화합을 도량으로 삼는다. 마음을 만물의 근원인 도에 노닐게 하여 만물을 뜻대로 부리되, 그 만물에 사로잡히지 않으니 어찌 화를 입을 수 있겠는가! 이것을 신농 황제의 법칙이라 한다. (그러나) 대저 만물의 실정이나 인간 세상의 이치란 그렇지를 못하다. 만나면 헤어지고, 이뤄지면 무너지고, 모가 나면 깎이고, 신분이 높으면 비방을 받으며, 무슨 일을 해 놓으면 어딘가 문제가 생기고, 현명하면 모함을 받으며, 어리석으면 속으니, 어찌 화를 면할 수 있겠는가! 슬픈 일이다. 제자여, 이것을 명심하라. 다만 (자연의) '도와 덕의 경지'에서 노니는 자만이 겨우 화를 면할 수 있음을![83]

윗글의 '도덕지향(道德之鄕)'을 장자는 '환(環)'이라 했다. 기의 취산(聚散)에 따라 기가 질·형화(質·形化)되는 가운데 만물이 대대(待對) 관계 속에 생멸의 띠를 이루는 게 환이다. 장자의 수양은 현상 세계의 '대대적 삶'의 프레임이 씌우는 질곡을 벗어나 원환(圓環)의 중심, 즉 환중(環中)[84]에 이르는 길이다. 어떻게 해야 사적인 몸과 마음의 상대성을 벗어나 절대의 환중에 이를

---

83 이 글은 「인간세」에 나오는 '상수리나무'를 예로 든 '쓸모없는 나무' 이야기와 논리적 충돌로 이해될 수 있다. 그러나 '상수리나무'의 경우는 인간세의 '無用之用(쓸모없음의 쓸모)'에 대해서 말한 것이고 이 글에 나오는 '쓸모없는 나무와 울지 못하는 거위' 이야기는 인간세를 초월한 무분별 경계인 자연에서의 도와 덕에 관한 이야기로 이해하면 될 것이다.

84 『장자』 「제물론」 14장. 彼是莫得其偶 謂之道樞 樞始得其環中 以應無窮(저것과 이것이 待對하지 않는 것을 도추라고 한다. 도추라야 순환의 중심을 얻으며, 그래야 무한히 응할 수 있다).

수 있는가? 환중은 기가 개체적으로 형화되기 이전의 순수한 원기라고 할 수 있다. 만물은 이 하나로부터 분화되어 서로 차이를 만들어 내고, 우리는 그 차이를 따라 이것과 저것을 분별하게 된다. 여기서 우리의 일상 의식은 표층의 차이에 주목하는 분별적 사고로 나아가고, 환중을 지향하는 양생적 의식은 심층의 하나에 주목하는 무분별적·근원적 사고로 나아간다. 도가의 수양과 양생은 현상적인 외적 차이를 자신의 내적 차이로 포괄하는 원의 중심을 지향하며, 표층상의 시비 분별을 심층에서 무화시키는 무분별적·근원적 사고로 나아가는 일이다.

학문을 하면 나날이 더해지고, 도를 닦으면 나날이 덜어진다. 덜어 내고 덜어 냄으로써 무위에 도달하게 되면, 무위이되 이루지 못하는 것이 없다.[85]

이처럼 분별적 지식이나 욕망을 덜어 내어 하나의 근원으로 복귀하는 것을 노자는 '허기심(虛其心)'이라 했고, 장자는 '망아(忘我)' 또는 '상아(喪我)'라 했다. 그것은 분별적 대상으로 치닫는 산만함인 좌치(坐馳)를 극복하고 본래의 청정한 마음으로 되돌아온다는 의미에서 마음의 새계, 곧 심재(心齋)라고 한다. 대대의 현상 세계로부터 그 현상의 근거인 절대로 나아가려는 것, 기의 흐름을 따르는 유동의 원환으로부터 그 원환의 중심으로 복귀하려는 것, 도와 하나되는 것이 노·장 수양의 지향점이며, 이는 곧 도교(道敎) 수행의 핵심으로 이어지는 대목이다.[86]

---

85 『도덕경』48장. 爲學日益 爲道日損 損之又損 而至於無爲 無爲而無不爲.
86 한자경 지음, 『명상의 철학적 기초』, 이화여자대학교출판부, 2011, 136-147쪽.

지금까지 살펴본 바와 같이 도가 수양론의 바탕은 기론(氣論)이다. 도가는 기일원론(氣一元論)적 심신관계론(心身關係論)을 바탕으로 몸과 마음을 氣로써 통합하고, 그 통합된 身[87]을 우주적 몸으로 합일시킨다. 도가에서 수양 또는 양생이란 우주의 기적 질서와 조화되는 행동을 반복 연습함으로써 우주와 나 사이의 기를 동조화(同調化)시키는 것이다.

도가의 기일원론적 심신관계론은 '보이는 몸'의 수치적인 단련에만 몰두하고, '보이지 않는 몸'의 진정한 활신(活身)의 즐거움을 망각하고 있는 현대 사회에 시사점을 주고 있다. 이러한 관점은 사회적 규범에 구속되어 있는 몸의 해방을 일깨우고 진정한 몸생명을 모색하게 하는 가치론적 의의를 갖는다. 도가의 심신 대립을 넘어선 정신 해방은 몸을 경시하고 정신적 관념세계에만 머무는 것이 아니라 몸의 해방과 함께하는 것이다.[88]

3) 불가(佛家)의 수행(修行)

불가의 수행은 사성제(四聖諦: 네 가지 성스러운 진리)인 '고·집·멸·도(苦·集·滅·道)'[89]의 道에 해당하는 과정이다. 사성제는 부처의 깨달음 내용인 '연

---

87 도가의 심신일원론에서 身은 몸(육체)인 形과 마음(정신)인 心이 기로써 일원화된 개념이다.

88 위 책 167쪽.

89 고(苦)는 욕탐에 의해 결박된 육입(六入-12입처)에서 연기한 망념으로서 미래의 자기존재인 '오온'을 의미한다. 오온으로서의 존재방식 자체가 괴로움이라는 것이다. 집(集)은 그러한 망념의 괴로움 덩어리인 오온(五取蘊)이 모이는 과정을 의미한다. 사성제에 비해 현상(事)의 배후 원리(理)인 '無常 無我 苦'를 三法印이라고 한다.

기(緣氣)'(12枝緣氣)[90]에서 나온 이론으로, 고통의 원천인 인간의 마음과 우주 존재의 실상에 대한 통찰이다. 佛家의 세계관과 修行이 儒·道家의 그것과 다른 점은 이 세상을 고해(苦海)로 보고 인간의 마음에서 고통의 원인을 제거하는 지혜를 찾는다는 것이다. 이는 유가가 현실 인간세의 질서와 행복을, 도가가 자연에 귀의함을 중시하는 것과는 다르다. 불가의 세계관과 그에 입각한 수행 체제가 있음으로써 儒·道·佛 통합의 '현실 인간세 → 자연 → 초월'이라는 상호 보완적인 세계관과 수양(수행) 체계가 정립(鼎立)된다.

불가의 교설(석가의 가르침)에 관한 이론은 석가 생존시의 초기불교에서 석가 열반 후 부파불교(상좌부→소승, 대중부→대승) 및 대승(大乘)의 중관불교와 유식불교 시절을 거치면서 여러 경전과 논장(論藏)들을 통해 분류되어 설명되면서 정비되었다. 오늘날 우리가 보는 불가의 수행법은 이러한 교설의 발전과 더불어 정리된 것으로서, 중관불교의 공(空)사상과 유식불교의 식(識: 心의 기능)설이 어우러진 결과이다. 그 최종 목적은 마음의 번뇌를 없애고 진리의 지혜인 불성을 깨달아 증득(證得)하는 것이다.

불가에서는 진리에 대한 부처의 말씀(교설) 자체나 그것을 개념적으로 파악하는 것을 '해(解, 解悟)'라 하고, 이 이론적 이해의 내용을 내성(內省)을 통해 몸과 마음으로 깨닫는 것(體認)을 '증(證, 證悟)[91]이라고 한다. 그리고 해오에서 증오에 이르기 위해 부처가 교설에 따라 제시한 행동 강령을 몸과 마

---

90   12연기는 부처가 깨달은 연기법 그 자체가 아니라, 중생들로 하여금 연기하는 법계를 깨닫게 하기 위해 시설한 방편으로서, '자아'가 존재한다는 중생들의 생각이 어떻게 형성되고 있는지를 밝히고 있다.

91   '해오'는 얼음물이 차다는 사실을 이전의 경험과 이성에 의한 사유와 추리로써 이해하는 것이고, '증오'는 얼음물에 뛰어들어 몸으로 직접 차가움을 느끼는 것과 같다.

음으로 실천하는 것을 '행(行)'이라 한다. 수행(修行)은 그 행(行, 즉 실천행동)을 닦는(엄격히 하는) 일이다. 부처는 해(解)에 해당하는 교설을 낼 때마다 그것에 상응하는 실천 행동 조목(行)을 상세히 제시해 놓았다. 이것이 구체적인 방법론을 결여한 유가나 도가의 수양론과 다른 면이다. 불가의 수행은 이미 부처가 그려 놓은 이 로드맵을 충실히 따라가는 일이다.

수행의 전후 과정과 진행 내용을 총괄하여 말하자면 '신(信) → 해(解) → 행(行) → 증(證)'이라는 도식으로 요약된다. 불가의 모든 경·론(經·論)의 핵심 원리는 '信·解·行·證'이다. 일체의 경장(經藏)과 논장(論藏)이 모두 다 석가의 깨달음에 기반을 두어 우선 그 깨달음의 내용을 믿고, 이해한 후, 그에 따라 실천 수행하여, 석가와 똑같은 깨달음에 이르러 성불하게 하고자 쓰여진 것이므로, 모든 경론에 '信·解·行·證'의 과정이 다 포함될 수밖에 없었을 것이다.[92]

'信·解·行·證'에서 '行·證'은 수행과 그에 따른 깨달음이고, '信·解'는 수행을 위한 준비의 마음 자세이다. 즉 불성에 대한 믿음(信)을 갖고 (이성적으로) 깊이 사유하여 무아(無我) 및 공(空)이 인도하는 불성의 내용을 이해하고(解悟), 그 이해를 깨달음으로 승화시키기 위해 습(習)의 장애를 없애 가는 보살행[93]과 자비행(行) 등의 수행(行)을 통해, 번뇌와 무명(無明) 등 모든 장애

---

92 한자경, 『심층 마음의 연구』, 서광사, 2018, 357–358쪽.

93 보살의 실천행인 육바라밀을 말함. 생사의 고해를 건너 이상경인 열반의 세계에 이르는 실천수행법인 육바라밀은 보시(布施)·지계(持戒)·인욕(忍辱)·정진(精進)·선정(禪定)·반야바라밀(般若波羅蜜) 등의 여섯 가지로 구성되어 있다. 자기의 인격 완성을 위하여서는 원시불교의 사제(四諦)와 팔정도(八正道)의 가르침으로 충분하지만, 대승불교에서는 이에 만족하지 않고 보살의 수행법으로서 팔정도를 채택하지 않고 육바라밀이라는 독자적인 수행법을 설하였다. 그것은 팔정도가 자기완성을 위한 항목만을 포함

를 제거함으로써 드디어 불성과 완전히 하나됨이 증오(證悟)이다.

'신·해·행·증'의 원리는 불가만이 아니라 여타 종교나 사상의 수행(수양)에도 적용될 수 있다. 우리(凡人, 衆生)가 인간으로서의 선각자들(석가, 노·장, 공·맹 등)의 존재와 그들이 깨닫거나 자각하여 우리에게 알려 준 내용을 일단 마음으로 믿고, 머리로 이해하고, 그들이 가르쳐준 길대로 마음과 몸으로 따라가면, 그들이 이른 목적지에 닿을 수 있기 때문이다. 동양 사상의 이 '신·해·행·증'의 원리에서는 중세 철학의 '믿기 위해 이해한다'와 '알기 위해 믿는다'[94]와 같은 신앙과 이성의 '인위적 조화' 문제는 사라진다.

불가 수행의 목표는 (번뇌로부터) 해탈(解脫)과 (生·死 구속으로부터의) 열반(涅槃)이고, 그것에 이르는 修行은 부처의 깨달음의 구체적 내용이자 인생의 전생에서 내생에 이르는 인연 관계를 보여 주는 '십이지연기(12支緣氣)[95]'에

하고 있기 때문에 이타(利他)를 위하여는 충분하지 않으며, 보시와 인욕과 같은 대사회적인 항목을 포함하고 있는 육바라밀이 보살의 수행법으로 알맞다고 생각되었기 때문이다. 육바라밀의 수행법에서 보시를 제일 먼저 둔 까닭도 사회의 모든 사람이 상호협조적인 보시자선을 행하는 것이 대승불교로서는 가장 필요한 정신이었기 때문이다. 八正道는 깨달음과 열반으로 이끄는 수행의 올바른 여덟 가지 길인 정견(正見), 정어(正語), 정업(正業), 정명(正命), 정념(正念), 정정(正定), 정사유(正思惟), 정정진(正精進)이다.

94 중세 철학에서 안셀무스는 "알기 위해 믿는다(모르니까 믿는다)…"라고 했다. 이는 계시적 진리와 이성적 진리의 층위관계, 즉 신앙(종교)과 이성(철학)의 관계성에 대한 논의를 제기한다. 종교적 믿음과 철학적 이해가 공존하는 동양 사상에서 '깨달음'이란 인간의 이성(의식과 인식) 차원을 넘어 더 깊은 차원의 '심층 마음'과 만나는 일이어서, 종교적 진리와 이성적 진리가 '인간적 진리(직관)'라는 공통 기반을 갖는 것으로 이해된다.

95 12지(支)연기는 붓다가 중생들로 하여금 연기하는 법계를 깨닫게 하기 위해 시설한 방편, 즉 '가정(假定)적 방법'이라고 할 수 있다. 여기에서 연기(緣起)는 마음에서 일어나는 일(法, 法界)이 욕탐에 의해 모여 일련의 '존재'로 인식되는 현상이다. 12(지)연기의 모든 지(支)는 우리의 의식상태이다. 12연기는 '자아'가 존재한다는 중생들의 생각이 어떻게 형성되고 있는지를 밝히고 있다.

서 설명된다.

1 무명(無明) → 2 행(行) → 3 식(識) → 4 명·색(名·色) → 5 육입(六入) → 6 촉(觸) → 7 수(受) → 8 애(愛) → 9 취(取) → 10 유(有) → 11 생(生) → 12 노사(老死)

불교 교리에 따르면 인간은 몸(色)과 마음(名: 受·想·行·識)의 다섯 요소인 오온(五蘊: 色·受·想·行·識)[96]의 결합체이다. 죽음의 순간 오온은 흩어지지만(→無我), 그 오온이 지은 업(業) 가운데 아직 그 결과(報)를 형성하지 못한 업은 결과를 보기까지 원인력으로 남아 있게 된다. 그 업의 힘인 업력(일종의 氣)이 죽음 이후 '영혼'의 형태로 남아 있다가 자신과 가장 잘 어울리는 남녀의 수정란 안으로 들어가 새로운 오온 화합물을 형성한다(무명→행→식→명색).

'1 무명(無明)'은 '깨닫지 못한 자아의 혼미'이다. 진리의 광명을 보지 못했다 하여 '無明'이라 한다. 무명으로 말미암아 '2 행(行)'이 생겨난다. 행은 맹목적인 의지활동이다. 行으로 말미암아 업력은 기본 인지 주체(인식 능력)인 '3 식(識)'으로 새롭게 드러난다. 識은 대상성을 동반하는데 이것이 '4 명색(名·色)[97]이다. 이 과정에서 인지능력(識)은 여러 감각으로 나뉘고 識의 대상에 해당하는 명·색 역시 여러 가지 감각성질을 드러낸다. 이것이 안·이·비·설·신·의(眼·耳·鼻·舌·身·意: 눈·귀·코·혀·몸·의지)의 '5 육입(六入)'(六根)[98]이다.

---

96 오온은 실제의 '물질(몸)과 정신'이 아니라 중생이 '나'라고 생각하고 있는 다섯 가지 생각, 즉 다섯 가지 '망상'을 의미한다.

97 여기서 명색(名色)은 '정신과 물질'이 아니라 '이름과 형태'를 의미한다.

98 여기서 육입은 육체의 여섯 가지 감각기관이 아니라 여섯 가지 감각기관에 기반하여

모태 안에서 생긴 육입은 '경험주체'로서 때가 되면 밖으로 나와 경험활동을 하게 된다. '6 촉(觸)'은 주체가 경험대상을 접촉하는 것이며, '7 수(受)'는 접촉으로 인해 얻은 감수(感受), '8 애(愛)'는 어떤 感受를 놓지 않는 것이다. '愛'가 강하여 집착이 되는 것이 '9 취(取)'이다. 이 '愛'와 '取'가 '5 육입'의 '의(意)'와 함께 '제6 意識'[99]으로서 남기는 업력이 다음 생을 이끌어 갈 개별 자아의 존재 또는 영혼의 형성인 '10 유(有)'이다. '愛'와 '取'의 단계에는 각각 '증(憎)'과 '사(捨)'도 전제되어 있다. 결국 이 '有'로 인해 다시 다음의 '11 생(生)'(來生)이 생겨서 '12 노사(老死)'[100]에 이르는 등, 전생에서 현생과 내생으로 순환하는 윤회가 이루어진다.

윤회의 근본 원인은 12지연기의 첫 항이 '無明'인 것으로 표시되고 있다. 무명은 이전의 삶인 생과 노사에서 비롯되고 있다. 깨우치지 못한 삶의 무명이 계속 순환되는 윤회의 인연 고리를 만들고 있는 것이다.

부처는 사성제에서 고제(苦諦)와 집제(集諦)뿐만 아니라 멸제(滅諦)와 도제(道諦)를 말함으로써 윤회의 이면에 윤환의 악순환을 해결해 줄 구도가 있음을 알려 주었다. 불가에서는 12지연기에서 사성제의 집제(集諦) 즉 고(苦)에 이르는 인연의 집적(集積)에 따라 고제(苦諦)에 이르는 길을 유전문(流轉門)이라 하고, 도제(道諦)에 따라 멸제(滅諦)에 이르는 길을 환멸문(還滅門)이라 한

'사라고 느끼는 허망한 의식'으로서 나와 세계를 분별하는 '망상'을 의미한다.

99 불교의 마음구조는 표층으로부터 심층까지 前5識, 제6 意識, 제7 말라식(自意識), 제8 아뢰야식 등으로 이루어져 있다. 십이지연기 '5 육입' 중의 '안·이·비·설·신'에 의한 감각은 '前5識'에 해당한다.

100 12연기의 생사(生死)는 육체의 생사가 아니라, 본래 생사가 없는 도리를 알지 못하는 중생이 무상한 육체를 자아로 취하여 느끼는 허망한 생각이다.

다. 이처럼 연기법은 이중 구도를 갖고 있다. 무명으로 인해 업(善業 또는 惡業)을 짓게 되면 그에 따라 果(樂果 또는 苦果)의 生을 반복하게 되고(유전문), 무명을 멸하면 업(無明 → 行)을 짓지 않게 됨으로써 '無明 → 行 → 識 …'의 순환 구조가 끊어져서 결국 윤회의 삶을 벗어나게 된다. 불교의 수행은 유전문을 벗어나 환멸문을 가는 일이다.

그렇다면 전생의 업으로 인해 일단 현생의 윤회의 길에 어쩔 수 없이 들어서 있는 우리(凡夫, 衆生)가 어떻게 환멸문으로 방향을 바꿀 수 있는가? 윤회의 순환 고리를 어디에서 벗어날 수 있을까? 불가의 교설은 수동적으로 이끌리기만 하는 듯한 12지연기의 사슬 도중에 우리 자아(自我)의 주재성(主宰性)이 발휘되는 곳, 즉 깨달음을 향한 자력적 수행의 자리가 있음을 알려 준다.

위의 12지연기에는 전생의 업(業)에 의해 그 보(報)인 현생이 있고, 현생의 업에 의해 그 보인 내생이 있다. 전생에 지은 업의 작동(行)으로 현생에 그 보를 담은 識이 '아뢰야식'으로서 태내에 착상되고 명색과 육입처를 지나 촉으로서 세상과 만나 느낌(受, 感受)을 갖게 된다. 전생의 業에 따른 현생의 報인 受는 전업의 성격(善·惡)에 따라 행복(樂果)과 고통(苦果)의 두 가지 느낌으로 나뉘면서 이에 대한 愛·憎과 取·捨의 분별심 및 탐진(貪·瞋)의 번뇌를 야기한다. 이 '수 → 애 → 취'의 과정, 즉 자아의 주재성의 작동이 개입되는 지점에서 새로운 업이 지어진다. 바로 '→ 애 → 취'가 새로운 업을 짓는 일이다. 그리고 현생에서 능동적으로 새로 지어진 업이 有를 있게 하여 그 업보로써 내생의 생과 노사로 이어지는 윤회가 계속된다.

불가의 수행이 일단 마음의 번뇌를 없애는 일이라면 12지연기에서 애증의 분별심과 그에 따른 번뇌가 야기되는 과정, 즉 자아의 주체적 판단과 선택이 작동하는 과정(수 → 애 → 취)에서 이 일이 이루어져야 한다. 수(受)는 전업이 낳은 보이고 무명에서 수까지 이어지는 과정은 불교 이론구조상 숙명적이다. 그러나 '→ 애 → 취'가 새로운 업을 짓는 과정이고 거기에서 '애증·취사'의 주재성을 발휘할 수 있다는 것은 이 과정에서 새 업의 성질(선업과 악업)은 물론 새로 업을 짓지 않는 일도 결정할 수 있다는 말이다. 즉, '수 → 애 → 취'에서 '수 → 애'의 고리를 조절하면 번뇌의 원인도 사라지고 새로운 업이 발생하지 않게 된다. 느낌(受)에 머무르기만 할 뿐 그 느낌의 성질(고락)을 분별하여 애증(貪·瞋)으로 집착하는 선택(취사)을 하지 않을 수 있다는 것이다. 이렇게 하여 마음의 번뇌와 윤회에서 벗어나는 것을 해탈의 한 가지로서 '심해탈(心解脫)'이라 한다.

그렇다면 심해탈의 방법, 즉 '수 → 애'의 고리를 조절하는 방법은 어떤 것인가?『대념처경』에 제시되어 소승(小乘)의 수행법으로 일컬어지는 '사념처(四念處)' 수행이 그것이다. 사념처 수행은 몸의 느낌(身受)인 고락(苦樂), 마음의 느낌(心受)인 탐진(貪瞋), 그리고 신수에서 심수로 이어지는 느낌의 흐름(受受)을 잘 관찰하여 마음의 번뇌를 극복하고, 번뇌 없는 마음으로 진리에 닿는 열반을 이룬다는 것이다. '사념처'는 '네 가지(四) 주시하여 알아차림(念)의 대상(處)'으로서 신념처(身念處: 身受인 고락의 느낌을 주시함), 심념처(心念處: 心受인 貪瞋의 느낌을 주시함), 수념처(受念處: 신수에서 심수로 이어지는 느낌의 흐름을 주시함), 번뇌가 멎은 상태에서 나타나게 되는 참된 지혜(佛法, 法念處)를 말한다.

사념처 수행은 네 가지 대상을 주시하여 알아차림으로써 탐진의 번뇌를 벗어나자는 것이다. 어떻게 그것이 가능한가? 이는 앞에서 말했듯이, 일상에서 무의적으로 이어지고 있는 고락의 身受(신념처)와 탐진의 心受(심념처)를 주시하여 알아차리고, 그 연결고리를 그것들(신수와 심수)을 보는 느낌(수념처)을 중심으로 해체하는 것이다. 즉 느낌 자체를 주시하는 수념처를 통해 신념처와 심념처의 느낌을 '바로 그런 것'일 뿐으로 알아차리고 떼어 놓음으로써 고락이 탐진으로 전이되지 않도록 하는 것이다.

이러한 마음의 작용은 느낌을 내 안에서 대상화하고, 나를 그 느낌의 주재자로서 느낌을 관리하는 자리로 비켜 앉게 하여 번뇌하는 자가 번뇌를 보는 자, 관리자로 입장이 바뀌게 한다. 이때 주의할 것은 대상을 기존의 시공간적 경험과 연상 짓거나 일상적 번뇌 망상이 섞인 표상적 개념으로 볼 것이 아니라 대상 그 자체를 현재적(지금, 여기)으로 직관해야 한다는 것이다. 대상을 이미 번뇌 망상에 물든 표상으로서 개념적으로 사유하고 이해하고 해석하면 습관적으로 또 다른 번뇌 망상을 유발할 수 있기 때문이다.

예컨대 호흡(숨)을 주시할 경우, 숨에 대한 여러 생각을 끌어들이지 말고 그냥 숨 자체를 현재적으로 생각하는 데 그쳐서 그 숨에 대한 걱정이나 만족 등 마음의 느낌(번뇌)으로 연결되지 않도록 한다. 또 죽음을 주시할 경우 사후의 시체와 그 부패 과정까지를 개념적으로 추리, 상상하지 않고 직접 직관하는 데 그쳐서 그것이 마음의 공포심으로 연결되지 않게 하는 것이다. 이처럼 사념처 수행은 탐진에 이끌려 가지 않고 한 발 물러나 그것을 바라보는 입장이 됨으로써 탐진의 번뇌를 극복하는 것이다.

석가의 수행 목표는 번뇌의 극복에 의한 마음의 평정을 넘어, 그 평정된 마음으로 주시 대상을 직관함으로써 일제 존재의 실상을 정확히 아는 지혜를 얻는 것이었다. 사념처 수행에서 앞의 삼념처는 번뇌를 극복하여 주시자로서 마음의 평정을 얻는 과정인데, 주시자의 자리에 서게 되면 비로소 일체 제법의 원리를 있는 그대로 여여(如如)하게 깨닫게 된다. 이것이 사념처의 네 번째인 법념처(法念處)이다. 법념처는 앞의 삼념처와 달리 불법을 깨닫는 지혜가 있는 곳이기에 혜해탈(慧解脫)이라고 한다. 이처럼 사념처는 법념처를 매개로 심해탈에서 혜해탈로 이어지는 단서를 제공한다.

불가에서 소승(小乘)은 아(我)를 오온(色·受·想·行·識)의 인연화합물이어서 공(空)한 것으로, 오온은 기초 요소들로서 실재하는 '법(法)'으로 간주하는 '아공법유(我空法有)'의 견해를 가졌다. 이런 관점에 바탕한 소승의 사념처 수행은 아집에서 비롯된 탐진의 번뇌를 극복하기 위해 탐진의 번뇌를 일으키는 주관적 분별을 떠나 몸, 마음, 느낌, 법을 있는 그대로 보고자 하는 것이다. 그러나 대승은 석가의 '일체개공(一切皆空)'이 '아공법공(我空法空)'이고, 따라서 세상의 일체 만물은 오직 마음이 그려 내는 묘유(妙有) 또는 가유(假有)[101]의 현상이라고 본다.

이 세계는 실유(實有)가 아니어서 공(空)이고, 그러나 아주 없는 것이 아니라 마음이 그려 내는 것으로서 있는 것이기에 일컫기를 묘유(妙有) 또는 가유(假有)라고 한다. 불교 수행의 최종 목적은 묘유(妙有)를 그려 내는 그 본체적인 마음을 본성으로 깨닫는 것이다. 이것이 곧 무명의 극복을 통한 견성(見性)이자 성불(成佛)이다. 이는 곧 12지연기의 최초 원인인 무명을 타파함으로써 윤회 연기의 사슬을 원천적으로 벗어나는 것(涅槃)[102]이다.

---

101 中觀佛敎의 견해. 萬法 또는 만물을 有라고 여기지도, 無라고 여기지도 않는다. 이렇게 보는 견해를 '中觀'이라 한다. 中觀佛敎에서 진전된 唯識佛敎는 묘유의 개념을 이어받아 중관불교의 空 개념을 識(마음의 기능)과 연결하여 해석함으로써 깨달음의 길을 명확히 제시하였다. 中觀은 유교의 中庸과는 의미가 다르다. 中庸과 유사한 불교의 개념은 양 극단을 피한다는 의미의 中道이다. 그러나 중용은 근본적으로 감정 조절의 문제라는 점에서 수행 방법론적 견해인 중도의 의미와 차이가 있다.

102 모든 번뇌에서 벗어나 영원한 진리를 깨달은 경지를 涅槃이라고 한다. 『中論』「破因緣品」에서는 '여러 인연을 받지 않는 것. 이것이 열반이라 이름 짓게 되었다(不受諸因

그렇다면 또 어떻게 해야 무명(無明)을 타파할 수 있는가? 무명의 함의는 유식불교의 마음구조론에 있다. 유식불교에서는 인간 마음의 활동성을 아래와 같이 네 층위로 나눈다.

眼·耳·鼻·舌·身에 의한 다섯 가지 감각	前5識 (주객 미분)
감각을 자료로 한 지각, 사유 등	제6意識(대상의식)
대상을 의식하는 의식자 자신을 아는 자의식	제7말라식(아집, 분별 발생)
제6의식과 제7말라식의 분별과 집착의 업이 남긴 업력을 種子의 형태로 함장하고 있는 심층 마음	아뢰야식

표층심리

(전5식. 감각) 안식 · 이식 · 비식 · 설식 · 신식	대상을 직접 인식하는 감각기관
(제6식. 사고) 의식	오식의 작용을 선명하게 하는 사고. 오식에 의한 인식을 개념화한다. 분별 발생.

심층심리

(제7식. 자아집착심) 말라식	표층의 심리작용에 대한 집착을 일으키는 식 에고의 원인. 아집 발생.
(제8식. 심층심리) 아뢰야식	6식과 7식을 발생시키는 근본적 마음. 제6의식과 제7말라식의 분별과 집착의 업이 남긴 업력을 '種子'의 형태로 함장.

緣, 是名爲涅槃).'고 하였다. 열반은 곧 주체의 자유를 충족하게 실현하는 경계이다. 따라서 윤회에서 벗어남은 다시 태어나지 않는다는 것보다는 '주체의 자유 확보'라는 데 의미가 있다. 이와 같은 불교의 주장을 파사현정(破邪顯正)이라고 한다. 空 사상도 존재의 허무를 강조하기보다는 존재의 진상을 제대로 알자는 파사현정의 주장이다.

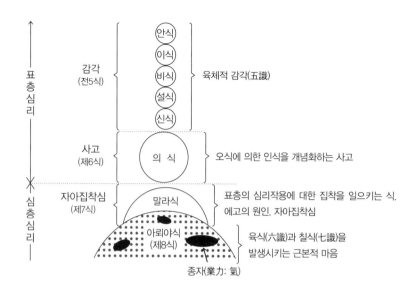

불가 사상의 마음구조

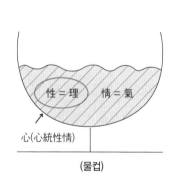

성리학(性理學) 심성론(心性論)의 마음구조

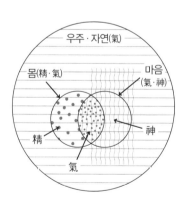

도가(道家) 사상의 우주자연·심신의 관계

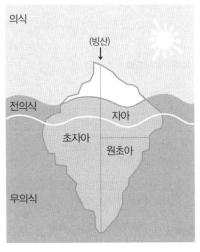

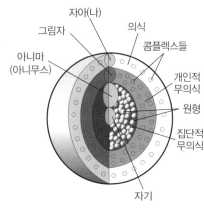

프로이트의 마음구조　　　　　칼 융의 마음구조

　　인간의 심층심리 발견은 4, 5세기경 인도의 미륵(彌勒, 270~350?), 무착(無着, 300~380), 세친(世親, 320~400)에 의해 형성된 유가행유식불교(瑜伽行唯識佛敎)의 탐구 결과이다. 이 종파의 유가사(瑜伽師)[103]들은 붓다 이래의 불교 교단이 탐구해 온 윤회와 해탈의 문제를 더욱 철저하게 추구했다. 그 결과 불교는 4세기 이후 인간의 심층심리에 관한 자각으로 눈을 돌렸고, 마음의 미망(迷妄)을 벗어나 깨달음에 이르는 길을 찾아서 그것을 체계화시켜 나갔다. 유가사들은 요가 실천을 통해 '만물은 마음의 영상이고, 영상은 오직 識

103 　身·心의 결합, 정신을 집중 통일하는 수행법인 요가(瑜伽)의 실천자를 말함. 요가의 내용은 신·욕·정진·방편(信·欲·精進·方便)의 네 가지이다. 방편은 다시 네 가지를 내용으로 하고 있으며, 그 최후로 사마타·비파사나를 실천행법으로 한다.

(아뢰야식)에 의해 지어진 것'임을 인식체험을 통해 증득(體得, 體認)하였다.[104]

요가는 신(信), 욕(欲), 정진(精進), 방편(方便)의 네 가지로 구성되는데, 방편은 다시 네 가지를 내용으로 하고 있으며, 그 최후로 사마타·비파사나를 실천행법으로 삼는다. 비파사나는 붓다에 의해 설해진 교법을 알고자 하는 대상으로 하여 그것에 대한 사색을 거듭하는 관행법(觀行法)이다. 교설에서 설해진 사물을 직접 관찰하는 게 아니고 교설에서 설해진 사물과 동일한 영상을 마음속에 그려 그 영상을 통해서 사물의 본질을 관하는 것이다. 인간 존재의 각성과 혼미의 기초로서의 내면을 탐구하기에 몰두했던 유가사들은 당연히 깊은 요가체험이 필요했던 것이다. 그것은 붓다 이래의 불교교단의 전통이며, 특히 선불교 수행의 원류로서 맥락이 이어지고 있다.[105]

윤회 및 무명타파와 관련해서 주목해야 할 것은 '아뢰야식'이다. 불교에서는 유식(唯識)설에 의해 자아나 객관 실재로 인식되는 세상 만물을 마음(제8 아뢰야식)이 그려 내는 것으로 본다. 12지연기에서 감각(觸: 전5식)을 받아들이는 마음인 수(受)는 물론 애(愛)에 해당하는 제6식이나 취(取)에 해당하는 제7식 등 모두가 아뢰야식의 전변(轉變) 결과물이다.

그러나 아뢰야식의 전변 활동을 우리의 일상적 의식은 알아차리지 못한다. 이는 꿈을 꾸고 있을 때 꿈속 활동의 주인공으로 의식되는 나와 잠으로써 그

---

104 현장 역『해밀심경』에는 彌勒과 釋迦世尊 사이에 '마음(아뢰야식)=마음의 영상'임을 보여 주는 아뢰야식 발견에 관한 대화가 나온다. 미륵 : 비발사나 삼마지(위빠사나 삼매)에서 행해진(형성된) 영상은 마음과 다른가, 다르지 않은가? 세존 : 당연히 다르지 않다. 그 영상은 오직 식일 뿐이다. 식의 인식 대상은 오직 식이 변현한 것일 뿐이다. 諸毗鉢舍那三摩地 所行影像 彼與此心 當言有異 當言無異. 當言無異 由彼影像 唯是識故 我說識所緣 唯識所現故.

105 一指 저,『중관불교와 유식불교』, 세계사, 1992, 181-203쪽.

꿈을 만들어 내는 진짜 '나(아뢰야식)'가 있는 것과 같다. 우리의 일상은 아뢰야식이 만들어 내는 꿈을 객관 실재로 아는 것과 같다. 아뢰야식의 견지에서 보면 『장자』 「제물론」에 나오는 '나비 꿈'은 '꿈속의 꿈'이어서 장자나 나비는 근본적으로 아뢰야식이 그려 내는 기화(氣化, 變現)의 다른 모습일 뿐이다.

꿈속의 내가 꿈을 꾸고 있는 진짜 나를 확연히 알지 못하듯이, 일상의 마음이 아뢰야식을 자각하지 못하는 것이 12지연기의 첫 항인 무명(無明, 恥)이다. 아뢰야식의 활동성을 자기 마음의 근본 활동성으로 자각하지 못함으로써 만물이 아뢰야식의 활동 결과라는 것, 즉 만물이 아뢰야식과의 연기물이어서 공(空)이고 법공(法空)임을 알지 못한다. 불교(대승)의 수행은 일상적 의식 속의 탐진에 의한 번뇌를 없애는 것(심해탈)일 뿐만 아니라 일상적 의식을 그려 내는 원초적 마음을 깨달아 탐·진·치(貪·瞋·痴)가 없는 지혜를 얻고자 하는 것(혜해탈)이다.

그렇다면 어떻게 하여 이 무명(無明)을 벗어나 견성·해탈·열반(見性·解脫·涅槃)이라는 불교 수행의 최종 목적을 이룰 수 있는가? 그것은 요가사들이 썼던 방법을 따라 하는 것일진대 불가에서는 이를 적성등지법(寂惺等持法)이라고 한다. 지눌은 다음과 같이 설명한다.

초저녁이나 밤중 또는 새벽에, 마음을 고요히 하여 온갖 일어나는 생각을 잊고, 우뚝이 단정하게 앉는다. 바깥일을 잊고 마음을 거두어 안으로 비추어 본다. 우선 적적함(寂寂)으로써 잇따라 일어나는 사려를 다스리고, 그 다음 성성함(惺惺: 깨어 있음)으로써 혼침(몽롱함)을 다스린다. 혼침과 산란함을 고루 조절하되

취하고 버린다는 생각도 없게 한다.[106]

'寂寂'은 '마음 비우기'이다. 마음에서 전5식에 해당하는 감각 작용을 차단하고 제6식에 해당하는 의식적 사유를 멈추는 일이다. 이렇게 하여 일상적 마음의 활동이 멈춰지면 잠자는 상태와 같아진다. 이를 '혼침'이라 한다. '혼침과 산란을 고루 조절하되 취하고 버린다는 생각도 없게 한다'는 것은 잠자는 상태에 이르되 또렷하게 깨어 있으면서 아무런 생각도 하지 말라는 것이다.

그때 마음은 마음 자신의 활동을 자각하게 된다. 마음 자신을 발견하게 되는 것이다. 마음이 비어 있되 잠들지 않고 깨어 있을 수 있음은 마음이 본래 무정물처럼 빈 허공이 아니라 스스로 자각하여 아는 마음이기 때문이다. 원효는 이것을 '본성이 스스로를 신령스럽게 안다'는 의미로 '성자신해(性自神解)'라고 했고, 지눌은 '비어 있어 적적하되 신령하게 자신을 안다'는 의미로 '공적영지(空寂靈知)'라고 했다. 禪수행이 추구하는 것은 바로 이 공적영지를 자각하여 그것을 자기 마음의 본성으로 깨달아 아는 것이다.[107]

문제는 이 '空寂靈知'의 마음을 체득된 상태로 얼마나 오래 또는 자주 유지할 수 있느냐이다. 이와 관련해서는 최근 뇌과학에서 연구가 진행되고 있다.

---

106 卽於初中後夜 闃爾忘緣 兀然端坐 不取外相 攝心內照 先以寂寂 治於緣慮 次以惺惺 治於昏沉 均調昏散 而無取捨之念. (지눌, 「勸修定慧結社文」, 『韓國佛敎全書』, 권4, 701중).

107 한자경, 『명상의 철학적 기초』, 이화여자대학교출판부, 2011, 115쪽.

동양철학이나 종교에서 자주 언급하는 "깨친 마음"이란 깨어난 뇌와 관련 있는 것으로 생각할 수 있다. 최근 뇌과학의 연구 가운데는 기능성 자기공명 영상 장치를 이용하여 수십 년에 걸쳐 명상 수행을 해 온 티베트 승려들의 뇌 기능을 연구해 보았더니 좌반구 전전두엽의 활동이 우반구 전전두엽에 비해 절대적으로 우세하였고, 깊은 명상에 빠져 있을 때 놀랄 만큼 강력하고 침투력이 강한 특별한 뇌파가 발생한다는 것이 밝혀졌다. 이 뇌파가 발생할 때는 뇌 피질의 여러 영역에 걸쳐 초당 30~80회의 빠른 움직임을 보이는 감마파가 나타나는데 이런 현상을 신경공조성(neural synchrony)이라 한다. 이것은 광범위한 뇌 피질 영역에 펼쳐져 있는 수많은 뇌 세포의 기능들이 하나로 통합되는 공조현상을 의미한다. 또한 전두엽의 좌반구 기능이 우반구에 비해 상대적으로 우세하고 감마파가 출현할 때는 정서적으로 유쾌하고, 낙천적이며 긍정적인 기분이 든다. 또한 이때는 주의 집중이 훨씬 수월하고 연민과 자비심이 나타난다. 이처럼 오랫동안 명상 수련을 하면 우리 뇌의 기능은 엄청나게 변화한다. 정서적으로는 부정성에서 긍정성으로, 산만한 마음에서 집중하는 마음으로, 이기적인 마음에서 사랑과 연민에 찬 이타적인 마음으로 바뀌게 된다. 이런 마음의 대변혁 현상이 바로 뇌의 깨침이고, 마음의 깨침이 아니겠는가?[108]

이제까지 명상 상태의 뇌파가 알파파, 불안이나 흥분 상태의 뇌파가 감마파라고 알려졌는데, 오랫동안 수행을 해 온 고승들이 참선에 들었을 때 뇌파는 알파파가 아니라 감마파로 나타났다. 과학자들의 예상을 빗나가는 이런 실험 결과가

---

108 장현갑 지음, 『명상이 뇌를 바꾼다』, 불광출판사, 2019, 28-29쪽.

확인해 주듯, 뇌파에 대해서 아직 과학적으로 밝혀진 사실은 그리 많지 않다.[109]

최근 명상의 효과를 뇌파로 증명하려는 흐름과 더불어 감마파 역시 명상을 많이 한 사람들에게서 강하게 활성화되고, 훈련을 통해서 감마파를 생성할 수 있다는 보고도 있다. 감마파는 집중력 및 기억력과 밀접한 관련성을 갖는 것으로 보고되었다. 기억을 단기적으로 유지해야 할 때나, 장기 기억을 다시 불러올 때도 감마파의 활성이 나타나는 것이 관찰되었다. 감마파는 지각과 인지의 통합과 같은 고위인지기능과 관련이 있을 것으로 생각되며, 이를 뒷받침하는 많은 연구가 이루어졌으나, 아직까지 감마파에 대한 합의가 이루어질 만한 이론은 정립되지 못했다.[110]

뇌과학에서는 흔히 우리의 의식을 일상적 외향의식(β파, 14~20사이클), 평정상태의 내향 각성의식(α파, 8~13사이클), 꿈꾸는 수면의식(θ파, 4~7사이클), 숙면의식(δ파, 0.5~3사이클)으로 구분한다. 동양의 명상, 특히 불교의 적적성성의 수행은 의식의 문턱을 낮추어 우리가 일상적으로는 의식하지 못하는 원초적 의식 내지 생명체의 본래적 감수성을 되찾으려는 노력이다. 그것은 표층의식과 제6의식인 반연심을 걷어 내고 인간의 본래마음으로 작용하고 있는 심층의식에 도달하여 여래가 말한 본래마음, 6진 경계를 형성하는 심층마음을 자각 내지 증득하고자 하는 것이다.

서양 철학의 사유체계에서는 불가능한 이 일이 불가에서는 일찍이 유식

---

109 일지 이승헌, 『뇌파진동』, 브레인월드, 2010, 130쪽.
110 김도원 외 공저, 『뇌파의 이해와 응용』, 학지사, 2018, 124-131쪽.

불교 유가사들의 요가 명상으로 성취돼 명증된 일이기 때문에 불교 수행은 그런 사실을 믿는 일에서부터 '信 → 解 → 行 → 證'의 순서를 밟아 나아가는 것이다. 이는 뇌과학의 뇌파 원리에 따르면 일상의식인 β파 상태에서부터 의식의 문턱을 낮추어 숙면의식인 δ파까지 도달하면서도 잠들지 않고 깨어 있는 '寂寂惺惺'의 심식(心識) 상태를 유지하는 것이다. 이렇게 하여 제 6식의 개념적 분별 작용을 멈추어 마음을 비우고 대상과 하나로 공명할 때, 비로소 참된 실상을 보게 된다. 이것이 곧 표층의식의 의식작용을 멈추고 심층마음의 심식작용을 따르는 것이다.

아뢰야식을 깨닫는 한 방법이 간화선(看話禪)이다. 간화선은 탐진치(貪瞋痴)와 업(業)의 소멸을 통해 해탈을 지향한다. 그러기 위해 화두(話頭)를 도구 삼아 우리의 과거 업(業)과 습(習)이 담긴 신경회로 바깥으로의 탈출을 시도한다. 그 탈출의 순간을 비유하는 말이 '백척간두진일보(百尺竿頭進一步)'이다.

화두는 신경회로를 따르는 사유를 모순과 자가당착으로 몰고 가 더 이상 그 회로 안에 머무를 수 없게 만듦으로써 회로에 갇혀 있는 수행자를 회로 밖으로 끌어낸다. 부처를 거룩한 존재로 믿어 오다가 '무엇이 부처인가?'라는 물음에 '똥막대기'라는 답을 들으면, '똥막대기'는 나의 신경회로를 교란시키는 화두가 된다. … 화두가 불러일으키는 의심이 쌓여 의정(疑情)이 되고 다시 의정이 뭉쳐 의단(疑團)이 되도록 그 화두의심의 답만 찾아 몇 날 며칠을 바른 자세로 앉아 있다 보면, '이 뭐꼬?'를 향한 풀리지 않는 의심과 갑갑함은 결국 뚫을 수 없는 은산철벽(銀山鐵壁)이 되어 나의 좌우를 가로막고 압박해 온다. … 그렇게 온몸을 내리누르는 막중한 의심의 무게를 견디다 보면 드디어 마지막 순간 몸이 폭발하거나 무너지는 느낌, 어둠에 파묻히거나 마비되는 느낌 등 신체적·정서적 변화가 일어나게 되는데, 이것을 은산철벽이 무너지고 화두가 타파되는 순간이라고 한다. …
화두가 타파되면 어느새 온몸이 깃털처럼 가벼워지고 마음은 평온하고 행복해지
며, 일체 중생과 우주 자연이 사랑스럽게 느껴진다. 그때 우주는 내가 그려 놓은
그림이며, 나는 내가 그린 전체 그림의 바탕이라는 것, 그렇게 나와 우주가 하나
라는 것을 깨닫게 된다. 선에서는 이것을 찰나적 깨달음, 돈오(頓悟)라고 한다. 또
한 이것을 나의 참모습, 본래면목의 깨달음, 견성(見性)이라고도 한다.[111]

그런데 불교(유식불교)의 수행은 여기에서 한 걸음 더 나아가 아뢰야식 그
자체를 근본적으로 변화시키는 것을 목표로 한다. 불교의 수행은 범부에서
붓다에 이르는 인격적 발달을 본질로 한다. 인격의 발전 향상이란 다름 아
닌 자기 존재의 근원체인 아뢰야식의 질적인 향상을 의미한다. 우리는 무지
몽매한 범부로서 수행을 거듭 쌓아서 자신의 내면을 투명하게 응시하고 진
여(眞如)를 깨닫지 않으면 안 된다. 이 진리를 체득하는 최초의 단계를 견도
(見道)라고 하며 화엄의 십지(十地)에서는 환희지(歡喜地)라고 한다. 견도가
체험된 뒤에야 비로소 수도(修道)가 있는 것이다. 견도의 단계에서부터 비로
소 수많은 번뇌를 하나하나 멸하며 모든 감정적 장애(煩惱障)와 지적 장애(所
知障)를 멸함으로서 자신의 본래적 존재를 회복해 갈 수 있다.

우리는 인격 발전의 과정에서 다음과 같은 두 가지의 중요한 관문을 돌파
하지 않으면 안 된다. 즉, 자아의식을 버리는 단계 및 과거의 영향을 완전히
불식시키는 단계를 말한다. 우리들은 자아집착심을 버리고 무아의 세계에
눈을 뜸으로써 과거의 카르마(karma, 業)를 하나하나 풀어 버리고 새로운 창

---

111 한자경 지음, 『심층마음의 연구』, 도서출판 서광사, 2018, 261-263쪽

조적 자기를 형성하지 않으면 안 되는 것이다.

그러기 위해서는 먼저 아뢰야식의 성질을 알아야 한다. 아뢰야식의 성질을 윤리적인 가치에서 말한다면 그것은 선하지도 악하지도 않은 '무복무기(無覆無記)'[112]이다. 우리의 현재는 전의 카르마(업)의 영향이 빚은 결과이지만 그것을 담는 아뢰야식이라는 '그릇' 자체, 즉 현재 자기 존재의 기체(基體)는 선도 악도 아닌(因是善惡 果是無記) 백지와 같은 상태이다. 왜 그런가? 만약 아뢰야식이 본질적으로 악하다면 우리는 영원히 미혹의 세계에서 벗어날 수 없을 것이다. 반대로 아뢰야식이 본질적으로 선하다면 현실의 미혹은 일어나지 않을 것이기 때문이다.

아뢰야식은 선도 악도 담을 수 있지만 그 그릇의 성질은 무기(無記)인 것이다. 그 깊은 곳에 종교적 구원의 진리가 살아 숨 쉬고 있음을 알 수 있다. 현재의 우리는 과거의 카르마에 의한 영향을 받으며 그것에 속박되어 있지만, 현재의 자기를 이루어 가는 근원은 과거의 업에서 독립되어 있기에 우리는 악을 선으로 변화시켜서 종교적 구원이 가능한 것이다. 즉, 우리는 아뢰야식을 매개로 악을 선으로 전환시킬 수 있는 것이다.

유식사상에서 모든 인식작용의 근원인 아뢰야식을 근원적으로 변화시키는 것을 전의(轉依)[113]라고 하며, 식(識)이라는 인식작용을 변혁하여 현상을 진실하게 보는 능력으로 바꾸는 일, 즉 식(識)에서 지(智)로의 변화를 '전식득지(轉識得智)'라고 한다. 유식사상이 목표로 하는 최고의 경지는 보리(菩提, bodhi)와 열반(涅槃)인데 제식(諸識)의 변화를 장애하는 두 가지 요인이 있다.

---

112 장애(障礙)가 없고 (선악을) 기별(記別)할 수 없음.

113 轉依란 所依(아뢰야식)를 轉한다는 것으로, '아뢰야식의 근본적인 전환'을 뜻한다.

하나는 번뇌장(煩惱障)의 종자로서 우리들을 생사에 유전(流轉)케 하여 해탈을 장애한다. 또 하나는 소지장(所知障)의 종자로서 지(智)의 성취를 장애한다. 이 번뇌장의 종자를 끊음으로써 대열반을 성취하며, 소지장의 종자를 끊음으로써 대보리를 얻는 것이다.[114]

궁극적 절대 진리라는 것은 우리들의 두뇌에 의한 개념적 이해가 아니라 끈질긴 신심(身心)의 정화(淨化)와 실천 수행을 통해서 얻어진다. 유식사상의 최종 목표는 존재하는 모든 것이 오직 식(識)임을 내증(內證)으로 깨닫고, 이 식(識)을 지(智)로 전환시켜 원성실성(圓成實性)의 진여에 도달하는 것이다. 유가행유식파는 유식의 실천자가 걸어야 할 수행의 단계를 설하고 있다. 『성유식론』은 유식의 실천 수행의 단계를 1 자량위(資糧位), 2 가행위(加行位), 3 통달위(通達位), 4 수습위(修習位), 5 구경위(究竟位) 등 5단계로 나누어 설명한다.[115]

불가의 수행에 있어서 종착지는 '신-해-행-증'의 증에 해당하는 '깨달음' 그 자체만인 것은 아니다. 특히 대승불교의 목표는 '大乘'으로서 중생의 구제이므로 회향(廻向)이 강조된다. 회향은 중생과 더불어 사는 일상의 삶에서의 깨달음의 실천으로서 '깨달음의 완성'을 위한 '깨달음의 향상'이라고 할 수 있다. 불교 전통이 궁극적 깨달음의 징표로 자비에 입각한 보살 정신을 강조하는 것은 그런 연유에서이다. 불가의 수행과 깨달음의 관계에 대한 아래의 글을 인용하는 것으로 이 장을 맺는다.

---

114 一指 지음, 『중관불교와 유식불교』, 세계사, 1992, 257-305쪽.
115 위의 책, 319쪽.

자아와 세계가 '변화하는 조건들의 상호의존과 상호작용 방식(연기)'에 의해 생성·유지·변화·소멸하며, 따라서 불변의 독자적 자아/존재의 주소지는 없다는, 연기 이해를 계발하고 삶에 수용해 가려고 노력하는 것이 '깨달아 감'이다. 또 그 이해를 체득적으로 성취한 것이 '깨달음'이고, 체득한 이해를 심화하며 적용 범주를 확장시켜 가는 것이 '깨달음의 향상'이다. 그리고 그 체득적 앎과 적용이 완전하게 된 것이 '깨달아 마침'이다. 자아와 세계를 정립하는 것이 '불변/독자/절대의 본질·실체'가 아니라 '변화/의존/관계의 조건화'라는 것이 진실이며, 그러한 진실에 눈떠 그 진실을 삶과 세계에 수용해 가는 것이 '깨달아 가는 것'이자 '깨달음' 및 '깨달음의 향상'이라는 것은, 구도자에게 각자성과 연기성의 균형과 통합을 요구한다는 점을 명심하자.[116]

4) 도교의 내단(內丹) 성명쌍수(性命雙修)

도교는 동한 말기에 무술(巫術), 미신, 신선방술(神仙方術), 유가의 윤리, 노장학(老莊學) 등 각종 사상과 종교적 행위가 역사적으로 축적되어 오두미도(五斗米道)와 태평도(太平道)를 중심으로 발생하였고, 뒤에 불교사상과 같은 외래사상이 흡수되어 문화종합체로서 모습을 갖추었다.

도교의 수련(내단)은 후천에서 선천으로 돌아가는 작업이다. 도교에서는 태극(太極, 道)을 선천이라 한다. 그 태극으로부터 음·양(陰·陽) 이기(二氣)

---

116 박찬욱·윤희조 기획, 한자경 편집, 정준영 외 4인 집필, 『깨달음, 궁극인가 과정인가』, 운주사, 2015, 245쪽.

가 발생하고 이기의 화합으로 개별 사물이 만들어져 후천의 현상 세계가 열린다. 도교에서는 현세인 후천(後天)을 가(假, 幻)의 세계로 보고 진(眞)의 세계인 선천(先天)으로 돌아간 사람을 '진인(眞人)'이라 부른다. '진인'은 『장자』에 나오는 개념으로서 심성 수양의 목표를 달성한 사람인데, 도교에서의 '진인'은 '몸 단련'에 치우친 인상을 주는 도교의 수양 개념을 보완하는 데 차용한 개념이다. 이는 인간의 마음이 몸을 매개로 하여 우주 자연과 감응한 결과이다. 이처럼 인간이 우주 자연과 감응하는 관계를 인식하려면 일상적 경험을 넘어선 초월의 경지에 이르지 않으면 안 된다. 도교의 수양은 그런 목적을 달성하기 위한 심신 훈련법이다.

도교는 기존의 호흡법, 식이법, 방중술, 연금술, 부적, 주술, 제의 등 '이단적' 수련법 대신 깊은 사색과 명상을 보완적으로 도입하여 심신 훈련의 기법을 철학적 바탕 위에 올려놓았다. 당말 오대 종려도(種呂道)를 시작으로 북송대에 이르러 장백단(張伯端)에 의해 기초가 다져진 도교의 이런 수련법을 '내단(內丹)'이라고 한다. 내단이란 도교의 여러 영역 가운데 수련의 측면을 대표하는 것으로, 심신수련을 통한 자기완성을 목표로 하는데, 보통 선학(仙學), 선도(仙道), 단학(丹學) 등으로 불리기도 한다. '내단'은 수대(隋代)에 금단 제조를 중시하는 외단(外丹)과 구별한다는 의미에서 쓰였다.

외단에서 내단으로의 변화는 인체 내부에 잠재되어 있는 근원적 원기의 존재에 대한 확신을 바탕으로 한 것이다. 내단에서는 이 원기를 '선천 기(先天 炁)'라 부르며 일상적 생명활동의 주체인 '후천 기(後天 氣)'와 구별한다. 선천은 사람이 마땅히 추구해야 할 영원하고 무한한 도(道)의 세계라면 후천은 거짓된 환(幻)의 세계로서 초극되어야 할 생멸의 세계이다. 이를 절실히 깨달아 참된 선천의 세계로 반본환원(返本還源)하자는 것이 내단사상의 관점이다. 이를 위해 정신적 각성에만 의존하는 것이 아니라 물질적인 선천 기의 함양을 중시하는 것이 내단사상의 특징이다.

내단은 한대 위백양(魏伯陽, 147~165)의 『주역참동계(周易參同契)』, 동진(317~420)의 갈홍이 쓴 『포박자(抱朴子)』, 위진 시대의 『황정경(黃庭經)』 및 『음부경(陰符經)』, 북송대 도사 장백단(張伯端, 984~1082)의 『오진편(悟眞篇)』과 『청화비문(青華祕文)』 등을 전범(典範)으로 삼아 수행방법론상 유 · 도 · 불 삼교 융합을 지향한다.

내단 수련의 내용은 성명쌍수(性命雙修)이다. 이는 마음(性)과 몸(命)을 함께 닦는 것이다. 내단은 몸 안의 기(炁)를 단련하는 기법이 외단의 연금술법과 흡사한 데서 붙여진 이름이다. 여기서 성(性)은 마음의 본성으로, 기(氣)의 층위별 구별인 '정 · 기 · 신(精 · 氣 · 神)' 중 최상위인 신(神)과 통하는 개념이다. 명(命)은 형체, 신체 방면의 정기 및 원기로서 형(形, 몸)의 개념과 통한다. 즉 神은 정신 개념이고 精과 氣는 물질 개념이다. 내단의 원리는 '인체 내에 있는 원기를 회복하여 생명의 원 상태로 돌아간다'는 것인데, 내적 원기는 인간의 심적 상태와 깊은 관련이 있어서 내단은 직관적인 명상을 강조한다.

본격적 내단수련이 도입되기 이전 원래 도교에는 고대 신선술에서부터 벽곡(辟穀)[117], 토고납신(吐古納新), 도인(導引), 복식(服食), 금단(金丹), 양기(養氣), 연기(煉氣) 등 몸 수련(養形)의 기법과 존사(尊思), 수일(守一), 주정(主靜), 좌망(坐忘) 등 마음 수양(養神) 방법이 있었다. 그런데 당대(唐代)에 들어 儒 ·

---

117 신선이 되는 수련 과정의 하나로, 곡식을 먹지 않고, 솔잎 · 대추 · 밤 같은 것만을 먹으며 도를 닦는 일 또는 화식(火食)을 피하고 생식(生食)을 하는 것을 지칭하기도 함.

道·佛 3교 교섭이 시작되면서 심성론과 수양론에 있어서 상호 이론 보완의 필요성이 제기되었다. 당시 性을 닦고 命을 닦지 않는 것은 불교 수행의 미진한 점으로, 命을 닦고 性을 닦지 않는 것은 전통 도교 수련법의 문제점으로 각각 간주되었다. 즉 명만을 기르면 불로장생에 치우친 속물주의가 되고, 성만을 기르면 관념주의가 된다는 것이었다. 유가의 수양 목적도 생명 수련보다는 인륜 교화에 있었다.

이런 연유로 내단은 유·불이 못 미치는 '수명(修命)'에 자신이 못 미치는 '수성(修性)'을 더하여 '성명쌍수'라는 삼교통합적 심신수행론을 갖추게 되었다. 수행론의 내용에서 삼교통합적일 뿐 아니라 내단수련 방법에 있어서도 유가의 주역 이론을 차용하여 건·곤괘를 솥으로, 감·리괘를 약물로, 나머지 60괘와 월체납갑설 및 12소식괘설로 화후를 설명한다.

내단의 원리를 더 깊이 살펴보면, 생명의 원상태로 돌아간다는 원리는 『도덕경』 42장[118]의 '만물생성론'에 기반하고 있다. 『도덕경』의 만물생성론은 道에서 만물이 생겨나는 과정을 말하는데, 내단수련은 '사(死)'에 이르기 전에 이 과정을 역방향으로 진행시켜 道로 복귀하자는 것이다. 여기에는 『도덕경』 16장[119]의 '귀근복명(歸根復命)' 개념이 원용되고 있다.

이 역방향 수련은 곧 '도생일(道生一), 일생이(一生二), 이생삼(二生三), 삼생만물(三生萬物)'의 반대 방향인 '만물 → 삼 → 이 → 일 → 道'인데, 여기서 만물은 氣로 이루어진 우주 자연, 三은 음·양기의 합으로서 우주 자연의 기

---

118 道生一, 一生二, 二生三, 三生萬物. 萬物負陰而抱陽, 冲氣以爲和.

119 夫物芸芸, 各復歸其根, 歸根曰靜, 靜曰復命, 復命曰常 …(만물은 무성하나 각기 그 뿌리로 되돌아간다. 근원으로 돌아가면 고요해지니, 이를 일러 명(命)을 회복했다고 한다. 명을 회복하면 영원하게 되며…)

초인 충기(沖氣)이자 인체 내의 氣인 '精·氣·神', 二는 氣와 神 또는 음기와 양기, 一은 神 또는 元氣를 의미한다. 이를 수련을 통해서 역방향인 근원으로 되돌아가면 생로병사의 순행을 뒤집어 생사를 벗어날 수 있다는 것이다.

이 역방향의 수련법은 구체적으로 '연기화정(煉氣化精: 공기, 후천氣 로써 인체 내의 精·氣·神 보강) → '연정화기(煉精化炁: 精·氣·神 → 炁·神) → 연기화신(煉炁化神: 炁·神 → 神) → 연신환허(煉神還虛) → 연허합도(煉虛合道: 一 → 道)'의 단계를 거치는 것인데, 이는 우주 자연의 에너지(氣)를 인체 내부로 끌어들여 인간의 몸과 마음의 에너지인 정·기·신(精·氣·神)에 더하고 이를 인체 내부의 독맥과 임맥으로 흐르는 기의 흐름을 선천 기(炁)적 흐름으로 조절(精煉)하여 불사약(丹)을 만드는 것이다.

이때 수련의 동력은 정·기·신을 주재하는[120] 신(神)이 탑재된 마음의 직관적 명상이다. 특히 『주역참동계』에서는 12소식괘(消息卦)로써 내련(內煉)의 화후(火候)를 자세하게 나누었는데, 이는 해와 달의 운행원리(음양의 원리)와 인간 성명(性命: 마음과 몸)의 질서원리는 같기 때문에 사람의 성명을 해와 달의 운행 변화에 맞게 잘 다스려서 자연의 원리에 따라 선천으로 귀환하자는 것이다.

도교 내단가들의 성명쌍수의 원리는 개인의 몸이 사회가 조장하는 욕망의 도구가 되어 버려 진정한 몸의 주체성을 상실하고 있는 현대 사회에서 나 개인의 몸

---

120 精은 인체를 구성하고 생명활동을 유지시키는 정미한 물질, 氣는 미세하고 동태적인 물질로서 인체의 생명활동을 구성하고 유지시키는 것, 神은 인체 생명활동의 총칭으로 사상감정과 의식활동을 포괄하는 주재자다. 精과 氣는 命에 해당하고, 神은 性에 해당한다.

주체성을 어떻게 확보하고 왜 몸을 길러야 하는가에 대한 반성과 숙고를 제공해 준다.[121]

　내단수련법은 최근 중국에서 '기공(氣功)'이라는 이름으로 불리고 있다. 氣功 또는 導引은 마음과 육신을 하나의 유기체로 보는 관점과 천인상응(天人相應)의 관점에서 우리 몸의 기혈 순환 상태와 마음의 이상을 추구하는 고대의 양생법이다. 기공이라는 말은 '호흡(氣)'과 '고르고 가지런히 한다(功)'라는 말이 합쳐진 것으로서 '호흡과 자세를 부단히 연습한다'는 뜻이다. 도인(導引)은 '마음으로 氣를 인도하여 다스린다.'는 뜻이다.

　1979년 7월 중국국무원은 중국기공휘보회를 열어 비로소 '기공'이라는 정식명칭을 확정지었다. 이에 따라 氣功은 이제까지 토납(吐納), 행기(行氣), 도인(導引), 연단(鍊丹), 현공(玄功), 쟁력(淨功), 수도(修道), 참선(參禪), 선정(禪定), 정공(定功), 내공(內功), 정좌(靜坐), 양생법(養生法) 같은 이름으로 불리던 것을 통틀어 새롭게 부르게 된 용어가 되면서 온갖 것을 포용하는 좀 모호하고 포괄적인 명사로 변하였다. 그럼에도 기공의 전형적인 모습은 도가의 '연정화기(練精化炁) → 연기화신(練炁化神) → 연신환허(練神還虛)'의 수련공식이라고 할 수 있다. 여기에 『주역참동계』에 나온 내단의 원리 및 『氣的原理』(諶若水著, 대만 商周出版·城邦讀書花園, 2014)에 실린 최근의 중국 기공법을 간추려 소개한다.

─────

121 손병석 외 11인, 『동서 철학 심신수양론』, 한국학술정보, 2013, 77쪽.

(1)『주역참동계』의 내단 원리

도교에서는 음양, 천지, 건곤의 이원화 이전의 선천을 태극(太極) 또는 도 (道)라고 본다. 그 태극으로부터 음양 이기가 발생하고 그 이기의 화합으로 개체가 만들어져서 후천의 현상 세계가 형성된다. 음양 이기의 분화가 곧 건 (健)과 곤(坤)으로의 분화이며, 다시 그 둘의 화합을 통해 개체가 형성된다.

건과 곤이 서로 감싸면 계란과 같은 모양이 되는데, 이때에는 해와 달이 돌기를 멈추고 다시 소용돌이 상태로 돌아간다. 이 소용돌이 속에서 저절로 서로 어우르 는 현상이 일어나 한 점 진리 세계의 참된 씨앗(眞種)이 산출된다. … 이 한 점 참 된 씨앗이 바로 대지와 중생의 생명의 뿌리이다. … 거기에 차차 원신(元神)이 엉 겨서 신체가 이루어지게 된다. 뭇 사람들이 이렇게 하여 태어나며 꿈틀대는 벌레 들도 그렇지 않음이 없다. 이것이 도(道)이다.[122]

여기서 형성된 원신이 곧 개체 안의 태극에 해당한다. 선천에서 후천으로 바뀌어 개체가 발생하는 과정은 태극의 건과 곤이 어우러져 감(坎)괘와 리 (離)괘를 만들어 내는 과정이다.

건이 아래로 곤과 사귀게 되어 곤 가운데 한 효가 속이 차게 되어 감괘로 된다. 이것이 명(命, 몸)의 꼭지이다. 곤이 이미 감으로 되면서, 그 가운데 하나의 음효 가 즉각 하늘의 기운을 따라 위로 이르며, (곤이) 위로 건과 사귀면서 건 가운데의

---

122 『참동계천유』, 138쪽. 이는 『참동계』 제3장 「明合符」를 설명하는 자리임.

한 효가 빈자리에 들어가 이괘로 된다. 이것이 성(性, 마음)의 뿌리이다.[123]

곧 건괘로부터 형성된 이괘가 개체의 '性(정신)'의 뿌리가 되고, 곤괘로부터 형성된 감괘가 개체의 '命(몸)'의 꼭지가 된다. 이렇게 개체의 정신(性)과 몸(命)이 갖추어진다. 이때 성(性)은 양의 기로서 혼(魂, 넋)을 이루고, 명(命)은 음의 기로서 백(魄: 얼)을 이룬다. 즉 신령한 태극인 원기로부터 음양이 섞여 혼과 백으로 분화된다.

선천의 바탕에 깔려 있는 건(健)이 바뀌어 후천의 이(離)가 되면 그로 말미암아 으뜸의 신인 원신(元神)이 모습을 바꾸어 의식의 기초가 되는 신(神)인 식신(識神)이 된다.[124]

결국 선천에서 후천으로 바뀌어, 즉 건과 곤이 뒤섞여 음양이 하나씩 교체된 이(離)와 감(坎)이 되면서, 신령한 원신은 착종(錯綜)된[125] 기로 흐려진 식신(識神)이 된다.

양과 양은 같은 종류이므로 감괘 가운데 참된 불(양)은 항상 불꽃처럼 위로만 올라가 건괘로 돌아가려고 한다. 음과 음은 같은 종류이므로 이괘 가운데 참된 물(음)은 항상 아래로 내려가 곤괘로 돌아가고자 한다. 이것이 우

---

123 위 책 110쪽.

124 위 책 186쪽.

125 음·양이 착종(錯綜)되어 이·감이 되었다는 의미는 이괘는 자체 불이지만 그 가운데에 곤괘에서 온 음을 가지고 있어서 양 속의 음인 물을 품는다는 것이고, 감괘는 그 자체는 음인 물이지만 그 가운데에 건괘로부터 온 양을 가지고 있어서 음 속의 양인 불을 품는다는 것이다.

주의 이치를 나타내고 있는 역(易)이다. 동류상종의 이치인 것이다.[126]

이렇게 하여 남(이괘)과 여(감괘)가 화합하면 다시 건곤화합의 종자가 형성되고 개체가 만들어진다. 이것이 자연 만물이 다시 만물을 낳는 '생물(生物)'의 이치이다. 그런데 이러한 역의 이치는 자신 밖의 타자(남녀간)와의 결합을 통해 또 다른 제3의 개체를 생성하지만 자신은 소멸의 길이다. 음 안의 양이 돌아가 화합하는 양(이괘), 양 안의 음이 돌아가 화합하는 음(감괘)이 그 자신 안의 음이나 양이 아니라 자신 밖의 타자이기에, 결국 부모는 자식의 생성과 더불어 소멸하며, 그 과정 어디에서도 분화되기 이전 선천의 태극 또는 원신이 회복되지는 않는다.

이때 단학이 추구하는 것은 스스로 소멸하며 타자를 낳는 '생물의 길'이 아니라, 스스로 안에서 자신의 본래의 성인 진성과 원신을 회복하고자 하는 것이다. 이것은 결국 생물의 원리를 거스르는 '역행의 길'이다.

우주의 운행 변화는 이 道를 순순히 따라서 만물을 낳는 것이지만, 내단을 공부하는 사람은 이것을 거슬러서 스스로 살아나야 한다. 이른바 순순히 따르면 사람이 되고, 거꾸로 거스르면 단을 이룬다.[127]

단을 이룬다는 것은 신체 안에서 이괘의 화기와 감괘의 수기를 운행시켜서 두 괘의 가운데 효에서 음양의 교체가 일어나도록 하여 순양의 건괘를 회복하는 것이다. 그렇게 회복된 순양의 건괘가 곧 신(神)에 해당한다. 그렇

---

126 위 책 257쪽.
127 위 책 138~139쪽.

게 하여 후천의 개체를 다시 선천으로 돌아가게 하여 본래의 성을 회복하려는 것이다.

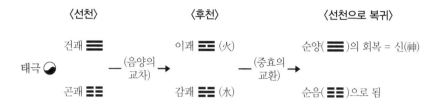

그렇다면 신체 안에서 순양의 건괘를 회복하려면 이괘와 감괘의 순행이 어떻게 일어나도록 신체를 단련해야 하는가? 내단 이론에 따르면 우리 신체의 생명에너지인 기(氣)에는 원기(元氣), 정기(精氣), 진기(眞氣)가 있다. 원기는 태어나면서 부여받은 기, 정기는 태어난 이후 음식과 호흡을 통해 얻는 기, 진기는 정신 집중을 통해서 발생하는 기이다. 의식에 의한 심파(心波)[128]와 몸의 정기가 만나 진기가 발생한다. 단학 수행은 진기를 발생시킴으로써, 구체적이고 형태화된 정(精)에서부터 미세한 에너지의 기로, 다시 기에서부터 보다 무형적이면서 근원적인 신(神)으로 나아가고자 하는 것이다.[129]

우리 몸 안에서 기가 흐르는 통로를 경맥과 락맥(經絡)이라 하고, 주요 통로인 경맥에는 12개의 정경(正經)과 8개의 기경(奇經)이 있으며, 경락엔 기가 집중적으로 모이는 365곳의 혈자리가 있다. 평상시에는 12경맥을 따라 기가 운행하고, 수행을 통해 기가 충만해져서 기경 8맥으로 기가 운행되면서

---

128 『맹자』「공손추」장에서 '의지는 기의 장수(志氣之帥也)'라 했고, 내단수련에서는 마음(정신집중)으로 기를 움직인다.

129 한자경 지음, 『명상의 철학적 기초』, 이화여자대학교출판부, 2011, 148-155쪽에서 발췌·정리함.

특별한 능력을 발휘하게 된다. 기경 중에서 척추를 중심으로 등 쪽의 독맥(督脈)과 가슴과 배 쪽의 임맥(任脈)이 단학 수련에서 기를 운행시키는 통로이다. 기가 집결해 있는 부위를 단전(丹田)이라고 한다. 우리 몸에는 내단전으로 머리의 상단전, 가슴의 중단전, 아랫배의 하단전 등 셋이 있고, 외단전은 양 손바닥의 장심과 양 발바닥의 용천혈이다. 대표적인 단전은 배꼽 세 치 아래, 세 치 안으로 들어간 곳인 '하단전'이다.

내단의 원리는 '수승화강(水昇火降)'과 '정충기장신명(精充氣壯神明)'이다. '수승화강'은 우리 몸 안에서 신장의 수기는 올라가고 심장의 화기는 내려와야 한다는 것이다. 화기와 수기가 상호작용하여 건강이 조화를 이루려면 오르려는 화기는 아래에 있어야 하고 내려오려는 수기는 위에 있어야 한다. 인체에서 수기는 콩팥에서 생성되고, 화기는 심장에서 생성된다. 비정상적인 경우는 심장의 뜨거운 화기가 머리 위로 올라가고 신장의 차가운 수기가 아랫배에 차서, 마음이 붕 뜨고 머리에 열이 나며 배와 손발이 차고 장이 뻣뻣하여 변비가 된다.

'수승화강'에 대해 말하자면, 기가 원활히 운행되어 하단전이 잘 단련되어 있으면 하단전의 열이 콩팥을 뜨겁게 하여 수기를 올리고(水昇), 올라간 수기가 심장을 차게 하면 심장의 화기가 빠져나가 단전으로 내려간다(火降). 이때 수기는 독맥을 따라 올라가고 화기는 가슴의 임맥을 따라 배로 내려온다. 그런데 평상시에 하단전에 화기를 잡아둘 만큼 단전이 단련되어 있지 않거나 스트레스 등으로 임맥과 독맥이 막혀서 기 운행이 제대로 되지 않으면 수승화강도 제대로 이루어지지 않는다. 그렇게 되면 찬 수기(水氣, 精)가 내려가 精의 에너지가 성기를 통해 빠져나가고, 더운 화기(火氣, 神)가 위로 올라가 마음이 들뜨게 된다. 이에 반해 단전호흡으로 수승화강하면 마음이 차분해지고 단전이 뜨거워진다. 그리고 그 열로 신장의 물이 데워져서 수증기가 되어 상승한다. 그렇게 해서 精이 무형의 에너지인 氣로 전환된다.

'정충기장신명'은 하단전에서 정이 충만하고, 중단전에서 기가 강해지며, 상단전에서 신이 밝아진다는 의미이다. 단전호흡은 정기를 진기로 바꾸는 수행인데, 이는 하단전에서 시작되어 상단전에서 완성된다. 하단전에서의 정충(精充)은 음식에서 얻은 정기를 단전호흡을 통해 얻은 정기와 조화시켜 진기로 바꾸는 것이다. 정이 충만하면 생명력이 강해지고 성욕이 잘 조절된다. 중단전에서의 기장(氣壯)은 가슴에서 기를 진기로 바꾼다. 감정적이고 의지적인 기가 강해져서 사랑과 기쁨이 넘치며, 패기와 기백이 생기고, 식욕이 잘 조절된다. 상단전에서의 신명(神明)은 기가 신이 되어 지혜가 빛을 발하는 것이다. 자신과 우주에 대한 깨달음이 생기며 수면욕이 잘 조절된다.[130]

(2) 기공의 원리와 방법

내단수련이 성행하고 있는 대만의 기공법을 최근 대만에서 발간된 『氣的原理』(湛若水, 『氣的原理』, 台北 商周出版, 2014.)의 내용을 발췌 요약하여 소개한다.

수도(修道)의 목적은 후천(後天)으로부터 선천(先天)으로 돌아가는 데 있다. 그 과정은 '연기화정(練氣化精) → 연정화기(練精化炁)[131] → 연기화신(練炁化神) (→ 練神還虛)'이다. 神은 음양이 분화되기 이전의 선천일기로서 지구인

---

130 위의 책, 159-160쪽.

131 炁는 '無+火'의 약자로서 불기운이 없는 '先天 炁'를 의미한다.

력과 공간거리 등의 조건적인 구속을 받지 않으며, 심지어 수명(壽命) 역시 제한받지 아니한다. 인류의 신체는 3차원 공간의 물질계에 속해 있으며, 물질의 기본구조는 음양(陰陽)의 결합인데, '神'은 이미 물질계에서 벗어났다고 할 수 있다. 그것은 즉 陰陽의 구조체가 아니라, 고대 修道家들이 말하는 순양(純陽)의 氣이다. 이는 이른바 道家에서는 '황아(黃芽)'라고 이른다.

선천일기(先天一氣)란 무엇인가? 『손불이여공내단차제시주(孫不二女功內丹次第詩註)』에 "一氣라는 것은 선천적 음양이 분별되지 않은 기운으로, 음과 양으로 나뉨에 이르면 양의(兩儀, 陰과 陽)가 바로 서게 되어 一氣라 칭할 수 없게 된다(一氣者, 卽先天陰陽未判之氣, 至於分陰分陽, 兩儀卽立, 則不得名爲一氣)."라 했다. 생명(生命)은 陰陽의 결합(媾合)에 근원하며, 정적(靜的)인 陰은 장차 동적(動的)인 陽을 이면에 포함하여 陰 속에 陽이 있게 될 것이다. 하지만 이런 종류의 결합은 반쇠기(半衰期)에 한계에 이르게 되고, 그 구조는 천천히 와해되며, 이루어지고(成), 지속되고(住), 파괴되고(壞), 사라지는(空) 규칙에 따라 진행될 것이며, 이것이 바로 자연계(自然界)의 규칙이다. 하지만 선천일기(先天一氣)를 수련하여 이르게 되면, 이 같은 규칙에서 벗어날 수 있으며, 에너지가 불멸하는 경계에 진입하고, 이는 곧 修道의 종극의 목표이며, 신선(神仙)이 되는 것이다.

도교의 수련 방법은 재료가 되는 요소의 측면에서 기(氣)·정(精)·기(炁)·신(神) 네 가지 종류로 구분되고, 의식을 주관하는 측면에서 심(心)·의(意)·성(性) 세 가지 종류로 구별된다. 이것이 바로 차례에 따라 점차적으로 '범인을 초월해서 성인으로 들어가(超凡入聖)'는 단계들이다. 인간은 이런 어지러운 속세에서 신선의 벗(紅塵)으로 태어났고, 명예와 이익 모두는 구름이나 연기처럼 순식간에 눈앞을 지나갈 뿐이다. 몸을 정신으로 끌어올리는 것과 비교할 또 다른 무엇이 있는가, 변하지 않는 존재성의 근본(自性本體)으로 되돌아가는 것이 가일층 중요하다고 보는 것이다.

① 練氣化精

기공을 연습할 때는 '호흡토납(呼吸吐納)'부터 시작한다. 이는 단전으로 기를 흡입하는 것인데, 이 초보 공법은 세 가지 요소를 포함한다. 첫째는 수련의 소재(氣), 둘째는 수련의 부위(단전), 셋째는 수련의 동작(호흡)이다. 호흡토납을 할 때 단전에 도달하는 氣에는 일종의 화기 및 움직이는 입자가 포함돼 있다. 이를 고대의 수련가들이 '원양(元陽)'이라고 했다. 원양은 아직 물질을 합성하기 이전의 우주의 원시 에너지를 의미한다.

일종의 에너지인 원양이 어떻게 단전에 이르는가? 사람의 몸은 직통으로 단전에 이르는 통로가 없다. 그러나 우리들은 용심(用心)을 통해 이들 에너지를 몸을 관통하여 단전에 도달하게 한다. 호흡토납을 통해 후천기를 흡수하는 것은 바로 정(精)을 단련하는 재료를 얻는 것이다. 양(陽)은 주동적이고 화(火)가 주이다.

단전의 원양(元陽)이 개개인의 역량(분수)에 맞게 쌓인 후에는 저마다 화기(火氣)를 형성하여 통제를 받지 않게 된다. 따라서 후천 기(後天 氣)를 들이쉬게 할 때, 화후(火候)를 삼가고 조절해야만 위태로움이 생겨나는 것을 피할 수 있는 것이다.

② 호흡토납의 요령과 단전에 이르는 氣의 통로 형성

토납은 '토고납신(吐古納新: 오래된 것을 뱉고 새것을 넣는다)'의 뜻이다. 호흡토납 방식에는 자연호흡법이 있으며 흉식호흡법과 복식호흡법 등 각양각색이다. 복식호흡은 또 흡기철복(吸氣凸腹)의 순호흡 및 흡기요복(吸氣凹腹)의 역호흡으로 나뉜다. 호흡토납의 목적은 '기가 단전에 이르게 하는 것'이다. 이 목적을 달성하기 위해 기를 흡수할 때 에너지 또한 단전에 들어차 아랫 배가 자연스럽게 튀어나오게 되는데 이것이야말로 정확한 호흡토납 방법이 다. 흉식호흡을 선택하면 기는 결코 단전에 이를 수 없다. 그리고 역호흡법 을 처음 연습하면 비록 느낌은 비교적 빠르고 강하게 올지는 모르지만 이것 은 단전 전후와 음양 혈도의 전기에너지가 서로 맞닿으며 생겨나는 반응이 라 일종의 지름길을 질러가는 것일 뿐 '기가 단전에 이른다'는 목표에는 미 치지 못한다. 따라서 기를 연마하는 가장 좋은 방법은 정통 공부법을 따르 는 것이다.

호흡토납법을 연습할 때 일반적으로 "눈은 코를 보고 코는 마음을 보고 마음은 단전을 본다"라고 가르친다. 연공 초기에 공기 중의 원양을 단전에 들여오는 길을 찾기 힘들기 때문이다. 임맥 위에 한 포인트를 정하고 눈은 코를 보고, 코는 마음을 보고, 마음은 단전을 보는 것이다. 이 눈, 코, 단전이 바로 그 포인트이다. '보는 것'은 마음을 쓰는 것(用心)이고, 마음으로써 순서 대로 이 포인트들을 보기 때문에, 시간이 지나면 임맥상에 한 줄이 꿰어져 기가 습관적으로 통하는 통로로 변한다.

오랫동안 호흡토납법을 연습한 사람은 신체의 앞부분에 흥분대가 형성되는 것을 느낀다고 한다. 이 흥분대는 위에서 아래 단전으로 통하는 기의 통로가 되고, 이 흥분대의 전위(電位)는 다른 부위 피부의 전위보다 높다. 그 이유는 이 통로로 기가 지나가면서 부근의 세포가 끊임없이 충전되기 때문이다. 게다가 같은 신경회로를 중복하여 사용하여 회로중의 세포가 더 강하게 결합하게 된다.

다시 말하면, 연습 초기에는 기가 단전으로 통하는 길을 인식하지 못하기 때문에 마음을 길잡이 삼아 기를 내려보내야 한다. 또 기가 따라오지 못할 정도로 마음이 빨리 가서는 안 된다. 기가 길에 익숙해진 후에 속도를 점차적으로 올려서 마음과 호흡이 서로 의지하는 정도가 되면 평상시의 속도로 호흡을 하고, 마음으로 기를 이끌지 않아도 기는 길을 찾아서 단전으로 들어간다. 마음은 神으로서 생명존재의 핵심이고 후천적인 기를 관리한다. 도가의 관점에서는 마음은 음신(陰神)이고, 음은 양을 빨아들일 수 있으므로, 마음은 후천적 기의 원양(元陽: 최고의 양)을 인체 내에 들여오게 할 수 있다.

③ 마음의 불(心火), 무화(武火)와 문화(文火), 선천 无, 후천 氣

마음(心)은 불에 속하므로 마음이 집중되는 곳엔 모두 화력이 닿는다. 예컨대 마음을 정리하여 손바닥에 집중하면 얼마 지나지 않아 손바닥이 붉어지고 열이 나며 마비되고 심지어 튀어 오른다. 마음이 오면 불도 같이 오기 때문이다. 기수련 초기의 기본 원리는 마음으로 구동하여 에너지를 발휘하는 것이다.

마음의 불은 문화와 무화로 나뉜다.『금선증론』에 따르면, "조금 풀어지는 것이 문화이고, 많이 긴장되는 것이 무화이다".『악육당어록』에 따르면 "문화와 무화는 뜻이 있느냐 없느냐로 구분할 수 있다". 마음을 집중하면 화기가 아주 강해진다. 만약 있는 듯 없는 듯 지키면 화기는 비교적 온화해진다. 기수련에는 반드시 필요에 의하여 불을 조정하여야 한다. 마음을 너무 집중하면 불이 넘치고 마음이 너무 놓으면 불이 식는다. 기본적으로, 기의 정수를 수련할 때 마음을 쓰고, 마음을 쓰는 것은 바로 무화이다. 기의 정수를 수련할 때 뜻을 쓰고, 뜻을 쓰는 것은 바로 문화이다. 진지하게 분석해 보면 마음을 써야 불이 있고, 뜻을 쓰면 불이 없다. 뜻을 쓸 때 운용하는 것은 자석에너지이다. 쉽게 말하면, 무화는 불이고 문화는 불이 아니다.

호흡토납이 체외의 공기를 단전으로 흡입시켜 기를 연마하는 것이니, 기를 호흡하여 단전에 이르게 한 뒤에는 먼저 그것을 정으로 만들고, 정이 족한 이후에는 다시 그것을 선천기(炁)로 만들며 다시 진일보하여 선천기를 신으로 완성시켜서, 신은 최후에 하늘과 상응하여 우주본체로 돌아가니 또한 허로 돌아간다고는 것이다. 수련의 정확한 과정은 재료성분의 변화가 '후천기(氣) → 정(精) → 선천 기(炁) → 신(神)'으로 되는 것이다.

④ 어떻게 기를 단전까지 흡입할 것인가?

호흡(토고납신)의 목적은 공기 중의 원양(元陽)을 단전까지 끌어가기 위한 것이다. 우리는 우선 '눈으로 코를 보고 코로 마음을 보고 마음으로 단전을 보는' 방법으로 기의 운행노선을 갖추게 되고 마음으로써 기를 단전에 이르게끔 한다. 일반인이 토고납신 호흡 후 일정한 시간이 지나면 이마와 코 부근이 무겁고 저리고 간지러움을 느끼게 된다.

기가 코로 흡입되어 우선 비강에 들어오면 비강의 점막과 융모가 전달 작용을 하게 되고, 우리가 마음을 다해 그것을 느낄 때면, 비강은 공기 중의 에너지를 흡입하는 것을 격발하게 된다. 우리가 숲이나 호숫가와 같은 공기가 신선한 곳에서 마음을 다해 비강으로 심호흡을 하면 정신을 차리게 되고 머리가 맑아지는 효과가 발생하게 되는 것은 이런 까닭이다. 비강은 이마 부근에 있는데 숨을 들이쉬고 내쉬는 동안 이마 및 코 부근에 우선 먼저 기감(氣感)이 있게 된다. 그러므로 숨을 들이쉬고 내쉬는 연습을 하는 동안 마음을 다해 비강으로 흡입된 공기를 느껴야 한다.

그런데 기는 이마, 코 부근에 머물고 입에 이르러서는 더 이상 내려가지 않게 된다. 입의 내부는 위아래로 나누어져 있기 때문에 기가 입에까지 이르게 되면 그 경로가 절단된다. 이때 기가 통과할 수 있도록 반드시 다리를 놓아 주어야 한다. 즉 혀를 안쪽으로 조금 수축시킴으로써 혀가 상악의 천지혈 오목한 부위에 놓이게 하여 기가 그 길로 임·독 양맥을 통하게 한다.

연기화정(練氣化精)의 방법은 동정겸수(動靜兼修)이다. 도인(導引)으로 시작하여 호흡을 배합한다. 만일 매일 연기화정 공부를 하면 3개월 뒤에는 단전(丹田) 안에 기단(氣團)이 형성되고, 곧바로 연기(練氣)와 정좌(靜坐)를 겸할 수 있다. 導引은 정기(精氣)가 유통 산포되게 하고, 정좌는 정기가 모여 전화(轉化)되게 한다. 100일 동안의 기반 축조가 경과된 뒤에는 들이마신 기운(吸氣)이 단전의 노선에 들어가 이미 자리 잡고, 온몸(身上)의 기맥도 잇따라 점점 기를 돌릴(行氣) 수 있게 된다. 이때 정좌(靜坐)로써 氣를 보존하고, 導引으로써 氣를 운행시키는데, 비로소 동정이 배합하여 정확한 연습기공방법이 된 것이다.

연기화정(練氣化精)에는 어떤 징후가 있는가?『악육당어록(樂育堂語錄)』에서 말하길 "수도하는 자는 반드시 좌선할 때에 자신의 호흡을 조절하여 자연에 맞춰 들숨 날숨이 빠르지도 않고 느리지도 않게 하는데, 이러한 조식(調息: 호흡)이 비록 평소의 숨쉬기이지만, 그 자체에 참된 화(火)가 있다. 이러한 한 차례의 팽련(烹煉: 불로 찜)과 같은 수련 후에 어떤 형태의 정기가 생기는데, 홀연히 변화하여 원정(元精)이 된다. 단전에 구름이나 안개가 자욱해신 것과 같은 것이 생기는 현상이 바로 정(精)으로 변화한 징후이다."라 했다. 이 의미는, 반드시 오랜 시간의 호흡 수련을 한 후에 곧바로 단전에 어떤 물질이 생기는 것을 느끼게 되기에 이르는데, 심지어 동할 때와 밀고 당기는 이때의 현상이 바로 화정(化精) 이라는 것이다.

⑤ 연정화기(練精化炁)

어떻게 정(精)에서 기(炁: 선천 기)를 얻을 수 있는가? 이는 연기(練氣) 과정 중에 하나의 큰 관문이다. 이 막힌 관문을 뛰어넘어야 비로소 진정 기공의 핵심에 닿을 수 있다. 여기에서 '炁' 자를 다시 한 번 생각해 보자. 보통 호흡 토납(呼吸吐納)으로 氣를 단전에 도달시키면 발열(發熱)이 상화(上化)할 수 있다. 氣 글자는 气와 米의 합이다. 氣는 공기와 영양의 결합으로 생산된 것으로 표시된다. 일정한 단련 기간이 경과하면 氣 중의 화기(火氣)가 보이지 않게 된다. 그래서 옛사람이 그것을 '炁'라고 지칭하게 되었다.

수도가는 매일 최소 거의 두 시간의 정좌(靜坐)를 필요로 한다. 진입하는 단계에는 「소정(小靜) 1일, 중정(中靜) 3일, 대정(大靜) 7일」이 있다. 폐관(閉關)이 심지어 수개월, 수년의 장시간이 되기도 하는데, 만일 화기(火氣)의 기(氣)를 사용하고 함유하고 있다면, 불을 끌어와 몸을 태우는 것이니 어떤 것을 어찌 얻을 수 있겠는가? 당연히 무화(無火)의 기(氣)를 사용하는 것이 필요하다.

정(精)은 어떠한 상황에서 모이고 변화하여 기(炁)를 이루는가? 황원길이 『樂育堂語錄』에서 "단전에 있는 원정(元精)이 호흡 신화(神火)로 불태워지는 것이 오래되면, 화력이 도달한 시점에 변화가 생기고, 신묘(神妙)가 나타나게 된다."고 말했다. 장시간 훈련하면 단전의 원정(元精)이 화후(火候)에 도달하고, 곧 '神妙가 나타남'을 알 수 있고 元精이 炁로 변화한다는 것이다.

황원길이 또 말하기를 "神을 주재(主宰)로 하여 내쉬는 숨을 멈추면 오래지 않아 그 단전에 문득 한 가닥의 인온(氤氳)한 氣가 있다. 왕성한 氣는 아래의 元을 따라 솟아나고, 점진적으로 신체에 이르러, 비로소 있는 것 같기고 하고 없는 것 같기도 하다. 오래되면 호연(浩然)한 氣로 펴지고 지극히 크고 지극히 강해져서 천지지간에 충만해지는 상태에 도달한다. 이것이 곧 精이 炁로 화하는 때이다."라 했다.

위의 두 언급에서 알 수 있듯이, 원정(元精)이 생긴 이후에 그것을 단전에서 지키고 호흡의 팽연(烹煉)을 가하면 오랜 시간이 지나서 모이고 생산된 炁가 드러난다. 炁의 생산은 無에서 有로 小에서 大로 이르는 것이다. 修道家들은 이 과정을 「연광성금(煉礦成金)」이라 하였다. 또한 이것은 사람이 호흡하는 모든 기 중에서 한 점의 진기(眞氣)가 연마되어 발생하게 된다. 예를 들면 붉은 풍로의 불을 사용해서 광석(鑛石)을 연마하여 진금(眞金)이 나오게 하는 것과 같다.

우리들이 기를 들이마셔 단전으로 보내서 누적 · 단련하면 원양(元陽)이 모여 하나의 에너지단이 형성되고, 중단됨 없이 중심(단전)을 향하여 마음을 집중하고 밀도를 높여 이 에너지단을 유지하면, 그것은 곧 분자 사이에서 상호 격탕(擊盪)[132]과 생산 변화를 시작한다. 동시에 복부와 등 뒤의 팽창과 수축을 거치며, 앞의 음과 뒤의 양의 혈도가 한 번 열리고 한 번 닫혀 상호 흡수하고 상호 배척하며, 에너지단이 점차 나타나서 선와 선전(旋渦 旋轉)[133]하면서 자장이 생산된다. 이것은 곧 精을 연마하어 기화(炁化)하는 기본 원리이다.

최초 진행 단계인 연기화정(練氣化精)에서는 우리들이 마땅히 마음(心)을 사용하여 후천기인 원양(元陽)을 지휘하여 단전으로 들여보낸다. 하지만 연정화기(練精化炁) 단계에 들어가면 마음을 사용할 수 없다. 마음(心)을 사용하면 화기(火氣)를 옮겨서 왕성하게 만들 수 있다. 기(炁)의 뜻은 이미 화(火)

---

132 심하게 뒤흔들림.

133 소용돌이치듯 빙빙 돌다.

가 없는 상태다. 마음(心)은 화(火)를 품고 있기 때문에 복기(復炁)는 심을 사용해서는 안 되고, 반드시 의(意)를 사용해야 한다. 바꾸어 말하면 심(心)은 기(炁)의 의식주재가 아니다.

여기에 하나의 중요한 관념이 드러난다. 즉 기·정·기·신(氣·精·炁·神)이라는 각 종류의 에너지 사이에는 반드시 하나의 '장벽'이 있어서 각각 다른 에너지들에 대한 지휘가 필요하면 반드시 그에 맞게 의식 전환을 해야만 비로소 에너지와 에너지 사이의 장벽을 뛰어넘을 수 있다. 후천 기와 선천 기의 에너지 층위는 같지 않기 때문에 그것들을 주재(主宰)하기 위한 의식(意識)은 각각 다르게 채용해야 한다. 그래서 기(炁)를 단련할 때는 반드시 의(意)를 사용해야 한다.

도가적 연기공식으로 말하면, 재료가 변화하는 단계(층위)는 '氣 → 精 → 炁 → 神'이지만 각각 이들을 주재하는 의식은 심(心) → 의(意) → 성(性)이다. 전체 단련 과정은 오직 '練氣化精 → 練精化炁 → 練炁化神'의 세 단계이기 때문에 이에 따른 주재(主宰)의식도 세 가지이다. 마지막으로 연신환허(練神還虛) 단계에 이르면, 이미 순수한 신식(信息)의 경지에까지 진입한 것이다.

연기수도에 있어서 화후(火候)를 제어하는 것이 대단히 중요하다. 같은 재료를 가지고 한 가지 방법으로 조리한 것처럼 색·향·미(色·香·味)를 한 접시로 모아서 볶아 내는 것은 전적으로 화후 조절에 달려 있다. 옛말에 "성인도 약은 전수해도 화후는 전수할 수 없다."고 했다. 화후는 모두 열여덟 가지로 나뉘어 있다. 상당히 복잡해서 수도가들은 화후를 다스리는 심법을 최고 기밀로 둔다. 구두로 친히 전수하고, 외부인에게 함부로 누설하지 않는다.

간단한 화후 운용법이라면, 『성명규지(性命圭旨)』에서 말하는 원칙을 들 수 있다. "염(念)이 일어나지 않게 하라, 염이 일어나면 화가 타오른다. 의(意)가 흩어지지 않게 하라. 의가 흩어지면 화가 식는다." 이때 정좌하여 한 가지 염도 일어나지 않고, 한 점의 의도 흩어지지 않게 할 필요가 있는데, 호흡을 부드럽고 느리게, 가늘고 길게 해야 한다. 노자가 말하는 "면면약존(綿綿若存)"[134]이 바로 이것이다.

정(精)을 오랫동안 수(守)하면 기(炁)로 변하는 이유는 무엇일까? 많은 음양 입자를 한데 모아 약한 불로 오랫동안 온양하면 음양 입자가 내부에서 서로 교접하여 변화가 발생한다. 관원혈은 음에 속하며, 이에 대응하는 혈도는 그 배후가 양에 속하는 진기혈(眞炁穴)이다. 음·양 두 혈도는 서로 흡수하면서도 배척하여 자장을 형성한다. 『性命圭旨』에는 "기혈을 응집하여 고정시키려면 늘 빛을 반사하여 내부를 비춰 주며 떨어지지 않게 함으로써 자연히 회전하게 된다."라고 되어 있다.

의수(意守)를 오래하다 보면 단전이 관원혈을 중심으로 회전하기 시작하며, 마치 모터가 음양 양극의 회전으로 전기를 발전시키는 원리와 같다. 시간이 흐르면서 氣는 점차 자장에 속하는 炁로 변한다. 이것을 기해운전(氣海運轉)이라고 부른다. 계속 회전하며 중묘지문(衆妙之門)에 이르게 되고, 기해(氣海)가 오랫동안 회전하면서 기(炁)를 얻을 수 있게 된다.

⑥ 연기화신(練炁化神)

'연기화신(練炁化神)'과 관련하여, 우선 '神'이 무엇인지, 그 성질과 기능은

---

134 谷神不死 是謂玄牝 玄牝之門 是謂天地根 綿綿若存 用之不勤(곡신은 죽지 않으니 이를 일컬어 현묘한 암컷이라 한다. 현묘한 암컷의 문을 일컬어 천지의 뿌리라 한다. 이어지고 이어져서 항상 존재하는 것 같으니 아무리 써도 힘겹지 않다)(『도덕경』6장).

어떠한지를 이해해야 한다. '練炁化神'의 의미 맥락은 이어지는 최종 단계인 '연신환허(練神還虛)'에 닿아 있기 때문이다. '환허(還虛)' 이 두 글자는 '神'이 우리 신체로부터 이탈하여 허공으로 진입하여, 우주 본체(宇宙 本體)로 돌아갈 수 있다는 것을 표시한다. 즉 우리가 체내의 에너지를 단련시켜 神으로 변화시킨 이후에, 神은 우리 신체로부터 떨어져나가 자유롭게 행동하게 된다는 것이다.

『주역』「계사전 상(繫辭傳 上)」에 "음(陰)인지 양(陽)인지 헤아릴 수 없는 것을 神이라 이른다(陰陽不測之謂神)."고 하였다. 神은 이미 陰陽이 구속할 수 있는 것이 아니다. 『성명법결명지(性命法訣明指)』에는 "순양(純陽)의 神은 지혜를 낳을 수 있으며, 저절로 6통(六通)의 체험이 있게 마련이다(純陽之神能生慧, 自有六通之驗矣)."라고 하였다. 기공수련(氣功修練)이 순양(純陽)의 단계에 이르면 각종 신통(神通)한 일이 나타난다. 그 능력은 이미 인류의 경험범위를 초월하게 된다.

神은 神通하므로 지구 인력과 공간거리 등의 구속을 받지 않으며, 심지어 수명(壽命) 역시 제한받지 아니한다. 인류의 신체는 3차원 공간의 물질계에 속해 있으며, 물질의 기본 구조는 陰陽의 결합인데, 神은 이미 물질계에서 벗어났다고 할 수 있다. 그것은 즉 陰陽의 구조체가 아니라, 고대 修道家들이 말하는 순양(純陽)의 기(氣)이다. 이는 이른바 「선천일기(先天一氣)」이며, 道家에서는 「황아(黃芽)」라고 이른다.

神은 즉 3차원 공간의 제한을 받지 않으며, 그 운동 방식은 인류가 가히 상상할 수가 없다. 神의 특이한 能力은 다른 차원 공간의 운동 방식이며, 이것은 바로 修道家들이 일컫는 '妙'이다. 老子의 『道德經』에 "마음이 움직일 때는 사물의 구별상을 보지만, 마음이 움직이지 않을 때에는 만물의 오묘한 진리를 본다(常有欲, 以觀其竅, 常無欲, 以觀其妙)."고 하였다. 유욕(有欲)은 마음(心意)이며, 마음은 음양(陰陽)에서 벗어나지 못한 것이다. 이것이 구별상을 지켜 온 까닭이다.

하지만 오묘한 경지를 보고자 한다면 모름지기 마음(心意) 쓰기를 멈추어야 무욕(無欲)이 되며, 더욱 고차원적인 의식단계에 들어갈 수 있다. 호흡 역시 陰陽에 관련되어 있으며 神의 범위에 들어가 있기 때문에 역시 열린 호흡법을 버리고 태식법(胎息法)에 진입하는 것이 필요하다. 종합하여 말하자면, 神의 단계에서는 생명이 완전하여 선천적 에너지나 신식(信息)으로 말미암아 움직일 수 있는 것이다.

연기화정(練氣化精)의 단계에서는 심(心)으로써 기(氣)를 주재한다. 연정화기(練精化炁)의 단계에서는 의(意)로써 기(炁)를 주재한다. 거듭하여 수련을 하게 되면 氣는 한 걸음씩 높은 단계로 올라가고, 일을 하는 의식(意識)의 주재 역시 상대적으로 하나씩 개변(改變)되어 연기화신(練炁化神)의 단계에 이르고, 이제는 心을 쓸 수 없고, 意를 쓸 수도 없다. 心과 意는 전부 열려 있지만 이 역시 완전한 입정(入定)을 요하고, 공무(空無)한 경계에 진입하여, 이때의 의식(意識)은 바로 성(性)이 주재하는 것이다.

『孫不二元君法語』 태식시(胎息詩)에 "기복통삼도(炁復通三島. 기가 상·중·하 三丹田을 통한다), 신망합태허(神忘合太虛. 신은 잊음 속에 태허에 합한다)"라 하였는데, 이 구절은 炁를 수련할 때 상·중·하 각 층의 丹田 속에 수련해야 하며, 神의 범위에 들어가려면 전부 잊어버려야 함을 말한다. 意識과 에너지 모두가 육체로부터 이탈하여야 비로소 우주 본체(宇宙 本體)에 진입할 수 있다. 이 때문에 이 이후로 일을 하는 주재는 당연히 성(性)이며, 입정(入定), 좌망(坐忘)은 즉 성(性)이 담당하는 것이다.

성(性)은 先天에 속하는데, 유가(儒家)의 존심양성(存心養性), 불가(佛家)의 명심견성(明心見性), 도가(道家)의 수심련성(修心練性)의 성(性)이 그것이다. 心으로부터 性으로 들어가면, 즉 後天으로 말미암아 先天으로 돌아가면, 평범한 사람이 성선(成仙)하기도 성불(成佛)하기도 한다. 神仙 역시 인선(仁仙), 지선(地仙), 천선(天仙), 대라금선(大羅金仙) 등 여러 등급이 있다. 옛 기록에 근거하면, 자고이래로 수도가 · 수선가(修道家 · 禪修家)들이 成仙 · 成佛한 예가 적지 아니하다.

⑦ 후천(後天)에서 선천(先天)으로 되돌아가는 길

修道의 목적은 後天으로부터 先天으로 돌아가는 데 있다. 이 목표에 도달하기 위한 가장 실제적이고 직접적인 방법은 바로 원래 '先天이 後天으로 전환하는(先天轉後天)' 입구를 찾아내는 것이다. 先天이 後天으로 전환하는 입구는 어디에 있는가? 아버지의 정자와 어머니의 난자가 결합한 후에 어머니의 태반 속에서 가장 먼저 형성되는 것은 배꼽이며, 배꼽은 바로 인간 身體의 원생점(原生點)으로 또한 先天이 後天으로 돌아 들어가는 입구이다. 어디로부터 와서 어디로 돌아갈 것인가? 이것이 바로 배꼽이며, 後天으로부터 先天으로 돌아가는 길이기도 하다. '炁'는 先天의 기로서, 몸을 수련하여 先天의 기가 나오게 된 후에 우주(宇宙) 가운데에 있는 같은 종류의 에너지의 파장과 함께 진동하고 상응하여 先天으로 돌아가는 길을 찾을 수 있는 것이다.

연기수도(練氣修道)에서는 그다음 공부(次第工夫)와 승급(升階)을 터득해야 한다. 연기화신(練炁化神)의 단계에 들어가려면 반드시 '이로환정(移爐換鼎)' 하여야 한다. 이는 명(命)을 수련하는 큰 터전인 단전(丹田)을 떠나야 하며, (신체의) 위치를 바꾸어 수련해야 한다는 것이다. 연명(練命)과 연성(練性)을 수련하는 장소가 다르기 때문이다. 이런 새로운 장소는 어디인가? 道家 선배들이 말하기를 "앞쪽의 배꼽과 뒤쪽의 신장(腎臟) 중간에 진금정(眞金鼎)이 있다."고 하였는데, 이곳이 신기(神炁)를 단련하기 위한 곳이 되는 것이다.

『樂育堂語錄』에서 말하기를,

오로지 이궁(離宮)과 음정(陰精)을 달구어 氣로 변하게 하고, 신장 사이의 동기(動氣)를 잘 지켜 새지 않게 하더라도, 이로환정(移爐換鼎)이 연기화신(煉炁化神) 공부로 향상되는 것을 모른다면, 비록 丹田에 氣가 가득 차서 장생불로 人仙이 될 수 있더라도, 氣가 神으로 돌아가지 않아 神이 氣를 복종시키지 않은 상태이므로, 염려가 한번 일어날 때에는 神이 행하고 氣가 동하므로 여전히 음욕(淫慾)이 동하고 욕심(慾心)이 생기는 것을 면할 수 없다. 그러므로 말하기를 命을 수련하고 性을 수련하지 않으면, 마치 얼굴을 보고자 하나 거울(寶鏡)이 없는 것과 같다.

이 구절의 함의는 다음과 같다. 단전(丹田)은 화로(火爐)가 되고, 태원(胎元)은 정(鼎)이 된다. 우리들은 수련을 해서 丹田에서 精과 炁를 이끌어 낸 후에 장생불로할 수 있는데, 다만 이것은 아직 수명(修命)의 단계에 속할 뿐이다. 만일 우리가 胎元의 수련에 도달하여 精과 炁를 神으로 변화시키지 못한다면, 결국 아직 범심(凡心)과 욕심(慾心)에 좌우될 수 있는 것이다. 따라서 丹田을 떠나서 배꼽으로 돌아가는 수련을 하여야만 비로소 연기화신(煉炁化神)을 할 수 있는 것이다. 그렇지 않으면 마치 얼굴을 가다듬는 데 거울을 찾지 못하는 것과 같다.

끝으로 유·불·도의 심성론 및 수양론에 대해 동양 사상가 남회근(1918~2012)의 말을 3항의 결론으로 삼아 붙인다. 그는 불가의 이성(理性)

곧 불성이야말로 도(道)의 최고 경지라고 밝히고, 도가의 내단은 불가의 이성을 실현하기 위한 공부로서 신선을 이루는 것은 기(氣)를 기르는 것이 아니라 심(心)으로 성을 기른 즉 양성(養性)의 결과라는 관점을 보인다.[135]

형이상학적으로 본성을 말하는 것은 유가나 도가나 서양 종교나 철학이나 모두 부처님 손바닥을 벗어나지 못합니다. 당연히 불학이 최고입니다. 그러나 평범한 범부로부터 한 걸음 한 걸음 초월적인 성인의 경지로 나아가는 단계의 세밀함은 부처님이 도가에 자리를 양보해야 합니다. 더욱이 생리적 물리적 공부에서는 도가가 정말 상세하고도 구체적으로 설명할 수 있지요. 학술적으로 공정한 입장에서 인륜의 도리와 국가를 다스리고 세상을 평화롭게 하는 이념을 말하는 것은 불가나 도가 모두 유가에 미치지 못합니다. 그러므로 유·불·도가에 대해서 이렇게 말합니다. "유가의 품성을 돈독히 하고, 불가의 이성을 참구하고, 도가의 공부를 닦는다(敦儒家的品性, 參佛家的理性, 修道家的工夫)."[136]

---

135 남회근 지음 최일범 옮김, 『참동계 강의/ 상』, 2019, 부키, 12쪽.
136 남회근 지음 최일범 옮김, 『참동계 강의/ 하』, 2019, 부키, 380쪽.

4. 유·도·불가(儒·道·佛家) 수양론의 같고 다른 결 및 '깨달음'의 이해

수양은 동양사상 유·도·불가에만 있는 마음공부 양식이다. 지금까지 살펴보았듯이 儒·道·佛이 각기 다른 세계관(우주론 또는 본체론)과 심성론을 갖기에 수양의 양식, 내용, 목표에 있어서 각기 차이가 느껴진다. 유·도·불의 세계관과 심성론의 차이를 전제로 각 수양 양상의 차이를 살펴보고 그 수양으로 얻어지는 깨달음, 즉 해오(解悟: 이해능력)와 증오(證悟: 마음 능력)가 일상적 삶 속에서 어떤 의미를 갖는지 생각해 보자.

유·도·불 중에서 가장 세밀한 마음 구조와 수양(수행)론 및 '깨달음'의 내용은 불가 사상에서 볼 수 있다. '깨달음'이란 주로 불가의 수행에서 쓰이는 말이다. '깨달음'은 불가 수행의 목표로서 일상의 경험세계에선 느끼거나 알 수 없었던 나와 세계의 참모습을 새로이 아는 것, 또는 그러한 지혜를 얻는 일이다. 앞에서 보았듯이 불가는 이 세계를 심층마음(아뢰야식)이 그려 내는 허상이라고 보고, 세계의 근원인 심층마음을 깨달아 나와 우주 자연의 참모습에 대한 진실(眞如)을 인식하고자 한다. 불가의 수행은 석가의 가르침(解)에 따라 실천(行)하여 서가께서 체인[137]한 심층마음을 깨닫는 일이고, 그 깨

---

137 '체인(體認)'은 몸과 마음에 습득되는 '증오(證悟)'를 의미한다. 즉 체인이나 증오는 마음 공부이자 몸공부이기도 해서 마음에 얻은 바가 자연스레 몸을 통해 표출되는 경지이다.

달음으로써 중생을 계도하는 일(廻向)이다.

불가의 깨달음은 궁극적 완성인가, 무상한 과정적 현상에 불과한가?라는 문제와 함께 인지적 전환인가, 정서적 체험인가? 몸과 마음 차원의 전반적인 질적 변화인가, 일시적·초월적 신비 체험인가? 깨달음의 과정과 내용은 같은가 다른가? 깨달음 이후의 삶은 이전과 어떻게 다른가? 등의 문제를 수반할 수 있다. 또 유가 및 도가의 수양 내용과 비교하여 사회적 맥락을 생각할 때, 유가의 수양이 '수기치인(修己治人)'의 전제로서 남을 다스리기 위한 지도자의 인격 닦음이라는 사회적 맥락을 갖는 한편 도가의 수양이 자연의 일원으로서의 지위 확보를 위한 개인주의적 측면이 강한 데 비해 불가의 수행과 깨달음은 개인적 깨달음에서 '연기적 깨달음'으로 확장돼 사회적 경험계를 초월하여 우주적 차원을 지향하는 범주라고 할 수 있다.

불가 수행의 '깨달음'에 있어서 먼저 '깨달음'이라는 용어에 관한 의미를 명확히 해야 한다는 주장이 있다. 깨달음·진리·구원과 같은 궁극적인 말들은 그 장중한 무게에도 불구하고 용법과 의미가 모호하고 혼란스러운 경우가 많은데, 이러한 사태를 방치한 채 깨달음이라는 말에다가 내면화된 세속적 기대를 투사하게 되면 진지한 구도의 열정은 엉뚱한 길에서 헤매게 된다는 것이다. 박태원은 '깨달음'이라는 용어에 관한 의미와 용법의 혼란을 처리하는 능력 자체가 깨달음의 일부라고 말하고, 불가 수행의 '깨달음'의 내용이자 그 내용의 성립 조건인 '연기 성찰력'을 강조하고 있다. 그는 '깨달음'을 '깨달아 감', '깨달음', '깨달음의 향상', '깨달아 마침(완성)'으로 구분한다.

자아와 세계가 '변화하는 조건들의 상호의존과 상호작용 방식(연기)'에 의해 생성·유지·변화·소멸하며, 따라서 불변의 독자적 자아/존재의 주소지는 본래 없다는, 연기를 이해하고 계발하고 삶에 수용해 가려고 노력하는 것이 '깨달아 감'이다. 그 이해를 체득적으로 성취한 것이 '깨달음'이고, 체득한 이해를 심화하며 적용 범주를 확장시켜 가는 것이 '깨달음의 향상'이다. 그리고 그 체득적 앎과 적용이 완전하게 된 것이 '깨달아 마침'이다. 자아와 세계를 성립하는 것이 '불변/독자/절대의 본질·실체'가 아니라 '변화/의존/관계의 조건화'라는 것이 진실이며, 그러한 진실에 눈떠 그 진실을 삶과 세계에 수용해 가는 것이 '깨달아 가는 것'이자 '깨달음' 및 '깨달음의 향상'이라는 것은, 구도자에게 각자성과 연기성의 균형과 통합을 요구한다는 점을 명심하자.[138]

박태원은 '깨달음'의 측정(測程)과 관련하여, 일상과 세계에 갖가지 모습으로 자리 잡은 탐·진·치(貪·瞋·癡)의 정체를 꿰뚫어보고 그 지배력에서 풀려나는 변화가 얼마나 있는지를 살펴보라고 조언한다. 어떤 수행 체득이 '우쭐거리고 자랑하고픈 소유 우위의 근거'가 되고, '군림하고 싶은 소유 강자의 기반'이 되어, 소유 자아의 무게를 더하는 것이라면, 그 체득은 깨달음의 성취 조건이 아니라는 것이다.

불가 수행과 층위적 거리를 꽤나 두고 있는 것이 유가의 수양이다. 유가는 현실을 중시하는 정치·윤리학설로서 현실적 경험 세계가 원만한 질서 속에 조화롭게 운행되기를 지향한다. 유가의 수양은 마음을 현실의 조화로운 운행에 기여하도록 닦아 내는 일이다. 특히 성리학의 수양에는 도가의 수양(또는 양생)이나 불가의 수행이 지향하는 정신세계나 초월적 실체에 대한 '득

---

138 박찬욱·윤희조 기획, 한자경 편집/정준영·김호귀·박태원·성해영·윤호균 집필, 『깨달음, 궁극인가 과정인가』, 운주사, 2015, 245쪽.

도', '깨달음', '천인합일', '자연합일'과 같은 용어가 잘 등장하지 않는다. 이는 수·당 시대의 개방정책으로 유·불·도 삼교가 수용되면서 불가의 본체론이 유가의 심성론에 미친 영향과 관계가 있다.

불교는 우주론 또는 존재론으로서 '진여'라는 추상적 본체와 함께 연기의 인자(因子)로서 기(氣)의 한 양상인 업력(業力)을 내세운다. 송대 성리학(신유학) 성립 과정에서는 장재(張載)가 '원기본체론(元氣本體論)'을 세움으로써 '기(氣)' 개념이 유·불·도 수양의 본체론적 공통 기반이 되었다.

장재(張載)의 '원기본체론(元氣本體論)'은 중국 고대 철학사상에 있어서 하나의 중요한 이정표를 세웠다. … 그의 '태허무형(太虛無形)', '기지본체(氣之本體)'의 사상은 그의 전체 학설을 관철하고 있으며, 특히 '천지지성(天地之性)', '기질지성(氣質之性)' 이론과 그의 '건곤부모(乾坤父母)', '민포물여(民胞物與)'설은 더욱 구체적이고 체계적으로 그의 본체론을 구현하였다.[139]

심성(心性)은 구체적인 사람의 현실, 구체적인 심성으로서의 전통 유학의 것이 아님이 송명 신유학 가운데 매우 명확하게 드러난다. 예컨대, 장재(張載)의 천지지성, 정주(程朱)의 천리, 육구연(陸九淵)의 심, 왕양명(王陽明)의 양지(良知) 등은 모두 상당한 정도에서 본체적인 성질을 갖추고 있으며, 중국불교의 불성(佛性) 및 심성(心性)과 어떠한 본질적 구별이 없다. 따라서 송명유학의 사유양식은 불교 본체론의 사유양식의 영향을 받은 것이다![140]

---

139 賴永海(라이용하이) 著, 金鎭戈 譯, 『불교와 유학』, 운주사, 2010, 47-48쪽.
140 위의 책, 52쪽.

성리학의 수양은 '천명지위성(天命之謂性)'으로서 이미 인간의 마음에 들어와 있는 본체인 '성(性)'을 새로이 '깨닫는' 게 아니라 함양하여 발현시키는 일이다. 성리학의 수양론에서 미발함양은 본체이자 성(性)의 내용인 '성(誠)'을 이해하고(解悟) 함양하는 일이지 '깨닫자는' 것(證悟)은 아니다. 또 이발성찰 역시 발하는 '성(誠)'을 확인하는 정도이지 새삼스럽게 '깨닫는' 것이 아니다. 즉 성리학의 수양에서 '성(誠)'은 체인되거나 깨닫는 대상이기보다는 함양하고(미발함양) 성찰하여(이발성찰) 실생활에 적용해야(격물치지) 하는 대상이다.

전통 유학이 '천', '천도'와 '인성', '심성'의 관계에 있어서 '천인합일'의 커다란 틀 속에서 '천'은 어떻게 '인간'의 입법(立法)이 되며, '인성'은 어떻게 '천도'로부터 근원이 되며, 사람은 마땅히 어떻게 '수심양성(修心養性)'하여 '천도'에 합일하는가를 논한다면, '신유학'의 사유방식은 보다 "천과 인간은 본래 둘이 아니므로 다시 합(合)을 말할 필요가 없다."[141]는 경향이 있으며, 또한 '천도' 및 '심성'은 본래 일체로서 모두 '이(理)'의 체현이고, '천'은 '천리'에 있고, '인간'은 '심성'에 있는 것이다. 전통 유학과 신유학의 사유방식에 있어 구별은 바로 '천인합일론'과 '본체론'이다.[142]

여기에서도 알 수 있듯이 유가의 수양론에 '깨달음' 또는 '득도'와 같은 용어가 드문 것은 공·맹이 자신의 깨달음을 말한 바 없고, 주자가 스승 이동의 지시에 따른 미발체인에 실패한 경험이 있으며, '성(誠)'은 이고(李翺)와 주돈

---

141 天人本無二 更不必言合.

142 위의 책, 48-49쪽.

이(周敦頤)가 『주역』과 『중용』에서 추출해 낸 '이론적(理論的)' 개념이기 때문이다.[143] 성리학의 공부법 성·경(誠·敬)은 '깨달음'을 위한 것이 아니라 '理'이자 '성(誠)'으로서의 '性'이 제대로 발현돼 경세(經世)가 원만하도록 기(氣)를 다스리는 장치이다.

위 박태원의 분석을 유가 수양에 굳이 적용하자면, 맹자가 「양혜왕장구 상(梁惠王章句 上)」에서 제선왕(齊宣王)에게 '사지(死地)에 끌려가는 소' 얘기로써 '불인(不忍)'을 설명하고 왕도(王道)를 강조하는 장면은 인간이 마음에 본체로서 불인지심(不忍之心, 仁)을 갖추고 있음을 환기시키고('깨달음의 필요성 인지'), 이를 함양하여('깨달아 감'), 발현시키고('깨달음의 향상'), 실천하도록('깨달음의 완성'), 즉 유가적 수양의 단계를 가르친 것이고, '왕도'는 '깨달음(수양)의 완성'이라고 할 수 있다. 또 '깨달음의 완성'이 나타나는 모습은 공자가 말한 '종심소욕불유구(從心所欲不踰矩)'와 같은 사례에서 볼 수 있다.

도가는 우주 자연과 인간의 심신이 '기(氣)'라는 질료이자 생명력으로 채워져 있다고 본다. 도가의 수양이나 양생은 우주 자연을 만들어 내고 운행시키는 기의 흐름과 변동에 따르도록 내 몸과 마음의 기(氣)를 조절하는 것이다. 도가의 수양은 인간의 심신에 본래성인 '자연'을 회복시키는 것으로써 심신의 안위 도모를 지향한다. 도가의 '수양(修養)'에는 유가의 수양과 달리 '생명력을 기르고 강화한다(養)'는 뜻과 함께 '훼손된 생명력을 보완하고 잘 다스린다(修)'는 의미도 들어 있다. 또 도가의 수양엔 상세함이 불가엔 못 미치지만 유가와는 다른 '깨달음'의 개념이 스며 있다. 장자가 말한 심재(心齋)·좌망(坐忘)·상아(喪我)는 득도의 전제 조건이라고 할 수 있다. 『장자』 내

---

143 그러나 왕양명만은 '용장오도(龍場悟道)'에서 '심즉리'를 깨달았다고 한다.

편 「대종사(大宗師)」의 '南伯子葵와 女偊의 대화'에 나오는 '조철(朝徹)', '견독(見獨)', '무고금(無古今)'은 '깨달음'의 경지이다.

　도가에서 '득도'는 『관자』 4편에 언급된 바에 따르면 우주 자연의 운행 원리이자 생명에너지인 '정기(精氣)'가 마음에 들어와 찬 상태로서 '덕(德)'이라고도 한다. 『관자』 4편에서는 이런 상태에 도달하기 위해서는 '허(虛)-정(靜)-일(一)'의 원리로써 마음을 완벽하게 비울 것을 주문하고 있다. 이는 유식(唯識)불교에서 전 5식에서 제6 의식(意識)까지의 표층마음을 걷어 내고 제8식으로서의 심층마음인 '아뢰야식'을 '깨닫는' 방식과 유사하다.

　도가 수양의 과정과 내용은 『장자(莊子)』 내편(內篇) 「대종사(大宗師)」의 '남백자규(南伯子葵)와 여우(女偊)의 문답'에 나오는 '외천하(外天下) → 외물(外物) → 외생(外生) → 조철(朝徹) → 견독(見獨) → 무고금(無古今) → 입어불사불생(入於不死不生)'으로서, 득도는 인간적인 욕망의 초월에서 달성된다. 이는 내공을 쌓는 일이어서 단계별 진척 정도는 당사자만이 알 수 있다. 다만 득도(깨달음)의 완성(입어불사불생)은 '진인(眞人)'·'지인(至人)'·'신인(神人)'의 모습으로 나타나는데, 이는 공자가 말한 '종심소욕불유구(從心所欲不踰矩)'의 인격으로서 모든 거동이 참되고 덕스러운 것이다.

　유·도·불가의 수양(수행)은 인간의 삶 및 사유 행위에 있어서 각기 '현실-자연-초월'의 층위에서 상호 보완적 직분을 수행하여 완료하는 관계에 있다고 할 수 있다. 즉 유가의 수양은 인간 사이의 현실적 삶을 화해롭게 영속시키는 데 기여하는 것이고, 도가의 수양은 인위가 지배하는 유가적 현실의 고달픔을 '자연성'으로 치유하는 데 목적이 있고, 불가의 수행은 유·도가의 수양이 미치지 못하는 정신 차원 문제를 현실과 자연을 떠난 초월의 경지에서 궁극적으로 해결하자는 것이다.

이 층위별로 수양(수행)의 효용을 논하자면, 현실 사회의 원만한 운영(經世)을 위해서는 우선 유가적 수양이 필요하고, 현실에서 과잉 인위(人爲)가 유발하는 '자연 결핍'의 문제는 도가적 수양(양생)의 '자연합일'로써 치유하고, 두 곳에서 해결되지 않는 생사(生死)의 두려움이나 정신적 고뇌에 관한 문제는 불가 수행의 '초월의 세계'에서 근본적·궁극적인 '깨달음'으로써 완결하는 것이 된다. 따라서 우리의 일상적 삶과 마음에는 유·도·불가의 수양, 양생, 수행이 '따로 또 같이' 필요하다고 할 수 있다.

수양이 현세의 바람직한 삶의 지향뿐만 아니라 현세적 삶 너머의 문제 해결에도 관심을 갖는 것이라면 유·도·불가 사상의 생사관(生死觀)을 수양론과 연계시켜 비교해 볼 필요가 있다.

유가는 오로지 현실적 삶의 무난함을 강조하고 지향하기에 공·맹의 언설에서 죽음이나 사후의 문제에 대한 말은 찾아보기 어렵다. 공자는 자로(子路)가 죽음에 대해 묻자 "삶도 잘 모르는데 죽음을 어찌 알겠느냐(未知生焉知死)"라는 말로써 현실적 삶 이후의 문제에 대한 언급을 피했다. 공자가 말한 '지천명(知天命)'은 사람의 능력으로 옳고 그름을 판단, 제어할 수 있는 '의(義)'에 대비되는 '천명(命)'을 아는 것이다. 천명이란 사람의 힘으로 어쩔 수 없는 것으로 '죽음'도 이에 해당한다. 맹자는 "근심과 걱정 속에 살고, 안락해서 죽는다(生於憂患 死於安樂也)『孟子』「告子下」)"라고 하여 역시 고생스럽더라도 사는 것이 의미 있음을 강조하였다. 공·맹의 이러한 인식은 『주역』이 애초에 우환(憂患) 의식의 반영인 것과 무관하지 않다.

도가 사상에는 득도의 최종 단계에 '입어불사불생(入於不死不生)'이 있다. 득도를 하면 생사를 잊는다는 말이다. 『도덕경』 16장에 나오는 '귀근복명(歸根復命)'은 자연의 기화(氣化)에 의한 '순환의 원리'를 말하는 것으로서 『장자』

외편 '지북유(知北遊)'에 나오는 '기(氣)의 취산(聚散)'[144]의 의미와 같은 맥락이라고 할 수 있다. 즉, 삶과 죽음은 기의 변화에 의한 자연 순환의 모습일 뿐이니 그리 알고 생사에 관한 호·불호의 생각에서 초탈하라는 것이다.

불가 사상에서 삶과 죽음에 관한 견해 및 대처 방안은 사성제(四聖諦)인 '고·집·멸·도(苦集滅道)'와 '12지연기'설에 나타나 있다. 즉 삶은 고해(苦海, 苦)이고, 이는 여러 인연의 집적(集積, 集)에 기인한 것이어서, '12지연기'의 순환 고리를 끊는 수행을 하여(道), 번뇌와 망상을 걷어내(滅) 아뢰야식을 깨달음으로써 생로병사의 사슬을 벗어나고 삶과 죽음을 비롯한 우주 만상은 심층마음(아뢰야식)이 그려 내는 그림일 뿐임을 깨닫게 된다.

유·도·불가의 수양에서는 세계관의 차이에 기인한 '가치(價値)' 추구 경향을 살펴볼 필요도 있다. 유가의 수양은 도덕가치의 구현을 지향한다. 유가 사상은 인간 세계의 현실과 인간관계를 중시하므로 '인간관계'를 규정하거나 거기서 파생하는 가치와 멀어질 수 없는 것이다. 유가의 수양을 논할 때 말하는 '천도(天道)의 인도화(人道化)'나 '자연(自然)의 인간화(人間化)'란 것이 인간 사회 영위(營爲)와 관련한 가치 부여 작업이라 할 수 있다. 유가의 이념인 '인(仁)'이나 '성(誠)' 자체가 가치 개념이 아닌가?

이에 비해 불가의 수행이나 도가의 수양(또는 양생)은 가치중립적이다. 불가에서는 가치 개념을 분별심과 번뇌로 보고 그것을 버리고자 하여 '초월'을 지향하는 것이 수행이다. 도가 사상 역시 유가적 인위(人爲)와는 반대편에

---

144 人之生 氣之聚也 聚則爲生 散則爲死 若死生爲徒 吾又何患(사람의 생이란 기가 모인 것이다. 기가 모이면 살고 흩어지면 죽는다. 이처럼 죽음과 삶은 뒤좇는 것이니 내가 어찌 걱정하겠는가!)

있는 것이므로 인위적 가치를 부인한다. '천지불인(天地不仁)'[145]이라는 말은 도가 사상의 기반인 자연 세계의 가치중립성을 표방한다.

유·도·불가 수양의 공통기반은 기론(氣論)이다. 유·도·불가가 각각 수양 형식에 있어서 정좌(靜坐), 좌망(坐忘), 좌선(坐禪)의 명상 모습을 취하는 것은 일단 잡념(雜念) 또는 사념(邪念)을 제거하기 위한 것이다. 잡념이나 사념은 기론에서 탁기(濁氣)에 해당한다. 탁기를 제거하여 마음을 비우거나 청기로 채우는 일이 유·도·불가 수양의 관건이다. 이를 위한 한 방편으로 유·도·불가 수양의 길에는 일찍이 '차(茶)'라는 도반(道伴)이 따랐다.

다음 II, III장에 이어지는 다도 수양에 관한 내용은 일상에서 운영할 수 있는 유·도·불가의 수양, 양생, 수행에 공히 적용될 수 있는 '차(茶)'의 기적(氣的) 기제(機制)'라는 공통적 기반을 갖추고 있다. 茶라는 소재는 유가(성리학)의 이념인 誠, 도가의 존재론적 구도인 無爲自然, 불가의 연기(緣氣) 내용인 '업(業)의 상속'을 규정하는 '기(氣)'를 근본적 공유의 정체성으로 장착하고 있기 때문이다.

---

145 天地不仁, 以萬物爲芻狗. 聖人不仁, 以百姓爲芻狗.(『도덕경』 5장)

5. 예술과 수양

주량즈(朱良志)는 『인문정신으로 동양 예술을 탐하다』라는 책 '제1강 청향 (廳香: 향을 듣다)'에서 예술 작품에서의 '향(香)'을 '정신'에 비유하여, 동양 예술의 창작과 감상에서 정신을 표현하고 그 정신을 음미(吟味)하는 일의 중요성을 강조하고 있다. 그가 심미적 의미에서 향과 관련시켜 동원하는 단어는 청향(廳香) 외에도 문향(聞香), 여향(餘香), 향혼(香魂), 냉향(冷香), 그리고 훈예(薰藝) 등이다.

聞香과 廳香은 화가나 시인이 그림이나 시의 여백과 행간에 설치한 마음의 향기를 吟味하는 것이다. 향기나 냄새를 대하여 직접 코로 냄새 맡기를 '취(嗅)'라고 하는 것과 달리 예술 작품의 정신적 향기를 마음으로 맡는 것을 聞香 또는 廳香이라 한 것이다. 餘香은 '여운이 있는 향기'로서 작가는 작품에 여운이 있는 향기를 담아야 하고, 감상자는 작품에서 여운이 있는 향기를 느껴야 한다는 의미에서 쓰는 말이다. 香魂이라는 말에는 향이 정신을 상징한다는 의미가 들어 있다.

중국 전통 회화는 향기의 신운(神韻)을 느끼도록 그리는 경우가 많다. 여기에서 향은 유형의 세계(形)를 초월하여 우주 만물과 氣에 의한 소통의 능력을 갖는 정신(神)의 특징을 지닌다. 그래서 고개지(顧愷之)는 뛰어난 화가라면 형태의 모사에 그치지 않고 정신의 차원으로 상승하여 형태를 이끌어내야 한다(以形寫神)고 생각했다.

예술가는 자신의 '차가운 향기'를 그림 속의 산수, 난간 밖의 성긴 대나무, 음악 속의 '평사(平沙)'[146]에 스며들게 하는데, 진정한 예술은 마음의 낮은 읊조림이다. … 중국 예술은 '고아하고 탈속한' 영혼을 중시하는데 이것이 바로 '차가움'이라고 하는 것이다.[147]

윗글에서 말해 주듯이 냉향(冷香)은 예술가의 '고아하고 탈속한 영혼'을 의미한다. 시나 그림이나 글씨는 작가의 마음과 사람됨을 표현하고 드러내는 것인데, 작품에 고아하고 탈속한 마음 또는 세파에 시달리지 않는 성품을 담아 그것이 감상인의 마음으로 전이되도록 해야 한다. 여기에서 고아하고 탈속한 영혼을 지니는 일은 작가의 수양에 해당되고 작품의 고아하고 탈속한 마음에 동화되는 일은 감상자의 수양이다. 따라서 예술 작품의 창작과 감상은 각각 이러한 수양 과정을 통해 작가는 냉향(冷香)을 여향(餘香)으로서 담는 것이고 감상자는 냉향의 향혼(香魂)을 청향(廳香) 또는 문향(聞香)하는 것이다.

특히 여기에서 '冷香'이라는 말은 다도 수양에 있어서 차의 성미와 같은 상징성을 갖는다. 당대(唐代) 육우(陸羽)는 『다경(茶經)』 '一之原(차의 기원)'에서 "차의 용도는, (차의) 성미가 지극히 한하므로, 마시기에 적절하다(茶之爲用 味至寒 爲飮最宜)."고 했다. 여기에서 '寒'은 '차다'는 온도의 개념이 아니라 '冷香'의 '冷'처럼 '고아한', '탈속의', '담담(淡淡)' 또는 '경건(敬虔)' 정도의 의미로서, 『다경』에서 최초로 茶의 수양론적 성미를 밝혀 茶道의 의미를 띄워 준

---

146 거문고의 곡조 이름.
147 주량즈 지음, 서진희 옮김, 『인문정신으로 동양예술을 탐하다』, 알마, 2015, 34쪽.

말로 풀이된다.

중국 예술 용어에 '천향(天香)'이라는 말도 있다.

중국 예술은 인간 생명의 향기를 전달한다. 이 불결한 세계에서 인간 생명의 타고난 향기는 쉽게 오염되니 어떻게 지키고 기르는 데 주의를 기울이지 않을 수 있을까? … 이 생명에 내재된 활력은 인간 생명 속에 본래부터 있는 '타고난 향기天香'다.[148]

천향은 생명체가 갖는 생명력의 아름다움을 말한다. 천향은 '국색천향(國色 天香)'이라 하여 미인의 아름다움을 상징하기도 했지만 전의(轉義)되어 차향(茶香)의 기운(氣韻)을 뜻하기도 한다. 여기에서 생명력의 아름다움이나 차향의 기운이라는 것은 동양 사상 기론(氣論)에 입각한 수양론적 의미를 갖는다. 예술가가 작품에 '생명의 향기'인 천향을 전달하려면 그것을 알아볼 수 있는 인식능력을 길러야 하고 궁극적으로는 우주 자연의 생명력인 천향과 합일하는 경지에 이르러야 한다.

마찬가지로 예술 감상은 천향을 파악하여 그것과 합일함으로써 일상에서는 체험할 수 없는 우주의 본원적 생명력과 하나가 되는 과정이자 그 목적이어야 한다. 그것은 마치 다도 수양(茶道 修養)에서 차향(茶香)이나 다신(茶神)을 흡입하여 자신의 심신을 자연의 생명력으로 정화하고 채움으로써 우주 자연과의 합일을 체인(體認)하는 일과 같다.

농양 사상에서 수양론은 기론(氣論)을 바탕으로 한다. 기(氣)는 창조와 변

---

148 위의 책, 45쪽.

화의 질료이면서 자연과 교감하고 우주와 공명하게 하는 매질이다. 감성적 직관으로 자연과 세계를 재구성하는 예술 창작이나 그 예술 작품 감상의 핵심이 각각 대상과의 소통이고 그것은 기론에 따르면 氣에 의한 감응의 차원에서 이루어진다는 점에서, 동양 사상에서 예술의 창작과 감상은 기적(氣的) 수양의 한 측면으로 볼 수 있다. 이러한 관점은 전반적으로 기론을 깔고 있는 동양 사상의 미학적 전통이기도 하다. 이와 관련하여 동양 사상에서 미학이 수양론으로서 나타나는 장면 및 예술 작품의 창작과 감상에서 나타나는 수양론적 의미를 더 살펴보기로 한다.

공자는 "시에서 일어나고, 예에서 바로 서며, 악에서 완성한다(興於詩 立於禮 成於樂)."(『논어(論語)』「태백(泰伯)」)고 했다. 이 구절의 의미는, 시가 주로 인간에게 언어·지혜의 개발과 고양을 일으키고, 예가 인간에게 외재적 규범의 육성과 훈련을 주며, 악은 내재적 심령의 완성을 가져온다는 것이다.

유학에서 군자의 수양은 예악을 배우고 익히는 것을 필수로 한다. '악(樂)'에서 완성한다'는 것은 '악(樂)'의 도야를 통해 완전한 사람을 완성한다는 의미이다. '악'은 직접적으로 사람의 성정과 정신을 감화하고 키우며 형성하는 것이기 때문이다. 공안국(孔安國)은 '成於樂'에 대한 주석에서 "악은 성정을 완성하는 것이다."[149]라고 했고, 류보남(劉寶楠)은 『논어정의(論語正義)』에서 '성어락'에 대한 주석으로 "악으로써 성정을 다스리기 때문에 성정을 완성할 수 있다. 성정을 완성하는 것은 또한 몸을 수양하는 것이다."[150]라고 했다.

---

149 樂所以成性.

150 樂以治性 故能成性 成性亦修身也.

공자가 말한 "유어예(遊於藝: 예에서 노닐다)"[151]와 "성어락(成於樂)"은 각각 '객관적 법칙의 습득과 훈련을 통한 자유의 획득'과 '내재적 심리의 자유로운 형성'으로서 전자는 지력(智力)과 의지를 기르는 것이며 후자는 심미적 능력을 기르는 것이다. 그런데 이 심미적 능력은 지력과 의지의 완성이라는 이성의 축적 과정을 거쳐서 이르는, 인간성의 최고의 성숙도를 말한다.[152] 공자는 이 단계를 '종심소욕불유구(從心所欲不踰矩: 마음대로 하여도 법도에 어긋남이 없다)'라는 말로 표현했다. 이 경지는 사물의 이치와 실천적 기예(藝)의 규칙을 파악하는 것을 넘어 우주 자연적 자유를 구가하는 수양의 최고 경지에 도달한 것이다.

그런데 위에서 말하는 詩에서의 '흥(興)'은 동양 예술론적 관점에서 볼 때 단순한 '일어남'이나 '고양'이 아니다. 장파(張法)는 예술 창작과 감상이 각각 영감의 특성이 있는 '흥' 및 '직관'과 관련되고, 이는 '깨달음'의 문제로 이어진다고 말한다.[153] 그에 따르면 흥은 기(氣)와 연관된 것이어서 '텅 비어 있으면서도 변화무상(空靈)'하다.

문장이란 흥이 일어 짓는 것이다. 먼저 기를 움직이는데, 기는 마음에서 생겨난다. 마음은 말로 드러나고 귀에 들리며 눈에 보이고 종이에 기록된다(文章興作,

---

151 '지어도, 거어덕, 의어인, 유어예(志於道, 據於德, 依於仁, 游於藝, 도에 뜻을 두고, 덕을 지키며, 인에 의거하고, 예를 익힌다)'(『논어(論語)』「술이(述而)」편). 여기에서 藝는 육예(六藝: 禮·樂·射·御·書·數)의 藝를 말한다.

152 장파 지음, 유중하 외 4인 옮김, 『동양과 서양, 그리고 미학』, 푸른숲, 2015, 100쪽.

153 위의 책, 369-457쪽.

先動氣, 氣生乎心、心發乎言, 聞於耳 見於目 錄於紙). (『문경비부론』에서)[154]

흥은 내적 감동의 발동이다. 동양에서 자연의 조화를 본받는 것은 고대인의 문화 창조 법칙이자 예술 창조 법칙이었는데, 경물(景物)을 마주하고 이루어지는 조화 본받기든 경물을 마음에 내재화시켜 자연의 조화를 직관하는 것이든 공통으로 전제하는 것이 '흥(興)'이라는 것이다. 서구의 풍경화는 경치를 마주하고 사생(寫生)하는 것이고 동양의 풍경화는 경치를 마주하고 관찰하여 그 '정신'을 그린다고 한다.

화가가 산수의 정신을 파악하려면 유람을 해야 한다. 화가가 충분히 유람하며 충실히 수양을 쌓아 아름다운 산과 강이 '가슴속에 역력해지면'[155] 그것을 우주적 차원에서 그려 낸다는 것이다. 여기에서 말하는 '가슴속에 역력해지는 것'은 산과 강이 주는 기운일 것이다. 동양의 풍경화는 화가가 산천을 유람함으로써 그 자연이 주는 기를 함양(涵養)하여 그것으로써 우주적 차원의 정신을 그림에 담은 것이라는 설명이다.

예술 활동에 있어서 氣의 배양 가능성과 그 방법에 대하여 소철(蘇轍)[156]은 이렇게 말한다.

글은 기로 이루어진 것이다. 글을 배운다고 능해질 수는 없지만, 기는 길러서

---

154 위의 책, 413쪽.
155 '실컷 돌아다니면서 한껏 보고 나서, 그것이 가슴속에 역력하게 새겨지는(飽游飫看, 歷歷列羅於胸中)(郭熙, 『林泉高致』) 경지를 추구했다.(위 책 376쪽)
156 자는 자유(子由), 호는 난성(欒城)으로 19세에 형 소식과 함께 진사과에 합격하였다. 당송8대가의 한 사람이다. 형을 대소(大蘇)라고 하는 데 대해 소소(小蘇)라고 한다.

이를 수 있다(文者, 氣之所形. 然文不可學而能. 氣可以養而致). (蘇轍, 「上樞密韓太尉書」)[157]

천하의 특이한 얘기나 장관을 견문하여 천지가 넓음을 알고 싶었다. 그래서 진한의 옛 도읍지를 둘러보고, 높은 종남산·숭산·화산을 내키는 대로 구경하고, 북으로 황하의 거센 흐름을 돌아보고, 개탄하며 옛 호걸들을 만나 보고자 했다. 수도에 이르러서는 천자의 장엄한 궁궐을 우러러보니, 천자의 창고와 해자, 정원은 얼마나 풍요롭고 크던지. 그리고 나서야 천하가 크고도 아름다움을 알았다(求天下奇聞壯觀, 以知天地之廣大, 過秦漢故都, 恣觀終南嵩華之高, 北顧黃河之奔流, 慨然想見古之豪杰. 至京師, 仰觀天子宮闕之壯, 與倉廩府庫, 城池苑有之富且大也. 而後知天下之巨麗.(상동).

이렇게 자연을 통해 천지의 기를 획득하고 그것을 안에서 양성하여 기가 심신에 충만하게 되면 기를 매개로 우주와 소통하는 능력인 영감(神)이 도야(陶冶)된다. 여기에서 화가 또는 예술가의 천하 유람이나 경물에 대한 관찰은 천지의 기를 획득하기 위한 예술가적 수양이라고 할 수 있다. 그 수양의 결과는 영감을 통해 예술 작품에 표현된다.

동·서양의 예술 창작에 있어서 '영감(靈感)'은 보편적인 개념이다. 영감의 특징은 불규칙적이고 비논리적이며 우연적이다. 또한 인간의 의지에 좌우되지 않으며 평소의 경험을 초월한다. 영감은 프로이드의 이론에 따르면 무의식에서 발출(發出)된다. 영감 또는 흥이 예술 창작의 원동력이라면 예술 창작은 의식의 억압을 뚫고 나오는 무의식의 산물이라고 할 수 있다. 송대

---

157 위의 책, 442쪽.

(宋代)에 선시(禪詩)를 통해 깨달음을 구한 사람들은 예술 창작이 이성적 사고가 아닌 영감으로 이루어진다는 것을 알았다.

시에는 특별한 제재가 있는데, 이는 책과는 관련이 없다. 시에는 특별한 흥취가 있는데, 이는 이치와는 관련이 없다. … 이른바 이치의 길을 따르지 않고, 말의 그물에 빠지지 않는 것이 최상이다(詩有別材, 非關書也. 詩有別趣, 非關理也. … 所謂不涉理路, 不落言筌者, 上也). (엄우의 『창랑시화』에서)[158]

시의 흥취(興趣)는 이성의 억압을 뚫고 나오는 무의식적 영감이며 이는 언어나 논리로는 표현할 수 없다는 말이다. 이는 또한 융이 말한 '동시성의 원리'처럼 우주와 기(氣)로써 연결된 시스템망의 집단무의식 속에서 우주와의 소통의 일환으로 영감 또는 흥이 일어난다는 것이다. 시가 언어나 논리로 설명할 수 없는 영감이나 흥의 표현이라면 그러한 시의 작법이나 감상 또한 이성으로 파악하거나 배울 수 없다. 이러한 맥락에서 옛 시인들은 시작(詩作)이나 시 감상에 '포참(飽參)'[159] 또는 '참오(參悟)'[160]라는 말을 사용했다.

즉 시를 짓거나 감상하는 데 있어서 선종의 용어인 '참(參)'과 '깨달음(悟)'을 사용했다. 선(禪)에 있어서와 마찬가지로 시의 도(道) 역시 오묘한 깨달음에 있다는 것인데, '선(禪)'이 '참(參)' 자(字)를 동반하듯이 시의 논리 역시 '참오(參悟)'여야 한다.

---

158 위의 책, 454쪽.
159 충분히 먹어 흡족하듯, 철저하게 수행하여 완벽하게 깨달음을 체득함.
160 직접 참여하여 깨달음.

이때 '참(參)'은 말이나 이성적 논리로는 설명할 수 없고 마음으로 거기에 참여함으로써 깨달을 수 있다는 의미이다. 그리고 시에 있어서 이런 깨달음은 禪의 이치를 삶의 풍경 속에서 깨달을 수 있는 것과 같이 삶 속에서 취득할 수 있다. 그 깨달음의 모습은 곧 '흥(興)'으로 나타난다. 그렇지만 깨달음이 곧 흥은 아니다. 흥은 창작의 영감이 일어나는 것이고, 깨달음(飽參 또는 參悟)은 흥에 이어 작품이 품은 높은 경지와 신통(神通)하는 일이다.

추사(秋史) 김정희(金正喜)는 서법(書法)의 흥취에 관해 이렇게 말했다.

(글씨에) 정신이 깃들어 있지 않으면 글씨 쓰는 법이 볼만하더라도 오래 즐길 수 없고, 흥취가 일지 않으면 글자 모양이 비록 아름답다 하더라도 겨우 글씨장이로 일컬어질 뿐이다. 기세가 가슴속에 있어야 글자 속과 글줄 사이에 흘러넘치게 되니 혹은 감돌기도 하고 혹은 느리기도 하여 거침이 없게 된다(無精神者 書法 雖可觀 不能耐久索翫 無與會者 字體雖佳 僅稱字匠 氣勢在胸中 流露於字裏行間 或 雄壯 或紆徐 不可阻遏).[161]

또 혜강(惠岡) 최한기(崔漢綺)는 '문언신기(文言神氣)'[162]에서 이렇게 말했다.

내가 한 말이 신기의 움직임을 말미암은 것이면 다른 사람이 그것을 듣고 반드시 신기를 동할 것이고, 내가 쓴 글이 신기의 활발한 움직임에서 나온 것이면 이를 보고 해득하는 사람이 반드시 신기를 개발할 것이며, 나아가 초상화나 서화에

---

161 『阮堂先生全集』卷八, 論書法.
162 「氣測體義」1, 『神氣通』卷一, 文言神氣, 고전국역총서 편.

이르기까지 신기가 통달한 것이면 능히 바라보는 사람들의 마음을 움직이게 할
것이다(我之發言 由於神氣之動 則人必聽之 而動神氣 我之著書 出於神氣之活潑 則
人之見解者 必開發神氣 至於寫眞書畫 達於神氣 則能動人之瞻望我之發言).

예술에서의 이러한 흥, 영감, 깨달음의 개념은 동양 사상의 기론(氣論)에
바탕한다. 무의식 속에 찾아오는 예술적 영감은 인간이 우주의 조화로운 질
서의 맥을 깨닫는 것이다. 그것은 도의 경지에서의 체험이다. 즉, 예술적 영
감은 득도에 이르는 채널로서의 감흥이자 깨달음이라고 할 수 있다. 예술적
영감은 천인합일의 한 방법으로서 수양론적 측면을 갖는다. 중요한 것은 인
격 수양을 통해 항구적인 영감을 획득하는 것이다. 수양론적 측면에서 그것
은 지속적인 예술의 창작과 감상을 통해서 가능하다.

김영주는 동양 예술에 있어서의 '수양론적' 표현과 감상 및 비평에 대하여
아래와 같이 말한다.

동양 예술에서는 예술가 자신의 인품(人品)과 심정(心情)이 작품에 합치하지 못
하면 훌륭한 예술, 생명이 있는 예술일 수 없다. 인물이든 자연이든 대상(사물)에
대한 정신적 요소를 포착할 능력이 있어야 뛰어난 예술을 창조해 낼 수 있다. 또
거기에 혼이 있다 없다, 작품이 살아 있다 죽었다 하는 비평은 동양 예술 특히 우
리 한국 예술에서 중요시되는 심리적 경향일 뿐 아니라 동양적인 심미(審美)의 척
도(尺度)가 된다.

서양에서 예술은 하나의 표현이고 그 궁극의 목적은 '미(美)'에 있다. 그러나 동
양에서 예술은 그 목적이 '도(道)'－궁극적 목적은 미(美)가 아니다－에 있다. 그래
서 동양에서는 예술이라 부르기 보다는 예도(藝道)라고 부른다. … 동양 예술의

저변에 뿌리내리고 있는 사상의 보편성은 삼라만상 자연과 인간 전체를 포함하는 포괄적 생명론에 있다. 다시 말해서 우주 생명의 역동적 동시성의 편재(遍在)함에 있다. 우리나라 미술, 특히 민중 미술의 뿌리에는 더욱 뚜렷하면서도 강한 생명의 신명(神明)의 사상이 있으며 또한 바로 이 점이 창조나 평가의 기준이었으며 이 때문에 강한 힘을 지니고 있다.[163]

예술을 수양론적 의미의 '예도(藝道)'라 하는 데는 예술 작품에 작가, 감상인(또는 비평가), 우주 자연을 하나로 이어 주는 예술 혼(魂)으로서 신(神)이 들어 있기 때문이다. 여기서 신(神)은 '기(氣)'의 통(通)에서 감득되고 드러나는 것'[164]으로서 '우주 생명의 역동적 동시성[165]의 편재(遍在)함'이 그것이다. 관련되는 예를 신라 시대 솔거(率居)가 황룡사 벽에 그렸다는 노송(老松) 그림에서 볼 수 있다. 그 노송에는 새들이 날아와 앉으려다가 부딪치곤 하였는데, 후세에 색이 바래지자 단청을 새로 하였더니 새들이 다시 오지 않았다고 한다. 이것은 새들(노송 감상인들)과 작가인 솔거에게 동시에 우주생명의 역동적 동시성이 편재함과 그것이 신기(神氣)로서 통합(神通, 神明)을 보여 준 것이라고 할 수 있다. 이러한 현상은 작가, 감상인, 우주 자연이 기(氣)의 공명(共鳴)을 통해 개체와 보편의 본연을 체인(體認)하는 일로서 불가 수행의

---

163 김영주 저,『신기론으로 본 한국미술사』, 나남, 1992, 25-28쪽.

164 위의 책, 22쪽.

165 스위스 정신분석학자 융(Carl Gustav Jung, 1875~1961)의 이론으로, 서로 인과 관계가 없는 마음의 상태와 어떤 물적(物的) 현상 사이의 의미 있는 우연의 일치나 대응(對應). '동시성(同時性)'이란 '내적으로 인식된 사상이 외적 현실에서 그것의 대응을 발견했을 때'라는 의미이다.

아뢰야식 체인과 같은 것이라고 할 수 있다.

예술적 '영감'과 '깨달음'의 논리는 장자 철학에서 더욱 수양론적으로 드러난다. 장자는 예술의 창조와 감상에 있어서 영감이나 흥의 작용 그리고 그것들이 깨달음에 이르게 하는 기제(機制)를 동양 미학사에서 최초로 기론(氣論)의 바탕 위에서 설명했다. 그래서 장자의 사상을 '미학'이라고도 한다.

紀渻子爲王養鬪鷄. 十日而問, 鷄已乎. 曰 未也. 方處怵而恃氣. 十日又問, 曰 未也. 猶應向景. 十日又問, 曰 未也. 猶疾視而盛氣. 十日又問, 曰 幾矣. 鷄雖有鳴者, 已無變矣. 望之似木鷄矣. 其德全矣. 異鷄无敢應者, 反走矣.(『莊子』'達生' 편)

기성자가 왕을 위해 쌈닭을 길렀다. 열흘이 지나 (왕이) 물었다. "닭은 이제 싸울 수 있는가?" "아직 안 됩니다. 지금은 공연히 허세를 부리며 기운만 믿고 있습니다." 열흘이 지나 또 물었다. "아직 안 됩니다. 다른 닭의 울음소리나 모습을 보면 당장 덤벼들려고 합니다." 열흘이 지나 또 물었다. "아직 안 됩니다. 상대를 노려보며 성을 냅니다." 열흘 후에 또 물었다. "이젠 됐습니다. 상대가 울음소리를 내도 태도에 아무런 변화가 없습니다. 멀리서 바라보면 마치 나무로 만든 닭 같습니다. 그 덕이 온전해진 것입니다. 다른 닭이 감히 대응하지 못하고 도망쳐 버립니다."

나무로 만든 것 같은 닭을 보고 다른 닭이 왜 도망을 칠까? 이유는 "덕이 온전해져서"이다. 덕이 온전해짐은 그 기운이 우주 자연의 기와 완전히 공명하여 우주 자연의 운행에 합일적으로 참여하는 우주적 자유를 구사할 경지에 이르렀다는 의미이다. 장자는 다른 닭들이 나무와 같은 닭의 그런 내공이 풍기는 신기(神氣)를 알아채고 도망간다고 말하고 싶은 게 아닐까?

나무 같은 닭의 그런 내공에 도달하기 위해서는 허세와 왕성한 기운을 제거하고 제어하여 어떠한 바깥 사물에도 동요하지 않는, 오로지 자연의 기에 순응하는 '수양'의 과정이 있어야 한다. 수양을 통해 그런 경지에 도달한 예술가는 일체의 내외적 간섭을 배제하고 우주적 정신을 표현하는 자유로운 창조에 들어갈 수 있다. 또한 작품 감상을 통해 그러한 우주적 정신을 직관할 수 있는 경지에 이르는 과정 또한 예술 작품 감상을 통한 수양의 과정이라고 할 수 있다.

여기에서 동양(중국) 사상의 '미(美)'의 함의를 알아볼 필요가 있다. 김영주는 우리 말 '아름다움'을 이렇게 풀이한다.

'아름다움'의 '아름'은 두 팔로 껴안은 크기를 의미한다. 크기와 양을 재는 단위의 뜻이 있고 또 '옴숙 들어온다, 알맞다'는 의미가 있다. '한아름'이라고 하면 '아주 많다', '양이 많고 풍성하다'는 의미이며 또 '다소곳이 들어온다', '꼭 들어맞는다', '알맞다' 등의 의미가 들어 있다. … 아리스토텔레스는 시학(詩學)에서 "미(美)는 크기와 질서에 있다"라고 해서 크기를 미의 가장 중요한 원리로 보았다. 영어의 'Beauty'나 불어의 'beauté'도 그 어원에 있어서는 '많다'라는 양적인 개념에서 시작되었으며 규모가 '알맞다'는 의미도 있다. '좋다', '아름답다', 미(美)와 선(善)의 관념이 혼재해 나뉘어 있지 않다.[166]

허신(許愼)의 『說文(설문)』에서는 美에 내해 '양이 큰 것이 미(羊大爲美)'라고 했다. 또 『설문』에는 "대는 사람(의 뜻)이다(大, 人也)"라고 하고 있다. 따라서

---

166 위의 책, 15-16쪽.

'羊大爲美'는 곧 '羊人爲美'라고 볼 수 있다.

　양이 길상을 상징하는 짐승으로 주로 제사의 희생으로 사용되었다는 것을 감안하면 '美' 字는 제사 상황 속에 있는 희생과 그 희생을 바치는 인간으로 구성된 글자라고 보아야 한다. … 제사란 인간과 초월적인 세계를 연결시켜 주는 것이며 개체와 세계를 연결시켜 주는 것이다. 고대인은 제사를 통하여 우주(세계)와 만난다. 인간과 인간의 만남도 마찬가지다. 영어 society에 해당되는 '사회(社會)'란 땅신에게 제사 지내는 날 사(社)에서 행해지는 마을 사람들의 회합을 의미한다. 고대 중국에서 제사란 사람들의 만남에서도 그 중심을 차지했던 것이다. 결국 '羊人爲美'의 美는 초월세계(聖)와 인간(俗), 그리고 타자와 자아를 연결하는 고리임을 보여 준다.[167]

　리쩌호우(李澤厚)는 "양을 머리에 장식한 것이 미다(羊人爲美)."와 "양이 큰 것이 미다(羊大爲美)."의 함의는 바로 인간의 '문화심리 구조'의 점차적인 형성이라고 주장한다.

　"양을 머리에 장식한 것이 미다."를 토템 무용이라고 해석했을 때 강조하는 것이 사회성이 규범을 확립하여 자연의 감성으로 향하여 축적되는 것이라 한다면, "양이 큰 것이 미다."를 맛있다고 해석하는 경우 강조하는 것은 자연성이 형성되고 도야되어 인간적인 것으로 육성되는 것이라 말할 수 있다. 전자에 관해 말한다면 이성이 감성 중에 축적된 것이고, 후자는 감성 안에 초감성(이성)이 있는 것

167　이성희 지음, 『장자의 심미적 실재관』, 한국학술정보(주), 2008, 196쪽.

이다. 그것들은 다른 각도에서 같은 사실, 즉 '축적'을 표현했다. 여기서 '축적'은 내재적 자연(오관)의 인간화를 가리킨다. 그것은 바로 인간의 '문화심리 구조'의 점차적인 현상이다.[168]

　위의 두 견해를 종합해 보자. 윗글에서 '羊人爲美'의 美는 초월세계(聖)와 인간(俗), 그리고 타자와 자아를 연결하는 고리이다. 아랫글에서는 '羊大爲美'와 '羊人(양을 머리에 장식한 것)爲美'를 약간 다른 뜻으로 해석하면서 각각 다른 각도에서 같은 사실인 '축적'을 표현한 것으로 보았다. 이것은 자연의 감성적 형식이 사회 문화적 의의와 내용으로 침투한 것이자 자연 상태의 몸과 마음이 '인간화되는' 것으로서, 인류의 문화심리 구조의 형성이라는 것이다. 그 함의는 곧 '美'의 개념이 초월세계(우주 또는 자연)와 인간을 연결하는 고리로서의 인간의 문화심리적 기제라는 것이다. 그리고 그 '고리'의 바탕은 매질(媒質)적 속성을 갖는 기(氣)일 것이기에 이러한 논술은 장자 사상에서 수양론으로서의 미학 또는 심미주의를 말하는 것에 다름 아니다.

　서양의 '예술 철학'에서도 예술과 수양론의 관계를 볼 수 있다. 초창기 철학의 존재론은 '진정으로 존재하는 것들'에 대한 탐구였다. 이데아를 제시한 플라톤에게 예술이 추구하는, 변화하는 것들을 따르는 감각적인 미는 철학의 대상이 되지 못했다. 그러나 아리스토텔레스는 모방이나 재현이 인간의 본래적 경향이자 쾌감의 원천이며 인간은 재현된 이미지와 형상을 봄으로써 어떤 것에 대한 지식을 얻는다고 보았다. 그의 발대로 모방이나 재현이 대상을 통해 새로운 범주를 제시하여 지식을 넓혀 주는 일이라면 그것은 인식

168　위의 책, 25쪽.

론의 다른 차원에서 예술과 철학이 만나는 지점이며, 그 인식의 기제가 변화를 기반으로 하는 감성과 감각이라는 점에서 동양의 수양론적 맥락과 닿아 있다고 볼 수 있겠다.

오늘날의 예술 활동은 작품에 특정한 사유 방식과 세계관을 실어 전달하고 예술 감상은 '감각적 인식'의 차원에서 작품이 던지는 물음들의 이미지와 가치를 형성하는 데 공동 참여자의 관계를 갖는 구조로 파악되고 있다. 그래서 현대 미술은 근대 미술의 재현적 사유에 종언을 고하고 '탈회화의 시대'를 맞고 있다고 일컬어진다. 여기에서 예술과 철학에 있어서 근·현대를 가르는 근거가 서로 무관하지 않음을 알 수 있다. 근대 철학이 이성의 틀에 갇혀 이성 외의 감각적 요소들을 '타자'로 간주했다가 현대 철학이 이성의 틀을 깨고 이성 외적인 것들을 챙기게 된 것처럼, 자연과 현상의 재현(再現)[169]에서 '재재현'으로 나아가고 있는 것이 근대 예술에서 현대 예술로의 전이(轉移)라고 할 수 있다.

이러한 서양 예술의 조류 앞에서, 그 깊이에 대한 이해보다는 그 위에 표류하는 입장에서 단순히 동양 사상의 수양론적 시각을 펼쳐 보자면, 아리스토텔레스가 말한 '인간의 본래적 경향이자 쾌감'으로서의 '재현'이 '새로움'으로써 인간에게 어떠한 지식을 준다는 것은 예술작품이 일상적 눈과 감각으로 붙잡을 수 없는 인간의 본래성으로서의 자연의 기를 전달해 주는 매개체 역할을 하는 것이라고 할 수 있다.

근·현대 회화의 '재현적 사유의 틀'로부터 '탈회화화'로의 탈바꿈에서 읽

---

169 여기서 '재현'이라 함은 자연이나 인간 행동에 대한 단순한 모사를 넘어, 그것을 다시금 새롭게 가져와 제시하거나 나타내 보이는 것을 말한다.

히는 수양론적 맥락은 근대 회화의 재현적 사유를 비판적으로 극복하고자 시도한 하이데거, 푸코, 들뢰즈의 고흐, 마그리트, 베이컨에 대한 해석에서 찾을 수 있다.[170] 하이데거는 『예술작품의 근원』에서 고흐의 '끈이 달린 구두'를 분석하며, 예술작품은 대상의 형상화를 통해 '그 존재자들의 존재와 세계'를 말해 주는 '새로운 존재자'라고 규정했다. 즉 구두를 그대로 옮기는 것은 그림이 아니고 그것에 담긴 농부의 고단함, 근심, 소박함과 겸손함 등이 그려지게 해야 한다는 것이다.[171] 이는 일찍이 동양 회화에서 여백의 여운으로 처리한 작법과 유사하다고 할 수 있다.

푸코는 예술작품 해석에서 유사성과 상사성을 구별했다. 유사성은 원본에 최대한 가까이 가는 획일성을 말한다. 상사성은 원본과 절연하고 변별적이고 미세한 차이의 실현을 통해 원본이 파생시키는 어떤 방향으로도 나아갈 수 있는 예술적 자유, 예술 작품의 시대적 중요성과 함의를 재발견하게 해 주는 작품의 내재적 원리를 말한다. 현대 예술의 재현적 사유의 종언 및 상사성의 강조는 앤디 워홀(Andy Warhol)이 1964년 뉴욕 스테이블 갤러리에 전시한 '브릴로 박스'[172]에 대한 미학자 단토(Arther C. Danto)의 문제 제기에서 볼 수 있다.[173]

즉 '브릴로 박스'는 '무엇이 하나의 일상적인 사물을 예술 작품으로 만드는

---

170 윤성우 지음, 『서양 철학 이야기』, 책세상, 2006, 162쪽.

171 위의 책, 163쪽.

172 '브릴로 박스'는 '브릴로'라는 상품의 비누를 담기 위한 산업 생산물로서의 브릴로 박스를 예술 작품으로서의 '브릴로 박스'로 설치한 것이다. 워홀은 나무 상자에 흰색을 칠하고 브릴로 박스 디자인을 그대로 그려 넣었다.

173 위의 책, 169쪽.

가?'라는 의제(議題)로써 '예술이란 무엇인가?'라는, 종래의 예술 규정을 부인하는 근본적인 물음을 제기한다. 일상품과 예술 작품 사이의 지각적인 식별이 불가능한, 우리 눈으로 볼 수 없는 그 무엇엔 해석이 필요하다. 그 해석은 예술 작품에 역사적으로 축적된 이해와 발전의 정도를 말한다. 이제 예술은 지각적으로 인지 가능한 성질이나 속성에 따라 그 본질을 논하던 '예술 본질주의'의 고정관념에서 벗어나 좀 더 형이상학적이고 고차원적인 우주론적 존재론의 위상을 갖게 된 것이라고 할 수 있다.

예술의 본질이 아름다움(美)의 추구, 곧 '자연의 조화로운 모습'의 재현에서 불화(不和)가 심화된 현대 문명을 재조명해 보는 쪽으로 바뀌어 가고 있는 것일까? 이런 경향은 예술이 감각적 지각과 구별되는 기(氣)에 의한 인식, 즉 우주와의 소통에서 그 치유책을 찾자고 호소하는 것이라고 볼 수 있다.

들뢰즈는 인간과 자연이 원초적으로 통일을 이룬 상태와 영역을 회화적으로 나타내는 데 집중한 베이컨에 주목했다. 예를 들어 회화 작업의 대상이 꽃이라고 할 때, 들뢰즈는 꽃이 재현의 대상이 되기를 멈추고, 꽃과 인간이 서로 각자의 모습으로 나뉘거나 유기체화되기 전의 상태, 즉 꽃의 물질적 신체가 화가의 신체에게 주는 감각과, 이 감각과 동시적이고 같은 공간적 성질을 지닌 꽃의 신체에 대한 화가의 신체 감각을 그리는 것이 회화라는 것이다. 들뢰즈는 이를 꽃의 신체성과 인간인 화가의 신체성의 '근원이 같은 성질'이기 때문이라고 말했다.[174]

이는 즉 꽃의 신체와 화가의 신체라는 동일한 신체의 '동일성'이 감각을 주

---

174 위의 책, 167쪽.

고받는다는 말이다. 이는 동양 사상 기론에서 말하는 우주적 기의 공명에 의한 자연합일과 다르지 않다. 이 역시 동양 회화에서 일찍이 여백(餘白)의 기운(氣韻)으로 처리한 작법과 유사하다.

프로이드는 '무의식의 의식화'의 한 방안으로 예술을 차입하였다. '무의식의 의식화'란 현실과 양립하기 어려워 억압돼 왔던 무의식의 욕망과 충동들이 의식 안으로 표출되는 현상이다. 이 욕망 표출의 병리적인 현상이 신경증이고 일상적인 형태가 꿈이나 실수이다. 예술은 이 무의식의 욕망 표출을 '상상력'이라는 이름을 빌려 능동적·적극적으로, '욕망의 조형화'라는 작업을 통해 우주 자연의 조화로운 모습인 미(美)의 형태로 표출시키는 최선의 작업이다. 프로이드는 다양한 예술 작품과 문학 작품을 분석하면서 예술 창작에서 '욕망의 바람직한 충족'이라는 해결책을 모색했을 것이다. 이 예술 작업의 과정은 동양 사상 수양론에서 기질지성을 정화하여 본연지성을 발현시키는 과정과 같다고 할 수 있지 않을까?

6. 동북아 사상의 도가(道家) 중심설

오늘날 대부분의 중국철학사 관련 진술은 유가를 중국 사상의 주류로 전제하고 있다. 그러나 중국 사상 또는 철학적 사유 체계의 주축은 도가 사상이라는 주장이 있다. 중국 사상사가 실제로는 도가 사상을 중심으로 하고, 도가, 유가, 묵가, 법가 등의 제가(諸家)가 상호 보완·발전한 역사이지 일부 학자들이 서술하고 있는 것과 같이 유가 사상의 주도적(主導的) 발전 역사가 아니라는 것이다. 도가 사상이 중국 사상사의 중심이라는 것은 전국 이후 제자백가가 서로 융합하는 과정에서 도가가 주도적인 역할을 해 왔다는 말이기도 하다. 그 한 예로서 논자들은 전국(戰國) 중기에서 한대(漢代) 초의 기간에 형성된 황로학에 대해, 전체 중국 사상사가 도가를 중심으로 제가(諸家)가 다양하게 보완·발전한 축소판이라고 말한다.

한국에도 일찍이 도가 사상과 유사한 선도(仙道)가 있었고 이는 儒·道·佛을 아우르는 융합 사상이었던 것으로 일컬어지고 있다. 『삼국사기』에 다음과 같은 기록이 있다.

신라 말 고운(孤雲) 최치원은 난랑비문에서 '나라에 현묘한 가르침이 있으니 이를 풍류(風流)라 한다. 그 가르침을 창설한 내용은 선사(仙史)에 있다.'고 했다.

이런 류의 기록은 도가류의 사상적 계류(溪流) 또는 도가 사상이 채택된 종교로서의 도교적 실마리가 동북아 사상의 기층에서 면면히 흘러왔다는 방증이라고 할 수 있다. 이러한 관점에서 '도가 중심론'은 도가 사상이 같은 시기에 경쟁 관계에 있던 유가 사상이나 뒤늦게 외래한 불교 사상과 어떤 관계를 유지해 오면서 동북아 사상계와 인간의 삶에 어떤 영향을 끼쳤는지를 점검해 보게 한다. 특히 수양론에 있어서 도가 사상이 儒·佛의 수양론과 어떤 관계 속에서 어떤 영향을 끼쳤는지에 관심을 갖게 한다.

도가가 중국 사상사의 중심이라고 하는 주장은 오래전부터 제기돼 왔지만 충분하게 논증되지 못했다는 아쉬움을 남겼다. 최근에는 진고응(陳鼓應, 1935~) 등을 중심으로 '도가 중심론'이 제기되었는데 그 논증이 한층 보완된 것으로 보인다. 그들이 제기하는 '도가 중심론'의 내용을 간추리면 다음과 같다.

1. 도가의 창시자인 노자는 중국 최초로 매우 완정된 형이상학 체계를 건립한 중국 역사상 최초의 철학자이다. 노자 철학에는 우주본체에 대한 탐구가 담겨 있을 뿐만 아니라 사회적 삶에 대한 통찰도 있으며, 체계적인 인식론이 있고, 풍부한 변증법 사상도 있다. 노자의 우주론과 본체론은 오랜 세월에 걸쳐 중국 철학사 전반에 투사되었다. 노자의 정관(靜觀)과 직각(直覺)의 인식론 그리고 변증법 사상 등은 후대의 중국 철학에 상당히 큰 영향을 끼쳤다. 인생철학에 있어서도 도가의 수준이 훨씬 높다. '경지(境地) 철학'과 같은 것도 도가인 장자에 의해 시작되었다. 중국 철학사에서 장자의 지위는 그의 탁월한 경지와 사상의 다양성, 풍부성 및 예술성 등 어느 모로 보아도 전무후무한 것이다.

공자 사상은 그 안에 형이상학적 사유는 거의 없으며, 공자 학파 안에서도 체계적인 인식론을 찾아볼 수 없고, 변증법 사상은 아예 없다. 유가의 사상은 대개가 정치 윤리뿐이다. 서양 철학의 관점으로 보면 형이상학과 인식론이 철학의 주류이고 정치 윤리학은 그중의 한 지류에 지나지 않는다. 그러므로 중국 철학이나 비교 철학 어느 쪽에서 보더라도 도가 철학이 본체론과 우주론 및 사유 방식 등 모든 면에서 중국 철학의 핵심이라고 할 수 있다.

2. 노자의 학설은 정도의 차이는 있지만 다른 학파에 영향을 미쳤고, 도가 체계로는 노자로부터 양주(楊朱), 열자, 장자, 직하 도가 및 『역전』학파로 발전해 갔다. 공자의 '무위이치(無爲而治)'[175]의 관점은 노자에게서 나온 것이며 '천하언재(天何言哉: 천이 무슨 말을 하리오)'[176]라는 구절 역시 노자의 '무언(無言)'[177]의 의미와 같다. 『논어』「헌문(憲問)」의 '덕으로 원수를 갚는다(以德報怨)'는 대목도 『도덕경』제63장[178]을 직접 인용한 것이다. 공자 이후 유가의 양대 분파인 사맹학파[179]의 천도관과 순자의 자연관이 다 노자의 영향을 받은 것이다. 도가와

---

175 子曰 無爲而治者 其舜也與 夫何爲哉 恭己正南面而已矣(아무것도 하지 않고도 잘 다스렸던 사람은 아마도 요임금일 것이다. 그는 무슨 일을 했던가? 자신을 올바르게 하고 남쪽을 바라보고 있었을 뿐이다.)(『論語』'衛靈公')

176 子曰 予欲無言. 子貢曰 子如不言, 則小子何述焉? 子曰 天何言哉? 四時行焉, 百物生焉, 天何言哉?(공자 왈 나는 더 이상 말하고 싶지 않다. 자공 왈 선생님이 말문을 열지 않으면 우리들이 어디에 가서 사람들에게 무엇을 들려주겠습니까? 공자 왈 하늘이 무슨 말을 하던가? 사계절은 때가 되면 바뀌고 만물은 때에 따라 자라난다. 하늘이 무슨 말을 하던가?(『論語』'陽貨')

177 知者不言 言者不知(아는 자는 말하지 않고, 말하는 자는 알지 못한다) / 塞其兌 閉其門(구멍을 막고 문을 닫아걸고) / 挫其銳 解其紛(날카로움을 무디게 하고 헝클어진 것을 풀고) / 和其光 同其塵(빛을 감추어 티끌과 하나가 되면) / 是謂玄同(이를 일컬어 도와 하나가 된다고 한다)(『道德經』제56장)

178 爲無爲 事無事 味無味 大小多少 報怨以德 … (無爲하게 행동해야 하고, 無事하게 종사해야 하고, 無味하게 맛보아야 한다. 작은 것도 큰 것과 같게 여기고, 적은 것도 많은 것과 같게 여기며, 원한을 덕으로 보답해야 한다).

179 思孟學派. 중국 전국시대(戰國時代)의 유가 사상가 가운데 형식보다 정신을 중히 여

법가의 관계도 밀접하다.

『사기』에서는 노자와 한비자를 같은 열전 안에 분류했다. 한비자의 「해노(解老)」 「유노(喩老)」는 최초의 『노자』注이고, 그의 "군자의 도리는 무위이고, 신하의 도리는 유위이다."라는 관점은 바로 노자에 연원을 두고 있다. 장자와 혜시가 친구 사이였음은 도가와 명가가 하나의 큰 계통 안에 속한다는 또 다른 근거이다. 병가에서 자연성을 따르고 검약을 지키며 靜으로 動을 제어하는 등의 노자의 관념을 받아들여 용병의 법칙으로 삼았던 점은 도가가 병가에 끼친 영향을 말해 준다. 이처럼 노자가 중국 최초의 철학자로서 최초의 철학 체계를 세워 제 학파에게 영향을 준 것은 충분히 노자를 중국 철학의 아버지로 삼을 만한 근거가 된다.

3. 중국 철학의 중요 개념과 범주는 대부분 도가에서 나왔으며, 도가는 중국 철학사의 중요 단계마다 큰 영향을 미쳤다. 중국 철학의 대부분의 형이상학적 개념과 범주인 선진 철학의 道와 德, 위진 현학의 有와 無, 송명 이학의 理, 氣, 太極, 心, 性 등이 모두 도가에서 만들어졌고, 이러한 개념과 범주들이 각 시기마다 중국 철학의 중심 개념과 범주가 되었다.

4. 세계 철학 사상은 대개 먼저 우주론이 발생하고, 그 후에 인학(人學)이 따른다. 소위 "철학은 경이에서 시작된다." 다시 말해 시작할 때는 늘 자신 이외의 사물에 호기심을 갖다가 조금 지나면 주의력을 자신에게로 돌리게 된다. 서양

기는 일파. 사(思)는 자사(子思)로 공자의 손자인 공급(孔伋)의 자(字)이고, 맹(孟)은 맹자(孟子)를 이른다. 이 학통(學統)은 공자의 중심 사상을 '충서(忠恕)'로 파악한 증자(曾子)와 연결된다. 증자에게 배운 자사는 『중용(中庸)』의 작자이고, 맹자 또한 자사의 문인(門人)에게서 배웠다. 자사와 맹자를 같은 계열로 파악한 것은 『순자(荀子)』 「비십이자편(非十二子篇)」이 처음이다.

철학에서도 밀레토스 학파의 자연 철학에서 소크라테스의 윤리학으로 전향하고, 중국에서는 『역경』에서 노자까지의 도론(道論)으로부터 "천도는 거의 다루지 않는(罕言天道)" 공자의 人學으로 전향한 것이다.[180]

위와 같은 주장 외에 도가 사상이 중국 철학사의 중심 역할을 하게 된 원인이 일찍이 존재론적 요소인 기론(氣論)과 결부되어 천하통일의 분위기와 맞물려 전개된 탓이라고 보는 견해도 있다. 동북아 사상사에서 기론은 역학을 포함한 모든 사상의 근간이 되었다. 역(易)이 복희씨와 문왕 등 특정 작가에 의해 목적성이 부여돼 창제된 데 비해 기(氣) 개념은 오랜 생활 속의 지혜로서 자연발생적으로 발아되었다. 이후 기 개념은 도가 사상, 특히 노자의 사상과 융합되면서 논설(論說)로서의 체계를 갖추기 시작하여 『장자』에서는 '경지(境地)'를 지향하는 수양론의 기제로 작동하였고, 송대 성리학에서 이기론(理氣論)의 한 부분을 차지하여 학문적 체계성을 얻었다.

기(氣) 개념은 사상적 경향과 관계없이 동북아적 세계관의 일반적인 기초를 형성했지만, 그 핵심 국면에서는 역시 도가 사상과 한 덩어리를 이루면서 전개되었다고 보아야 한다. 기학(氣學)이 자연철학으로서만이 아니라 존재론의 수준에서 동북아 사유를 지배하게 된 것은 … 그것이 도가 사상과 얽힘으로써 도가적 존재론의 일부를 이루었기 때문인 것이다. 이는 천하통일의 맥락과도 연계된다. 전국시대가 전개되는 과정에서 천하통일의 분위기가 무르익었고, 이런 분위기는 각종 사상의 종합이라는 시대적 요청을 불러왔다. 천하통일에의 열망은 곧 존재론

---

180 진고응 지음, 최진석 옮김, 『老莊新論』, 소나무, 1997, 589쪽.

의 요청과 맞물린다. 천하통일이 모든 국가의 통일을 뜻하듯이, 존재론이란 모든 철학의 종합을 뜻하기 때문이다. 철학들을 종합하려면 존재론적 사유, 즉 사유에서의 보다 '추상적인 틀'이 요청된다. 동북아 사상에서 이 보편적이고 추상적인 틀을 제공하는 것은 바로 도가철학, 특히 노자의 철학이다. 바로 그렇기 때문에 천하통일에 임박해서 제자백가가 종합될 때 도가철학이 그 전체적 틀로서 역할을 했던 것이다. 그리고 기학의 체계화도 이런 맥락과 맞물려 진행되었다고 할 수 있다. 이렇게 본다면 제자백가 중 전국 말의 종합 사상에서 주축이 된 것은 도가철학과 기학이었다고 할 수 있으며, 거기에 유가철학 또는 법가철학이 혼효(混淆)되었다고 할 수 있다.[181]

이처럼 도가 사상이 중국 사상의 심층 주류가 된 데에는 다른 사상이 겸하지 못한 氣라는 자연철학적 원리를 탑재(搭載)한 때문이기도 하다. 도가 사상과 기의 결합에는 시대적 요청이 있었다. 전국시대(기원전 403~기원전 221) 중기 이후 천하통일의 분위기가 무르익어 가면서 제자백가의 학설은 활발한 교류를 통해 서로 융합하는 추세를 보였다. 이때 여러 학파들(장자학파, 황로학파, 『역전』학파 등)이 도가 사상을 위주로 해서 유·묵·명·법·음양가(儒·墨·名·法·陰陽家) 사상을 융합하였다. 그리고 이 도가 중심 사상들의 흐름 저층(低層)에는 늘 기 개념이 합류하고 있었다.

기학(氣學, 氣論)이 천하통일 시대의 각종 사상을 종합하는 틀로서의 도가 사상과 결합했다는 대목은 이후 전개될 동양 사상사에서 수양론의 향방에 시사하는 바가 크다. 통일시대(戰國 중기~漢 초기) 각 학파의 융합체가 황로

---

181 이정우 지음, 『세계철학사2』, 도서출판 길, 2017, 173-174쪽.

학이라고 할 수 있고, 황로학의 학문 종합성을 품고 있는 대표적 저술의 하나가 『관자(管子)』이다. 그리고 『管子』 중 4편인 「心術」 上·下, 「內業」, 「白心」은 모두 氣論에 입각한 수양의 원리를 진술하고 있다. 또 『管子』 4편에 있는 기적 수양의 원리는 『맹자(孟子)』, 『순자(荀子)』, 그리고 송대 성리학 등 유가 계통에서도 공유되고 있지만 특히 『장자(莊子)』 거의 전편을 통해 구체화되어 강조되고 있다. 기론에 입각한 도가적 수양론의 공유 현상은 동양 사상사에서 도가 사상이 중심 역할을 하고 있다는 또 다른 증거라 할 수 있다.

'도가 중심론'은 유가 사상 및 여타 동양 사상에 존재론적 사유가 없었음을 전제로 하고 있다. 유가의 경우 송대 성리학에 와서야 이기(理氣) 개념의 존재론적 이론 구성이 이루어졌음을 감안하면 송대 이전의 유가 사상 등 불가 사상을 제외한 동양 사상 전반이 존재론적 사유를 미비했다는 주장은 어느 정도 타당하다. 그러나 존재론이 철학으로서의 필수 조건으로 요구되는 것이라면, 동양 사상이 외부적 '존재'를 대상으로 객관적 진리를 도출하는 서양 철학과 같은 '철학'이 아니고 인간의 마음을 내성적으로 들여다보는 '사상'으로서의 속성에 초점이 모아지고 있다는 점을 감안할 때는 동양 사상과 존재론이 썩 어울리는 조합이라고는 할 수가 없다.

이렇게 볼 때 유가 등 여타 동양 사상 수양론이 채택하고 있는 '氣의 원리'는 동양 사상 전반이 귀의하는 본래성, 즉 인간의 자연성을 좇는 자연적인 현상이라고 볼 수 있다. 예컨대 조선 전기 한재(寒齋) 이목(李穆, 1471~1498)이 '사문난적(斯文亂賊)'을 외치는 유가에 속하면서도 『다부(茶賦)』와 『허실생백부(虛室生白賦)』를 지은 것은 유가의 도가 사상 채택이라는 이율배반이라기보다는 사상 여부에 관계없이 인간의 마음 저변에 보편적으로 자리한 인간 본연의 자연성에 대한 추구라고 볼 수 있다. 아래의 글은 이런 맥락을 말해 준다.

　유학을 신봉하거나 유학 교육을 받은 역대 지식인은, 설령 인생길에서 장자의 가르침을 진실로 실천하는 사람이 매우 적었다고 하더라도, 문예 창작과 심미 감상, 그리고 개인적인 생활에서 대자연·산수·화조를 마주하고 감상할 경우, 오히려 장자를 흡수하고 채용하고 실행했다. 『장자』자체가 그들에게는 감정과 본성을 도야하는 미학적 작품이다. 총체적으로 보면, 장자는 유가에 흡수되어 심미적 측면에서 사용되었다. 장자는 유가의 미학이 인생과 자연과 예술에 대해 진정한 심미적 태도를 세우는 데 일조했다.[182]

　한편에 '도가 중심설'을 부정하는 견해도 있다. 그 요점은 이렇다.

1. 공자의 '人道' 사상을 인생철학으로 본다면 중국 철학사에서 공자가 차지하는 위치는, 중국 전통 철학 즉 '천인지학(天人之學)'에서 人學이라는 주제가 확립되었으며 이 주제가 전체 천인지학의 발전을 규정하거나 결정했다는 점에서 찾아야 한다.
2. 천·인(天·人)을 관통하는 것은 고대 서양 철학이나 중국 철학에 나타나는 공통적인 특징이다. '인도(人道: 인식론과 윤리학)'와 '천도(天道: 우주론과 본체론)'를 동시에 말하는 것은 철학이란 학문의 성격이 원래 이러하거나, 고대 철학의 틀이 바로 이러하기 때문이다. 노지 칠학이 중국 고대 철학에서 제일 먼저 비교적 완정(完定)되게 이러한 틀을 건립하였고 이것이 유학의 발전에 중대한

182　리쩌허우(李澤厚) 지음, 조송식 옮김, 『華夏美學』, 2016, 173쪽.

영향을 주었다고 하지만, 그렇다고 이것이 결코 유학에 근본적으로 이러한 틀을 갖출 수 있는 능력이 없음을 뜻하는 것은 아니다.

3. 일부에서는 중국 전통 문화의 심층 구조가 '도가 철학의 틀'이라고 하지만, 그 것은 단지 '우주와 인류를 하나의 정체 속에 드러내는', 일반적으로 동서 철학에 모두 있는 틀이다. '도가 중심설'은 철학은 우주와 인생에 대해 '보편적인 해석'을 한다는 일반적인 '견해'를 도가에만 적용시켜, 중국 문화의 '심층 구조'로 오인한 것이다.

다른 한편에 유가와 도가가 함께 중국 철학사의 중심을 구성한다는 견해도 있다. 이 설을 주장하는 사람들은 장지언(張智彦), 방극립(方克立), 조길혜(趙吉惠) 등이다. 그들은 유가를 중국 문화의 중심으로 보는 관점에 대해 "다소 편협함이 있다."고 비판하면서, 사실상 유가와 도가는 선진 이후 서로 영향을 주고받아 모두 중화 민족의 전통 문화를 구성하고 발전시키는 데 적극적인 공헌을 하였다고 주장한다.[183]

이택후(李澤厚)도 "유가와 도가는 서로 보완한다(儒道相補)."고 주장한다. 그리고 두 사상이 서로 보완할 수 있는 근본 원인은 두 사상은 모두 非디오니오스적[184]인 원시적 전통에 근원한다는 것이다. 그리고 표면적으로 유가와

---

183 陳鼓應 지음, 최진석 옮김, 『老莊新論』, 소나무, 1997, 548쪽.

184 니체는 그의 저서 『비극의 탄생』에서 '아폴론적'과 '디오니소스적'이라는 대립 개념을 써서 그리스 비극의 본질에 예리한 통찰을 가했는데, 이후 이 두 관념은 예술 양식상의 유형적 대립 개념으로서, 또는 일반 문화의 정신적 의의에 대한 해명에 유용한 것으로서 중요한 의미를 갖기에 이르렀다. 니체에 의하면 '디오니소스적'이란 몰아적(沒我的) 도취이고 열광이며 생성의 근원에 있는 깊은 에너지이다. 그와 반대로 '아폴론적'은 개체화의 원리에 근거를 두는 관조(觀照)이며, 꿈을 미적인 가상(假象)으로서

도가는 서로 다르고 대립적이나 실제로 그것들은 상호 보완하면서 협조한다고 주장한다.

　'세상을 두루 구제하는 것'과 '홀로 자신의 몸을 깨끗이 하는 것'은 항상 후세 사대부의 상호 보완적인 인생길일 뿐만 아니라 '몸이 강과 호수에 있는 것'과 '마음이 위나라 궁궐에 있는 것'(몸은 은자이지만 마음으로는 조정에서의 영예를 생각한다) 역시 중국 역대 지식인의 일반적인 심리이자 예술 의식이다. … 그렇다면 '대립적 보완'은 어떻게 이루어졌는가? 도가와 장자는 '인간의 자연화'라는 명제를 제시했는데, 그것은 '예약' 전통과 유가의 인학이 강조하는 '자연의 인간화'와 바로 대립하면서도 보완한다.[185]

　이 밖에 문화는 '인문(人文)'이라는 측면에서 유가 사상이 주도적이었고, 지배이데올로기로서도 유가 사상이 주로 채택되었다. 그러나 역시 '철학'이라는 관점에서는 도가가 중심 사상이었다고 할 수 있다. 이러한 여러 지적에도 불구하고 수양론적 측면에서 볼 때, 도가 사상과 기론의 결합은 통치이데올로기 차원을 넘어 동양 사상 수양론의 근간이 된다.

　직하(稷下) 도가의 일파인 황로학파는 『管子』 4편에서 노자의 '도'를 기초로

　영원화하는 것이다. 쇼펜하우어와 바그너의 영향을 받아 그는 예술을 이 두 가지 근원적 충동의 하체아 투쟁의 관점으로부터 포착함과 농시에, 조형예술과 서사시를 아폴론적인 것에, 음악과 무용을 현상의 모사(模寫)가 아닌 근원 의지의 직접 표현으로서 디오니소스적인 것에 관련시켰다. 음악의 범주 안에서도 이 유형에 따른 분류는 가능한데, 형식적·고전적인 조화와 균형의 음악과, 표출적·낭만적·동적인 음악과의 구별에 자주 사용된다.[네이버 지식백과]

185　리쩌허우(李澤厚) 지음, 조송식 옮김, 『華夏美學』, 2016, 149–151쪽.

하여 정기(精氣)설과 '정인지도(靜因之道)'의 인식론을 제시하는데, 이는 다름 아닌 기(氣)에 의한 수양론(修養論)의 원리들[186]이다. 『管子』 4편은 「白心」, 「內業」, 「心術」 상·하의 네 편으로서 氣를 질료로 한 수양의 기제를 원리적인 면에서 다루고 있다. 『管子』 4편에서 원리가 제시된 氣的 수양론은 순자의 수양론 원리로 채택되고 『莊子』에서는 각종 우화를 통해 도가의 수양론으로 자리 잡는다.

---

186 『管子』 4편에 나오는 '수양론의 원리'는 '虛-靜--'이다. 즉 '마음을 비우고(허) 고요히 하여(정) 집중하면(일) 우주의 청기가 채워져 자연과의 합일을 이룬다'는 의미이다.

Ⅱ. 동양 사상 수양론과 차(茶)

차(茶)와 도(道)의 만남인 '다도'는 동양 사상(儒・道・佛家) 공유의 수양론 언어인 '도(道)'를 지님으로써 '차와 함께하는 수양'이라는 의미를 갖는다. 동양 사상 수양론은 기론(氣論)을 바탕으로 하고, 다도는 차의 향(香氣)과 색(氣色)과 맛(氣味)을 기(氣)로서 수용하여 수양의 기제로 삼는다. 정신과 물질을 통섭하고, 몸과 마음, 인간과 우주 자연을 매개하는 기는 동양 사상이 발견해 낸 최고의 자연과학 원리이자 철학적 질료 개념으로서 서양 철학의 '물질과 정신', '몸과 마음'의 이원론이 겪는 모순과 난제를 일거에 해결해 낸다. 동양 사상 수양론의 현철(賢哲)한 기반인 기(氣), 그것을 차(茶)에 담아 수양의 질료로 활용한 다도(茶道), 그 다도에서 온갖 프레임의 껍질을 벗어던지고 우주 자연을 나는 '대붕(大鵬)'의 꿈을 실현해 본다.

Ⅱ장에서는 다도가 근본적으로 수양론이라는 것, 그 수양의 기제(機制)가 동양 사상 기론(氣論)에서 말하는 '기의 원리'라는 것, 다도에서 기 역할을 하는 것은 차향(香氣)과 차색(氣色)과 차맛(氣味)임을 실증적으로 밝힌다. 이는 지금까지 한국 차계와 차학계가 '다도'의 수양론적 의미를 해석해 내지 못하고 형식 위주 계급편향성 '다례'에 매몰돼 있는 원인을 해명해 줄 열쇠가 될 것이다.

1. 기론(氣論), 동양 사상 수양론의 현철(賢哲)한 기반

　동북아 사상사에서 기론은 역학을 포함한 모든 사상의 근간이 되어 왔다. 易이 복희씨와 문왕 등 특정 통치자들에 의해 목적성을 띠고 창제되었다면, 氣 개념은 오랜 생활 속의 지혜로서 자연발생적으로 발아되어 선대의 삶과 사유 체계에서 작동해 왔다. 이후 기 개념은 도가 사상, 특히 노자의 사상과 융합되면서 본체인 道를 구현시키는 존재론적 기제[187]로서 학문적 체계를 갖추기 시작하여 『장자(莊子)』에서는 생사를 결정하는 질료[188]이자 '경지(境地)'를 지향하는 수양론의 매체로 작동하였고, 송대 성리학이 형성되는 과정에서 여러 논의를 거쳐 학술적으로 다듬어지고 理 개념이 더해져 이기론(理氣論)으로 확장 정리되었다.

　理와 氣는 11세기를 전후하여 북송대(北宋代)에 장재(張載), 이정(二程: 정

187　道生一, 一生二, 二生三, 三生萬物, 萬物負陰而抱陽, 沖氣以爲和. 도는 하나를 낳고, 하나가 둘을 낳고, 둘이 셋을 낳고, 셋은 만물을 낳는다. 만물은 등에 음기를 지고 가슴에 양기를 안고 있는데, 이 텅 비어 있는 기기 조화를 이루어 낸다.

188　生也死之徒, 死也生之始, 孰知其紀, 人之生, 氣之聚也. 聚則爲生, 散則爲死. 若死生爲徒, 吾又何患! 故萬物一也. 是其所美者爲神奇, 其所惡者爲臭腐, 臭腐復化爲神奇, 神奇復化爲臭腐. 故曰 通天下一氣耳, 聖人故貴. 삶이란 죽음과 같은 무리이고 죽음이란 삶의 시작이니 누가 그 끝을 아는가! 사람의 삶은 기가 모인 것이니 모이면 태어나고 흩어지면 죽게 되는 것이다. 만약 삶과 죽음이 같은 무리임을 안다면 내 또 무엇을 근심하겠는가!(『장자』「외편」'知北遊')

명도와 정이천 형제), 주희(朱熹, 朱子) 등에 의해 본격적인 철학 개념으로 등장하여 학문화되지만 고대의 기록인『시경(詩經)』이나『주역(周易)』에서 그와 관련된 원형적 사유 경향이 발견된다. 기는 동양 사상의 다른 개념들과 마찬가지로 서양식 자연과학적 관찰과 실험을 통해 밝혀진 것이 아니라, 선대의 기적(氣的) 직관들이 모여 찾아내고 후대의 직관들이 검증해 낸 결과물이다. 동양 사상 사유 체계만이 발견해 낸 氣는 물질과 정신, 존재론과 인식론을 넘나들며 존재와 인식의 포섭, 인간과 자연의 합일을 가능케 하는 '매개적 질료'로서 동양 사상이 서양 철학에서와 같은 '형상과 질료', '정신−물질' 관계의 이원론적 난제를 겪지 않도록 하는 매우 편의적인 기제이다.

氣는 형이상학적이고 이론적인 개념인 동시에 현상학적이고 신체적인 개념이다. 氣를 추구하는 이들 가운데 기를 형이상학적 이론으로서 대하는 사상가들이 있는가 하면, 기를 실질과 실체로서 다루는 한의학 분야와 동양 예술 분야가 있는 것은, 기에 이러한 양쪽 측면의 특성이 있음을 말해 준다. 무엇보다도 氣는 우주를 가득 채우고 있는 우주적 생명력으로서, 만물에 깃들어 있는 에너지이고, 만물을 살아 움직이게 하는 생명주(生命主)이며, 인간에게는 우주와 통하는 신통력(神通力)인 정신(精神)으로 들어와 있는 존재이다. 이 때문에 동양 사상에서 氣는 몸을 주재(主宰)하는 마음의 질료로서 수양의 원천이 되어 왔다.

이(理)가 불변의 원리라면 기(氣)는 변화를 원리로 삼는다. 기의 변화로써 만물이 각각 다른 모습으로 생성되기도 하고 소멸하여 하나의 기(氣)로 복귀하기도 한다. 기는 또 '精 → 氣 → 神'의 단계로써 층위적 변화의 모습을 보이기도 한다. 이를 이용한 전형적인 장면이 내단 수련의 과정이다. 우주의 청기(淸氣)를 호흡으로 들여와 몸 안의 精으로 변화시키고(練氣化精), 이 精

을 다시 명상을 통해 몸 안의 선천기(炁)로 강화하고(練精化炁), 이 炁를 神으로 고도화하여(練炁化神), 神이라는 이 우주적 생명력이 다시 원천인 태극으로 돌아가도록 하는 것(練神還虛)이다.

기가 변화의 원리 위에 있고, 정신과 물질, 몸과 우주를 이어 주는 매개적 질료라는 점에서 氣論은 동양 사상 수양론의 이론적 출발점이자 그 바탕이다. 서양 철학사가 '이성(로고스)'과 '감성' 개념의 대립사라면 '이'와 '기'는 동양 사상사에서 그와 같은 관계를 이루어 왔다. 그런데 자연을 대상으로 '앎'이 시작됐고 외재적 대상의 진실한 실재를 그대로 인식함을 목표로 하는, 즉 인식과 존재의 일치를 지향하는 서양 철학에서는 '이성'을 그 일을 가능케 하는 매개자로 삼아 중시해 왔다.

따라서 이성은 세상의 불변하는 이치를 파악하는 '본유 관념'으로 받아들여졌고, 그렇기에 이성 자체는 변할 수 없는 것이다. 서양 철학에 수양론이 없는 것은 마음의 핵심적인 요소를 이성으로 보고 그것에 의한 객관적 진리 탐구에 매달려 왔기 때문이다. 서양 철학에서 이성 외의 감성 따위는 '영혼의 감옥'인 육체가 발하는 이성의 장애 요인이어서 '정화'의 대상이었다.

이와는 달리 동양 사상은 理와 氣에 우열을 누지 않고 각자의 역할을 인정한다. 理는 불변의 원리이지만 氣는 '가변의 질료'로서 운동하고 변화하는 특성을 갖는다. 동양 사상 수양론은 마음을 고양시켜 진리를 파악하는 방법론이기에 마음의 활동성의 바탕인 심(心)과 심의 질료인 氣를 중시한다.

중국 사상사에서 기 개념은 자연발생적으로 형성된 것으로 이해되었다. 기 개념이 널리 쓰이고 이른바 '기론'이 사유 체계로서 보편화된 것은 전국 시대 중엽 이후이고 한대 초에는 거대한 우주론으로서 정립되었다. 기 개념은 사상적 경향과 무관하게 동북아적 세계관의 기저를 흐르고 있는데, 이는 그 핵심 국면에서 도가 사상과 한 덩어리를 이루면서 전개되었기 때문이다. 이는 천하통일의 맥락과도 연계된다. 전국시대가 무르익는 과정에서 천하통일의 분위기가 무르익었고, 이는 각종 사상의 종합이라는 시대적 요청을 불러왔다. 사상의 종합은 존재론적 사유, 즉 사유에서의 보다 '추상적인 틀'이 요청된다. 동북아 사유에서 이 보편적이고 추상적인 틀을 제공하는 것이 바로 도가철학, 특히 노자의 철학이다. 그렇기 때문에 천하통일에 임박해서 제자백가가 종합될 때 도가철학이 그 전체적 틀로서 역할을 했던 것이다. 그리고 기학/기철학의 체계화도 바로 이런 맥락과 맞물려 진행되었다고 할 수 있다.[189]

기 개념은 선진 시대까지 사물의 구체적이고 역동적인 현상을 말하는 육기(六氣), 음양(陰陽), 혈기(血氣) 또는 우주적 에너지 현상을 추상적으로 말하는 정기(精氣), 신기(神氣) 등의 이름으로 논의돼 왔다. 이후 전국 시대 말 제나라 직하학파를 통해 제자백가의 교류가 활발해지면서 기 개념이 종합되었고, 이런 흐름을 타고 이후 기 개념은 『관자』에 취합되어 몸과 마음 다스림(治身과 修養) 및 나라 다스림(治國)의 원리로까지 확장되었다.

특히 한대(漢代)에는 황로사상이 각광을 받아 기론은 우주론과 연계된 치신·치국론(治身·治國論)으로 응용되는 기반이 되었다. 漢代 초 황로사상의 기론은 『관자』, 『황제4경』, 『회남자』 등에 담겨 있다. 이 가운데 『관자』 4편[190]

---

189 이정우 지음, 『세계철학사2』, 도서출판 길, 2017, 173−174쪽.
190 『관자』 중 「心術」 상·하, 「白心」, 「內業」 등 4편을 말함. 주로 氣에 의한 마음의 수양 등 精氣論으로 되어 있다.

은 이른바 '精氣論'으로서, 마음의 수양이란 마음을 비워서(虛) 고요하고(靜) 전일하게 하여(一) 우주의 청기를 받아들임으로써 자연과 합일하는 것이라는 주장을 담고 있다.

『관자』 4편의 수양론 개념은 '허·정·일(虛·靜·壹)'의 원리를 채택한 순자의 수양론 및 '양기(養氣)'와 '호연지기(浩然之氣)' 개념을 제시한 맹자 수양론과 기적 원리를 공유한다. 특히 『장자』에서는 여러 우화를 통해 기의 원리가 도가 수양론의 근간을 이루었다. 또한 윗글에 언급된 대로 동북아 사유에서 도가 철학이 보편적이고 추상적인 틀을 제공하여 동북아 사상의 중심축이 됨으로써 도가 사상에 융합된 기론, 특히 『장자』에서 수양의 원리로 채택된 기론은 동북아 사상의 수양론적 주류로 자리하게 되었다.

장자는 어째서 자신의 철학 체계에 기(氣)라는 개념을 끌어들였을까? 우선 무위 무형(無爲無形)의 도(道)가 구체적이고 형체가 있는 만물을 만들어 내는 과정에서 하나의 과도 상태가 필요했기 때문일 것이다. 그 다음으로, 장자는 만물을 동일한 것으로 간주할 것을 강조하는데, 그러려면 물질세계 안에 만물 공동의 기초가 필요했기 때문일 것이다. 그 밖에 상자는 사물의 상호 전화(相互 轉化)를 강조하는데 그러려면 일체의 운동 변화 과정을 관철하는 개념이 필요했기 때문일 것이다. 이러한 요구에 적합한 개념은 반드시 유형(有形)일 수 있으면서 무형(無形)일 수 있고, 운동할 수 있으면서 응취(應聚)할 수 있고, 위로는 道에 도달할 수 있으면서 아래로는 사물에 통할 수 있어야 하는데, 이런 개념으로 氣가 있을 뿐이다.[191]

---

191 리우샤오간 씀, 최진석 옮김, 『莊子哲學』, 소나무, 1998, 129쪽.

동양 사상 수양론에서 기는 좀 더 구체적인 모습으로 드러난다. 유가에서는 일찍이 공자가 신체의 혈기와 관련하여 수양론적 언급[192]을 하였고, 맹자는 養氣와 浩然之氣의 논리로써 기적 수양론을 펼쳤다. 송대 성리학에서는 장재(張載)의 기론을 바탕으로 주희(朱子)가 "천리(天理)가 기질에 떨어져 기질지성을 이룬다. 그러니 기질지성과 독립된 본연지성이 있을 수 없다."고 말하여 이기론이 심성론과 수양론으로 연역되었다.

장재(張載)의 '원기본체론(元氣本體論)'은 중국 고대 철학사상에 있어서 하나의 중요한 이정표를 세웠다. … 그의 '태허무형(太虛無形)', '기지본체(氣之本體)'의 사상은 그의 전체 학설을 관철하고 있으며, 특히 '천지지성(天地之性)', '기질지성(氣質之性)' 이론과 그의 '건곤부모(乾坤父母)', '민포물여(民胞物與)'설은 더욱 구체적이고 체계적으로 그의 분체론을 구현하였다.[193]

그런데 주자는 다른 한편으로 "인간의 순수한 도덕적 본성을 기질이 흐려 놓았다."고 얼핏 보기에 엇갈린 주장을 펴서 기질지성과 본연지성과의 관계에 혼란을 초래하여 논쟁의 발단을 야기했다. 그로 인해 발생한 논쟁이 조선 시대 퇴계와 기대승 간의 '사단칠정론'이고 퇴·율(退·栗) 간의 '이기이원론(理氣二元論, 이기호발설·理氣互發說)'과 '기일원론(氣一元論)'의 대립이다.

조선 전기 서경덕에 의해 정립된 조선 기론은 율곡의 '기일원론'으로 이어

---

192 孔子曰 君子有三戒 少之時 血氣未定 戒之在色 及其壯也 血氣方剛 戒之在鬪 及其老也 血氣旣衰 戒之在得.(『논어』「계시(季氏)」)

193 賴永海(라이용하이) 著, 金鎭戈 譯, 『불교와 유학』, 운주사, 2010, 47-48쪽.

졌고, 조선 후기 최한기(崔漢綺)는 실학적 견지에서 새로운 기철학 개념인 '神氣'론을 주장했다.

최한기는 '몸과 욕구에 대한 일방적인 억압을 해소하고 마음과 몸의 조화를 추구하는' 기제로 자연과 인간을 통괄하는 '神氣' 개념을 상정하여, 마음과 몸의 이분법적 도식을 벗어나고자 하였다. 그에게 무엇보다 중요했던 일은 '내부 세계(형질의 기)와 외부 세계(천지 유행의 기)의 소통' 즉 이 세계의 인식과 실천을 가능하게 하는 '몸'의 중요성을 환기시켜, 몸과 마음의 조화를 추구하는 동시에 궁극적으로 인간과 자연의 통일적 관계를 지향하는 것이었다.[194]

최한기의 신기론은 氣에 대한 理의 주재성(主宰性)을 부정하고 氣를 중심으로 하면서도 氣와 理의 유기적 관계를 중시하는 입장이다. 여기서 理는 오직 운화(運化)하는 모든 사물들의 내재적 속성이자 생명체의 생명원리로서, 氣의 움직임에 의해서 모이고 흩어질 때에 그 움직임에 내재하는 氣의 작용법칙일 뿐이다. 최한기는 전통 유학에 서양의 과학기술을 접목시켜 자신만의 독특한 氣學의 학문체계를 재구성해 낸 것인데, 기학이 동양의 자연과학적 탐구로서 서양의 자연과학과 상통한다는 점에서 최한기의 기학은 서양의 자연과학적 기법을 응용하여 氣論의 합리성을 강화하고자 한 것으로 보인다.

도가의 기 개념에는 양생술에서와 같은 육체적·정신적 맥락이 함께 들어있지만 기를 개개의 마음과 우주적 마음의 연결고리로 보는 우주론적 맥락

---

194 손병석 외 12인, 『동서 철학 심신관계론의 가치론적 조명』, 한국학술정보, 2013, 239쪽.

이 강하다. 불교 윤회설의 이론적 기초도 氣論이라고 할 수 있다. 유식불교에서 말하는 아뢰야식이나 거기에 함장(含藏)된 종자로서의 업력(業力), 그리고 그 업력이 윤회의 고리를 도는 모습은 각각 기와 기의 흐름(氣化)으로 해석될 수 있다. 불교에서는 무아(無我)와 윤회의 관계에 대한 이론적 구성이 난제였다. 무아인데 어떻게 윤회가 가능한가? 이에 대한 대답이 업(業, Karma)의 상속이다. 전생의 행위의 영향이 계속 상속한다면 신체(身體)와 육식(眼·耳·鼻·舌·身·意)의 깊은 어딘가에 심리적인 윤회의 주체가 잠재해 있어서 윤회의 사이클에 영향을 주는 것이라고 상정한 것이다.

카르마(業, Karma)를 저장하고 있는 기체(基體)의 상정은 일단 윤회의 주체에 대한 탐구가 도출해 낸 논리적인 귀결이었다. 업이란 정신적인 것도 물질적인 것도 아니다. 이것은 현대적으로 일종의 에네르기라고 할 수도 있다. 즉 빛은 에네르기와 동시에 광입자로서 어느 정도의 물질성을 가지고 있다. 업의 영향에도 어떠한 실체적인 사물성을 부여함으로써 여러 가지 현상(특히 輪廻)의 설명이 용이하게 된 것이다. 그러므로 육식(六識)의 깊은 곳 어딘가에 근본적인 상속심(相續心)이 존재한다는 상정이 가능하게 된 것이다. 이와 같은 사고의 다양한 흐름들이 모아짐으로써 아뢰야식설이 성립하게 된 것이다.[195]

세계를 형성하는 에너지를 불교는 업력(業力)이라고 부르고, 유가나 도가는 氣라고 부른다. 유식은 업력을 과거 업의 습(習)이 남긴 기운이란 의미에서 '습기(習氣)'라고도 하고, 업의 결과로서 새로운 보(報)를 산출하는 공능(功能)이라는 의미

---

195 一指 저, 『중관불교와 유식불교』, 도서출판세계사, 1992, 199쪽.

에서 '종자(種子)'라고도 한다. 불교에 따르면 이 세계는 종자 에너지가 현행화(現行化)한 결과이다. 현행화는 비가시적 에너지의 파동이 구체적 형태로 가시화되는 것, 파동이 입자화되는 것을 뜻한다. 도가적 방식으로 표현하자면 기가 집취하여 질화(質化)되고 형화(形化)되어 물체로 등장하는 것이다. 이에 따르면 우리가 의식하는 가시적 현상세계의 만물은 표층에서 보면 각각 별개의 개별 물체로 나타나지만, 심층에서 보면 그러한 개별적 실체성은 환(幻)이고 공(空)이며, 일체는 서로 분화되지 않고 하나로 공명하는 에너지의 흐름으로 존재한다.[196]

기론은 이처럼 동양 사상 전반에 걸쳐 있고 동양 사상 수양론의 기반이 되어 왔다. 이러한 기론과 수양론의 관계, 즉 기에 의한 마음수양의 장면은 선현들의 다도론(茶道論)에서도 발견된다. 다도는 동양 사상 수양론의 특징적인 면모로서 茶라는 자연물을 매질로 삼아 자연의 정신(생명력)과 만나는 수양법이다. 다도에서는 차를 마심으로써 마음이 정화되는, '물질의 정신화'라는 기제가 작동한다. 이때 차는 물질 경계에서 정신 경계로 전환되는 것인데, 이는 물질과 정신의 경계를 넘나드는 氣의 '轉化 작용'으로써만 설명될 수 있다. 이러한 차의 기능을 두고 한재 이목은 『다부』에서 '오심지차(吾心之茶)'라고 일컬었다. 초의 선사의 차시(茶詩) '봉화산천도인사차지작(奉和山川道人謝茶之作)'과 한재(寒齋)의 『다부』의 한 대목을 예로써 기론에 입각한 한국 다도의 수양론적 기제를 살펴보자.

「奉和山泉道人謝茶之作」

---

196 한자경 지음, 『심층마음의 연구』, 도서출판 서광사, 2018, 231-232쪽.

古來賢聖俱愛茶 예로부터 성현은 모두 차를 아꼈나니 / 茶如君子性無邪 차는 마치 군자 같아 성품에 삿됨 없다 / 人間艸茶差嘗盡 세상의 풀잎 차를 대충 맛을 다 보고서 / 遠入雪嶺探露芽 멀리 설령(雪嶺) 들어가서 노아차(露芽茶)를 따왔다네. / 法製從他受題品 법제하여 품질을 잘 가려내서 / 玉壜盛裏十樣錦 옥그릇에 갖은 비단 감싸서 담았다네. / 水尋黃河▓上源 황하의 맨 위 근원 그 물을 찾고 보니 / 具含八德美更甚 여덟 덕을 두루 갖춰 더욱더 훌륭하다. / 深汲輕軟一試來 경연수 깊이 길어 한차례 시험하자 / 眞精適和體神開 참된 정기 마침 맞아 체(體)와 신(神)이 열리누나. / 麤穢除盡精氣入 나쁜 기운 사라지고 정기(精氣)가 들어오니 / 大道得成何遠哉 큰 도를 얻어 이룸 어이 멀다 하리오. / 持歸靈山獻諸佛 영산(靈山)으로 가져와서 부처님께 올리고 / 煎點更細考梵律 차 달임 더욱 따져 범률(梵律)을 살피었네. / 閼伽眞體窮妙源 차의 진체는 묘원에 닿아 있고 / 妙源無着波羅蜜 묘원은 집착없는 바라밀(수행길 또는 피안)일세 / 嗟我生後三千年 아아! 나는 삼천년이 지난 후에 태어나 / 音渺渺隔先天 물결 소리 아득해라 선천(先天)과 막혔구나. / 妙源欲問無所得 묘한 근원 묻자 해도 물을 곳이 없어 / 長恨不生泥洹前 부처님 열반 전에 나지 못함 참 한탄스럽네. / 從來未能洗茶愛 이제껏 차 사랑을 능히 씻지 못하여서/持歸東土笑自隘 우리 땅에 가져오니 속좁음을 웃어 본다. / 錦纏玉壜解斜封 옥그릇에 비단 둘러 빗긴 봉함 풀어서 / 先向知己修檀稅 지기(知己)에게 먼저 보내 단세(檀稅)를 바치구려.

「茶賦」

기뻐하며 노래하네(喜而歌曰) / 내가 세상에 태어나 풍파가 모질구나(我生世兮風波惡) / 양생에 뜻한다면 널 두고 무엇을 구하랴(如志乎養生 捨汝而何求) / 나는 널 지니고 다니며 마시고 넌 나를 따라 노니나니(我携爾飮 爾從我遊) / 꽃피는 아침 달 뜨는 저녁 즐겁기만 하고 싫지가 않네(花朝月暮 樂且無斁) / 옆에 마음이 있어 삼가 말하네(傍有天君 懼然戒曰) / 삶은 죽음의 줄기요 죽음은 삶의 뿌리(生子死之本 死者生之本) / 心만을 다스리다가 밖(몸)이 시들어서(單治內而外凋) / 혜강은 양생론을 지어 어려운 실천을 하고자 했다네(嵇著論而蹈艱) / 어찌(曷若) / 지수에 빈 배를 띄우고(泛虛舟於智水) / 인산에 좋은 곡식을 심는 것과 같겠는가(樹嘉穀於仁山) / 신명이 기를 움직여 묘경에 들게 하니(神動氣而入妙) / 즐거움은 꾀하지 않아도 저절로 이르네(樂不圖而自至) / 이것이 바로 '내 마음의 차'이거늘(是亦吾心之茶) / 굳이 다른 데서 즐거움을 구하겠는가(又何必求乎彼也).

「奉和山泉道人謝茶之作」에서 "나쁜 기운 사라지고 정기(精氣)가 들어오니(廳穢除盡精氣入) / 큰 도를 얻어 이룸 어이 멀다 하리오(大道得成何遠哉)"라고 한 것이나 「茶賦」에서 "신명이 (내 안의) 기를 움직여 묘경에 들게 하니(神動氣而入妙)"라고 한 것은 모두 氣의 수양론적 역할을 말한 대목으로서, 향(香氣), 색(氣色: 차탕색), 맛(氣味)의 세 가지로 구성된 차의 기(氣)를 우리 심신의 '나쁜 기운'을 정화하여 득도의 경지(묘경)에 이르게 하는 정기(精氣)로 본 것이다. 차의 정기가 우리 심신에 들어와 잡념, 사념, 번뇌 등 나쁜 기운을 닦아내고 마음 수양의 문을 열어 준다는 것이다. 여기서 선현들의 다도 수양론이 기론에 입각해 있음을 여실히 알 수 있다.

2. 다도(茶道), 차(茶)와 수양(修養)의 만남

차(茶)가 도(道)의 개념과 결합한 '다도(茶道)'라는 말이 등장한 것은 당대(唐代)에 육우가『다경』을 저술했던 무렵의 일이다. 이때 육우 및 차 마시기를 좋아한 그의 벗들이 이른바 '끽다(喫茶) 모임'을 이루었던 것으로 전해지는데, 그들 중 봉연(封演)과 교연(皎然)이 각각 '다도'를 언급하고 다도에 따른 '득도'의 내용을 밝힘으로써 수양론으로서 다도를 명백히 정의(定義)하였다.

사상, 철학, 문화는 시대와 환경의 산물이라는 관점에서 당대(唐代)에 '다도' 개념이 등장한 연유를 살펴보자. 당대(唐代)를 전후한 중국의 역사적 환경을 보면, 한대(漢代)의 대통일기 이후 唐代에 이르기까지 남북조의 극심한 혼란기가 놓여 있다. 漢代에는 사상적으로는 도가 중심의 종합 사상인 황로 사상이, 정치이념 또는 행정준칙으로서는 유가 사상이 각각 채택되었다. 그러나 일치일란(一治一亂)의 위진남북조 시대엔 피폐화된 삶과 인성(人性)의 구원(救援)이 절실히 요청되어서 도가 사상을 비롯한 현학(玄學)과 불교가 유행하였다.

이때 차를 마시는 풍조도 더불어 유행했는데,『삼국지』에서 유비가 전가(傳家)의 보도(寶刀)를 팔아 모친에게 드릴 귀한 차를 사는 모습이 그 한 장면이다. 이 시기에 차 마시는 풍속이 유행했다는 것은 자연 귀의(歸依)의 탈세간(脫世間)적 경향을 띤 현학 또는 불교 사상의 유행과 관련이 있다고 할 수 있다. 唐代에 들어서도 사상으로는 불교와 도가가 주류를 이루었고, 차의 경전인『다경』이 출현했으며 '차 마시는 집단'이 운영될 정도로 다풍(茶風)은 더 강해졌다. 또 때마침 이때 다도 개념이 발아했다. 이 무렵『다경』의 저자 육우의 벗이자 '육우 음다집단'에 속했던 봉연(封演)은 「봉씨견문기(封氏見聞記)」에서 '다도'라는 말을 처음 사용한다.

홍점(鴻漸: 육우의 자)이 널리 논하여 다듬고 강조한 데 말미암아 다도가 크게 행해졌다. 왕공이나 선비들은 (차를) 마시지 않는 사람이 없다. … 옛사람들도 차를 마셨지만 지금 사람들처럼 그렇게 심하게 빠지지는 않았다. 날이 다하고 밤이 새도록 마셔 거의 풍속을 이루었으니, 마을 가운데에서 시작하여 흘러 밖을 채움에 이르렀다.[197]

시대적 여건에서 차의 이러한 입지는 차가 사람들의 마음을 안정시켜 주고 자연성을 일깨워 주는 기능, 즉 사람들이 차를 마심으로써 얻을 수 있는 정신적인 의존감을 충족시켜 줄 수 있는 기능을 지니고 있었음을 의미한다.

윗글에서 봉연은 다도가 크게 행해진 것이 육우의『다경』저술에 인한 것이라고 했다. 윗글에서 '다도'는 단지 차 마시는 풍속이 성행한 모습을 일컫는 말처럼 들린다. 이 즈음 시승(詩僧) 교연(皎然)은 차를 마셔서 얻는 '득도의 경지'를 아래와 같이 읊어서 후일 노동(盧仝)의 발원으로부터 이어질 '칠완다가(七碗茶歌)'류 시의 '다도' 묘사 모형을 제시하였다.

---

197 因鴻漸之論廣潤色之, 于是茶道大行. 王公朝士, 無不飮者… 古人亦飮茶耳. 但不如今人溺之甚. 窮日盡夜, 殆成風俗, 始于中地, 流于塞外.

한 번 마시면 혼매함을 씻어 마음과 생각의 상쾌함이 천지에 가득하고, / 두 번 마시면 정신이 맑아져서 홀연히 비가 뿌려 티끌을 가벼이 씻어 내는 듯하고 / 세 번 마시면 문득 도를 깨쳐 어떤 괴로움과 번뇌도 닦아 준다. …[198]

이때에 이미 "차가 도를 깨닫게 하여 어떤 괴로움과 번뇌도 씻어 준다"고 하여 차에 의한 정신적 깨달음을 암시하는 '다도 수양'의 인식이 싹텄음을 알 수 있다. 『다경』에서는 정신을 맑게 하려고 차를 마신다는 정도로만 언급되어 있으나 이는 차의 실제에 치중한 이론서(理論書)로서 형이상학적 체계인 '다도'에 대해 상술하기를 자제한 것이라고 볼 수 있다. 그래서 혹자는 『다경』의 내용이 '다법(茶法)'에 관한 것이지 정신적 '경지'를 일컫는 '다도'에 관한 것은 아니라고 주장할 수도 있다. 그러나 『다경』의 많은 부분이 다법에 관한 기술이기는 하지만 그 지향점이 '다도'임을 몇몇 핵심 항목과 다법 기술(記述)의 행간에서 파악할 수 있다.

茶之爲用 味至寒 爲飮最宜 精行儉德之人 若熱渴 凝悶 腦痛 目澁 四肢煩 百節不舒 聊四五啜 與醍醐 甘露抗衡也.(『다경』 '一之源'에서)

차의 용도는, (차의) 성미가 매우 담담하여, 마시기에 가장 알맞다. 행실이 정성되고 검소한 덕을 갖춘 사람이 만약 열이 있어 갈증이 나고 번민이 있거나, 머리가 아프거나 눈이 깔깔하거나, 사지가 번거롭거나 뼈마디가 편치 않거나 할 때 네댓 모금만 마셔도 제호나 감로와 어깨를 겨룰 만하다.

---

198 一飮滌昏昧 情思爽朗滿天地 再飮淸我神 忽如飛雨灑輕塵 三飮便得道 何須苦心破煩惱.

차의 성미가 침착하고 담담하여(味至寒), 그런 덕성을 지닌 사람이 정상을 잃을 경우 차를 마시면 원래의 덕성을 회복할 수 있다는 말이다. 즉 '미지한 (味至寒)'과 '정행검덕(精行儉德)'이라는 말로써 다도의 근간이 되는 차의 덕성을 유비적(類比的)으로 표현하고 있다. 그런데 최근에 한국 차계에서 이 '味至寒'을 '차의 맛이 차다'라고 오역을 하여 "녹차를 마시면 몸이 냉해진다."는 속설을 퍼뜨림으로써 녹차에 대한 오해를 증폭시키고 있다. '한(寒)'이나 '냉(冷)'을 성미(性味)로 말할 때는 '차다'는 온도 개념이 아니라 위에서 말한 '담담(淡淡)하다', '침착하다' 또는 '고아하다'나 득도의 경지인 '탈속'을 나타내는 의미로 해석하는 게 적당하다. 아랫글은 중국 예술의 특성에 있어서의 '冷'의 의미를 설명하고 있는데, '冷'을 '味至寒'의 '寒'의 의미로 보아도 무방할 것이다.

옛사람은 "차가운 향기가 시 구절 위를 난다(冷香飛上詩句)"(송나라 강기姜夔 ─옮긴이)라는 시를 지었다. … "차가운 향기(冷香)"를 이야기하는 이유가 무엇일까? 이것은 "열의 흐름"과 상대된다. 중국 예술은 고아하고 탈속한 영혼을 특별히 중시하는데 이것이 바로 "차가움"이라고 하는 것이다. 고아하고 탈속한 마음이 없으면 커다란 침투력을 지닐 수 없고, 세파에 휩쓸리지 않는 성품이 없으면 다른 사람의 마음을 움직이는 힘을 지닐 수 없다.[199]

육우가『다경』'1 차의 기원(一之源)'에서 말한 '차는 마시기에 적당한 것(爲飮最宜)'을『다경』'6 차 마시기(六之飮)' 내용과 연계하여 이해하면 차 마시기

199 주량즈(朱良志) 지음,『인문정신으로 동양예술을 탐하다』, 알마, 2015, 33쪽.

의 중요성과 음다(飮茶)가 함유한 다도의 의미를 파악할 수 있다.『다경』'六之飮'에서는 '찻일에는 아홉 가지 어려움이 있다(茶有九難)'[200]고 하여 차의 향기를 보전해 내는 일에 정성을 기울일 것을 강조하였다. 이는 차향의 강조와 함께 향을 비롯한 차의 덕성을 살려 내는 일에 있어서 일찍이 성(誠)·경(敬)의 자세를 강조함으로써 찻일을 천도를 구현하는 일로 간주한 것이라 할 수 있다. 즉 차를 잘 만들고 좋은 향(香氣), 색(氣色), 미(氣味)의 차를 제대로 잘 우려내서 마셔야 하는 이유를 말하는 것이다. 이 '육지음(六之飮)'의 서두에서는 차 마시기의 중요성을 강조하여 이렇게 정의를 내리고 있다.

새는 날고, 짐승은 뛰어가고, 사람은 입을 벌려 말한다. 이 셋은 함께 하늘과 땅 사이에 태어나 먹고 마시며 살아간다. 마신다는 것의 의미가 참으로 깊고 멀다. 목이 마르면 장을 마시고, 근심과 분노를 벗으려면 술을 마시고, 정신을 맑게 하고 잠을 깨려면 차를 마시면 된다.[201]

윗글에서는 음료수 가운데 술과 차의 기능을 구별한 것이 눈에 띈다. 술은 근심과 분노를 억제하기 위해 마시고 차는 정신을 맑게 하고 잠을 깨기 위해 마신다고 했다. 앞에 나왔던 교연의 시에서는 차는 괴로움과 번뇌를 닦아 준다고 했다. 이를 바탕으로 술과 차를 비교하자면 술은 근심과 분노 등

---

200 일왈조(一日造: 차 만들기), 이왈별(二日別: 감별하기), 삼왈기(三日器: 그릇), 사왈화(四日火: 불), 오왈수(五日水: 물), 육왈자(六日炙: 굽기), 칠왈말(七日末: 가루내기), 팔왈자(八日煮: 끓이기), 구왈음(九日陰: 마시기).

201 翼而飛, 毛而走, 呿而言. 此三者俱生於天地間, 飮啄以活, 飮之時義遠矣哉! 至若救渴, 飮之以漿, 蠲憂忿, 飮之以酒, 蕩昏昧, 飮之以茶.

정서적 기복을 일시적으로 잊게 하는 데 유용하고, 차가 정신을 맑게 하고 잠을 깨워 준다는 것은 차가 분별적 사고를 없애 마음을 비우게 하고 정서적 갈등을 근본적으로 가라앉혀 마음의 평정을 유지시켜 준다는 의미이다. 이는 차의 다도 수양 기능을 말하는 것이라 할 수 있다.

육우·봉연·교연보다 약 100년 뒤에 등장한 당나라 시인 노동(盧仝, 795~835)은 「칠완다가(七碗茶歌)」를 남겨 교연의 시보다 한층 심화된 다도의 수양론적 단계를 표현하고 있다.

첫 잔은 입술과 목젖을 적시고 / 둘째 잔은 근심을 없애 주네 / 셋째 잔은 삭막해진 마음을 더듬어 오천 권의 문자를 떠오르게 하고 / 넷째 잔을 마시니 살짝 땀이 나는 듯 일상의 불편한 일들이 모두 땀구멍 사이로 사라지네 / 다섯째 잔은 뼛속까지 맑게 하여 / 여섯째 잔을 마시니 신령한 신선과 통하네 / 일곱째 잔은 아직 마시지도 않았는데 겨드랑이 사이로 스멀스멀 맑은 바람이 이는 것을 알겠구나 / 봉래산(신선산)이 어디에 있는가 옥천자(노동)는 이 맑은 바람을 타고 돌아가고 싶구나.[202]

위 시에서는 차를 마셔서 닿는 득도의 단계가 묘사되고 있다. "여섯째 잔을 마시니 신령한 신선(仙靈)과 통하네"라는 표현은 차로써 도달한 결과적 상태를 말하는 것이다. 시에서는 그런 상태에 도달하게 되는 원리나 기제를 상세히 말할 수 없어 행간에 감추어 독자로 하여금 느끼게(吟味) 한다. 음

---

202 一碗喉吻潤 / 兩碗破孤悶 / 三碗搜枯腸 惟有文字五千卷 / 四碗發輕汗 平生不平事盡
向毛孔散 / 五碗肌骨清 / 六碗通仙靈 / 七碗喫不得 唯覺兩腋習習清風生.

미한다는 것은 기운을 몸과 마음으로 체험하게 한다는 의미로서 기론(氣論)을 바탕으로 하는 심미적 용어이다. 이에 따르면 위 시에서 차를 마심으로써 득도에 이르는 과정에 내포된 기제(機制. 원리)는 차가 氣로서 작용한다는 것이다. 이 말은 차를 마시면 이른바 기론에서 말하는 (차가 지닌) '기의 작용'에 따라 우주의 기운(氣韻)과 감응이 된다는 뜻으로서, 차를 마시면서 잡념을 없애고 마음을 전일하게 하는 명상을 통해 도달한 득도의 세계를 말하는 것이라고 할 수 있다.

이 '음다 수양'의 과정에서 첫 잔부터 다섯째 잔까지는 茶라는 우주의 청신한 기운을 흡입하여 심신(心身)의 기적(氣的) 고도화를 도모해 가는 단계라고 할 수 있다. 이어 "일곱째 잔은 아직 마시지도 않았는데 겨드랑이 사이로 스멀스멀 맑은 바람이 이는 것을 알겠구나."라고 한 것은 더 이상 차를 마시지 않아도 이미 여섯 째 잔까지에서 차의 기적 매개 작용이 깊어졌고, 이에 따라 우주 자연과 기에 의한 공명이 이루어져서 자연 합일의 궤도에 들어섰음을 확인하는 표현이다. 이 시가 다도의 전개에 크게 기여한 바는 '차를 매개로 한 우주와의 소통'을 '과정'과 '경지'로 구분하여 엮어낸 것이라고 할 수 있다. 이 점은 앞으로 전개될 Ⅲ장에서 『다부』와 『동다송』 다도의 수양론적 구조 및 핵심 사상을 분석하는 데 도움이 될 것이다.

『다경』 저술을 전후하여 唐代에 나타난 다도 개념 관련 시가(詩歌)들은 차의 덕성 및 차와 삶과의 관계를 넌지시 표현한 것과, '다도' 및 '득도'라는 용어를 사용하여 차를 통한 '초월의 경지' 체인(體認)을 좀 더 적극적으로 제시한 것 등 두 부류로 나눌 수 있다. 그러나 다도의 세밀한 정의나 이론화는 후대에 이어지는 다서들에서는 크게 진전을 보이지 못했다. 다도의 표현은 여전히 문사(文士)들의 시가류에서 '정신적 경지'의 향수(享受)로 나타난 정도였다. 이와 같은 현상은 사상적 주류가 宋代 이후 성리학 등 유학으로 바뀌면서 도·불가적(道·佛家的) 道의 추구를 공허한 것으로 치부해 버린 경향과 관계가 있어 보인다. 이러한 사정에 따라 다도는 한편으로 더욱 불가(佛家)에 유입돼 수행(修行)의 방편으로 활용되는 쪽으로 전개되었다.

『다경』의 후속으로서 宋代의 다서들은 주로 시대 변천에 상응하는 '제다(製茶)~포법(泡法)'의 찻일(茶事) 관련 방법론을 기술하였고, 다도는 그러한 찻일 또는 그 과정에서 '정신적 경지'로서 감지되는 것 정도로 전제하거나 미루어 놓았다. 그러한 사례의 대표적인 다서가 송대 채양(蔡襄, 1012~1067)의 『다록(茶錄)』[203]과 휘종(徽宗, 1082~1135)의 『대관다론(大觀茶論)』, 명대 장원(張源, 1368~1660)의 『다록(茶錄)』[204]과 같은 것들이다.

장원의 『다록』에서는 22번째 항목으로 '다도(茶道)'를 두고 "차를 만들 때 정(精)을 다하고, 저장할 때는 건조하게 하며(燥), 우릴 때는 청결하게 하면(潔) 다도를 다한 것이다."[205]라고 했다. 여기에서 정(精)은 '정성(精誠)' 또는 '차의 정기'로 해석된다. 또한 『만보전서』와 『다신전』에서는 이를 옮겨 적으며 항목 이름을 '다위(茶衛)'라고 하였다. 앞에서 살펴본 바와 같이 『다경』의 저술 시기에 즈음하여 수양론적 의미의 다도 개념이 얼핏 제시되었던 것을 감안하면 1천 년 가까이 지난 이때의 다서에서 다도를 '제다~장다~포법'의 일로 규정한 것은 다도의 의미를 정신적 차원으로 더 이상 직접 심화시키기

---

203 송대의 연고차의 찻일에 대한 내용이 주를 이룬다. 이 책 발문(跋文)에서 구양수(歐陽修)는 '茶爲物之至精 : 차는 온갖 식물의 가장 신령스런 것'이라고 하였다.

204 『다록』은 뒤에 『만보전서』에 '채다론'으로 발췌·수록됐고 이것을 초의 선사가 등초하여 『다신전』으로 썼다.

205 造時精 藏時燥 泡時潔 精燥潔 茶道盡矣.

보다는 현장 찻일 중심의 실사(實事)와 연계시키고자 한 것으로 풀이된다.

　달리 말하자면, 당시의 다서들이 시대 추이에 따른 제다법의 개발과 새 종류의 차에 상응한 포법(泡法)에 관심을 집중한 것은 포다(泡茶)에서 발현(發顯)되어 음다(飮茶)에서 사람에게 전이되는 차의 신령한 기운(氣韻: 차향, 탕색, 차맛)을 중시한 결과로서, 實事로써 다도를 담보한 것이라고 할 수 있다. 이는 곧 '채다~포법' 과정에서 차의 향(茶香)을 비롯한 기운을 온존시켜 발현해 내는 것이 음다에 의한 '경지'의 다도 완성을 담보하는 길이라 본 것이다. 차의 기운을 온존시켜 발현해 내고자 하는 목적은 또한 차의 기운[206]을 통해 심신의 자연합일을 기하고자 하는 것이니, '채다~포법'의 다도가 종국적으로 '정신의 고양'과 무관한 일일 수는 없다.

　한편 차 종류의 발전 추이를 보면, 당대(唐代)의 떡차(餠茶) · 말차(沫茶 · 잎차(散茶)에서 송대의 연고차(硏膏茶), 명대의 초제(炒製) 잎차로 귀결되어 오늘에 이르고 있다. 이러한 차 종류의 발전 추이는 제다에서 차의 본래성(香, 色, 味)[207]을 온존시켜 포다(泡茶)에서 발현시키고 음다(飮茶)에서 그것을 사람에게 이입시키는 일을 중시한 방향으로 나아간 것이다. 이것은 결국 차의 본래성을 중심으로 다도 구현의 수준을 제고시킨 궤적이라고 할 수 있다.

　'항다반사(恒茶飯事)'라는 말에서 알 수 있듯이 당대(唐代) 불교의 흥성과 더

206　차의 향 · 색 · 미(香氣 · 氣色 · 氣味)가 氣의 차원에서 神의 차원으로 고도화된 것을 '다신(茶神)'이라고 한다.

207　여기에서 차의 본래성이란 차의 자연성(성분)을 말한다. 차의 성분 중 심신 건강 및 다도 수양과 관련되는 것은 정신을 안정시켜 주는(寂寂) 효능을 발휘하는 테아닌과 적적(寂寂)의 상태에서 깨어 있게 하는(惺惺) 카페인 및 건강 증진 기능을 발휘하는 카테킨이다. 이 성분들을 가장 잘 보전해 내는 제다는 잎차인 녹차제다이다.

불어 불가에서 차는 선원의 수행에 있어서 불가결한 요소였다. 당나라 중기 선종 제9대 조사(祖師) 백장회해(百丈懷海, 749~814)는 백장산의 율원으로부터 독립한 선원을 설립하고, 율원의 규정에 구애받지 않는 선종 독자의 규율(淸規)[208]을 만들었다. 이러한 경향 속에 조주 선사(趙州從諗, 778~891)[209]의 '끽다거(喫茶去)'[210] 화두가 나왔다.

또 백장회해가 정한 청규의 맥은 송대로 이어져서 『선원청규』 등 청규서들이 등장하고 여기에 차를 내는 일(茶湯煎點)에 관한 예의(禮儀)와 선사상(禪思想)이 결부되는 현상이 나타난다. 조주의 '끽다거' 다풍(茶風)의 맥도 송대(宋代)에 이어져서 백운수단(白雲守端, 1025~1072)의 '화경청적(和敬淸寂)', 원오

---

208 백장회해(百丈懷海)가 선종(禪宗) 사원의 규범을 성문화(成文化)한 것을 《고청규(古淸規)》라고 하였는데, 선종이 독립된 사원·제도·의식 등을 아직 갖지 않았을 때 법당(法堂)·승당(僧堂)·방장(方丈) 등의 제도를 설정하고, 중승(衆僧)에게 동서(東序)·요원(寮元)·당주(堂主)·화주(化主) 등의 각 직책을 규정해 놓았다. 그러나 이것이 당·송 시대에 이리저리 흩어져서 없어졌으므로, 1335년 원(元)나라의 백장덕휘(百丈德輝)가 순제(順帝)의 칙명을 좇아 수정, 전국 선원에서 시행시켰는데, 바로 이것이 『칙수백장청규』이다. 9장으로 되어 일종청규(一宗淸規)의 대강(大綱)이 망라되어 있다.

209 '趙州古佛'이라고도 불린다. 당(唐)의 승려. 산동성(山東省) 조주(曹州) 출신. 어려서 조주(曹州) 호통원(扈通院)에 출가하고, 남전 보원(南泉普願, 748~834)에게 사사(師事)하여 그의 법을 이어받았다. 여러 지역을 편력하다가 80세부터 하북성(河北省) 조주(趙州) 관음원(觀音院)에 40년 동안 머물면서 선풍(禪風)을 크게 일으켰다. 시호(諡號)는 진제대사(眞際大師). 어록 : 『조주록(趙州錄)』. 그가 말한 '끽다기(喫茶去)'는 이후 송대(宋代) 백운수단(白雲守端, 1025~1072)의 '화경청적(和敬淸寂)', 원오극근(悟克勤, 1063~1135)의 '다선일미(茶禪一味)'와 함께 불가다도를 이끄는 화두가 되었다.

210 조주선사가 자신을 찾아온 두 객승과 자신의 상좌인 원주 등 세 사람에게 똑같이 한 말로서 "차나 마시게!"라는 뜻이다. 마조도일의 말 "분별심 없는 일상의 마음이 도(平常心是道)"의 정신을 잇는 선어(禪語)로서 오늘날까지 불가다도를 상징하는 말로 일컬어지고 있다.

극근(圜悟克勤, 1063~1135)의 '다선일미(茶禪一味)' 등과 같은 언구(言句)들과 함께 불가다도를 이끄는 지침이 되었다.

『선원청규』는 북송시대 종색(宗賾) 선사가 당시 선법이 쇠퇴해진 현실을 개탄하고 백장 선사의 청규사상을 부흥시키고자 각 총림에 산재해 있던 청규들을 수집해서 숭녕 2년(1103)에 찬술한 것이다. 『선원청규』에는 선원 수행자들의 기본생활과 총림에서 행하는 각종 행사에 대한 규정, 그리고 여러 직책에 따른 직무수칙 등이 망라되어 있으며, 다탕의례에 대한 상세한 내용을 적고 있다. 그중에 다탕의례에 관한 '다규(茶規)'는 승단에 전통적으로 내려오는 승가 일용의 규도(規度)를 체계화하여 총림 청규의 하나로 삼은 것이다.[211]

중국에서의 이러한 불가다도(佛家茶道)는 문사다도(文士茶道)의 흐름과 함께 한국과 일본으로 유입되어 한국에서는 문사사도와 불가다도가 병존하는 양상으로, 일본에서는 '일본 다도'라 하여 불가다도가 세속화되는 모습으로 전개되었다.

---

211 수인, 『청규와 차』, 동국대학교출판부, 2010, 20쪽.

3. 차향(香氣)의 수양론적 이해

다도는 사(차나무, 찻잎, 자탕 등)를 소재로 하므로 다도의 내용이나 다도정신을 규명하는 데에 있어서는 먼저 차의 속성을 이해해야 한다. 다도를 이루는 차의 속성은 그것이 도(道)의 구현을 견인한다는 점에서 '덕성'이라고도 불러도 좋겠다. 차의 덕성은 일찍이 당대(唐代)에 육우(陸羽)가 쓴 『茶經』에 명시되어 있다.

육우는 『다경』 '一之源(1. 차의 근원)에서 '茶之爲用 味至寒 爲飮最宜 精行儉德之人 若…(차의 쓰임은, 그 성미−기운−가 매우 寒해서 마시기에 적절하다. 정행검덕한 사람이…)'라고 하면서 뒤에 '정행검덕(精行儉德)'을 말하여 차의 성미에서 '정(精)'과 '검(儉)'을 차의 덕성으로 삼았다. 육우는 원래 시인이었다고 하는데, 그가 『다경』을 썼던 당시에는 차를 마심으로써 덕을 기르고 뜻을 고아하게 지닌다는 생각이 퍼져 있었음을 관련 문헌에서 확인할 수 있다.

육우의 교우로서 당나라 3대 시승(詩僧)의 한 사람으로 알려진 교연(皎然, 생몰연대 미상)은 「차를 마시는 노래, 최석사를 꾸짖다(飮茶歌, 誚崔石使君)」에서 이렇게 노래했다.

월주 사는 이 내게 섬계명차 보내 줘서(越人遺我剡溪茗) / 어린 찻잎 골라내 세 발 솥에 달이네(采得金牙■金鼎) / 눈빛 다기 속 맑은 찻물 향기로우니(素瓷雪色縹沫香) / 어쩌자고 신선이 마시는 옥로를 닮았는가(何似諸仙瓊蕊漿) / 한 모금

삼켜서 혼미함을 씻어 내니(一飲滌昏昧) / 온 세상을 채울 만큼 상쾌해지고(情來朗爽滿天地) / 한 모금 더 마셔 정신을 맑게 하니(再飲淸我神) / 홀연히 비 내려 먼지를 씻어 낸 것 같고(忽如飛雨灑輕塵) / 세 모금째 마셔 곧 득도하니(三飲便得道) / 번뇌를 깨 보자고 마음 쓸 일 무엇인가(何須苦心破煩惱) / 차의 이런 고결함을 세상은 모르고(此物淸高世莫知) / 술 마시며 자기에게 속는 일 잦다네(世人飲酒多自欺) / 밤중에 술독에 빠진 필탁도 걱정되고(愁看畢卓甕間夜) / 국화주 담으려 울타리 기웃대던 도잠도 우습다(笑向陶潛籬下時) / 최석사 그대도 술 생각 끊지 못하여(崔侯啜之意不已) / 고성방가하는 통에 사람들이 놀랐지(狂歌一曲驚人耳) / 다도가 그대의 참모습 지켜 주는 것 어찌 알리(孰知茶道全爾眞) / 오직 단구자 한 사람만 그 경지에 올랐으니(誰有丹丘得如此).[212]

이 시에서는 맨 먼저 '차의 향기로움'을 칭송하고, "차가 혼미함을 씻어 내 정신을 맑게 해 주어 득도를 한다."는 의미로 '다도'라는 말을 쓰고 있다. 육유나 교연보다 약 100여 년 뒤 노동(盧소, 795~835)은 「칠완다가(七椀茶歌)」[213]에서 차의 덕성을 더 구체적으로 묘사하여 차를 마셨을 때 도달하는 최고의 경지를 말함으로써 차의 덕성이 사람으로 하여금 도의 경지에 이르게 하는 기능에 대해 역설(力說)하고 있다. 따라서 이때부터 다도는 '정신적 고양(高揚)'을 지향하는 것으로 의미 부여되고 있음을 알 수 있다.

(전략)

---

212 『교연집(皎然集)』.
213 '맹자간이 부쳐 온 햇차에 답함(走筆謝孟諫議奇新茶)'이라는 부제가 붙어 있다.

첫 번째 잔은 목과 입술을 적시고(一碗喉吻潤) / 두 번째 잔은 고독과 번민을 없애 주네(兩碗破孤悶) / 세 번째 잔은 오천 권의 문자가 생각나게 해 주네(三碗搜枯腸, 唯有文字五千卷) / 네 번째 잔은 가벼운 땀이 흘러 평생 불평한 일들이 땀구멍으로 모두 흩어지네(四碗發輕汗, 平生不平事, 盡向毛孔散) / 다섯 번째 잔은 살과 뼈가 맑아지고(五碗肌骨淸) / 여섯 번째 잔은 신령과 통하네(六碗通仙靈) / 일곱 번째 잔은 마시기도 전에 양 겨드랑이에 가벼운 바람이 솔솔 부는 것을 느끼네(七碗契不得 惟覺兩腋習習輕風生) / 봉래산이 어디에 있는가(蓬萊山在何處) / 옥천자는 이 맑은 바람을 타고 돌아가고 싶구나(玉川子乘此風欲歸去).

조선 전기 한재(寒齋) 이목(李穆)은 『다부(茶賦)』에서 차가 유가와 도가의 성인들이 지닌 덕(德)을 지녔다고 하여 차를 마시는 일이 차의 덕성을 배우는 수양공부임을 나타냈다.

나는 그 뒤에 알았으니, 차에 또 여섯 가지 덕이 있도다(吾然後知 茶之又有六德也) / 사람의 수명을 닦아 늘이니, 요, 순임금의 덕을 지녔고(使人壽修 有帝堯大舜之德焉) / 사람의 병을 그치게 하니, 유부나 편작의 덕을 지녔고(使人病已 有俞附扁鵲之德焉) / 사람의 기를 맑게 하니, 백이나 양진의 덕을 지녔고(使人氣淸 有伯夷楊震之德焉) / 사람의 마음을 안일케 하니 이로나 사호의 덕을 지녔고(使人心逸 有二老四皓之德焉) / 사람을 신선으로 만드니, 황제나 노자의 덕을 지녔고(使人仙 有黃帝老子之德焉) / 사람을 예의롭게 하니, 주공과 공자의 덕을 지녔다오(使人禮 有姬公仲尼之德焉).

조선 후기 초의(草衣, 1786~1866) 선사는 자신이 보내 준 차를 산천 김명희가 칭송한 「사차(謝茶)」라는 시에 답하여 「봉화산천도인사차지작(奉和山泉道人謝茶之作)」을 남겼다.

　예로부터 성현은 모두 차를 아꼈나니(古來賢聖俱愛茶) / 차는 군자의 성품이 삿됨이 없는 것과 같네(茶如君者性無邪) / … / 경연수 깊이 길어 한 차례 시험하자(深汲輕軟一試來) / 참된 정기 마침 맞아 체와 신이 열리누나(眞精適和體神開) / 나쁜 기운 사라지고 정기가 들어오니(粗穢除盡精氣入) / 큰 도를 얻어 이룸 어이 멀다 하리오(大道得成何遠哉)…

　초의는 이 시에서 무사(無邪)한 차의 성품을 '참된 정기'라 하고, 차를 마셔서 몸과 마음이 비워져(참된 정기 마침 맞아 체와 신이 열리누나) 그 자리에 차가 정기를 들여오니 그것이 득도라고 말하고 있다. 즉 차의 정기를 얻는 일을 득도라 하였다. 이는 한국의 선현 차인들이 앞의 Ⅰ·Ⅱ장에서 살펴본 바 있는『관자』4편의 기론(氣論) 기반 수양론 원리를 채택하고 있음을 보여 줌과 동시에 선현들이 인식한 그러한 차의 덕성이 다도의 형성 요인이자 다도의 수양론적 함의를 시사한다는 사실을 말해 준다. 여기서 초의가 말하는 '참된 정기'는 '경연수 깊이 길어 한 차례 시험하니…'라는 말에서 차의 본래성(향·색·맛)에 들어 있음을 알 수 있다.

　차를 일종의 음료라고 할 때, 다른 음식과 마찬가지로 차의 3요소는 향(香)·색(色)·미(味)로 대별된다. 이 세 가지는 사람의 감각기관을 통하여 직접 사람의 몸으로 감수되면서 감성을 자극하여 예술혼과 영감을 유발하기도 한다. 선인들은 일찍이 다도를 말하면서 차의 향·색·맛을 칭송해 왔다. 많은 음식물 가운데서 차의 향·색·맛이 유독 사람들의 마음을 끌어 도(道)의 개념과 연계된 요인이 무엇일까? 도의 추구를 '자연의 원리에 가까이 가고자 함'이라고 볼 때, 차가 향과 색과 맛으로써 인간에게 자연의 원리를 전이시켜 주면서 인간과 자연을 잇는 다리 역할을 하기 때문이라고 할 수 있다. 이는 우리가 차를 마셨을 때 차의 향과 탕색과 맛이 우주 자연의 기운(氣韻)으로서 우리 몸에 들어와 우리와 우주를 잇는 매질(媒質) 역할을 한다는 말이겠다.

여기에서 차의 향(香)이 갖는 기(氣)로서의 성향 및 차의 덕성과 다도와의 관계를 더 상세히 알아보자. 도(道)를 인간과 우주의 본래성(本來性)[214]을 찾고 자 가는 길이라고 할 때, 다도는 차와 함께 또는 차의 힘을 빌려서 그 길을 가는 일이다. 그 행로에 있어서 차는 도반(道伴)이고 차가 갖는 덕성은 행도 자(行道者)가 따라가야 할 구도의 실천 원리이다. 즉, 차와 함께 본연으로 통하는 길을 감으로써 차로부터 차 및 자연과 한 뿌리인 인간의 우주적 본래 성을 배우고 체화하여 일상생활에서 실천하게 되는 것이 다도의 공효(功效) 라 할 것이다.

차의 본래성인 향·색·미 가운데 인간과 가장 먼저 교감하게 되는 것은 차의 향(香)이다. 향은 흔히 기(氣)자를 붙여 '향기(香氣)'라고도 한다. 이는 수 양에 있어서 기(氣)의 역할 및 氣論을 바탕으로 하는 다노수양본에서 氣로 서의 차향의 역할을 말해 주는 단초이다. 이 때문에 차향(茶香)이라는 단어 는 차의 대명사처럼 쓰여 오고 있다. 위 교연의 시에서도 맨 먼저 차의 향기 로움을 칭송하는 언급이 나오듯이, 선대 차인들의 글에 차의 향을 칭송하는 사례가 많이 나온다.

차의 향은 일찍이 『다경』에서 칭송된 바 있다. 『다경』「칠지사(七之事, '차의

---

214 아라키 겐코, 심경호 옮김, 『불교와 유교』, 예문서원, 2000, 15-18쪽.

일')에 소개된 '장맹양(張孟陽)'의 「등성도루(登成都樓)」라는 시에는 '꽃다운 향기의 차는 육청의 위에 있고, 넘치는 맛은 천하에 퍼진다. 인생에서 구차히 안락하려면 이 땅이 그래도 즐길 만하네(芳茶冠六淸²¹⁵, 溢味播九區. 人生苟安樂, 茲土聊可娛).'²¹⁶라는 구절이 있다. 장맹량은 차의 맛을 차의 향기 그 자체로 인식하여 '향기로운' 차가 맛이 좋다는 육청보다도 위이고 넘치는 차향이 중국 전체(九區)에 퍼진다고 찬탄하였다.

송대(宋代)의 다서 『대관다론(大觀茶論)』에는 '차에는 진향이 있으니 용뇌나 사향에 비길 바가 아니다(茶有眞香 非龍麝可擬).'라고 했다. 송나라의 국왕이 차의 향을 식물성·동물성 향기 중에서 최고이자 명약재인 용뇌(龍腦)와 사향(麝香)에 비길 수 없을 정도라고 공인하고 있는 셈이다.

선대 차인들이 차를 칭송하는 글 중에는 차향을 '천향(天香)'²¹⁷ 또는 '난향(蘭香)'이라고 하여 차향과 도(道)의 관계를 시사하는 사례가 눈에 띈다. 고려시대 곽여(郭輿, 1058~1130)는 「청연각²¹⁸ 친사쌍각용차(淸讌閣²¹⁸ 親賜雙角龍茶)」라는 시에서 이같이 노래했다.

두 뿔 달린 용이 새겨진(雙角盤龍入小團) / 촉산에서 쌀쌀한 첫봄에 새로 딴 차

---

215 육청(六淸)은 『주례·천궁·선부(周禮·天宮·膳夫)』에 지칭된 물, 과일즙(漿), 단술(醴), 물엿(酏), 청주(醇), 장(醬) 등 여섯 가지 음료이다.

216 "맛이 천하에 퍼진다."에서 '맛'은 앞의 芳茶라는 말과의 문맥상으로 보아 '차향'으로 보인다.

217 천향(天香)은 중국 당나라 때 '국색천향(國色天香)'이라 하여 모란(牡丹)을 지칭하는 말로 쓰였다. 원뜻은 '천하제일의 향기를 품은 나라 최고의 미인'이다. 또한 국화(菊花)나 국화의 향을 천향이라 하기도 했다.

218 고려 예종 때 궁중에 도서를 비치하고 학사들과 경서를 강론하던 곳.

로다(蜀山新採趁春寒) / 임금의 손으로 몸소 꺼내어 내려 주시니(俄回御手親提賜) / 이슬 기운과 하늘 향기 함께 일어나네(露氣天香惹一般)[219]

고려 중기 이숭인(李崇仁, 1347~1392)은 「실주주사에게 차를 올리며(茶呈實周主事 二首)」라는 시에서 이렇게 썼다.

해변지방의 차가 이른 봄빛을 쬐기에(海上鄕茶占早春) / 바구니 들고 새로 돋은 노아차를 땄네(筠籠采采露牙新) / 한 봉지 차를 예부에 드리며 여쭙노니(題封奇與儀曹問) / 중국 황실의 용단차와 어느 게 진품인가(內樣龍丹味孰眞) / … / 황금가루요, 옥 싸라기라 하겠으니(黃金霏屑玉精糜) / 난고를 섞지 않아도 절로 빼어나구나(不雜蘭膏[220]也自奇) / 감람차에 섬세하게 물을 탄 그 맛(橄欖細和玄酒淡) / 공이여, 다보를 지어 세상에 알려 주오(煩公作譜使人知) / …

이 시는 중국 명나라 사신 임밀에게 차를 올리며 지은 것이다. 그 내용으로 보아 노아차와 감람차를 대접한 듯한데, 용단차와 맛을 비교해 보고 널리 알려 주기를 당부하였다.[221] 여기에서도 차향과 관련하여 '난(蘭)'자를 붙였다. 이는 차향의 성분을 세심하게 파악하여 꽃다운 향(芳香)의 대표격인 '난초의 향과 동격으로 인식했음을 보여 준다.

---

219 송재소 외 2, 『한국의 차문화 천년 4』, 돌베개, 2012, 365쪽.
220 차의 일종으로 우유를 넣어 발효시켜 제조한 것이다. 술을 넣어 발효시켜 제조한 차는 주란고(酒蘭膏)라 하였다.
221 위의 책, 325–326쪽.

그리고 이숭인은 「백안렴사가 차를 보내왔기에(白廉使惠茶)」라는 시에서 이같이 노래했다.

선생이 내게 보내 준 차 화전춘(先生分我火前春) / 빛깔과 맛 그리고 향이 하나 하나 새롭구려(色味和香一一新) / 하늘 끝에 떠도는 나의 한을 씻어 주니(滌盡天 涯流落恨) / 좋은 차는 미인과 같음을 알아야 할지니(須知佳茗似佳人)

이는 중국 송나라 소식의 시에서 "장난으로 지은 나의 시를 그대여 비웃지 마오. 예로부터 좋은 차는 미인과 같다지 않소(戲作小詩君勿笑 從來佳茗似佳 人)."라고 한 구절을 변용한 표현으로[222], 미인을 '국색천향(國色天香)'이라 일 컬은 데 빗대어 좋은 차(佳茗)의 향을 '천향'으로 은유한 것이다.

고려 말기 성석린(成石璘, 1338~1423)은 「기우자에게 부치다(寄騎牛子)」라 는 시에서 '한 사발 새 차에 한 줄기 향기 피어오르니(一甌新茗一香線) / 지금 이 바로 선옹이 실컷 자고 깨어날 때(正是仙翁睡足時)…'[223]라고 읊었다. '선옹 (仙翁)'은 득도한 사람이거나 현실 속에서 득도의 경지를 추구하는 작자 성석 린 자신을 일컫는 말이다. 득도의 경지 또는 다도 수양의 지향(志向)을 피어 오르는 차향으로 상징하고 있다.

조선 초기 서거정(徐居正, 1420~1488)은 「다조(茶竈)」라는 시에서 아래와 같이 차의 향기를 천향(天香)이라 말하며 '최고의 향'이라는 의미로서 '지극한 경지'를 나타내고자 했다.

---

222 송재소 외 4, 『한국의 차문화 천년 3』, 돌베개, 2015, 329쪽.
223 『독곡선생집』권 하.

누런 노아차를 따고 또 따네(采采金露牙) / 아궁이는 물의 중앙에 있도다(竈在水中央) / 활활 타는 불로 차를 달이노라니(聊以活火煎) / 문득 천향 풍기는 줄 깨달네(便覺聞天香)[224]

여기에서 천(天)은 '자연(自然)' 또는 '우주'를 상징하는 뜻이다. '천향'은 '자연의 향' 그 자체로서 우주 자연의 본래성을 의미한다. "천향 풍기는 줄 깨달네"라 함은 바로 인간과 자연이 하나가 된 천인합일, 물아일여(物我一如)의 경지를 깨닫는다는 의미이다.

인봉(仁峰) 전승업(全承業, 1547~1596)도 『다창위(茶槍慰)』에서 '渾體天香 孤閔旣除 煩敲消亡(온몸에 천향이 혼연하니 외로운 고민은 이미 사라지고 가슴을 두드리던 고민도 없어진다)'[225]이라 하여 천향으로써 도경(道境)에 이르렀음을 실토하고 있다. 이처럼 차향을 하늘의 '천향'이라 한 것은 음다가 그만큼 고상하면서 차향이 사람들로 하여금 깊은 경지로 들어가게 하는 힘이 있다는 의미이다.[226]

차향이 좋은 차의 지표이자 다도로 인도하는 길잡이가 될 수 있음은 추사(秋史) 김정희(金正喜, 1786~1856)가 자신의 필명을 '승설도인(勝雪道人)'이라 짓게 된 연유에서도 알 수 있다. 추사는 24세 때인 1809년 10월 28일, 아버지를 따라 연경에 가서 완원(阮元, 1764~1849)을 만나 그의 서재인 태화쌍비지관(泰華雙碑之館)에서 '용단승설(龍團勝雪)'이라는 차를 대접받았다. 이 용

---

224 송재소 외 4, 『한국의 차문화 천년 3』, 돌베개, 2015, 100쪽.

225 全承業, 『茶槍慰』(한국차문화연구소 『다례문화연구』 제16권 참고).

226 이행철, 「음다와 유가수양」, 경주국제차학술대회 논문집, 2013, 10-11쪽.

단승설의 차향이 훗날 추사의 차벽(茶癖)을 낳는 결정적인 계기가 되었다.[227] 추사가 훗날 이재(彝齋) 권돈인(權敦仁, 1783~1859)에게 보낸 편지의 한 대목을 보면 그 연유를 알 수 있다.

다품이 과연 승설차(勝雪茶)의 남은 향기라 하겠습니다. 일찍이 쌍비관(雙碑館)에서 이 같은 차를 보았는데, 여기 와서는 40년 동안 다시는 보지 못했습니다. 영남 사람이 지리산의 스님에게서 이를 얻었답니다. 산승 또한 개미가 금탑을 모으는 것같이 하였으므로 실로 많이 얻기는 어렵습니다. 내년 봄에 다시 청해 보겠으나, 승려들이 모두 깊이 비밀로 하며 관(官)을 두려워하여 쉬 내놓지를 않습니다. 하지만 그 사람은 스님들과 좋게 지내니, 그래도 도모해 볼 만합니다. 그 사람이 제 글씨를 아주 아끼니, 돌고 돌아 교환하는 방법도 있을 것입니다.[228]

추사의 동생 산천(山泉) 김명희(金命喜, 1788~1857)가 1850년 초의로부터 차를 받고 초의에게 써 보낸 시 「謝茶」에도 다도의 중요한 요소로서 차향의 역할을 짐작케 하는 대목이 나온다. 아랫글에서 '향미를 따라 바라밀에 든다'는 말은 차의 향과 맛이 득도의 경지에 이르게 한다는 뜻으로, 차의 향과 맛이 다도 수양의 기제임을 말해 준다.

늙은 사람 평소에 차를 좋아하지 않아(老夫平日不愛茶) / 하늘이 그 어리석음

---

227 정민, 『새로 쓰는 조선의 차문화』, 김영사, 2011, 378쪽.

228 茶品果是勝雪之餘馥贍香. 曾於雙碑館中, 見如此者, 東來四十年, 再未見之. 嶺南人得之於智異山僧, 山僧亦如蟻聚金塔, 實難多得. 又要明春再乞, 僧皆深秘, 畏官不易出. 然其人與僧好, 尙可圖之. 其人甚愛拙書, 有轉轉兌換之道耳.

미워해 학질에 걸리게 했네.(天憎其頑中瘧邪) / 더워서 죽는 것은 두려울 것이 없지만 목말라 죽을까 걱정이라서(不憂熱殺憂渴殺) / 급히 풍로에 차를 달이네.(急向風爐瀹茶芽) / 연경에서 수입된 차는 가짜가 많은데(自燕來者多贋品) / 향편이니 주란이니 하며 비단에 쌌네(香片珠蘭匣以錦) / 좋은 차는 아름다운 여인과 같다고 들었는데(曾聞佳茗似佳人) / 이것은 하녀와 같을 뿐만 아니라 추하기가 더욱 심하구나(此婢才耳醜更甚) / 초의가 홀연히 우전차를 보내왔는데(草衣忽寄雨前茶) / 마치 매 발톱 같은 찻잎, 죽피에 싼 귀품을 손수 풀었네(篳包鷹爪手自開) / 울울함과 번뇌를 씻어 주는 공효가 이보다 큰 것이 없고(消壅滌煩功莫尙) / 차를 마신 효과가 어찌 이리 빠를 수 있는가.(如霆如割何雄哉) / 노스님 차 가리기를 마치 부처님 고르듯이 하여(老僧選茶如選佛) / 일창일기 엄격히 법도를 지켰네(一槍一旗嚴持律) / 더욱이나 차 덖기, 정성 들여 원통(圓通)함을 얻었으니(尤工炒焙得圓通) / 향미를 따라 바라밀에 든다(從香味入波羅蜜)

자하(紫霞) 신위(申緯, 1769~1847)도 초의의 차에 대해 지은 「남다시병서(南茶詩竝書)」[229]에서 아래와 같이 차향을 '난향'으로 비유했다.

푸른 산 천 년 동안 쓸모없이 꽃폈다고(碧山千年空結花) / 이끼와 한 가지로 스님들 죄다 밟고(雲衲踏盡等莓苔) / 나무꾼은 베어 내서 땔감으로 쓰곤 했지(樵童芟去兼杴枒) / 골짜기 난초 향기 아는 이가 없었는데(無人識得谷蘭馨) / 초의 스님 두 손으로 움켜서 따는구나(草衣掬頑雙手乂) / …

---

229 조선 후기 유학자 박영보(朴永輔, 1808~1872)가 '초의차'에 대해 지은 시 「남다병서(南茶竝書)」에 그의 스승인 신위가 차운(次韻)한 시이다.

차향이 다도에서 득도의 경지로 이끄는 요소임을 말해 주는 언급은 명대 (明代) 장원의 『다록』을 원전으로 하는 『다신전』과 초의의 독창성이 가미된 저술인 『동다송』에서도 볼 수 있다. 초의는 『동다송』 제45행에서 '차에는 구난이 있어 (그에 따라) 4향의 현묘함이 작용하나니(又有九難四香玄妙用)'라고 노래하고 그 뒤에 붙인 주석에서 『다록』과 『다신전』에 있는 "곡우 전 신령함을 갖춘 것이 진향(雨前神具眞香)"이라는 글귀를 소개하고 있다. 이 말은 차의 진향 곧 참다운 차향을 설명하는 것으로서 찻잎이 곡우를 지나면 신령함이 흐트러지니 곡우 전 적절한 시기에 신령함을 품고 있는 찻잎을 따라고 일러 주는 것이다.

이에 앞서 『다신전』 '채다' 항에서는 "찻잎 따는 철은 그 때가 중요하니 너무 이르면 향이 온전하지 못하고 늦으면 신령함이 사라진다(採茶之候 貴及其時 太早則香不全 遲則神散 以穀雨前五日爲上 後五日次之)…"라 하여 차의 향(香)과 차의 신(神)을 동일시했다. 초의는 또 『동다송』 제60행의 뒤에 붙인 '다도'를 규정하는 주석의 첫머리에 '찻잎을 딸 때 묘를 다한다(采盡其妙)'라고 했다. 이 말은 위의 '雨前神具眞香'과 상응한다. 즉 두 문구를 연계하면 "곡우전 신령함을 갖춘 찻잎을 따는 데 있어서 그 신묘함을 보전하기 위하여 따는 시기, 날씨, 시간의 선택, 찻잎을 따는 방법 등에 있어서 도의 경지의 솜씨를 발휘하라."는 뜻으로 해석된다.

이 문구의 핵심 의미는 차향에 차의 신령함이 갖춰져 있다는 것이다. 여기에 나오는 신(神)은 초의의 책 『다신전(茶神傳)』의 '다신'의 의미 및 초의가 『다록』과 『다신전』에 있는 말을 정리하여 『동다송』 맨 마지막에 '차 마시는 법(飮茶之法)'으로 소개한 것 중 첫 번째인 '독철왈신(獨啜曰神)', 즉 '혼자 마시는 것을 신이라 한다'의 '신(神)'과도 의미가 통한다. 곧 차향 속에는 우주의 신통력 있는(신묘한) 기운(神)이 들어 있어서 차를 마시면 그 기운을 싣고 있는 차향으로 인하여 우주와 합일하는 경지에 들 수 있다는 의미로 해석될 수 있는 것이다. 초의는 제60행의 주석에서 '채다~포다'의 '다도'를 설명한 뒤 그 '과정의 다도'에서 완성된 차를 마신 도교적 '득도의 경지'를 제61, 62행에서 묘사하고 있다.[230]

차향의 중요성은 불가다도의 다선일미(茶禪一味) 사상과 연계해서도 생각해 볼 수 있다. 불교에서는 향을 '해탈향(解脫香)'이라 하여 깨달음을 상징한다. 불교의 훈습(薰習)이라는 말은 원래 '본인도 잘 모르는 사이에 향기가 온몸에 밴다'는 뜻으로, 사람을 정화시키는 향의 특성을 일러 준다. 불국토를 '중향계(衆香界)'라고 하는 것도 향의 청정성을 빌려 해탈을 상징하는 말이다. 불교에서는 냄새(惡臭)와 향(香)을 대비시켜 각각 속세의 오염과 탈속의 해탈을 말하기도 한다. 불교에서 향에 대한 인식이 이러하기에, 불교에서 말하는 '다선일미'는 지극히 청정한 향으로서 다가와 모든 잡념과 번뇌를 없애 주고 해탈로 인도하는 차를 대하고 마시는 일이 해탈 지향의 선(禪)과 같다는 의미로 받아들여진다.

중국 예술 용어로 '향혼(香魂: 향기의 혼)'이라는 말이 있다.[231] 향이 정신을 상징한다는 뜻의 단어이다. 중국 전통 회화는 향기의 신운(神韻)을 느끼도록 그리는 경우가 많다. 여기에서 향은 유형의 세계를 초월하는 특징을 지닌다. 중국 예술가가 향을 중시하는 것은 정신으로 형태를 통제하는 미학 관

230　一傾玉花風生腋 身輕已涉上淸境(옥화차 한 잔에 겨드랑이에 바람이 일어 몸 가볍게 이미 상청경을 건네). *上淸境은 도교에서 득도하여 신선이 되어 오르는 天界로서 장생불사 無量壽를 누리는 곳.

231　주랑즈 지음, 서진희 옮김, 『인문정신으로 동양예술을 탐하다』, 알마, 2015, 28쪽.

념과 관계가 있다.[232] '향기의 신운'이란 향이 기(氣)라는 전제하에 '기가 발휘하는 신통력'이라는 정신성을 의미한다. 향이 정신성을 상징하는 것은 제사에서 향을 피워 혼(魂)을 부르는 일에서도 볼 수 있다.

이런 맥락에서 차의 덕성이나 특질 가운데 차향이 일종의 기(氣)로서 다도수양과 밀접한 관계가 있음을 알 수 있다. 다도에 있어서 차향은 인간과 우주(자연)를 이어 주는 정신적 매개자라고 할 수 있다. "중국 전통 회화가 신운(神韻)을 느끼도록 그리는 경우가 많다."는 말은 초의가 『동다송』에서 차를 혼자 마시는 경지를 '신(神)'[233]으로 소개한 것과도 일맥상통한다. 다도와 관련하여 차의 향(香)을 신(神)의 개념으로 해석하는 것은 동양 사상 기론(氣論)의 견해와 닿아 있다.

예술가는 자신의 '차가운 향기'를 그림 속의 산수, 난간 밖의 성긴 대나무, 음악 속의 평사(平沙: 거문고의 곡조 이름)에 스며들게 하는데, 진정한 예술은 마음의 낮은 읊조림이다. … 중국 예술은 '고아하고 탈속한' 영혼을 중시하는데 이것이 바로 '차가움'이라고 하는 것이다.[234]

윗글에서 말해 주듯이 '차가운 향기(冷香)'는 예술가의 '고아하고 탈속한 영

---

232 위의 책, 19쪽.
233 초의는 『동다송』제17송(道人雲月편)에 주석(註釋)을 붙여 "차를 마시는 법은 '손님이 많으면 소란스러워 아취가 없고 답답하다. 홀로 마시는 것을 신령스럽다(獨啜日神) 하고, 객이 둘이면 아름답다고 하고(二客日勝), 서넛이면 재미있다고 하고(三四日趣), 대여섯이면 평범하다고 하고(五六日泛), 일고여덟이면 베푼다고 한다(七八日施)."고 했다.
234 주량즈 지음, 서진희 옮김, 『인문정신으로 동양예술을 탐하다』, 알마, 2015, 34쪽.

혼'을 의미한다. 시나 그림이나 글씨는 작가의 마음과 사람됨을 표현하고 드러내는 것인데, 작품에 고아하고 탈속한 마음 또는 세파에 시달리지 않는 성품을 담아 그것이 감상인의 마음으로 연결되도록 해야 한다. 여기에서 고아하고 탈속한 영혼을 지니는 것은 작가의 수양에 해당되고 작품 속의 고아하고 탈속한 마음에 동화되는 것은 감상자의 수양이다. 따라서 예술 작품의 창작과 감상은 각각 이러한 수양 과정을 통해 작가는 냉향(冷香)을 여향(餘香)으로서 담는 것이고 감상자는 냉향의 향혼(香魂)을 청향(廳香) 또는 문향(聞香)하는 것이다.

특히 여기에서 '冷香'이라는 말은 다도 수양에 있어서 차의 성미와 같은 상징성을 갖는다. 당대(唐代) 육우(陸羽)는 『다경(茶經)』 '一之原(차의 기원)'에서 "차의 용도는, (차의) 성미가 지극히 한하므로, 마시기에 적절하다(茶之爲用 味至寒 爲飮最宜)"고 했다. 여기에서 '寒'은 '차다'는 온도 개념이 아니라 '冷香'의 '冷'처럼 '고아한', '탈속의', '담담(淡淡)' 또는 '경건(敬虔)' 정도의 의미로서, 『다경』에서 최초로 茶의 수양론적 성미를 밝혀 茶道의 의미를 띄워 준 말로 인식된다.

지금까지 옛사람들이 어떤 연유로 차에서 다도 개념을 연역해 냈는지와 관련하여, 다도를 이루는 차의 덕성이 차의 향(香氣)과 맛(氣味)과 탕색(氣色) 등 우주 자연의 기운(氣韻)을 품은 차의 '자연성' 요소에 기인하고 있음을 선인들의 글을 통해 알아보았다. 차의 성분을 분석해 내는 기구나 과학적 방법이 미흡했던 옛날에 차의 덕성을 알아내는 방법은 감각(感覺)에 따른 직관(直觀)밖에 없었을 것이다. 오늘날엔 과학 도구가 개발되어 차의 성분 분석이 이루어지고 있다. 관련 연구에 따르면 각종 차에서는 300여 가지의 향기 성분이 분리되었고, 이 성분들은 제다 과정의 환경조건에 따라 증감하여 완

제품 차에서 각기 다른 향을 발현한다.[235]

차향의 발현(發顯) 문제가 제다(製茶)의 관건임은『다신전』에서 차향을 넷으로 구분하는 것과 '조시정(造時精)'[236]을 다도의 한 과정으로 설정한 데서 알 수 있다. 이와 관련하여 제다의 발전사를 보면, 제다가 차탕에 자연의 차향을 온전하게 발현시켜 내는 차를 만드는 문제로 귀결돼 왔음을 알 수 있다. 제다가 최초에 생찻잎을 햇볕에 말려 달여 먹도록 한 방법에서 오늘날 덖음녹차를 만드는 '초제법(炒製法)'에 이른 것이 그것이다. 이 과정에서 황차, 청차, 홍차, 보이차 등 다양한 차류가 등장한 것은 원래의 차향을 보존해 내기 위한 녹차 제다의 과정에서 우연히 발생한 부수적 산물이라고 할 수 있다.

초의 선사가『동다송』다도 규정에서 말한 '채진기묘(採盡其妙: 찻잎을 딸 때 찻잎의 신묘함을 보전한다)'와 '조진기정(造盡其精: 제다에서 차의 정기를 보전한다)'의 의미는 뒤의 '포득기중(泡得其中: 차를 우릴 때 차와 물의 양의 적절함을 기한다)'과 수미상관(首尾相關)한다. 여린 생찻잎에 든 향이 완제 차의 차탕에 이상적으로 우러나도록 하라는 것이다. 이와 관련하여 2003년 있었던 한 인터뷰에서 백양사 수산 스님은 "찻잎을 딸 때와 아홉 번 덖었을 때의 향기가 같아야 제대로 된 차다."라며, "차를 직접 채취하지 않고 찻잎을 남의 손을 빌려 딴 차로 차를 만들 때는 차의 제맛을 모른다."고 말했다.[237]

찻잎을 딸 때 나는 향기란 이른바 '녹색 향기(초록향)'라는 것으로서 생찻잎에

---

235 최성희,「여러 가지 차향의 특징」,『한국차학회지』제4권 제2호, 한국차학회, 1998, 116쪽.

236 장원의『다록』과 초의의『다신전』에서 '제다시에 정밀함을 다한다'는 뜻으로써 다도의 한 과정으로 제시하였다.

237 이현정,「한국 전통 제다법에 대한 융복합 연구」, 목포대학교 박사학위논문, 2018, 84쪽.

들어 있는 상큼한 민트향을 말한다. 이를 청엽알코올이라고도 한다. 최근 동물실험에 따르면, 단순 작업을 실시했을 때 나뭇잎에 포함된 청엽알코올이나 청엽 알데히드의 성분에서 나오는 '녹색 향기'를 맡은 원숭이는 그렇지 않은 원숭이에 비하여 작업에 의한 피로도가 적어진다는 결과가 있다.(『달리기의 과학』, 사쿠라이 토모토부 저)

이 녹색 향기의 신비는 자연의 氣의 변화가 우리에게 주는 이로움이다. 차나무 등 상록수의 나뭇잎은 월동을 위해 푸른 잎의 생체막을 이루고 있는 중성지방과 인지질을 효소 분해하여 알파리놀렌산을 많이 만든다. 이 알파리놀렌산은 생체막 공간에 솜이불처럼 퍼져서 나뭇잎이 보온성과 탄성을 갖게 하여 나뭇잎을 추위로부터 보호한다. 추운 겨울이 지나 봄이 오면 푸른 나뭇잎들은 겨우내 두르고 있던 솜이불을 걷어 내듯이 자체 안에 있는 알파리놀렌산을 분해하여 제거한다.

이때 분해로 발생한 생성물이 서서히 대기로 방출된다. 이 속에 '푸른 향기'의 성분이 들어 있다. 알코올과 알데히드류가 주성분인 이들을 통틀어 청엽(靑葉)알코올 및 청엽알데히드라 부른다. 봄철 삼림에서는 이런 향기 분자가 바람에 실려 '녹색 향기'로 퍼지게 된다. 한편 '알파피넨'으로 대표되는 테르펜류는 이들의 향기를 더욱 짙게 해 준다. 이 향기들은 기분을 상쾌하게 해 줄 뿐만 아니라, 나뭇잎이 내뿜는 산소와 함께 피로를 씻어 주는 역할도 한다.

초의도 일찍이 이 '녹향'의 중요성을 인식했는지 『동다송』49행 주석에 '녹향만로(綠香滿路: 녹향이 길에 가득하다)'라는 문구를 인용했고, 백파 거사가 『동다송』 말미에 붙인 글에서는 '초의신시녹향연(艸衣新試綠香煙: 초의는 햇차의 녹향을 새로 맛보려고 불을 피워 내니…)'라고 하여 '녹차' 향의 중요성을 피력하고 있다.

일본 증제 녹차에서 나는 강한 풋내의 성분이 청엽알코올(cis-3-hexenol)이다. 청엽알코올의 비등점은 섭씨 157도인데 증청녹차의 살청 온도는 섭씨 100도이므로, 일본 증제 녹차에는 휘발되지 않은 청엽알코올이 많이 남아 있어서 상큼한 '녹색 향기'를 발산한다. 그렇다면 덖음(炒製) 녹차에서도 이 청엽알코올을 날려 보내지 않고 완제품에 담아낼 수 있다. 첫솥에서 찻잎 온도가 섭씨 157도에 이르지 않게 하면서 찻잎을 익혀 내는 것이다. 연한 불(文火)로 서서히 덖어 내면 된다.

여기에서『동다송』'다도' 규정의 "채진기묘(採盡其妙), 조진기정(造盡其精)"의 의미 및『다법수칙(茶法數則)』에 나오는 "반쯤 익었을 때(향기가 올라올 때) 꺼내라…"는 문구의 의미를 생각해 볼 필요가 있다. 또『동다송』제45행에 나오는 '우유구난사향현묘용(又有九難四香玄妙用)'의 '구난'과 '4향'의 의미도 이 '녹색 향기'의 원리와 연계 해석하여 차의 자연향을 보전해 내는 제다법으로써 구현해 볼 필요가 있겠다.

4. 차맛(氣味)의 수양론적 이해

차에 대한 아무런 선입견 없이 차를 마셔 본 사람들은 차향엔 매력이 있어도 차맛은 '아무 맛이 없다'거나 '담담(淡淡)하다'고 한다. 이는 곧 차맛이 오미(五味: 단맛, 쓴맛, 짠맛, 신맛, 감칠맛) 중 어느 하나나 둘 이상의 특징적인 조합을 뚜렷이 드러내는 특성이 없다는 말이다. 이를 두고 차인들은 차맛이 "오미의 조화를 이루고 있다"고 한다. 이 '맛의 조화'의 측면에서 차맛의 수양론적 이해가 논의될 수 있다.

맛(味)은 원래 미(美) 개념의 유래와 관련이 있고, 이는 '자연의 조화'에 맥락이 닿아 있다는 점에서 동양 사상 수양론과 연결이 된다. 『설문해자』에 '아름다움은 맛있는 것이다. 양(羊) 자와 대(大) 자를 합한 것이다. 양은 여섯 가축 중 으뜸 반찬이다(美甘也 從羊大 羊在六畜給主膳也).'라고 했다. 이는 상고시대에 먹고 마시는 행위가 단순한 식욕 충족을 넘어서 좀 더 깊은 문화적 의미를 함유하고 있었음을 보여 준다. 즉 당시의 음식을 먹는 데서 얻는 입과 배의 즐거움에는 정신적 즐거움이 포함되어 있었다는 것이다.

그 '정신적 즐거움'이란 앞의 기론 관련 내용에서 살펴본 바처럼 우주 자연의 기와 소통하는 즐거움이다. 음식의 맛에서 정신적인 즐거움을 느낀다는 것은 맛을 통해 우주의 기운과 기분 좋게 공명한다는 의미이고, 이것은 곧 미각을 통해 인간과 우주(자연)가 소통하여 일체가 된다는 의미이기도 하다. '맛의 조화'를 통해 우주의 '기의 조화'와 조율되는 평화를 느낄 수 있고, 이는 '마음의 조화'로 이어져 정신적인 즐거움을 느끼게 되는 것이다.

맛을 통해 어떻게 기적(氣的) 소통을 체험할 수 있는가? 동양 사상 수양론의 원리는 앞에서 살펴본 바와 같이 기론에 근거해 있다. 사물을 대하거나 예술작품을 창작할 때 가장 중요한 것은 형상이 없고 실체가 쉽게 잡히지 않는 기(氣)를 파악하는 일, 즉 대상과 작품의 신(神)·정(精)·운(韻)을 다루는 일이다. 요리에서 음식의 맛을 내거나 맛을 느끼는 것은 이런 일과 유사하다. 맛은 음식의 기(氣味)이기 때문이다.

그렇다면 '맛이 좋(있)다'는 무슨 의미일까? 『설문해자』에는 "감(甘, 맛이 있다)은 아름답다는 뜻이다. 입(口)에 '일(一, 음식)'이 물려 있는 모양이다(甘美也. 從口含一)."라고 했다. 음식을 쉬 삼키지 않고 물고 있는 것은 맛을 보는 것에서 쾌감(아름다움)을 느끼기 때문이다. 음식을 오래 입에 물고 있으면서 맛을 느끼는 '아름다움'의 상태는 오미(五味) 중 특정의 맛이 드러나게 강해서는(너무 달거나 짠맛 등) 성립될 수 없다. 즉 오미의 조화가 '맛의 아름다움'이다.

상고 시대에는 '맛의 조화, 기의 조화, 마음의 조화, 정치의 조화' 등의 관념이 있었고, 요리의 조화는 철학적 조화를 실제로 과시하는 의미를 지녔으며, 인간과 인간, 인간과 신의 관계에서 음식은 매우 중요한 의미를 지녔었다.[238]

도(道)는 자연의 존재 양식이자 운행 법칙으로서 변화무상한 가운데 조화를 추구한다. 도가 최상의 조화를 이룬 상태를 '아름다움'이라고 한다면 인

---

238 장파(張法) 지음, 유중하 외 옮김, 『동양과 서양, 그리고 미학』, 푸른숲, 2015, 465쪽.

간은 그 상태에 합일할 때 지극한 평화로움과 자유의 행복감을 얻는다. 인간이 깊은 명상을 통해 그런 상태에 이를 수도 있지만 맛은 더 쉽게 일상적으로 그것에 이르게 하는 데 매개 역할을 한다. 그래서 맛의 조화를 체험하는 것을 아름답다고 할 수 있는 것이다.

상고 시대에 객관적 세계에 대한 이해의 무대가 '神'에서 '道'로 전이되었는데, 도는 곧 氣로서 텅 비어 있으면서도 변화무상한 것이고, 가장 아름다운 것이었다. 변화무상하고 '텅 빈 도의 아름다움'과 일체가 되려면 그것을 느낄 수 있는 주체적 구조가 있어야 한다. 역사적 변천 과정에서 음식의 맛이 그 역할을 담당하게 된 것이다.[239]

이처럼 美的 체험에서 음식의 '맛'이 중요한 의미를 지녔다는 것은, 味覺的 체험은 음식을 즐기는 것이자 보편적인 문화적 · 철학적 의미를 맛보는 체험과 같다는 의미이다. 이 '보편적인 문화적 · 철학적 의미를 맛보는' 것이란 동양 사상 존재론의 핵심인 仁, 佛性, 道를 체인하는 것과 같다고 할 수 있다. 요리에서 중요한 것은 맛을 내는 일이며, 음식을 먹을 때는 맛을 보고 구별하는 것이 중요하다. 마찬가지로 예술 작품 창작에서는 누구나 맛보고 동의하며 즐거워할 수 있는 '정신'을 표현하는 것이 중요하며, 작품 감상에서도 그러한 맛을 보고 구별하는 것이 중요하다. 여기에 맛의 수양론적 의미가 있다고 하겠다.

위에서 말한 '텅 빈 도의 아름다움'이란 무엇이며 그것을 어떻게 느낄 수

---

239 위의 책, 466쪽.

있는가? 이는 장자의 미학을 통해 살펴볼 수 있다.

도에는 끝도 없고 시작도 없으나 사물에는 죽음과 삶이 있다. 그 (사물의) 완성
에 의지할 수 없다. 때로는 비고 때로는 차서 그 형상의 일정함이 없는 것이다.
… 쇠하고 성하며 차고 비어서 끝이 난즉 (다시) 시작이 있다(道無終始 物有死生
不恃其成 一虛一盈 不位乎其形. … 消息盈虛 終則有始). (『莊子』「秋水」)

윗글에서 '쇠하고 성하며 차고 비는 모습'은 氣化 생성의 모습이다. 장자
는 이를 '기(氣)의 취산(聚散)'으로 설명했다. 성하고 차는 것은 氣가 모여서
物(有, 生)을 이루는 것이며, 쇠하고 비는 것은 기가 흩어져 無(死)가 되는 것
이다. 이때 무(無)는 도의 '텅 빔'의 상태이며 존재론적으로는 세계의 생성을
위한 활력이 넘치는 상태이기도 하다. 이 '텅 빔'이 있기에 생성이 가능하다.
'텅 빔(無)'은 생성(有)과 생성을 이어 주는 공간으로서 흩어진 기로 가득 차
있다. 이때 기는 형상도 실체도 없는 듯하여 쉽게 감지할 수가 없다.

이와 비슷한 것이 음식의 맛이라고 할 수 있다. 음식은 생체(生體)의 기가
聚에서 散에, 즉 '빔'에 이르는 과정에 있거나 '빔'에 이른 것이다. 이때 음식
의 氣는 흩어지고 있거나 이미 흩어진 기로서 '맛'으로 존재한다. 그리고 그
'맛'은 또 다른 생성으로 이어진다. 따라서 음식의 맛을 느끼는 것은 우주의
생성 변화의 도를 氣로써 체득하는 것이고 '맛보기'는 심미적으로 개체와 자
연의 정신이 이어짐을 '맛'이라는 기제를 통해 확인하는 감상의 차원이다.

장자의 '빈 공간' 개념과 관련한 맛의 심미적 기능은 '무하유지향(无何有之
鄕)'이라는 말을 통해 유추해 볼 수 있다.

今子有大樹 患其无用 何不樹之於无何有之鄕 廣莫之野 彷徨乎無爲其側 逍遙乎 寢臥其下 不夭斤斧 物无害者 无所可用 安所困苦哉! 지금 그대는 저 큰 나무의 쓸모없음을 걱정하고 있는데, 어찌하여 그것을 무하유지향이나 광막지야에 심어 놓고 그 주위를 하는 일 없이 배회하거나 그 아래에서 한가로이 낮잠을 자지 않는가? 그 나무는 도끼에 찍힐 일도 없고 그것을 해칠 것도 없으니, 어찌 쓸모없음을 괴로워한단 말인가!(『莊子』「逍遙遊」)

'무하유지향'과 '광막지야'는 '그 무엇도 존재하지 않는 마을(곳)'과 '넓이가 없다(廣莫) 할 정도로 넓은 들', 즉 '무엇도 존재하지 않는 드넓은 공간'을 의미한다. 이는 일체의 구별, 편견, 아집, 가치판단이 사라진 텅 빈 마음, 원초적인 마음 상태를 상징한다. 그런 곳에서 소요함은 순수 자연과 합일하는 자유로운 정신의 구현이라고 할 수 있다. 맛에는 그런 '텅 빔'의 과정이 있다 '미(味)'의 수양론적 의미는 '완미(玩味)'라는 말에서도 나타난다.

'완(玩)'에는 여유와 즐거움이 배어 있다. 근본적으로 내적 자각에 이르는 길은 즐거운 길이다. 본래 자신이 좋아하는 것을 찾아 나가는 길이기 때문이다. '미(味)'는 맛보는 것이며 수심(修心)과 수신(修身)이 다른 두 가지 일이 아님을 알려 주고 있다. 맛을 본다는 것은 몸의 미각을 연상시키는 생리적 언어이며, 식욕을 불러일으킨다. 이와 유비적으로 도(道)의 욕구도 존재함을 알려 주고 있다. 맛있는 음식을 몸을 기르는 양식으로 삼는다면, 마음도 완미의 맛을 통해 도를 기르는 마음의 양식으로 삼는다. 두 가지는 어느 한 가지도 결여되어서는 생명이 영위될 수 없는 필수적인 수양(修養)의 조건이 된다. 맛있는 음식에 대한 욕구가 몸을 살찌게 하듯, 도의 욕구는 "사려를 통해 얻은 것이 생기면 마음이 기쁨으로"

가득 찬다.[240][241]

정이천은 "나는 젊었을 때 책을 많이 읽기를 탐했는데, 지금은 많이 잊어버렸다. 모름지기 성인의 말을 완미하여 마음속에 기억한 연후에 힘써 행한다면 자득하는 바가 있을 것"[242]이라고 했다. 이천은 '완미'라는 말을 사용하여 독서의 '깊이'를 말하고 있다. 경전의 구절들을 읽고 체인(體認)하는 일이 마치 잘 익힌 음식의 맛이 우러난 것을 먹고 잘 소화시킨 것에 비유할 수 있다는 것이다. 경전 공부에서 보여 주는 동양의 전통적 독서 양태가 암송과 숙독을 위주로 한 이유가 그것이다.

음식의 진정한 맛에는 어느 누구에게도 공통으로 느껴지는 '기미(氣味)'라는 본질이 있다. 그 '맛의 본질'은 순수한 氣로서 와 닿기에 어떤 편견이나 선입견의 장애를 뛰어넘는다. 이러한 음식의 진미(眞味)는 그것을 맛보는 자에게 무하유지향과 광막지야에서 소요하는 즐거움을 갖게 해 준다. 또 그렇게 음식의 참맛을 보기 위해서는 무하유지향과 광막지야의 경지에 들어가려는 수양의 과정이 필요하다는 게 맛 또는 맛보기의 수양론적 측면이기도 하다. 공자가 "사람들이 음식을 먹고 마시지 않는 이가 없건마는 진정한 맛을 아는 이가 드물다(人莫不飲食也 鮮能知味也)."고 말한 이유가 그것이다.

---

240 『近思錄』「致知」4. 思慮有得, 中心悅豫.

241 한형조 외 4인 지음, 『근사록−덕성에 기반한 공동체, 그 유교적 구상』, 한국학중앙연구원출판부, 2012, 54~55쪽.

242 『近思錄』「致知」33. 頤緣少時讀書貪多, 如今多忘了須是將聖人言語玩味, 入心記著, 然後力去行之, 自有所得.

대상을 심오하게 관조하는 문제에 있어서 중국 미학은 선진 시대의 '보기(觀)'에서 위진 시대의 '맛보기(味)', 송대의 '깨닫기(悟)'로 발전하였다. 선진시대의 '보기'는 외면적 시선 외에도 겉에서 속으로 들어가는 시선을 뜻하기도 한다. 공자는 제자들의 발언 속에서 내면의 의지를 보았고, 계찰은 각국의 음악을 통해 그 나라의 풍속과 정서를 관찰하였다. 위진 시대의 인물 품평은 사람의 풍채와 도량을 감상하는 것으로 전화되었다. 사람의 의지는 實이지만 풍채와 도량은 虛이다. 허한 풍채와 도량은 마음으로 느낄 수 있을 뿐 말로 표현할 수 없다. 이에 따라 '보기'는 '맛보기'로 바뀌었다. … 사람의 풍채, 문예의 정취, 산수의 신령함은 맛볼 수 있을 뿐이다. … 송대에는 전종의 용어가 유행하여, '깨닫기'가 전문적 감상 용어로 등장했다. '깨닫기'와 '맛보기'의 대상은 똑같이 형상으로는 이를 수 없는 신(神)·정(情)·기(氣)·운(韻)같은 것들이다. 깨닫기가 바로 맛보기이고, 맛보기는 깨닫기의 전 단계요, 깨닫기는 맛보기의 다음 단계이다.[243]

한 걸음 더 나아가 맛의 우주적 소통 기능을 '美'자의 다른 뜻풀이에서 찾는 견해가 있다. 『설문』에서는 美에 대해 '羊大爲美(양이 큰 것이 미)'라고 했다. 또 『설문』에는 "대는 사람이다(大, 人也)"라고 했다. 따라서 '羊大爲美'는 곧 '羊人爲美'라고 볼 수 있다.

양이 길상을 상징하는 짐승으로 주로 제사의 희생으로 사용되었다는 것을 감안하면 '美'字는 제사 상황 속에 있는 희생과 그 희생을 바치는 인간으로 구성된 글자라고 보아야 한다. … 제사란 인간과 초월적인 세계를 연결시켜 주는 것이며 개

---

243 장파(張法) 지음, 유중하 외 옮김, 『동양과 서양, 그리고 미학』, 푸른숲, 2015, 518-521쪽.

체와 세계를 연결시켜 주는 것이다. 고대인은 제사를 통하여 우주(세계)와 만난다. 인간과 인간의 만남도 마찬가지다. 영어 society에 해당되는 '사회(社會)'란 땅신에게 제사 지내는 날 社에서 행해지는 마을 사람들의 회합을 의미한다. 고대 중국에서 제사란 사람들의 만남에서도 그 중심을 차지했던 것이다. 결국 '羊人爲美'의 美는 초월세계(聖)와 인간(俗), 그리고 타자와 자아를 연결하는 고리임을 보여 준다.[244]

윗글의 의미를 요약하면 '美' 곧 '甘(味)'[245]의 개념이 초월세계와 인간을 연결하는 고리로서의 인간의 문화심리적 기제라는 것이다. 그리고 그 '고리'의 바탕은 매질(媒質)적인 속성을 갖는 氣일 것이기에, 이러한 진술은 오미가 조화된 차의 맛이 우주 자연과의 합일을 매개하는 기(氣) 역할을 한다는 논리로써 다도의 수양론적 기능을 설명해 준다.

동양 사상의 존재론 및 동양 미학에서 가장 핵심적인 요소는 형상도 실체도 없는 氣이고, 사물을 대할 때 중시하는 것도 가시적으로 포착할 수 없는 神·韻과 같은 氣의 다른 모습들이다. 음식의 맛 역시 형상도 없고 실체도 없으면서 음식 속에 존재하는 일종의 氣(氣味)이다. 동양화의 텅 빈 공간 속에서 神·韻을 포착하여 그 아름다움에 참여하는 일(感賞)과 음식 속의 맛을 보고 감동하는 일은 유사하다. 예술작품을 깊게 감상하는 일이나 시문의 뜻을 깊이 음미하는 것을 두고 "玩味한다"고 하는 것이 그런 예이다. 예술작품에 동양 사상이 지향하는 정신을 담아내고, 감상에서는 그 정신을 맛보아 체인(體認)하는 것이다.

---

244 이성희 지음, 『장자의 심미적 실재관』, 한국학술정보(주), 2008, 196쪽.
245 『설문』에서는 또 '甘美也. …'라고 했다.

동양 사상과 동양 미학에서 다룬 이상과 같은 '맛'과 '맛보기'의 원리는 다도 수양에 있어서 차의 맛에도 적용된다. 차의 맛은 하나의 '덕성'으로서 일찍이 당대(唐代) 육우(陸羽, 733~804)가 쓴 『茶經』에 명시돼 있다. 육우는 『茶經』 '一之源(1. 차의 근원)'에서 '차의 쓰임은, 그 맛이 매우 담담(寒)해서, 마시기에 적당하다. 정성스러운 행실과 검소한 덕을 갖춘 사람이(茶之爲用 味至寒 爲飮最宜 精行儉德之人)…'라고 했다. 육우가 차의 맛을 사람의 도량인 '정행검덕'에 비유한 것은 차의 기운(氣韻)을 말한 것이라고 할 수 있다.

고려 말 목은(牧隱) 이색(李穡, 1328~1396)은 차의 맛을 언급하는 詩를 많이 남겼다.

동갑으로 늘그막에 더욱 친밀하게 느껴지고(同甲老彌親) / 영아차의 맛이 절로 참되다(靈牙味自眞) / 맑은 바람이 두 겨드랑이에서 나오니(淸風生兩腋) / 곧장 도가 높은 이를 찾고 싶어라(直欲訪高人)[246]

찬 우물에서 물을 길어 오자마자(冷井才垂綆) / 창 앞에서 뜨거운 물로 차를 우리네(晴窓便點茶) / 목을 축이니 오장의 열이 다스려지고(觸喉攻五熱) / … / 이미 진미의 무궁함을 알았으니(已知眞味永) / 다시 흐린 눈까지 씻어야겠네(更洗眼昏花) (「점다(點茶)」)[247]

위 시에서 차의 맛을 '진미(眞味)'이라고 한 것은 차의 도량인 氣를 말한 것

---

246 李穡, 『목은시고(牧隱詩藁)』, 제18권 「代書答開天行齋禪師寄茶走筆」.
247 송재소 외 4, 『한국의 차문화 천년3』, 돌베개, 2011, 237쪽.

이라고 할 수 있다. 이색은 음다를 통해 차의 거짓됨이 없는 순수한 참맛(眞味)으로써 나쁜 기운을 쓸어버리고 흐린 눈을 씻고 도인을 찾는 도경(道境)에 이르게 되었다. 서거정(徐居正, 1420~1488)도 그의 시에서 "신선한 물로 애초부터 세밀하게 차를 끓이니 마른 창자가 더욱 참된 맛을 보겠구나(活水煎初細 枯腸味更眞),"[248]라고 하여 차맛의 참된 도량을 말하고 있다.

노자(老子)는 "미묘한 음악은 소리가 없다(大音希聲)", "正道는 형체가 없다(大象無形),"[249]는 말로 깊이 숨어 있는 正道는 형체를 통해서도 볼 수 없는 것임을 비유했다. 맛(味)의 경우도 마찬가지다. 단맛일 경우 단맛일 뿐 쓴맛이나 신맛을 대신할 수가 없다. 오직 다섯 가지 맛이 조화를 이루어야만 무한성(無限性)을 띤 묘미(妙味), 즉 신묘(神妙)한 맛을 낼 수 있다. 왕필(王弼)은 구체적이고도 개별적인 사물이 지니고 있는 유한성을 강조하여『老子』에 주를 달면서 다음과 같이 말했다.

무형, 무명한 것은 만물의 종주(宗主)이다. (그것은) 덥지도 않고 서늘하지도 않으며 궁성(宮聲)도 아니고 상성(商聲)도 아닌 것이다. 그것은 듣고자 해도 들리지 않고 보고자 해도 보이지 않으며 체득하고자 해도 알 수 없고 맛보고자 해도 맛볼 수 없는 것이다. 그것이 사물로 됨에 있어서는 뒤섞여 이루어지기 때문에 상(象)으로 되면 형체가 없고 음악으로 되면 소리가 없고 맛으로 되면 나타나지 않는다. 그래서 만물의 종주로 된다.[250]

---

248 徐居正,『四佳詩集』, 제50권,「煎茶」.

249『老子』제41장.

250 無形無名者, 萬物之宗也. 不溫不涼, 不宮不商 ; 聽之不可得聞, 視之不可得而彰, 體

왕필은 무형 무명한 도의 특징을 말하고 있다. 들리지도 않고 보이지도 않으며 나타나지도 않는 것이 뒤섞여서 이루어지기 때문에 상(象)으로 되면 형체가 없고 음악으로 되면 소리가 없으며 맛으로 되면 나타나지 않는다고 했다. 상(象), 성(聲), 미(味)를 초월하는 만물의 종주인 도의 무한성을 말한 것이다.[251]

다시 차의 맛에 관한 논의로 돌아오면, 위에서 이색과 서거정이 말한 차의 '진미'는 오미가 잘 조화된 '중화'의 극치이다. 차를 만들어 우려내는 일은 이 중화의 차맛을 구현해 내는 일이다. 『동다송』에서 '다도'는 채다(採茶)에서 묘(妙)를 다하고 제다(製茶)에서 정(精)을 다하고 좋은 찻물을 얻어 포법(泡法)에서 중(中)을 얻는 것이라고 했다.

이는 차탕(茶湯)에서 차가 지닌 '진미'를 차가 원래 지닌 '오미 조화의 상태'로 살려내기 위한 과정과 결과에 대한 주문이기도 하다. 차맛이 별 특성이 없고 담담(淡淡)하게 느껴지는 것은 말 그대로 '오미가 조화된' '기의 조화' 상태라고 할 수 있다. '기의 조화'는 '자연의 조화롭고 평화로운 모습'을 의미하고, 이는 수양론에서 추구하는 심성의 이상적인 상태이다. 즉, 차맛은 '기의 조화'라는 원리로써 다도에 임하는 사람들의 수양을 견인한다.

이런 측면에서 이덕리의 『동다기』에서 유래되어 초의의 『동다송』 제37~40행에서 언급된 차의 '색향기미(色香氣味)'[252]를 분석적으로 볼 필요가 있다. 혹

之不可得而知, 味之不可得而嘗. 故其爲物也則混成, 爲象也 則無形, 爲音也則希聲, 爲味也則無呈, 故能爲品物之宗主…(王弼, 『王弼集校注』).

251 金月星, 「楚亭 朴齊家의 味論 詩學과 無味論」, 『語文研究』 제32권 제1호(2004년 봄). 208-209쪽.

252 초의는 『동다송』에서 '東國所産元相同 色香氣味論一功 동국(조선)에서 난 것은 원래

자들은 '色香氣味'를 '色·香·氣·味'로 보아 기(氣)를 향·색·미와 별도로 분리해 인식한다. 그러나 '香氣'를 하나로 보아 '色·香氣·味'로 읽는 것이 기론의 이치에 부합한다. 기(氣)는 정신적 물질적 측면을 통섭하는 개념이어서 차의 향·색·미(味)는 모두 기에 해당한다. 그러므로 차의 '色香氣味' 언급에서 가운데에 '기(氣)'를 별도로 구분할 필요는 없다. 즉 '色香氣味'는 '色·香·氣·味'가 아니라 '色·香氣·味' 또는 '色·香·氣味'로 이해해야 한다. 이는 전통적으로 음식의 3요소를 '색·향·미'로 보는 견해에도 부합한다.[253]

'氣味'는 한자 자전에 '냄새와 맛'으로 풀이되고 있다. 이때의 냄새는 차의 향기를 말하는 것이다. '色·香氣·味'는 향의 기적(氣的)인 특성을 강조하는 것이다. 또는 '氣' 자를 味에 붙여서 '氣味'로 볼 경우는 맛(味)의 기적인 특성을 강조하는 것이 된다. 전라도에서 구체적으로 설명할 수 없는 '깊고 오묘한 맛'을 표현할 때 "개미가 있다"고 한다. '개미'라는 말은 '기미(氣味)'라는 발음이 변한 것으로서 맛의 기적 요소를 강조하는 말이라고 생각된다.

한의학에서는 오행(五行)의 원리에 근거하여 오미와 함께 오감(五感)을 각각 간(肝臟, 木), 심(心臟, 火), 비(脾臟, 土), 폐(肺臟, 金), 신(腎臟, 水) 등의 오장(五臟)에 배속시키고, 장기의 기능과 오감의 조절을 오행의 문제로 풀이하고

(중국) 것과 같으니 색·향·기미에 있어서도 똑같이 좋네'라 하고 주를 달아 "『동다기』에서 말하길 어떤 사람은 동국 차의 효험이 월나라 차에 미치지 못한다고 하나 내가 보기에 동국 차는 색·향·기미가 조금도 차이가 없다. 차책에서 말하길 육안차는 맛이 뛰어나고 몽산차는 약효가 좋다고 했다. (조선 차는) 육안차와 몽산차를 겸했다."고 썼다.

253 明代 張原의 『茶錄』을 원전으로 하여 필사한 초의의 『다신전』에도 차의 '색·향·미'만 나온다.

있다. 여기에서 오미가 잘 조화된 차를 마셨을 때 오장의 기능과 오감의 상태가 평정을 이루는 데 어떠한 영향을 줄 것인지 생각해 볼 수 있다. 앞에서 『다경』 첫 장 '1. 차의 근원(茶之源)'에 있는 '茶之爲用 味至寒 爲飮最宜 精行儉德之人'라는 구절을 소개하고 차에 검덕(儉德)이 있음을 살펴본 바 있다.

여기에서 '차의 맛이 매우 한하다(味至寒)'라고 하여 맛(味)을 한(寒)으로 구분한 것은 한방(漢方)적 인식이다. 한방에서는 음식의 기운을 한·열·온·량·평(寒·熱·溫·涼·平)의 다섯 가지로 구분한다. '味至寒'이라는 표현은 차의 맛(味)을 '寒', 즉 기(寒氣)로 파악한 것이다. 『다신전』과 그 원전(原典)인 『만보전서』 '포법(泡法)'항에 '수승즉생청미과(水勝則色清味寡)'[254]라는 구절이 나온다. 여기에서 보이는 '味'는 『다신전』과 『만보전서』의 원전인 『다록』에는 '기(氣)'로 나와 있다. 이는 차의 맛(味)과 기(氣)를 같은 것으로 볼 수 있다는 증거이다.

이처럼 차의 맛이 '기'로 인식되는 연유와 관련해서는 氣論에서 말하는 기(氣)의 수양론적 기능과 연계하여 그 의미를 살펴볼 수 있다. 이와 관련하여, 오늘날 과학적 분석에 따르면 차의 화학 성분 중 테아닌(Theanine)과 카페인(Caffeine)이 각각으로 또는 상호 작용하여 차를 마시는 사람들에게 이완 효과와 각성 효과를 주는 것으로 밝혀지고 있다. 일반적으로 또는 옛사람들이 느꼈던 차의 '좋은 맛'은 감칠맛을 내는 테아닌과 담백한 쓴맛을 내는 카페인의 조화로써 이뤄진 것이라고 할 수 있다.

특히 다른 음료에는 없는 차만의 독특한 이완효과는 차 속에 포함된 테아닌이라고 하는 특수 아미노산의 기능 때문이라고 밝혀지고 있다. 테아닌은

---

254 '물이 많으면 찻물은 맑고 맛(기)이 부족하다'

지구상에서 차와 몇몇 식물에만 미량 존재하는 것으로 알려지고 있다. 뇌과학의 뇌파 이론에 따르면 뇌파는 평소엔 대상을 의식하는 베타파이고 명상 때에는 알파파로 안정이 되는데, 차를 마셨을 때 쉽게 알파파로 전이되는 것으로 알려지고 있다.

5. 차색(氣色)의 수양론적 이해

차의 색을 다도수양과 관계 지어 논함에 있어서 먼저 한국 차계에서 오해하고 있는 '향색기미(香色氣味)' 문구에 대한 설명이 필요하다. 오해는 초의가 이덕리의 『동다기』 한 대목을 인용한 『동다송』 38행 '향색기미(香色氣味論一功: 향색기미는 하나같네…)'의 '香色氣味'를 한국 차계에서 '香·色·氣·味'로 읽어 '향, 색, 냄새(기), 맛'으로 해석하는 데 있다. 대개 음식의 3요소는 '향·색·맛'으로 대별하지 '냄새'를 따로 두지 않는다. '냄새'는 불가에서 '香'과 반대되는 '악취(臭)'를 의미한다. 또 초의의 『다신전』에서도 '차자유진향 유진색 유진미(茶自有眞香 有眞色 有眞味)…'라 하여 차의 3요소를 '향·색·맛'으로 구분하였다. 동양 사상 기론에서 기(氣)는 물질과 정신을 통섭하는 것이어서 향, 색, 맛이 모두 기이므로 '香色氣味'의 '氣'를 굳이 따로 떼어 해석할 필요는 없다.

따라서 차의 3요소는 '향, 색, 맛'이라고 할 수 있다. 이는 다도수양에 있어서 차의 색 역시 차의 향(香氣)이나 맛(氣味)처럼 기적(氣的) 정체성으로서 중요한 역할을 한다는 의미이다. 향과 맛에 기적(氣的) 속성을 강조하기 위해 각각 '氣' 자를 붙여 '香氣'와 '氣味'라고 하듯이 색에서도 '기색(氣色)'이라는 말을 쓸 수 있다. 사전에서 '기색'은 영어로 'look' 또는 'expression'이라 하여 '마음이 얼굴에 나타나는 색'으로 번역되고 있다. 그 '마음'은 곧 기라고 할 수 있으니 차의 '氣色'이란 '차의 기적인 속성이 색깔로 드러나는 모습'이라고 하겠다.

차의 색에 대한 논술은 완제된 차의 색, 차탕의 색, 차탕 거품의 색, 찻잔의 색 등과 관련하여 고전 다서(茶書)나 선대 차인들이 남길 옛글에서 많이 보인다. 『다경』 '四 茶之器(4 차의 그릇)'에서는 '찻잔은 월주(越州)에서 나는 것이 상품이고 정주(鼎州)와 무주(婺洲), 악주(岳州), 수주(壽州), 홍주(洪州)의 것이 버금간다'고 했다. 이에 관한 설명을 보면,

형주의 자기는 흰색이므로 차의 빛깔은 붉으며 월주의 자기는 푸른색이므로 차의 색깔은 녹색이다. 월주의 자기와 악주의 자기는 모두 청색이며 청색이므로 차에는 유익하다. (찻잔이 백색이므로) 차는 백홍색이 된다. 형주의 자기는 백색이어서 차의 색깔은 붉다. 수주의 자기는 황색이어서 차의 색깔은 자줏빛이다. 홍주의 자기는 갈색이어서 차의 색깔은 검은빛이다. (이러한 자기들은) 모두 차에는 마땅하지 않다.[255]

윗글에서 알 수 있는 사실은 당시 쉽게 변질되는 차(녹차)의 본래 색깔을 살리기 위해 청자인 월주 자기를 선호했다는 것이다. 唐代 사람들은 저장과 운반을 위해 차를 제다하면서도 녹색 생찻잎의 살아 있는 색깔을 비롯한 향과 맛 등 효능을 자연 그대로 유지시키기를 원했을 것이다. 그런데 당시의 차는 주로 증제 떡차였으므로 건조 문제로 인해 제다 후 얼마 지나지 않아 곧 산화돼 갈변했을 것이다.

그러나 차를 마시면서 변질되기 전의 신선한 본질을 희구하여 차탕색이라

---

255 尹炳相 編譯註, 『茶道古典』, 연세대학교 출판부, 2004, 186-187쪽.

도 녹색이기를 희망했고, 산화 갈변된 차일망정 황갈색 탕색을 녹색 찻잔색으로 덧씌워 보이려 했음직하다. 그러나 한층 발전된 제다법으로 산차(散茶, 葉茶)가 제다되어 제다 후 차의 색과 질의 변화가 적었던 명대(明代)엔 차탕에서 차 본래의 녹색을 있는 그대로 드러내어 주는 흰 색 찻잔을 좋은 찻잔으로 여기게 되었다. 『다신전』 '茶盞' 항에 이런 대목이 나온다.

盞以雪白爲上 藍白者不損茶色 次之(찻잔은 눈처럼 흰 것이 가장 좋고 남백색의 것은 찻물의 색깔을 해치지 않으므로 버금간다).

이로 미루어 당대(唐代)와 멀지 않았던 무렵에 당대의 차문화가 이입돼 유지된 고려 시대에 청자 찻잔을 썼던 이유도 같을 것이며, 조선 시대엔 청자 대신 백자가 유행한 것도 『다신전』에서 말한 흰색 찻잔 선호 경향과 관계된다고 할 수 있다. 따라서 제다법이 발전된 오늘날에도 차탕의 녹색 속성이 오래 유지되는 녹차를 마시는 다도수양에서 청자보다는 백자 찻잔이 좋다는 결론에 이른다.

『동다송』 27, 28행에서는 '誰知自饒眞色香 一經點染失眞性(누가 차의 참된 빛깔과 향기가 스스로 풍족함을 알겠는가? 한번 더럽혀지면 참된 본성을 잃어버리네).'라고 하여 차의 색과 향을 동등하게 취급하여 오염되어서는 안 될 차의 본성으로 규정하였다. 또 49행에서는 '翠濤綠香繞入朝(취도차와 녹향차가 비로소 조정에 들어갔네)'라고 하고 그 주석에서 다음과 같이 썼다.

『入朝于心君茶』 서문에 이르기를, "찻잔에는 푸른 거품(翠濤)이 덮여 있고, 차 맷돌에는 푸른 가루가 날렸다."고 하였다. 또 이르기를 "… 차는 푸른색이 가장 좋고, 찻물의 거품은 남백색의 것이 좋으며, 누르거나 검거나 붉거나 어두운 것은 모두 좋은 품질에 들지 않는다. 차는 구름 같은 거품이 있는 것이 으뜸이고 푸른 거품이 중품이며 누런 거품은 하품이다.”라고 하였다.

진미공 시에 이르기를, 아름다운 그늘이 덮인 곳에 모여 차(靈草)의 신기함을 시험하려고 죽로에 얹고 조용히 재촉하니 소나무 불은 성난 듯이 타오르고 물은 담담하게 섞이고, 차 겨루기를 넓히며 푸른 향기(綠香)가 길에 가득하니 온종일 돌아가기를 잊었다.

여기서도 ‘翠濤’와 ‘綠香’이라는 말로써 녹차의 색깔을 강조했고, 특히 ‘綠香’이라는 말은 차를 마실 때 차의 향과 녹색 색깔이 동시에 적절히 발현되어야 하는 ‘건령상병(健靈相幷)’[256]의 의미 강조와 함께 다도수양에 있어서 녹차의 역할을 강조하는 의미로 해석된다.

차의 색에 대한 이러한 언급들은 위 ‘예술과 수양’에서 살펴본 바와 같이, 시인이나 서화가들이 천하 명소와 풍치를 유람하며 눈과 귀로 그곳의 청기(靑氣)를 심신에 담아 내공을 쌓는 원리와 같은 수양론적 맥락을 말해 주는 것이라 할 수 있다.

---

256 『동다송』에 나오는 말로, ‘(차탕에서) 물의 건강성과 차의 신령함이 함께한다’는 의미이다.

Ⅲ. 한국수양다도(韓國修養茶道)

한재 이목의 『다부』   초의 선사

한·중·일 삼국 중 한국은 유일하게 본래적 의미의 완벽한 수양다도(修養茶道)를 계발(啓發)해 냈다. 조선 시대 한재(寒齋) 이목(李穆)이 『다부』에서 '오심지차(吾心之茶)'로써 묘사한 '경지의 다도' 및 초의 선사가 『동다송』에서 '채진기묘(採盡其妙) ~ 포득기중(泡得其中)'의 설명으로써 규정한 '과정의 다도'가 그것이다. 그러나 오늘날 한국 차문화는 행다(行茶)의 '형식'과 겉멋에 치우친 정체불명의 '다례'에 빠져 있다.

한국 차학계와 차인들이 선현들이 물려준 수양론 본질의 다도를 계승하는 데 소홀하여 다도수양의 핵심 요소인 한국 덖음 녹차의 뛰어난 성분과 효능을 잠재우고 차를 한낱 기호음료의 반열에 추락시켜 버림으로써, 문화적 스토리텔링을 탈색당한 한국 차, 차문화, 차산업이 위기를 맞고 있는 것이다.

오늘날 뿌리 깊은 마음고통과 사회적 갈등의 한 치유책을 찾고자 한다면, 한재, 다산, 초의, 추사가 자연의 진수인 차와 더불어 누렸던 '한국수양다도'의 원리와 의의를 살펴봐야 한다.

Ⅲ장은 Ⅰ·Ⅱ장에 이은 결론에 해당한다. 한국수양다도는 세계 유일의, 동양사상 기론에 입각한 자연과학적 수양론이다. 지금까지 한국 차계와 차학계는 이를 알지 못해서 한국 다도정신이나 다도사상이 '중정' 또는 '선다사상'이라고 근거 없는 추측성 주장을 하고 있다. 차는 어떤 원리로 우리의 심신을 정화하여 무명(無明)에서 깨어나게 해 주는지, 우리가 일상에서 유·도·불가의 수양론과 연계하여 한국수양다도를 어떻게 활용할 수 있는지, 선현들의 증언을 좇아 모색해 본다.

1. 한국 차의 현실과 한국 다도 개념 인식 추이

차는 당대(唐代) 육우(陸羽, 733~804)의 『다경(茶經)』에 의해 이론적 기반이 마련되었고, 이후 송·명대를 거치면서 제다법과 음다법의 발전에 힘입어 오늘의 차생활과 다도의 모습을 갖추기에 이르렀다. 이 과정에서 茶道는 말뜻이 의미하듯이 육우의 저술과 당시 문사들의 시가를 통해 동양 사상의 수양론적 개념으로 제시되었고, 송·명대에 이르는 과정에서 차에 관한 다수의 이론서 출간 및 불가다도의 진전, 제다(製茶)와 음다(飲茶)에 관한 기예 발전과 더불어 수양론적 환경이 더욱 풍성해졌다.

이처럼 이론 및 생산·소비 기반과 다도라는 문화양상을 갖춘 차는 특히 수양론적 기능을 명백히 담지(擔持)한 불가다도와 함께 선종에 실려 한국과 일본에 전파되었고, 이후 儒·道·佛 종파(宗派)의 구분을 넘어 그 수양론적 정체성을 더욱 드러내는 방향으로 나아갔다.

그러나 오늘날 차는 발원지인 중국에서는 물론 다도의 발현지(發顯地)라 할 수 있는 한국과 일본에서조차 다도의 수양론적 인식 쇠퇴와 함께 커피 상업주의에 밀려서 한낱 기호음료의 반열에 그 존재성을 묻어 버리고 있다. 이는 오늘을 사는 이들이 선현들이 깨달아 전해 준 차의 덕성을 망각한 채 차의 겉모습 핧기라는 본말전도에 빠진 탓이라 할 수 있다.

이러한 현상은 한국에서 더욱 도드라져 보인다. 최근 한국의 차는 산업면에서 커피의 홍수와 외래 상업주의 차의 범람 속에 급격히 침몰하는 모습을 보이고 있는데, 그러한 현상의 가장 큰 원인은 차가 지닌 월등한 정체성이자 차별성인 수양론적 특성을 살려 내지 못하고 차를 수많은 음료의 중의 하나로 격하시켜 버린 탓이다.

한국에는 신라 때 차가 들어와 조선 전·중기까지는 사대부와 불가에서 다례(茶禮)와 다도(茶道)의 개념이 섞여 인식되는 가운데 차가 의례 및 정신문화의 소재로서 기능을 발휘해 왔다. 한재(寒齋) 이목(李穆, 1471~1498)이 '본격적인 다도(茶道) 문헌'이라고 일컬어지는[257] 『다부(茶賦)』를 남긴 일은 조선 전기까지의 한국 차문화의 진전된 면을 보여 주는 사례라고 할 수 있다. 그러나 임·병(壬·丙) 양란(兩亂)과 정유재란의 후유증으로 조선의 차문화는 피폐화하여 일부 사대부층과 불가에서 명맥이 유지되는 정도에 머물렀다.

조선 중·후기 다산·초의·추사는 한국 차문화를 되살리는 기틀을 마련하였다. 다산은 유배지 강진에서 직접 차를 만들고 초의를 가르치는 한편 제자들에게 '다신계(茶信契)'를 운영하도록 하였다. 추사 역시 귀양지 제주도에 머무르면서 제다에 대해 조언을 하고 다도정신을 일깨우는 등으로 초의의 찻일을 거들었다. 이 일련의 흐름 속에서 초의는 『동다송』 저술을 통해 특유의 '한국적 다도'를 정의하였다.

그러나 이후 일본의 침탈과 6·25 민족상잔에 이어 서구의 문물이 밀려들고, 산업화에 따른 물질숭배 풍조가 팽배하면서 한재와 초의가 각각 『다부』와 『동다송』에서 천명한 한국적 수양다도와 그 정신은 묻히고 차는 음료수 반열의 뒷전으로 물러나게 되었다. 다행히 70년대 후반 차가 산업적 흥기를 보이고 차모임들이 결성되면서 차의 문화적 기능 수행에 관심이 쏠리기 시

---

257 정영선, 『한재 이목−다부(茶賦)』, 너럭바위, 2011, 9쪽.

작하였으나, 오늘날 한국의 차계와 차학계의 차에 대한 방향 설정은 위에서 말한 차와 다도의 수양론적 기능에 대한 본말전도에서 벗어나지 못하고 있다.

흔히 차는 커피 및 코코아와 함께 '세계 3대 기호음료'로 일컬어진다. 셋다 독특한 향기, 맛, 성분을 지니고 있어서이다. 그러나 오늘날 세계 시장 확장세에 있어서 커피가 차를 압도하고 있는 원인은 근본적으로는 커피와 차의 대중에 영합하는 특성의 차이에 있다. 커피는 제조 과정에서 향과 맛이 매우 자극적이도록 조작되는 데 비해 차는 본래의 향, 색, 맛의 항상성 유지가 중시된다. 이 때문에 커피는 표피적이고 말초적인 만족감에 영합할 수 있는 데 비해 차는 그렇지 못하다.

그러나 차의 향, 색, 맛은 여느 음식이나 물상이 지니지 못한 '순수 자연' 본연으로서 차의 정체성을 구현한다. 이러한 차의 특성에 대해 한재는 『다부』에서 "하물며 차의 공은 가장 높은데 아직 그것을 칭송하는 사람이 없다(況茶之功最高 而未有頌之者)."라 했고, 초의는 「산천도인의 사차시에 답하는 시(奉和山泉道人謝茶之作)」에서 "차는 성미가 사특함이 없는 군자와 같네(茶如君子性無邪)."라고 했다.

이러한 차의 장점에도 불구하고 오늘날 차가 그 수양론적 가치를 충분히 발휘하거나 인정받지 못하고 있는 이유는 차산업계에서는 물론이고 학계에서조차 다도를 이루는 요인으로서의 차의 특성 또는 다도의 진정한 의미 자체를 파악하지 못하여 다도를 '다례'나 '다법'으로 오인하고 있는 데에 기인한다. 다도의 의미 곡해 현상은 찻일(茶事)과 행다(行茶)의 현장에서 흔히 볼 수 있다. 다도를 차를 만들고 마시는 과정상의 방법 또는 형식의 문제로 보거나, 차를 마실 때의 기호감을 즐기는 정도로 생각하는 풍조가 그것이다.

이런 행태가 바로 한국에서 차가 커피 등 다른 음료수에 밀려 대중적 인식과 확산 추세가 움츠러들고 있는 결과로 이어지고 있는 것이다.

근래에 한국 차계에 영향력을 행사해 온 차 명망가들이나 차 관련 학자들의 다도 개념 인식 추이를 보면 다음과 같다.

최범술(崔凡述, 1904~1979)은 『한국의 다도』에서 "다도는 일상생활의 도를 끽다(喫茶)에 붙여 강조하는 말이다."[258]라고 하면서 다도의 정신적인 면을 강조하고 있다. 그는 "다도는 초의선사가 『동다송』에서 말한 '중정의 도'로서, 차의 생활을 통해 인간 생활의 중정의 도를 발견하고 치우침 없는 생활태도, 사고방식을 유지함으로써 온전한 생활을 유지할 수 있게 된다."고 설명하고 있다. 그는 한국 다도정신을 '중정'이라고 규정한 차계 일부의 인식에 동의하면서 중정을 '치우침 없는 생활태도'의 준칙이자 다도의 목적인 것처럼 말하고 있다.

김명배(金明培)는 차나무의 덕성에 대해 초의가 말한 '무사(無邪)'를 소개하고, 다도는 차의 천성에 따라서 덕을 쌓는 수련 행위[259]라고 말했다. 그는 다도를 무사(無邪)의 덕을 쌓는 것이라고 하여 좀 더 다도의 수양론적 취지에 가까운 언급을 했으나 차가 '무사의 덕'을 쌓게 해 주는 기제(機制: 원리)에 대해서는 설명하지 않았다. 최범술과 김명배의 다도관은 기존의 본래적 의미의 다도 개념을 소개했다는 정도의 의미를 갖는다고 볼 수 있다.

최차란(1926~2018)은 "차도를 이야기하기 전에 먼저 차도에 대한 용어부터 정립해야 한다. 흔히 우리는 차를 마시는 것을 차도라고 착각하는 예가

---

258 최범술, 『한국의 다도』, 보련각, 연대 미상, 57쪽.

259 김명배, 『다도학 논고』, 출판사 불명, 1996, 103쪽.

있다. 차도는 단순히 차를 마시는 행위에 국한되는 것이 아니다. 우주 원리로부터 태극 세계를 거쳐 자연세계, 생활세계에 이르는 과정이 한 줄기로 이어지는 것을 도라고 하고, 그것을 찻상차림에 옮겨 놓은 것이 우리나라 차도이다."[260]라고 말하고 있다. 다른 사람들에 비해 매우 진전된 다도 인식이다. 최차란은 한국 다도가 오늘의 모습처럼 개념상의 혼란으로 파행될 것임을 예고하고 있다. 그는 이렇게 말한다.

한국차인회가 설립된 후 차인회라는 명칭을 업고 차도는 우후죽순처럼 펴 나가기 시작했다. 그런데 차도의 원리를 모르는 채 행해져 차도라고 할 수 없었고, 모든 것이 잡차(雜茶)가 되어 버린 것이다. … 명예욕과 물욕으로 가득 채워진 몇몇 사람들의 의식세계를 감당하기 어려웠다.[261]

고산(杲山)은 "다도란 법도에 맞게 차를 즐김으로써 삶의 여유와 사색을 추구하고 몸과 마음을 다스리는 것을 말한다. 다도를 단지 차를 달이고 마시는 방식으로 이해하는 것은 잘못이며, 이러한 방식을 통해 정신적 고양을 꾀하여 자연과 합일된 건전한 삶의 길을 추구하는 데까지 나아가야 한다."[262]고 주장한다. 고산은 차(茶)에 도(道)자가 붙은 이유를 '차의 특성' 때문이라고 하여 다도의 정신적 측면을 강조하고 있다. 그는 동시에 다도를 차를 마시는 과정의 형식적인 것으로 이해하고 있는 세태를 지적하고 있다.

---

260 최차란, 『한국의 차도』, 화산문화, 2012, 11-14쪽.
261 위의 책, 5-14쪽.
262 고산, 『茶道儀範』, 성보문화재연구원, 2008, 35쪽.

그러나 다도를 형성시키는 요인과 다도의 기제에 대해서는 말하지 않았다.

정영선은 "다도는 배워서 향수하는 문화이고, 그 문화의 뿌리는 인식이다. 다례, 다구, 행다법, 다회, 다실 등 다도문화의 여러 양식은 그 본체가 되는 철학적 관념이 중시되지 않을 수 없다."고 말하고 "다도철학은 다도문화에 내재하는 형이상학적 관념체제로서, 다도사상, 다도정신, 다공철학, 차정신, 다도관 등으로 일컬어진다."[263]고 설명하고 있다. 즉, 다도문화를 본체와 양식의 둘로 나누고 다도사상 또는 다도정신을 본체로 구별한다. 이는 다도의 철학적이고 정신적인 속성을 간파한 것인데, 본체가 어떠한 것인지와 그 원리에 대한 설명이 필요하다.

박남식은 『한재 이목의 다도사상 연구』(성균관대 생활과학대학원 박사학위 논문)에서, 염숙은 『한재 이목의 도학사상과 다도사상』(원광대 대학원 박사학위 논문)에서 각각 한재의 다도사상을 수양론적 관점에서 파악함으로써 다도가 수양론이라는 데 일단 동의하고 있다. 그러나 한재 다도의 핵심어인 '오심지차'의 수양론적 기제에 대해서는 말하지 않고 현상의 기술에 그쳤다.

박동춘은 "다도는 철학적인 개념보다는 제다와 탕법, 품천을 아우르는 말"[264]이라고 의미 격하시킨다. 이는 다도의 의미를 차를 만들고(製茶) 우리고(泡法) 마시는(飮茶) 형이하학적인 방법에 국한시킴으로써 정영선과 대비되는 견해이다. 그의 주장대로 다도가 철학 용어가 아니고 제다와 탕법, 품천을 아우르는 말이라고 한다면 제다, 탕법, 품천의 일은 곧 차를 기호식품에 지나지 않게 하는 것일 뿐이다.

---

263 정영선, 『다도철학』, 너럭바위, 2010, 10쪽.
264 「대둔사 제다법, 드디어 밝혀지다」, 「미디어붓다」(2016년 9월 27자), 댓글.

정민은 『다신전(茶神傳)』의 '다신'과 관련된 논의를 근거로 "다도란 차와 물과 불이 최상의 조합으로 만나 다신을 불러내는 과정에서 얻는 깨달음의 경지다. 그리고 그 경지에 이르기 위해 필요한 일체의 과정과 절차를 익히는 것이다."[265]라고 말하고 있다. 정민은 '경지'에 이르는 다도의 '과정'에서 철학적 의미를 찾고자 한다. 그렇다면 다신의 정체나 '깨달음의 경지'에 대해서도 설명이 필요하다.

정서경은 "다도는 철학적인 개념이기 이전에 차문화의 규범이고 도리이다. 제다와 탕법, 품천을 아우르는 말이고, 제다는 차를 만드는 절차에 있어서의 기술이다. 이는 모두 좋은 차를 만드는 것이 목적이다."[266]라고 말하고 있다. 정서경의 다도관은 대체로 박동춘과 유사하다. "다도란 제다, 탕법, 품천을 아우르는 말…"이라는 그의 주장은 다도의 중간 과정을 일컫는 말이어서 다도를 '방법', 즉 '다법' 수준으로 파악한 것이다. 그런데 "(이것들이) 모두 좋은 차를 만드는 것이 목적"이라면, 좋은 차를 만드는 목적은 또 무엇인가? 박동춘과 정서경은 그 답을 찾았어야 한다.

위에서 최범술과 고산과 정민은 다도의 정신적인 본질을, 정영선은 정신적인 측면과 양식 모두를 강조하는 데 비해 박동춘과 정서경은 다도를 철학적 개념 이전에 차를 만들고 우려내는 '방법'에 제한함으로써 "다도를 단지 차를 달이고 마시는 방식으로 이해하는 것은 잘못"이라는 고산의 말을 환기시키고 있다. 박동춘은 제다, 탕법, 품천의 과정에 인간의 삶에 시사하는 디

---

265 정민, 『새로 쓰는 조선의 차문화』. 김영사, 2011. 321쪽.

266 정서경, 「초의차의 전승 맥락과 제언」, 『초의선사 열반 150주년 기념 초의학술 발표논문집』, 예술의 전당, 2016, 83쪽.

도정신, 즉 철학성이 함축돼 있음을 놓치고 있는 게 아닐까?[267]

다도를 '정신적 차원'으로 인식하는 경우에도 사람에 따라 차이를 보인다. 초의가 『동다송』에서 규정한 다도의 수양론적 함의는 '다신(茶神)을 구현해 내는 일'로 요약된다. 또 한국의 차문화 중흥에 관심을 가졌던 김미희는 다도를 행함에 있어 지녀야 할 정신을 '淸 · 靜 · 儉 · 德 · 中 · 和 · 禮 · 敬'에 두고 '전통 차문화'를 계승하고자 했다. 정상구는 다도의 연구와 교육, 차문화의 전승에 힘쓰면서 고전 문헌과 유 · 불 · 도의 차인들이 남긴 시구를 통하여 한국의 전통적인 다도정신을 '和 · 敬 · 儉 · 眞'이라는 네 가지 덕목으로 요약하였다.

박종한은 다도를 학생들의 교육에 도입하여 품성과 덕목을 기르는 데 활용하였는데, 그는 다도정신을 '恭 · 禮 · 溫 · 敬 · 義 · 情 · 中正 · 淸 · 寂'으로 규정하고 '以茶養性'을 지향하였다. 이진수는 그의 저서를 통하여 우리나라의 고전 문헌과 시구에 나타나는 차인들의 다도정신이 '無邪 · 安分知足 · 中正 · 和 · 靜 · 淸 · 虛'에 있음을 주장하였다. 정영선은 다도정신에 관한 그의 저서를 통하여 우리나라의 전통적인 다도정신은 '正 · 中 · 風流 · 道 · 神明 · 一心'의 사상에 있다고 주장하였다. 다나하시 고오호오는 중국 차문화에 관한 그의 저서를 통해 한국은 중국의 중용사상의 영향으로 중정의 정신이 형성되었으며 이는 '淸 · 敬 · 和 · 樂'의 다도정신으로 전개되었다고 주장하였다.[268]

---

267 최성민, 「다부와 동다송에 내재된 다도정신의 특성고찰」, 한국차학회, 한국차학회지 제23권 제1호, 2017, 3–4쪽.

268 박영식, 「한중일 다도정신 비교연구」, 차문화산업학 제20집, 국제차문화학회, 2011, 17–18쪽.

이와 같은 한국 다도관의 혼란상은 다도의 이해와 관련하여 도(道) 및 중정(中正), 화(和) 등의 철학 개념에 대한 경학적 이해 부족, 차(茶)와 도의 관계가 갖는 수양론적 함의에 대한 인식의 부재에 기인하는 것으로 판단된다. 따라서 이러한 한국 다도관의 혼란상 및 수양론적 다도관 부재의 실정에 문제의식을 갖고 한국 다도의 본래적 지향이어야 할 수양론으로서의 모습을 탐색해 볼 필요가 있다.

다도가 오늘의 우리보다 훨씬 자연에 가까이 살았던 선조들의 자연친화 요결(要訣)이었음을 감안하면, 선현들이 누렸던 차와 다도가 지닌 자연성의 농도와 순수성의 정도를 가늠할 수 있다. 미세 플라스틱 먼지가 북극 설원에까지 퍼지고 있는 오늘날, 우리 선현들이 창발한 '한국수양다도'는 자연의 진수(眞髓)를 담고 있는 차(茶)를 직접 소재로 한다는 점에서 인간의 자연회귀를 위한 치유법으로 삼아 볼 만하다. 그런 점에서도 한국의 선조들이 다도를 구명(究明)하고 실천하고자 했던 기록들을 통해 한국적 정서가 반영된 '한국형 수양다도'의 모형을 모색해 볼 필요가 있겠다.

지금까지 한국의 다도에 관한 연구는 제다(製茶)나 포법(泡法) 등 차를 만들고 우려내는 방법상의 문제를 다루거나 옛 문헌 또는 개인의 저술에 나타난 다도정신을 단순히 해설하는 작업이 주를 이루었다. 최근에는 '다도명상' 등의 이름으로써 다도를 집단 교육 프로그램으로 활용하는 방안을 제시하는 연구도 눈에 띈다. 그러나 다도에 '수양론'이라는 본연의 사명을 부여하여 다도의 본질, 구조, 형성 요인, 수양의 기제와 효과 등에 대해 분석한 연구는 찾아보기 어렵다. 오히려 다도를 수양론으로 보는 의제 설정 자체를 찾기 어렵다고 하는 게 적절한 말일 것이다.

특정 개인의 저술에 나타난 다도정신에 대한 연구 사례는 한재 이목의『다부』와 초의의『다신전』및『동다송』에 관한 것이 눈에 띈다. 이 두 인물의 다도에 관한 연구가 많은 것은 이목의 경우『다부』가 정신적 차원의 다도 개념을 최초로 그리고 비교적 진지하게 제시한 문헌으로 평가받고 있다는 점, 초의의 경우『다신전』과『동다송』을 통해 찻일의 중요 과제인 '채다(採茶)~포법(泡法)'의 과정을 상세히 소개하면서 이를 '다도'로 규정하고 있다는 점 등, 자료의 구체성과 접근 편의성 및 그것들이 한국의 차문화사에서 차지하는 비중의 중요성 때문인 것으로 보인다.

한재의 다도정신에 관한 연구들은 주로 그가『다부』에서 '오심지차'라는 말로써 정신적 차원의 다도 개념을 제시했다는 데에 의미를 부여하고 있다. 그러나『다부』의 '오심지차'를 수양론의 토대 위에서 상세히 관찰한 연구는 보이지 않는다. 초의의 다도에 관한 연구들은 초의의 다도사상이 '중정(中正)'이라거나 다삼매(茶三昧)의 불교사상 또는 유·불·도 삼교회통의 논리라는 등, 다도사상의 유형이나 성격에 관한 분류나 설명에 초점이 맞춰지고 있다. 그러나 초의의 다도관 형성 배경을 설명하거나 초의의 다도정신을 수양론의 견지에서 탐색하고자 한 연구가 드문 것은 마찬가지이다.

한국의 다도를 본원적으로 다뤘다고 할 수 있는 논문의 하나로 박남식의「한재 이목의 다도사상 연구」가 있다. 이 논문은 한재의『다부』에 나타난 다도사상의 성격을 그의 철학적 기반을 중심으로 설명하였다. 박남식은 한재 다도사상의 핵심인 '오심지차'에 대해 "'吾心之茶'의 다도사상은 다심일여(茶心一如를)의 천인합일사상으로 승화시킨 한국의 고유 다론(茶論)을 펴려고 했던 것에 큰 의미가 있다."[269]고 말하고 있다.

---

269 박남식,『寒齋 李穆의 茶道思想 硏究』, 성균관대학교대학원 박사학위 논문, 2012, 198쪽.

초의의 다도에 관한 연구로는 박동춘의 『초의선사의 차문화관 연구』[270]와 송해경의 『초의 의순의 다도관 연구』[271]가 눈에 띈다. 박동춘은 초의의 다도사상을 불교적 시각의 선다사상(禪茶思想)으로 해석하고 이를 다시 '다삼매(茶三昧)'와 '전다삼매(煎茶三昧)'로 나누어 설명한다. 그에 따르면 '다삼매'는 '제다~음다'의 전 과정에 관통하는 초의의 다도사상을 일컫는 말이다. 그는 제다(製茶)에서의 정결함 및 포법에서의 중정(中正)의 유지가 모두 삼매(三昧)의 경지에서 이루어질 수 있는 것이며, '차와 물의 상관관계가 다도의 핵심'이라고 주장하고 있다.

음다(飮茶)와 관련해서는 '자연과 합일된 세계'를 '다도의 극치'[272]라고 설명한다. '전다삼매'에 관해서는 추사 김정희가 남긴 '전다삼매'라는 유묵의 예를 들어 '다도의 진수를 드러낼 차탕의 중요성'을 강조하고 있다. 그는 '다삼매'와 '전다삼매'를 아우르는 말로 "삼매의 경지에서 만든 차만이 건령을 드러낼 수 있다는 것인데, 무념의 상태에서 만든 차를 의미하기도 한다. 따라서 초의의 제다법과 탕법은 일미선(一味禪)의 경지를 드러낸 차의 세계이다."[273]라고 설명하고 있다.

박동춘의 '다도 삼매론'은 그의 말처럼 삼매가 '무념의 상태'에 드는 수양이라는 점에서 초의의 다도사상이 근본적으로 수양론에 정초(定礎)했음을 말해 준다. 그러나 막상 박동춘 자신은 초의의 다도 이해에서 수양론에 초

---

270 박동춘, 『초의선사의 차문화관 연구』, 동국대학교대학원 박사학위 논문, 2010.

271 송해경, 『초의 의순의 다도관 연구』, 원광대학교대학원 박사학위 논문, 2007.

272 박동춘, 『초의선사의 차문화 연구』, 일지사, 2010, 152쪽.

273 위의 책, 155쪽.

점을 맞춘 것 같지는 않다. '삼매의 경지에서 만든 차', '무념의 상태에서 만든 차' 또는 '일미선의 경지를 드러낸 차'라는 박동춘의 말은 목적어인 '차'에 관심이 쏠리게 한다. 그 차를 만드는 일인 '삼매의 경지', '무념의 상태', '일미선의 경지'의 수양론적 의미가 강조되지 않으면 이들은 차를 만드는 '기법'이나 공예로 전락하고 다도는 '도(道)'의 차원에 이르지 못하게 될 우려가 있다.

박동춘의 초의 다도 인식에 있어서 또 다른 문제는 그가 초의의 다도사상을 선다사상(禪茶思想)으로 이해하고 있다는 점이다. 그러나 초의가 선승의 입장에서 쓴 「奉和山泉道人謝茶之作」에 나타난 다도사상은 선다사상일라고 할 수 있을망정 초의의 다도사상 파악의 전범이라고 할 수 있는『동다송』의 '다도 규정'에 시사(示唆)된 초의의 다도사상은 유가의 이념인 '성(誠)'을 추구하는 유가 사상에 훨씬 가깝다.

『초의 의순의 다도관 연구』에서 송해경은 초의의 생애와『동다송』의 저술 배경을 소개하고,『동다송』의 다도정신을 '다선삼매론', '중정', '도가적 신선사상' 등으로 파악하고 있다. 그는 '초의의 차세계의 독창성'으로『동다송』의 도가적 신선사상 등을 강조하고 있다. 그러나 그 역시『동다송』의 다도사상, 예컨대 다선삼매론이나 다도에서의 도가적 신선사상이 우리 삶에서 어떠한 수양론적 맥락과 의미를 갖는지에 대해서는 부언하지 않았다. 또 도가적 신선사상으로 파악되는 다도사상을 낳는 초의의 다도란 어떤 범주를 두고 말하는지 애매하다.

다도를 수양론으로 본 연구로는 이혜자의『초의 의순의 다도관 연구』가 있다. 그는 이 논문에서 "다도란 초현실 세계의 이상향에 도달하고자 하는 도의 경로 중 茶事를 통하여 몸과 마음을 수련하고 덕망을 쌓는 행위"[274]라고 보았다. 그는 "사람들이 적덕을 쌓고 수련을 하는 행위의 궁극 목적은 행복과 건강한 삶을 누리려는 인류 공통의 보편성에서 출발한다."고 말하면서, 한국의 다도사상을 고전 시가류를 텍스트로 하여 유·불·도가 별로 분류하여 정리하고 있다.

그는 유가는 正心修德의 다도관을, 도가는 虛室生白 다도관을, 불가는 선정삼매와 점다삼매를 병행 융합한 다도관을 갖는다고 말하면서 無我의 경지에서만 득도할 수 있다고 하였다. 그는 한국 다도정신의 공통점을 '無我靜寂'으로 정리했다.[275] 그러나 수양의 궁극 목적을 행복과 건강한 삶을 누리려는 것이라고 본 것은 형이상학적 근시안이라는 비판을 면키 어려워 보인다.

김명배의 '초의선사의 다도 연구'[276]는 찻잎 채취와 제다, 팽다, 끽다 등 『동다송』에 기술된 찻일(茶事)을 소개하고, 초의의 다도정신을 '다선일미'라고 말하고 있다. '다선일미'는 흔히 불가다도수행의 언어로서 거론되지만 '다선일미'에서 차가 지니는 선적(禪的) 기제에 대한 설명이 미흡하다는 문제를 늘 남긴다. 또 『동다송』의 초의다도 정신을 '다선일미'라고 본 것은 이념(다도정신)과 양상(다선일미)을 구별하지 못했다는 아쉬움 및 박동춘처럼 유가적 다도를 불가다도로 해석했다는 지적의 여지를 남긴다.

김방룡(충남대)은 「선승들의 차문화에 대한 일고」[277]의 Ⅲ장 '다선일미의 선

---

274 이혜자, 『韓國古典詩歌 속의 茶道思想』, 숙명여자대학교 교육대학원 석사학위논문, 1994, 16쪽.

275 위의 책, 107-108쪽.

276 1997년 한국차학회지 제3권 2호에 발표된 논문.

277 김방룡, 「선승들의 차문화에 대한 일고」, 국제차문화학회, 차문화·산업학, 2008년

적 의미'에서『동다송』의 다도정신을 '중용'이라 말하고 중용의 의미를 차를 달여 내는 방식(泡茶)과 결부시켜 '불편불의 무과불급'이라고 설명하고 있다. 그것이 수양이나 선적 의미와 어떤 관계라는 설명은 보이지 않는다. '불편불의 무과불급'이라는 상태 묘사의 형용사를 다도정신이라고 할 수 있는지도 의문이다.

염숙은「한재 이목의 도학정신과 다도사상」[278]에서 아래와 같이 차의 수양론적인 측면을 말하고 있다. 그러나 역시 그 수양론적 기제에 대해서는 언급하지 않는다.

도학자로서 한재는 늘 쇄신하려는 마음자세로 정신을 수양하고 정신적 즐거움을 얻으려 했는데, 이 과정에서 차생활을 중요시했다. … 그는 실제로 차를 완미하는 것 보다 '정신 수양'과 '정신적 즐거움'이 한 단계 위에 있음을 강조하였다. … 한재가 우리에게 전하고자 하는 차는 자연을 벗 삼음으로써 얻게 되는 자연의 웅혼함과 차의 고결한 자태를 통해 느끼며 우리의 심신을 보다 높은 차원으로 이끄는 마음속의 차인 것이다.

한재 이목과 초의 선사의 다도사상을 함께 다룬 책으로 최영성의『사상으로 읽는 전통문화』가 있다. 그는『다부』에 담겨 있는 심학사상(心學思想)은 한재의 또 다른 작품『허실생백부(虛室生白賦)』와 함께 검토해야 한다면서, '梢得其性, 心甚珍之'의 여덟 글자가『다부』의 사상적 핵심으로서 한재의 개결(介潔)하고 정행검덕(精行儉德)한 삶과 투철한 인생관, 그리고 학문세계를 반

---

278 염숙,「한재 이목의 도학정신과 다도 사상」, 원광대학교대학원 박사학위 논문, 2008.

영하고 있다고 설명한다.

(『다부』는) 전반적으로 차에 대한 예찬론을 펴고 있지만, 궁극적으로 다도가 심
성수양, 더 나아가 구도(求道)에 깊이 연결된다는 점을 강조하였다. 한마디로 차
생활을 통해서 도의 경지에 이를 수 있다는 점을 부각하였다. … 한재에게 차는
결코 맛이나 멋, 그리고 즐거움만을 추구하는 대상이 아니었다. 높은 정신적 경
지를 추구하는 수양 방법의 하나로서 더 의미가 있는 것이다.[279]

그는 초의의 다도사상에 대해서는 "초의가 장원의 『다록』을 읽고 그 책에
나오는 '다신(茶神)'을 다도에서의 핵심 개념으로 받아들였다."[280]고 주장하
면서 『다신전』이란 '차의 신령함을 유지하는 전통적 방법'이라는 의미라고
설명하고 있다. 그는 초의의 다도철학에서 개념적으로 중요한 체신(體身),
중정(中正), 건령(健靈) 모두가 『다록』에서 나왔는데, 초의는 이 철학적 개념
들에 한국사상의 전통 가운데 하나인 묘합(妙合)의 논리를 이끌어 체계를 다
시 짬으로써 초의의 다도철학이 한국사상의 전통을 잘 계승한 것이라고 평
가한다.

그는 "이복이 '오심지차'를 가장 높은 경지에 둠으로써 관념(정신)의 경지
에 기울었다면, 초의는 '신기'의 세계를 강조함으로써 물질과 정신을 아우르
려 했다."고 비교하고, 초의의 다도철학의 현대적 의의에 대해서는 "초의의
다도철학은 다도철학이며서 정치철학, 사회철학으로서의 기능까지 할 수도

---

279 최영성, 『사상으로 읽는 전통문화』, 이른아침, 2016, 392-393쪽.
280 위의 책, 423쪽.

있다. 초의가 부르짖었던 묘합의 정신으로 온갖 대립과 갈등을 해소하며, 정신에는 관심이 없고 온통 물질에만 마음이 쏠려 있는 현대의 난맥상을 바로잡아야 할 것이다. 이것이 '현대의 실학'이라고 본다."[281]고 의미 부여했다.

이 밖에 다도를 다룬 저술로는 정영선의『다도철학』(2010), 정성본·김명희의『선과 다도』(2014), 최범술의『한국의 다도』(저술연대 미상), 최차란의『한국의 차도』(2012), 고산의『茶道儀範』(2008), 김명배의『다도학 논고』(1996) 등이 있다. 이 책들은 모두 다도 또는 다도와 직결되는 선(禪)을 제목이나 주제로 삼고 있다. 그런 만큼 내용들은 모두 다도의 철학적 의미를 설명하는 데 중점을 두고 있다. 즉 다도란 흔히 말하는 차를 마시는 과정상의 방법이나 형식이 아니라 차생활에서 얻는 정신적 고양(高揚)이라는 것이다.

그러나 이들 단행본 역시 위 논문들의 경우에서와 마찬가지로 다도가 정신 차원의 용사(用事)라는 당위론적 주장 제시 외에 수양론적 의미를 분석하지는 않았다. 이들 가운데 비교적 다도의 본질적 의미에 다가가고자 한 것은 최차란의『한국의 차도』와 김명배의『다도학 논고』, 정영선의『다도철학』이다.

---

281 위의 책, 447쪽.

2. 한국 차 제다와 다도의 특별한 관계

초의는 『동다송』 제45송에서 "又有九難四香玄妙用(또 차에는 아홉 가지 어려움(九難)과 네 가지 향기(四香)가 있어서 현묘하게 작용한다)…"이라 하고 그 뒤에 붙인 주석에서 다음과 같이 썼다.

"茶經云 茶有九難 一日造 二日別 三日器 四日火 五日水 六日炙 七日末 八日煮 九日飮. 陰採夜焙非造也 嚼味嗅香非別也 鼎腥 非器也 膏薪 炭非火也 飛湍壅 非水也 外熟內生非炙也 碧粉 塵非末也 操艱攪遽非煮也 夏興冬 廢非飮也. 萬寶全書 茶有眞香 有蘭香 有淸香 有純香 表裏如一日純香 不生不熟日淸香 火候均停日蘭香 雨前神具日眞香 此謂四香.(『다경』에 이르기를, 차에는 아홉 가지 어려움이 있는데, 첫째는 만들기(造)요, 둘째는 감별(別)이요, 셋째는 그릇(器)이요, 넷째는 불(火)이요, 다섯째는 물(水)이요, 여섯째는 불에 굽는 일(炙)이요, 일곱째는 가루 내는 일(末)이요, 여덟째는 끓이는 일(煮)이요, 아홉째는 마시는 일(飮)이다. 흐린 날에 차를 따거나 밤에 말리는 것은 만들기가 아니요, 씹어서 맛을 보거나 냄새를 맡아서 가려내는 것은 감별이 아니요, 노린내 나는 솥이나 비린내 나는 찻잔은 그릇이 아니요, 진이 나는 나무ㅣ나 덜 탄 숯은 불이 아니요, 급하게 흐르는 물이나 고인 물은 물이 아니요, 겉만 익고 속이 설익은 것은 굽기가 아니요, 푸른 가루나 옥색 티끌은 가루가 아니요, 서툰 솜씨로 다루거나 휘젓는 것은 끓이는 것이 아니요, 여름에는 마시고 겨울에는 안 마시는 것은 마시는 것이 아니라고 했다. 『만보전서』에, 차에는 진향(眞香), 난향(蘭香), 청향(淸香), 순향(純香)이 있는데, 겉과 속이 같은 것은 순향이요, 설익지도 너무 익지도 않은 것은 청향이요, 불기운이 고르고 균일한 것은 난향이요, 비 오기 전 신묘함을 갖춘 것을 진향이라고 한다. 이상을 가리켜 사향(四香)이라고 한다고 했다.)

  위 주석에서 구난의 제1이 제다이고(一曰造), 4향의 관건이 제다에서의 화후조절이다. 이 의미를 "(이것들이) 작용함에 현묘하다"는 본문에 붙여 해석하면 제다가 얼마나 섬세하게 정성을 기울여야 하는 것인지를 알 수 있다. 최초의 한국 대중판매차인 백운옥판차 제다법을 배웠다는 불갑사 수산 스님은 "찻잎을 딸 때와 차를 완성했을 때의 향이 같은 차가 '차다운 차'"라고 말하여 차와 다도의 관계를 강조했다. 이 역시 한국적 제다의 특성과 다도의 수양 기능에 대한 중요성을 깨우쳐 주는 말이다.

  차의 품질은 제다에서 결정된다. 수양다도가 수행하는 심신수양 기능은 차를 마심으로써 차의 성분에 의한 효능 발휘에 따라 작동된다. 현재까지 과학적으로 밝혀진 바에 따르면, 다도의 심신수양 기능은 차의 성분 중 테아닌과 카페인의 상호작용에 의한 것이다. 테아닌은 마음을 안정시켜 주는 효능을 발휘하고 카페인은 안정된 마음의 각성 효과를 발휘한다.

  최근 뇌파실험에서 밝혀진 사실은 차를 마신 사람의 뇌파는 그렇지 않은 사람보다 쉽게 α 파로 진정된다는 것이다. α 파는 명상 시 나타나는 뇌파이다. 명상은 사람의 뇌파를 표층의식으로부터 심층의식 쪽으로, 즉 '델타(δ)파(숙면의식) ← 시에타(θ)파(수면의식) ← 알파(α)파(명상의식) ← 베타(β)파(대상의식) ← 감마(γ)파(극도의 각성과 흥분 의식)'와 같이 역방향으로 진정시킨다. 예컨대 불가 참선수행 명상의 목표는 뇌파 상태로 볼 때 δ 파에 이르는 것이다.

명상이 아닌 평상시의 δ파 상태는 깊은 잠에 빠져든 상태이다. 그러나 명상에서 δ파 상태는 정신이 최고도로 진정되어 있으면서도 또렷이 깨어 있어서 심층마음을 깨닫는 경지이다. 이런 상태를 '적적성성(寂寂惺惺)'이라고 한다. 이때 잡념을 없애고 마음을 안정시켜 '寂寂'에 도달하게 해 주는 차의 성분이 테아닌이고 마음이 극도로 안정된 가운데 고도의 각성 상태인 '惺惺'을 유지시켜 주는 성분이 카페인이다.

위와 같은 사실은 차가 테아닌 성분과 카페인 성분을 충분하고 적절하게 함유하고 있어야 할 필요성을 말해 준다. 즉, 생찻잎이 내포한 테아닌과 카페인을 제다 과정에서 유실시키는 요인을 막아서 그것들을 최적의 상태로 보전해 내야 한다는 것이다. 테아닌은 찻잎에만 들어 있는 아미노산 구성 물질로서 온대지방의 소엽종 찻잎에 많이 들어 있다. 테아닌은 찻잎의 후발효(미생물발효) 과정에서 미생물 효소에 의해 분해된다. 카페인은 제다 과정에서 열을 가하면 함량이 다소 줄어들 수 있는 것으로 알려졌다.

이상과 같은 사실에서 제다와 다도의 수양기능과의 관계가 중요함을 알 수 있다. 다도 수양은 마음을 안정시켜 심층마음 또는 초월적 세계를 체인하는 일이다. 이것을 가능케 하는 것은 차의 성분인 테아니과 카페인의 합동 작업이다. 테아닌과 카페인 성분을 적절히 함유한 차는 한국과 같은 온대지역의 소엽종 찻잎으로 만든 녹차이다. 특히 녹차 제다 과정에서는 열에 약한 카페인이 보전을 위해 화후 조절에 주의해야 한다. 이것이 위에서 차의 구난 중 제일이 제다라 하여 제다를 강조한 이유의 하나이다.

또 '차의 4향' 중 '진향'을 앞세워 강조하고 나머지 3향의 성격을 화후 조절에 연계하여 말한 것은 동양 사상 수양론의 기반인 氣論에 입각하여 진향

(眞 香氣)을 자연의 '청기'로 인식하고 그것을 보전해 내는 화후 조절 방향을 세 가지의 향으로 설명한 것이다. 즉 이른 봄에 난 일창이기(一槍二旗)의 작설차잎으로(眞香), 솥이 적절한 온도(섭씨 250도 안팎)로 달아올랐을 때 찻잎을 넣어야 겉이 타거나 코팅되지 않고 불길이 속까지 미쳐서 순향(純香)을 얻고, 찻잎을 고루 잘 저어 모든 찻잎을 차등 없이 잘 익혀서 갈변이나 타는 현상을 막아야 청향(淸香)을 얻으며, 찻잎이 솥 안에 머무르는 시간을 적절히 하여 덖기를 멈추어야 불길이 고르게 들어 부드럽고 은은한 난향(蘭香)을 얻을 수 있다. 난향은 또 마지막 솥인 가향(佳香) 작업 과정에서 연한 불길을 가해 찻잎 표면의 융모가 잘 익어 뽀얗게 드러나는 상태에서 추가로 확보된다.

초의가 『동다송』 제60송 주석에서 제시한 '다도' 규정인 '채진기묘—조진기정—수득기진—포득기중'에서 '채진기묘—조진기정'은 '제다'에 해당하고, '수득기진—포득기중'은 '포다(泡茶: 차 우리기)'에 해당한다. 여기에서 '제다'의 결과는 '포다'에서 발현되고 이런 조합은 초의가 위 주석 뒤에 연이어 읊은 '일경옥화풍생액 신경이섭상청경(一傾玉花風生液 身輕已涉上淸境)'과 주석으로 단 음다법 중 '독철왈신(獨啜日神)'에서 알 수 있듯이 다도수양을 위한 것이다. 이런 맥락에서 초의의 다도에 '채진기묘'와 '조진기정'이라는 제다 과정이 들어 있고, 초의 다도의 전 과정에는 차의 신묘함, 즉 진향을 순향, 청향, 난향으로 잘 보전해서 차탕에 구현시키기 위해 정성(誠)을 다하라고 하여, 유가의 이념인 '誠(성)'을 다도정신으로 탑재시켜 놓았다는 점을 주목할 필요가 있다.

한국산 찻잎은 온대지역 소엽종이고, 한국차의 주류는 덖음 녹차이다. 지금까지 위에서 살펴본 바에 비추어 한국산 찻잎으로 만든 덖음(또는 증제) 녹차는 풍부한 테아닌이 잘 보전돼 있어서 다도수양에 최적이라고 할 수 있다. 단, 제다 과정에서 카페인 유실을 방지하기 위해 화후 조절이 적절해야 한다는 전제가 필요하다.

3. 한국수양다도의 연원과 전개

한국 차문화사에 있어서 한재 이목의『다부』는 다도의 수양론적 의의를 고창(高昌)시킨 것으로 평가되고 있다. 류건집은『다부』의 저술에 대해 "동양삼국 어느 다서에서도 한재처럼 깊은 인본사상과 결부해 심오한 깨달음을 온통 논한 책을 아직 보지 못했다."[282]고 평가했다. 앞에서 문사다도와 불가다도 등 두 양상의 다도가 중국에서 일어나 한국과 일본으로 흘러들었음을 말했다. 한재의 다도는 한재가 유학자이자 관료였다는 점에서 문사다도에속한다. 그렇다면 한재가『다부』를 쓰기 전까지의 한국 다도의 수양론적 흐름은 어떠한 양태였을까?

한국에 차가 들어왔다는 공식 기록은『삼국사기』「신라본기」제10권에 등장한다.

흥덕왕 3년(828) 겨울 12월에 사신을 당나라에 보내 조공했다. 당나라 문종이인덕전에 불러들여 연회를 베풀고 차등 있게 선물을 내려 주었다. 당나라에 갔다가 돌아온 사신 대렴이 차의 씨앗을 가지고 와서 왕이 그것을 지리산에 심게 하였다. 차는 선덕여왕 때부터 있었지만, 이에 이르러 유행했다.[283]

---

282 한재 이목, 류건집 주해,『다부 주해』, 이른아침, 2012, 49쪽.
283 興德王三年 冬十二月 遣使入唐朝貢 文宗召對于麟德殿 宴賜有差 入唐廻使大廉 持茶

앞에서 살펴본 바와 같이 당대(唐代)에는 육우의 『다경』이 출간되어 차에 관한 이론이 정리되고 '차의 덕'이 제시됨으로써 봉연의 기록 및 교연과 노동의 시를 통해 '다도'의 개념이 윤곽을 드러냈다. 이때의 다도는 차를 마심으로써 얻게 되는 정신적 자득(自得)의 즐거움을 좇는 일이었고 문사들은 그것을 시로 묘사하였다. 당나라로부터 차 씨앗을 들여와 왕의 지시로 지리산에 심으면서 차에 대한 관심이 높아진 신라에는 당나라의 문사다도와 불가다도의 기풍도 자연스럽게 이식되었을 것이다.

그러나 신라 시대 문사다도의 흔적을 볼 수 있는 기록을 찾기가 어렵다. 차 도입 초기라서 다도의 인식이 널리 확산되지 않은 탓으로 보인다. 신라 시대 불가다도의 경우도 선종 구산선문(九山禪門)의 개창(開創) 시기가 신라 말이어서 역시 관련 기록이 많지 않다. 다만 신라 시대 다도 수양의 기풍을 화랑도(花郎徒)의 수도(修道) 행적(行蹟)과 경남 하동 쌍계사 진감선사비문(眞鑑禪師碑文)에서 찾아볼 수 있다.

화랑도가 '풍류'의 도를 닦는 한 방법으로 다도를 수행했던 흔적이 강원도 강릉시 강동면 하시동리에 있는 한송정(寒松亭)에 남아 있다. 『신증동국여지승람』「강릉대도호부」조(條)에 한송정에 대한 기록이 있다.

한송정은 강릉부 동쪽 15리에 있다. 동쪽으로 큰 바다에 임했고 소나무가 울창하다. 정자 곁에 차우물(茶泉 또는 茶井)·돌아궁이(石竈)·돌절구(石臼)가 있는데, 곧 술랑선인(述郎仙人)들이 놀던 곳이다.[284]

種子來 王使植智異山 茶自善德王時有之 至於此盛焉.

284 寒松亭在府東十五里 東臨大海 蒼松鬱然 亭畔有茶泉石竈石臼 卽述郎仙徒所遊處.

또 고려시대 안축(安軸, 1282~1348)의 「한송정에 쓰다(題寒松亭)」라는 시에 망망대해에 임한 송림(松林) 속 정자에 견고한 차사(茶事) 도구 일체가 상설(常設)되어 있었음을 전하고 있다.

네 선랑 일찍이 여기에 모였으니 / 마치 맹상군의 문객 같았겠네 / 구슬 신발 구름에 자취 없고 / 푸른 소나무는 불타고 없네 / 참됨을 찾아 푸르고 무성함 생각하며 / 옛일을 생각하다 황혼까지 섰도다 / 다만 차 달이던 우물만 예전과 다름 없이 돌부리에 있도다[285]

당시 화랑들은 '풍류'가 함의한 유·불·도 융합의 사상으로 심신수양을 하고자 산천을 유람했을 것이다. 그들이 자연 속에서 차를 내서 마시는 일은 차를 매개로 한 마음의 정화 또는 자연친화 효과를 얻고자 한 것이라고 볼 수 있다. 이에 대해 고산(杲山)은 "화랑들은 자연 속에서 우주의 법도를 체험하며 본래의 한마음으로 돌아가려는 풍류정신을 실천하려는 이들이었는데, 이때 차는 수련의 훌륭한 매개체가 되었던 것이다."[286]라고 설명한다.

최치원이 쓴 쌍계사 진감선사비문에는 다음과 같은 구절이 있다.

또 한다(漢茶)를 공양하는 사람이 있으면 돌솥에 섶으로 불을 지피고 가루로 만들지 않고 끓이면서 말하기를 "나는 맛이 어떤지 알지 못하겠다. 배 속을 적

---

285 四仙曾會此 客似孟嘗門 珠履雲無迹 蒼官火不存 尋眞思翠密 懷古立黃昏 唯有煎茶井 依然在石根.

286 고산, 『茶道儀範』, 성보문화재연구원, 2007, 54쪽.

실 따름이다."라고 하였다. 참된 것을 지키고 속된 것을 미워함이 모두 이러한 류였다.[287]

이 말은 다인(茶人)으로서 진감 선사의 풍모를 보여 주는 것으로서, '守眞 忤俗(참을 지키고 속됨을 미워한다)'이라는 말에 진감 선사가 수행한 다도의 진의가 들어 있다고 할 수 있다. 선사는 차를 가루 내는 등의 인위나 가식을 더하지 않고 있는 그대로 불 지펴 끓여서 맛을 분별하지도 않고 그저 마실 뿐이었다. 이는 차의 자연성을 좇는 수양다도의 한 모습이라고 할 수 있다.

진감 선사(774~850)는 804년 당나라에 들어가 810년 숭산(崇山)의 소림사(小林寺)에서 구족계를 받고, 종남산에 들어가 지관(止觀)을 닦았다. 830년(흥덕왕 5) 신라에 돌아와 경상북도 상주 장백사(長栢寺: 현 칠장사)에 머물며 중생을 교화하였다. 나중에 지리산 화개골로 옮겨 옥천사(현 쌍계사)를 지었다. 선사의 사상은 일심을 근본으로 한 공관(空觀)으로서 남종선의 조사선 계통이었다. 그의 입당 수학 기간이 조주 선사(778~897)의 활동기와 겹치는 것과 차생활이 검소 담박한 것으로 보아 그는 '끽다거'의 조사선 다풍을 습득하여 왔던 것으로 생각된다. 진감선사비문의 이러한 내용은 한국 불가 수행 나도의 일면을 보여 주는 최고(最古)의 사례로서 한국 수양다도의 시원(始原)으로 삼을 만하다.

고려시대에는 궁중과 왕족, 관료와 문사, 승가에서 차가 유행하였는데 문인과 승려들이 차에 관한 시를 많이 남겼다. 이 가운데 차나 차생활에 수양

---

287 復有以漢茗爲供者則以薪■石釜不爲屑而煮之曰吾不識是何味濡腹而已守眞忤俗皆此類也.

의 의미를 부여하여 읊은 시를 가장 많이 남긴 이규보와 이색의 시를 골라 그 의미를 고찰해 보겠다.

이규보(李奎報, 1168~1241)의 「영공의 화답에 다시 차운하여 답하다(聆公見 和復次韻答之)」라는 시를 살펴보자.

바위 밑둥 잘라 내어 작은 암자 얽었으니 / 등덩굴이 벽을 타고 띠풀은 처마에 뻗쳤네 / 저녁 어스름에 초생달빛 문틈에 새어들고 / 밤은 고요하여 맑은 바람이 발을 걷어 올린다 / 산중 별미로는 삶은 용이버섯이 좋은데 / 중의 잔치에 호형염 을 쓰지 않는구나 / 다담이 끝나기 전 다시 술을 나누니 / 소쇄한에 주흥까지 겸 했네.[288]

이 시에서는 암자에서 차와 술을 연이어 마시는 광경으로 보아 차를 수 양의 소재로 삼는 진지함은 느껴지지 않는다. 이어 이규보의 「천화사에 놀 며 차를 마시다-소동파의 시운을 쓰다(遊天和寺飮茶 用東坡詩韻)」라는 시를 보자.

한 번의 지팡이로 녹태전을 깨뜨리니 / 시냇가에서 조는 오리가 놀라 일어난 다 / 차 끓이는 오묘한 수법 힘입어 / 눈 같은 진액 반 그릇으로 번민을 씻는다.[289]

---

288 『동국이상국전집(東國李相國全集)』 권2: "占斷巖根結小庵 薜蘿緣壁掛茅簷 晚涼新 月偏窺戸 夜靜淸風自卷簾 山味好烹龍耳菌 僧筵不用虎形鹽 茶談未罷還浮白 蕭洒中 間闘爛兼".

289 『동국이상국전집(東國李相國全集)』 권3: "一筇穿破綠苔錢 驚起溪邊彩鴨眠 賴有點茶三 昧手 半甌雪液洗煩煎".

이 시에서는 '점다삼매수'라는 용어로써 가루차를 물에 풀어 저어낼 때 차의 본성(茶香)을 살려 내는 일의 중요함에 대한 인식을 나타냈고, '차 끓이는 오묘한 수법 힘입어 … 번민을 씻는다'는 말로써 다도의 의미에 근접하는 인식을 드러내고 있다. 이전의 한자리에서 차와 술을 무분별하게 대하던 자세에서 차로써 번민을 씻을 수 있음을 인식하는 단계로 들어선 모습이다. 다음은 「남쪽 사람이 보낸 철병을 얻어 차를 끓여 보다(得南人所餉鐵瓶試茶)」라는 시이다.

… 오직 낙노를 부르는 것만 생각하고 / 이미 주성을 마시는 일은 끊었네 / … / 삼매에 들어 손이 이미 익었으니 / 칠륵인들 맛을 어찌 견주랴 / 이것으로 족히 낙을 삼으니 / 어찌 날마다 술에 취하랴[290]

고 했다. 이 시에서는 확실히 술보다는 차 쪽으로 기울고 있으며 앞의 시의 '점다삼매수'라는 말에 이어 '삼매에 들어 손이 이미 익었으니'라는 말에서는 차를 달이고 우려내는 일에 있어서는 다도의 경지에 들어섰음을 보여준다.

이규보의 시 「강가 마을에서 촌집에서 자다(宿瀨江村舍)」를 보자.

강가에 방랑하며 스스로 형체를 잊고 / 날마다 갈매기와 물가에서 친하네 / 묵은 서적은 다 흩어져 『약보』만 남이 있고 / 나머지 쌓아 둔 것 점검해 보니 『다경』이 있네 / 흔들리는 나그네 마음 바람 앞의 깃발과 같고 / 떠다니는 외로운 종적

---

290 …唯思喚酪奴 已止中酒聖 …三昧手已熟 七勒 味何並 持此足爲樂 胡用日酩酊.

물 위의 마름이로세 / 서울의 옛 친구에게 이렇게 부쳐 주니 / 객지에서 나의 두 눈이 그대 때문에 반갑다오.[291]

이 시에서는 이규보가 육우의 『다경』을 소장하여 읽었음을 알 수 있다. '서울의 옛 친구'는 이규보 자신을 상대방 입장에서 가리켜 한 말이다.[292] 그가 『다경』을 지니고 다니면서 읽었다는 것은 본격적으로 다도에 들어가 정신적 수양의 경지를 찾고 있었음을 알 수 있다. 위 시에서 '망형(忘形)'[293]이라는 말이 나오는 것도 같은 맥락이다.

또 「보광사에서 자다(是日宿普光寺 用故王書記儀留題詩韻 贈堂頭[294])」를 보자.

꿈길 끊긴 산창에 달빛조차 가셨는데 / 어깨 곧추세우고 해 저물 때까지 읊었구나 / 땅 기운 따뜻하니 아직 푸른 숲이 남았고 / 정원이 오래되어 유달리 누른 버섯 많다 / 일곱 잔 향긋한 차로 겨드랑이에 바람 일고 / 한 쟁반 써늘한 과일은 창자에 눈이 스미는 듯 / 만약 석가와 노자를 부을 같다 본다면[295] / 우리 유가에

---

291 『동국이상국전집(東國李相國全集)』권 6: 江邊放浪自忘形 / 日狎遊鷗傍渚汀 / 散盡舊書留藥譜 / 撿來餘蓄有茶經 / 搖搖旅思風前纛 / 泛泛孤蹤水上萍 / 奇謝長安舊知己 / 客中雙眼爲誰靑.

292 송재소 외 4, 『한국 차문화 천년 3』, 돌베개, 2015, 89쪽.

293 망형이란 자신의 형체를 잊고 무위자연의 도(道)를 깨치는 것으로서 망기(忘機) 또는 좌망(坐忘)이라고도 한다. 좌망이란 단정하게 앉아서 잡념을 떨쳐 버리고 무차별의 경지에 들어가는 것으로서 도가(道家)의 수양법이다.

294 위의 책, 104쪽.

295 부새와 을새를 말하는데, 이 둘은 서로 비슷하지만 실제로는 전혀 다른 새이다. 여기서는 도교와 불교가 서로 비슷하다는 뜻으로 쓰였다.

서 백양²⁹⁶을 숭상하는 것 탓하지 마라.²⁹⁷

이 시에서는 '일곱 잔 향긋한 차로 겨드랑이에 바람 일고(七碗香茶風鼓腋)'라는 구절에서 당시 사대부들이 육우의 『다경』과 노동의 「칠완다가」를 읽으면서 다도의 의미를 파악하고자 했다는 것을 알 수 있다. 또 「칠완다가」의 '신선의 경지'를 읊은 데 이어 '석가와 노자' 및 '유가와 백양'을 언급하여 유·불·도의 근본정신이 같은 것으로 보는 사상을 나타낸 것은 이규보를 비롯한 당시 문사들이 다도에서 삼교회통의 수양론적 의미를 파악하고 있었음을 말해 준다.

「다시 앞의 운자를 써서 보내다(復用前韻贈之)」
…쓸쓸한 방장엔 물건 하나 없고 / 솥에서 차 끓는 소리 듣기 좋구나 / 차와 물을 평하는 것이 불가의 풍류이니 / 양생 위해 천년의 복령(茯苓)이 필요하지 않네 / 사랑스럽게 막 돋아난 차 싹 빨리 따서 / 늙은 선사에게 먼저 올리려한 것인 듯 / 잠꾸러기 종놈이 훔쳐 마시고는 / 전날의 우레처럼 코 골던 소리 잠잠하구나… / 뉘라서 향기로운 차 아껴 보내오지 않으리 / 부디 간직하여 남에게 함부로 주지 말게나 / 마음의 티끌 씻어 물같이 맑게 한다오 / 선사께 봄 술을 빚으라 권함이 어이 잘못이겠나 / 술에 취한 후에야 차의 참맛을 알기 때문이지…²⁹⁸

---

296 백양(伯陽)은 노자(老子)의 자(字)이다.

297 『동국이상국전집』권 10: 夢斷山窓落月光 / 聳肩吟到日蒼涼 / 地溫尙有林衣綠 / 園古偏多木耳黃 / 七碗香茶風鼓腋 / 一盤寒果雪侵腸 / 若將釋老融鳧乙 / 莫斥吾家祖伯陽.

298 『동국이상국전집』권 13.: …蕭然方丈無一物 / 愛聽笙聲號鼎裏 / 評茶品水是家風 / 不要養生千歲蘽 / 憐渠紿紿抽早芽 / 似欲先供老衲子 / 睡䖰癡漢亦偸嘗 / 失却從前雷

이 시는 작자인 이규보의 다도 인식 수준이 무르익었음을 보여 준다. 가진 것이 솥단지뿐인 노승이 물과 차를 품평하며 찻일을 수행하는 모습으로써 물욕 및 생사를 초탈한 불가의 다도수행을 묘사하고 있다. '마음의 티끌 씻어 물같이 맑게 한다오'라는 표현도 불가다도의 진의(眞義)를 말하는 대목이다. '술에 취한 후에야 차의 참맛을 알기 때문이지'라는 표현은 감각을 무디게 하여 일시적으로 번뇌를 잊게 해 주는 술의 기능과 정신을 깨이게 하여 근원적인 평정과 깨달음을 얻게 해 주는 차의 수양론적 기능의 차이를 말해 준다.

「잠시 감불사에서 놀다가 주지인 늙은 비구에게 주다(暫遊感佛寺 贈堂頭老比丘)」[299]

유언비어로 인해 시골 마을에 떨어졌다가 / 자비롭고 화평스런 부처님을 보았네 / 이끼를 헤치고 돌길을 걸어 / 굽이진 숲속을 뚫고 절을 찾았네 / 바다 가운데 외딴섬에는 등불이 밝았고 / 집 모퉁이 대숲은 창날같이 솟았네 / 도를 묻다가 이미 귀양살이 한을 잊었는데 / 초나라 신하는 어찌하여 상강에 빠져 죽었는고[300] / 개미 나라에서의 영욕은 꿈처럼 덧없는데[301] / 승방에선 도리어 함께 담소하네 /

鼾鼻…誰秘新香忍不寄 / 收藏愼勿輕與仁 / 除却靈臺澄似水 / 勸師早釀豈妄云 / 欲識茶眞先醉里…

299 송재소 외 4, 『한국 차문화 천년 3』, 돌베개, 2015, 139쪽.

300 초나라 신하는 「어부사」를 지은 굴원(屈原)을 말한다. 그는 초나라 회왕 때 삼려대부(三閭大夫)가 되었다가 모함으로 귀양 간 뒤, 상강에 몸을 던져 죽었다고 전한다.

301 순우분(淳于棼)이라는 사람이 느티나무 아래서 잠을 자다가 꿈속에서 온갖 부귀를 누리고 깨어 보니, 자기가 노닐던 곳이 느티나무 아래 개미 나라였다는 남가일몽(南柯一夢)의 중국 고사를 말한다.

뜬 이름은 다 마음 밖에 멀어졌고 / 오묘한 도는 오히려 목전에 있네 / 돌솥에 차를 끓이니 향기로운 젖이 희고 / 벽돌 화로에 불을 붙이니 저녁놀같이 붉구나 / 인간의 영욕을 대략 맛보았으니 / 이제부터 강산의 방랑객이 되리라[302]

    감불사는 전북 부안군에 있는 절로, 이규보는 1230년 63세 때에 부안현 위도(蝟道)로 귀양을 간 적이 있다. 이 시는 아마도 이때 지은 것으로 추측된다.[303] 이 시는 이규보가 다도의 수양론적 의미를 절실히 느낀 정황을 알 수 있게 해 준다. '도를 묻다가 이미 귀양살이 한을 잊었는데'라는 대목에서는 이규보의 수양의 계기를 알 수 있다. 이규보는 귀양의 한이 짓누르는 번뇌의 굴레를 벗어나기 위해 마음을 이완시키는 수양의 길을 다도로써 택하게 된 것 같다.

    '뜬 이름은 다 마음 밖에 멀어졌고 / 오묘한 도는 오히려 목전에 있네 / 돌솥에 차를 끓이니 향기로운 젖이 희고…'라는 구절은 그런 수양의 터를 다도에서 찾고자 했음을 말해 준다. 또한 '인간의 영욕을 대략 맛보았으니 / 이제부터 강산의 방랑객이 되리라.'는 말은 현실적인 욕망과 집착에서 벗어나 자연과 합일하겠다는 뜻이니 다도의 목적과 맞닿아 있는 표현이라고 하겠다.

    다음으로 이색(李穡)의 차시(茶詩)를 살펴보겠다.

---

302 『동국이상국선집』권 17: 賴因飛語落蠻鄕 / 得見慈和法王 / 細破蘇紋行石徑 / 曲穿林
    罅覓蓮莊 / 海心遙島燈抽柱 / 屋角脩篁槊弩鎗 / 問道已忘流謫恨 / 楚臣胡奈浪沈湘 /
    蟻國升沈一夢空 / 却因僧舍笑談司 / 浮名▇落心虛外 / 妙道猶存目擊中 / 石鼎煎茶香
    乳白 / 塼爐撥火晩霞紅 / 人間榮辱粗嘗了 / 從此湖山作浪翁.
303 송재소 외 4, 『한국 차문화 천년 3』, 돌베개, 2015, 140쪽.

「차를 마신 뒤 짤막하게 읊다(茶後小詠)」

작은 병에 샘물 길어다가 / 깨진 솥에 노아차를 끓이노니 / 귓속은 갑자기 말끔해지고 / 코끝엔 붉은 놀이 통하여라 / 잠깐 사이에 눈병이 사라져서 / 눈앞에 조그만 티도 보이질 않네 / 혀로 맛 분변하여 목으로 삼키니 / 살과 뼈는 정히 평온해지네 / 방촌의 밝은 마음 깨끗해져 / 생각에 조금도 사특함도 없으니 / 어느 겨를에 천하를 언급하랴 / 군자는 의당 집부터 바루어야지.[304]

이 시에서는 차를 마심으로써 자신의 몸과 마음을 닦고(修身) 이어 집을 바루고(齊家) 국가와 천하를 다스리는 유가의 '수기치인(修己治人)'을 말하고 있다. (차를 마심으로써) 생각에 조금도 사특함이 없다는 말은 훗날 초의 선사가 산천 김명희의 시 「사차(謝茶)」에 답하는 시에서 "예로부터 성현은 모두 차를 아꼈나니(古來賢聖俱愛茶) / 차는 군자의 성품이 삿됨이 없는 것과 같네(茶如君者性無邪)…"라고 한 구절과 맥락이 닿아 있다. 차를 마셔서 생각에 사특함이 없어졌으니 '정가(正家)' 즉 '제가(齊家)'의 단계로 나아가겠다는 말은 차를 마신 후 『대학』 8조목에서 말하는 '제가(齊家)'의 전 단계인 '뜻을 성실히 하고, 마음을 바르게 하며, 몸을 닦는다(誠其意·正其心·修其身)'는 수양이 이루어졌다는 뜻이다.

이색은 「한적한 삶을 읊다(幽居自詠)」에서는 이렇게 썼다.

한적한 삶에 한적한 맛 넉넉한데(幽居足幽味) / 산이 가까워 수목도 층층이로다

---

304 『목은시고』 권6: 小甁汲泉水 / 破鐺烹露芽 / 耳根頓淸淨 / 鼻觀通紫霞 / 俄然眼瞖消 / 外境無纖瑕 / 舌辨候下之 / 肌骨正不頗 / 靈臺方寸地 / 皎皎思無邪 / 何暇及天下 / 君子當正家.

(山近樹層層) / 한낮엔 처마의 고드름이 떨어지고(日午簷氷落) / 밤엔 더 싸늘해져 벼룻물 얼어붙네(更寒硯水凝) / 술집에선 통달한 선비를 생각하고(酒樓思達士) / 차 자리에선 고승을 생각하는데(茶榻憶高僧) / 흥취 푸는 일을 시구에 의탁하여(遣興憑詩句)/붓을 휘둘러 종이 가득 써 내리네(揮毫滿剡藤).[305]

술 마시는 일과 차 마시는 일로써 '세속 일에 통달한 선비'와 '수도(修道)하는 고승'을 대비시킴으로써 술은 세속적인 일, 차는 구도(求道)와 각각 관련이 있음을 말하고 있다. 이는 또한 당시 불가에서 다도가 성행했음도 알려준다.

「송광사의 화상이 차와 부채를 보내 준 데 대하여 받들어 답하다(奉答松廣和尙惠茶及扇)」에서는 이렇게 썼다.

…부채 주어 내 몸을 서늘케 하고(扇以凉我肌) / 차를 보내어 내 마음 맑게 하네(茶以淸我肝) / 보자마자 마음의 병 가시더니(初逢滅毒火) / 점차로 현관(玄關)[306]에 통하는도다(漸覺通玄關) / 나로 하여금 맑은 바람을 타고(欲令乘淸風) / 상쾌히 속세를 초월하게 하네(颯爾超塵寰)…[307]

이 시는 차로써 마음이 맑아지고 번뇌(마음의 병)가 사라져서 속세를 초월하는 불가다도의 단계적 진전 모습을 보여 주고 있다. "나로 하여금 바람을

---

305 『목은시고』 권 7. 송재소 외 4, 『한국의 차문화 천년 3』, 돌베개, 2015, 200쪽.

306 오묘한 도(道)에 들어가는 법문(法門)을 가리킨다.

307 『목은시고』 권 11. 위의 책, 210쪽.

타고 상쾌히 속세를 초월하게 한다."는 대목은 차의 수양론적 기능을 강조하는 것으로서, 불가다도의 득도의 모습을 노동의 「칠완다가」의 표현 방식으로 나타낸 것이다. '바람을 타고 속세를 초월한' 모습은 『장자』「소요유」에 나오는 '붕(鵬)새의 경지', 즉 사물에 얽매인 현실을 초월하여 대자연에서의 무궁한 자유를 구가하는 '물아일여의 경지'에 이르렀음의 묘사이다.

「행재 선사가 차를 부쳐 준 데 대하여 답하다(代書答開天行齋禪師寄茶)」와 「일을 기록하다(紀事)」에서는 각각 이렇게 썼다.

동갑 나이로 늙을수록 친하거니와(同甲老彌親) / 좋은 차는 맛이 절로 진미로구려(靈牙味自盡) / 맑은 바람이 두 겨드랑이에서 나오니(淸風生兩腋) / 곧장 도가 높은 이를 찾고 싶어라(直欲訪高人).

은사발에 센 불로 풍차를 달이니(銀盂活火煮楓茶) / 색과 맛과 향을 갖춰 사기를 물리칠 만한데(色味香全可却邪) / 백발의 쇠한 늙은이는 재주도 많아(白髮衰翁多伎倆) / 어른거리던 눈이 새로 밝아지네(更楷眸子洗昏花).

전자에서 '맑은 바람이 두 겨드랑이에서 나오니(淸風生兩腋)'라는 표현은 노동의 「칠완다가」를 인용하여 득도의 경지를 나타냈고, 후자의 '색과 맛과 향을 갖춰 사기를 물리칠 만한데(色味香全可却邪)'라는 표현은 차의 덕성인 '무사(無邪)'의 기능이 차의 향·색·미(色·味·香)에서 비롯됨을 말하고 있다.

지금까지 차가 도입된 신라 시대 이래 조선 전기까지 사대부들이 남긴 차시(茶詩)를 통해 이른바 문사다도의 흐름을 살펴보았다. 그들은 시를 통해 차의 향·색·맛을 칭송하여 차의 덕성을 묘사함으로써 다도의 성립 요인과 내용을 이해하고 있는 것으로 파악된다. 그들은 다도의 지향점인 '깨달음의 경지'를 속세 또는 일상의 구속으로부터 해방되어 물아일여 · 천인합일의 경지에서 본래적 자유를 얻는 일로 이해한 것으로 보인다.

그들의 시에서 육우의 『다경』과 노동의 「칠완다가」가 자주 인용되고 용단차(龍團茶) 등 당대(唐代) 이래의 중국의 유수한 차 이름이 많이 등장하는 것은 신라 시대 차의 도입과 함께 다도의 인식을 포함한 당대(唐代) 이래의 중국 차문화의 흐름이 유입된 일의 영향이라고 하겠다. 그러나 짧은 시구에 담긴 단편적(斷片的)인 표현만으로 그들의 다도 인식 수준 전면을 가늠하기는 어렵다.

조선 초기 매월당(梅月堂) 김시습(金時習, 1435~1493)의 다도 수행은 그 계기와 내용이 색다르다. 김시습의 다도에 대해 김명배는 "육우처럼 다도 수련의 아홉 단계[308]를 수련하여 덕망을 쌓은 다인이라면, 김시습을 비롯하여 다산(茶山) 정약용과 제자인 초의선사(草衣禪師) 등이 있을 뿐이다. 왜냐하면 대부분의 다인들은 차 만들기를 하지 않고 사거나 선물을 받아서 마셨기 때문이다."[309]라고 말하고 있다. 김명배의 설명처럼 김시습이 이전의 사람들과 달리 찻일의 출발에서부터 차를 마심으로써 얻는 정신석 경지에 이르기까지 진지하게 다도를 실천하게 되었다면 그 배경을 생각해 볼 만하다. 김시습의 차시(茶詩)에서 김시습의 다도 수행 모습을 살펴본다.

---

308 『다경』에 나오는 '차의 아홉 가지 어려움'을 말한다. '1. 차 만들기(造), 2. 차 품질 식별(別), 3. 찻그릇(器), 4. 불(火), 5. 물(水), 6. 차 굽기(炙), 7. 가루 내기(末), 8. 물 끓이기(煮), 9. 차 마시기(飮)' 등이다.

309 김명배, 『茶道學論攷』, 대광출판사, 1999, 160쪽.

「천자여구(千字儷句)」

집 북쪽에 차를 심으며 낮을 보내고(堂北種茶消白日) / 남녘 산에서 양약 캐며 봄을 맞았네(山南採藥過靑春)[310]

「차나무를 기르며(養茶)」

해마다 차나무에 새 가지가 자라니(年年茶樹長新枝) / 그늘에 기르느라 울을 엮어 보호하네(蔭養編籬謹護枝) / 육우의 『다경』에선 빛과 맛을 논했는데(陸羽經中論色味) / 관가에서 거두어들일 땐 일창일기[311]만을 취하네(官家榷處取槍旗) / 봄바람 아직 불지 않아도 싹이 먼저 트고(春風未展牙先抽) / 곡우가 막 돌아오면 잎이 반쯤 피어나네(穀雨初回葉半披) / 작은 동산 조용하고 따뜻한 곳 좋아하니(好向小園閑暖地) / 비 때문에 옥 같은 꽃술 붙어도 상관없네(不妨因雨着瓊蕤)

위 두 시에서는 김시습이 차 씨앗을 심고 차나무를 기르는 모습을 볼 수 있다. 앞의 시에서 집 북쪽에 차를 심어 남향하도록 한 것은 덕망 있는 군왕을 모시듯 차나무를 귀하게 여긴 것이고, '남녘 산에서 캔 양약'은 충신의 마음을 상징하는 듯하다. 뒤의 시에서는 자연의 순리에 거역하지 않는 차의 '절의(節義)'를 말해 주는 듯하다.

「작설(雀舌)」

---

310 세종대왕기념사업회, 『국역 매월당집』 4, 1977.

311 일창일기(一槍一旗)는 이른 봄 찻잎이 돋아나서 퍼지기 직전 창처럼 생긴 잎과 퍼져서 깃발처럼 생긴 잎을 합쳐서 일컫는 말이기도 하고, 줄기에 찻잎이 하나 붙은 것을 일컫기도 한다.

남국의 봄바람 부드럽게 일어날 때(南國春風軟欲起) / 차 숲 잎사귀 밑에 뾰족한 부리 머금었네(茶林葉底含劣觜) / 연한 싹을 가려내면 아주 신령스럽게 통하는 것(揀出嫩 牙極通靈) / 그 맛과 품류는 일찍이 육우의『다경』에 수록되었네(味品曾收鴻漸經) / 자순은 기와 창 사이에서 뽑아낸 것(紫筍抽出旗槍間) / 봉병이니 용단은 모양 두고 하는 말(鳳瓶龍團徒範形) / 푸른 옥병 속에서 활화로 끓여 낼 때(碧玉甌中活火烹) / 게 눈 같은 거품 일며 솔바람 소리 나네(蟹眼初生松風鳴) / 산당의 고요한 밤에 손들이 둘러앉아(山堂夜靜客圍坐) / 운유차 한번 마시면 두 눈이 밝아지네(一啜雲腴雙眼明) / 당 태위의 풍미를 슬쩍 맛본 촌사람이(黨家淺斟彼粗人)[312] / 어찌 알리, 설차가 그처럼 맑은 줄을(邪識雪茶如許淸)[313]

이 시는 봄날 차밭에 돋아나는 연한 싹, 찻물을 끓이며 듣는 솔바람 소리, 겨울날 설차[314]를 마시는 운치가 함께 어우러진 차시의 대표작이라고 할 만하다.[315] 차숲을 관리하는 모습과 연한 싹을 채취하고 그것으로 제다를 하여 음다하는 장면 묘사에서는 김시습이 차인으로서 기본 단계에서부터 다도의 길을 걷고 있음을 알 수 있다. 특히『다경』을 인용하여 찻잎의 모양과 종류, 차의 모양에 따른 이름, 찻물을 끓일 때의 화후의 조절 등에 세심한 주의를 기울이고 있는 데서 실천과 이론을 겸비한 차인 김시습의 모습을 볼

---

312 송나라 때 도곡(陶穀)이 첩을 거느리고 눈 녹인 물로 차를 딜여 마시며 설경을 감상하던 일을 밀한다.

313 『매월당시집』 권 5.

314 여기에서 '설차'라 함은 이른 봄 잔설을 녹인 물로 우려낸 차인 듯하다. 따라서『한국 차문화 천년 4』의 '겨울날 설차'라는 해석은 적절하지 않아 보인다.

315 송재소 외 4,『한국 차문화 천년 4』, 돌베개, 2015, 188쪽.

수 있다.

이상에서 살펴본 바와 같이 김시습의 다도 행각(行脚)에서는 차를 심는 일에서부터 차를 마시는 일까지 스스로 찻일(茶事)의 전 과정을 직접 수행함으로써 전일적(全一的)인 다도 수행의 모범을 보여 주였다는 데서 의의를 찾을 수 있다. 그러나 김시습의 차시(茶詩)에 나타난 다도 수행의 내용은 '탈속(脫俗)'의 경지에만 머물러 있다는 인상을 준다. 이는 그의 호(雪岑)가 말해 주듯이 그가 세조의 왕위 찬탈이라는 '세속의 비리'에 염증을 느끼고 불가에 기탁하여 고원한 방랑의 길을 가게 된 데 기인한 탓으로 보인다. 따라서 다도에 의한 더 적극적인 정신적 고양의 경지를 추구하는 모습은 후세 다인의 다도 수양에서 찾을 수밖에 없겠다.

4. 『다부(茶賦)』에 표출된 한국수양다도의 '경지'

1) 『다부』의 한국 차문화사적 의의

차와 차생활에 대한 이론 전개 및 다도 개념의 인식이 원래 당대(唐代) 육우의 『다경』에서 비롯되어 한국과 일본에 유입되었기에, 고유의 다도 개념을 정립시키는 데 있어서 한국과 일본은 중국의 문사다도와 불가다도의 흐름에 각기 나름의 특색을 가미하여 정체성을 확립하는 일이 차문화사적 과제였다. 조선 전기 한재(寒齋) 이목(李穆)이 지은 『다부』는 한국 다도의 정체성 제시뿐만 아니라, 중국과 일본에서는 직접 또는 상세히 언급되지 않았던 다도의 사상적 의의를 적확히 일깨워 주었다는 점에서 평가받고 있다.

정영선은 『다부』에 '다도 문헌'으로서의 의미를 크게 부여하면서 그 근거로 중국은 다서가 많으나 차문화의 철학과 사상을 논한 글은 드물어서 육우나 주희(朱熹, 1130~1200)의 단편적 글을 제외하고는 찾아보기 어렵다는 점을 들고 있다.[316] 『다부』 첫머리에 『다부』를 짓게 된 동기로 "차의 공이 가장 높은데도 아직 칭송하는 이가 없음에랴. 현인을 내버려 두는 것과 같으니 또한 잘못이 아닌가. 이에 … 이를 부로 짓는다."[317]고 한 것은 이러한 정황을 말

---

316 정영선, 『한재 이목-다부』, 너럭바위, 2011, 9쪽.
317 況茶之功最高. 而未有頌之者 若廢賢焉 不亦謬乎? 於是… 爲之賦.

4. 『다부(茶賦)』에 표출된 한국수양다도의 '경지' · 293

해 주고 있다.

중국이나 일본에서는 물론 이 땅에 차가 도입된 신라 시대 이래 한재의 『다부』가 나온 조선 전기까지 한국 차 관련 기록들은 최치원이 쓴 진감선사 비문 중 진감 선사의 다도 수행 관련 구절을 제외하고 모두 차에 관해 단편적이고 즉흥적으로 노래한 차시(茶詩)들이었다. 그 내용도 육우의 『다경』의 한 구절 또는 노동(盧仝)의 「칠완다가」 등 중국 자료를 인용하여 차에 관한 칭송이나 차를 마셨을 때 얻는 정신적 만족감을 나타내는 정도였다. 류건집은 『다부』의 다사적 의의에 대해 다음과 같이 평가하고 있다.

『다부』는 우리나라에 현전하는 가장 오래된 다서(茶書)로 『기다』보다 300여 년 빠르고 『다신전』보다 340여 년이나 앞서며, 한재 이목이 중국에 가서 직접 체험한 차생활을 바탕으로 쓴, 차의 심오한 경지를 노래한 작품이다.[318]

한국에서 『다부』 이후에 나온 다서(茶書)들의 내용과 비교하더라도 『다부』의 가치를 가늠할 수 있다. 『다부』가 발견되기 전까지 '한국 최초의 다서(茶書)'로 알려져 왔던 기록물은 1755년에 이운해(李運海, 1710~?)가 쓴 『부풍향차보(扶風鄕茶譜)』이다. 『부풍향차보』는 제다(製茶)에 관한 기록이다. 이 책은 '제법(製法)' 항목에서 부안 현감으로 있던 저자가 고창 선운사 인근의 찻잎으로 만든 차에 7가지 향약[319]을 섞어 약용차를 만드는 방법을 주 내용으로 하고 있다.

---

318 류건집, 『茶賦 註解』, 이른아침, 2012, 48쪽.
319 甘菊, 桂皮, 烏梅, 黃連, 香薷, 橘皮, 山査肉.

그러나 정작 순수한 차를 만드는 제다에 관한 내용은 '차본(茶本)' 항목에서 작설(雀舌) 및 차 마시기(飮茶)에 관한 언급과 함께 불과 몇 마디 나온다. 『부풍향차보』는 기존의 차시(茶詩)들이 '차 마시기'에서 얻은 정신적 즐거움을 노래하는 추세 속에서 저술되었지만 다법(茶法)과 관련해서는 "뜨겁게 마시라"는 조언만 있을 뿐이다. 또한 차를 약재 혼합품으로 만든 것은 차문화사적으로 아직 차를 다도 개념과 관련하여 정신 문화적 소재로 다루는 단계에는 이르지 못했음을 말해 준다.

한국 차문화사에 있어서 『다부』의 공헌은 다도를 정신적 차원의 개념으로 승화시켜서 한국 다도에 수양론적 함의를 부여했다는 데서 찾아야 한다. 동양철학에서 도(道)는 곧 수양을 말하는 개념이고 『다부』에서 다도의 의미를 정신적 차원으로 격상시켰다는 것은 차사(茶事) 또는 차 마시는 일을 기호(嗜好)의 차원에서 다도 본연의 수양의 일로 전변(轉變)시켰다는 의미를 갖는다. 『다부』의 핵심어인 '오심지차(吾心之茶)'의 경지는 차를 마셔서 이르는 득도의 상태이다. 일상의 마음상태로부터 이러한 경지에 이르는 사이에는 '다도'라는 '수양'의 과정이 놓여 있다.

이를테면 『장자』의 「소요유(逍遙游)」에서 척안(斥鴳)의 세계에서 대붕(大鵬)의 세계에 이르는 사이에 놓인 공간이 곧 '수양'이다.[320] 『다부』가 함의하는 다도 수양에서 척안과 대붕 사이의 경계를 뚫어 주는 수양의 기제(機制)는 바로 차(茶)다. 그러나 어느 때나, 아무에게나, 그런 기제가 작동하는 것은 아니다. 그런 기제를 필요로 하는 계기나 그런 기제가 작동될 수 있는 환경이 필요하다. 여기에서 우리는 『다부』를 저술하게 된 이목의 세계관이나 『다

---

320 정우진, 『感應의 哲學』, 소나무, 2016, 312쪽.

부』저술의 배경을 살펴볼 필요가 있다.

이목은『다부』에서 본론에 들어가기 전에 먼저『다부』를 쓰게 된 동기와 배경을「병서(幷序)」에 적고 있다.

무릇 사람이 사물을 완상하기도 하고 음미하기도 하여(凡人之於物 或玩焉 或味焉) / 종신토록 즐기며 싫증내지 않는 것은 그 본연의 성품이다(樂之終身 而厭者 其性矣乎) / 이백이 달을 좋아하고 유령이 술을 즐긴 것처럼(若李白之於月 劉伯倫 之於酒) / 그 좋아하는 바는 비록 달라도 그것을 즐김에서는 한 가지다(其所好雖 殊 而樂之至則一也) / 나는 차에 대하여 아주 모르지는 않았는데(余於茶 越乎其莫 之知) / 육우의『다경』을 읽고 점차 그 성품을 깨달아서 마음속으로 이를 매우 진귀하게 여기게 되었다(自讀陸氏經 稍得其性心甚珍之) / 옛날 혜강이 거문고를 즐겨『금부』를 짓고(昔中散樂琴而賦) / 도잠이 국화를 사랑하여 노래를 부른 것은(彭澤愛菊而歌) / 그 미미하게 숨겨진 것을 드러나게 함이라(其於微尙加顯矣) / 하물며 차의 공로가 최고인데도 이를 칭송하는 사람이 없으니(況茶之功最高 而未有頌之者) / 이는 어진 이를 사장시키는 것과 같으니 또한 잘못이 아니겠는가!(若廢賢 焉 不亦謬乎) / 이에 그 이름을 고찰하고 그 산지를 증험하여 품질의 상하를 가리어 부를 짓고자 한다(於是考其名驗其産上下其品爲之賦) / 혹자가 말하기를 "차는 세금을 불러들이니 도리어 사람에게 걱정거리가 되는데, 그대는 운운하고자 하는가?"(或曰茶自入稅反爲人病子欲云云乎) / 대답하기를 "그렇소. 그러나 이것이 어찌 하늘이 만물을 낸 뜻이리오? 사람이 한 일이지 차가 한 일이 아니라오."(對曰 然 然是豈天生物之本意乎 人也非茶也) / 또한 나는 고질이 있어서 이에 미칠 겨를이 없다(且余有疾 不暇及此云).

여기에서 알 수 있는 것은, 이목 같은 학인도 애초엔 차에 대해 알지 못하고 가볍게 대하다가(?) 육우의 『다경』을 읽고 차의 성품을 깨닫게 되었다는 것이다. 그러나 그 깨달음에 이르기까지에는 그 앞에 '절실한 계기'가 있다. 그 계기에서 이어지는 자기 혁신의 과정이 수양이다. 도학(道學)의 길을 걸어온 학자이자 관료로서 개혁 의지가 높았던 이목이 처했던 당시의 정치·사회적 환경을 보면 그 수양의 계기를 파악할 수 있다.

이목은 성장 과정에서 가풍(家風)의 영향으로 검덕(儉德)[321]을 갖추게 된 것으로 보인다. 그는 이런 글을 남겼다.

나의 집에는 아무것도 없고 단지 글 읽는 상만 있을 뿐이네. … 초옥에 거스름 없이 자족하며 무심코 지붕 위 달을 본다. … 나물 밥 배 채우니 낮잠이 뒤쫓아 드네(吾家無一物 只油讀書床. … 牙屋頑然醉 任看月上梁. … 飽蔬午睡忙).[322]

그는 또 아래와 같은 시를 남겨서 집안의 학풍과 다공(茶供) 내력을 알려 주고 있다.

이씨 집안 예부터 학문을 학문을 좋아하여(李氏自文學) / 책을 사랑하고 재물엔 관심 없네(愛書不愛金) / 양친은 다 늙으셨는데(爺孃已白首) / 너와 나는 아직 유생에 불과하네(吾汝猶靑衿) / 학은 꿈꾸며 바위 소나무에서 늙어 가고(鶴夢巖松

---

321 육우가 『다경』에서 "차는 정행검덕지인(精行儉德之人)이 마시기 좋다"고 하여 차의 덕으로 '검덕'을 내세웠다.

322 『寒齋文集』, 「次文度兄喜雨韻四首走筆」 96면(한재종중관리위원회, 1981).

老) / 차 연기 펴오르니 동네 달이 흐려지네(茶烟洞月陰) / 은근히 도 닦는 곳에서
(慇懃求道處)/구름 봉우리 보지 말게(且莫看雲岺).[323]

　　이목의 젊은 시절이었던 조선 전기는 정치적 격동기였다. 고려시대에 널
리 수용돼 오던 불교의 자리가 고려 후기에 신흥 사대부들이 받아들인 성리
학으로 대체되면서 성리학이 권문세족의 횡포와 '불교의 폐해'를 막는 새로
운 사회이념으로 등장하였다. 성리학은 안향(安珦)에 의해 도입된 이래 백이
정(白頤正)·이제현(李齊衡)·정몽주(鄭夢周)·길재(吉再)·권근(權近)·정도전
(鄭道傳) 등으로 학풍이 이어지면서『佛氏雜辨』[324]에서 보듯이 불교의 허구성
을 지적하며 인륜과 도덕을 중시하는 풍조를 조성했다.

　　이와 함께 문벌중심 사회에서 관료중심 사회로 변화되면서 국가 운영의
사상적 기반이 도학(道學) 중심으로 재정비되는 쪽으로 바뀌게 되었다. 이에
따라 사회 지도층에 고결한 도덕적 품성이 요구되었고, 이런 경향은 당시
사대부들이 가까이하던 차의 성품과 맥이 닿았을 것이다. 이 즈음에 육우의
『다경』 및 노동의「칠완다가」를 통해 전해진 차의 덕성과 다도에 대한 인식이
사대부들의 차시(茶詩)에 자주 등장하게 되었음은 앞에서 살펴본 바와 같다.

　　한재의 학맥과 관료로서의 자취를 살펴보면 그가 차를 가까이하고『다부』

---

323 『寒齋集』上卷 26葉 右.

324 1394(조선 태조 3)년 정도전이 지은 목판본. 1권 1책의 논변서. 내용은 변파가 15항
　　목, 불교가 중국과 조선에 들어온 이후의 사실 4편으로, 불교는 이단(異端)이므로,
　　배척해야 한다는 결론을 내리고 배불(排佛)의 정당성을 역설하였다. 당시는 고려의
　　멸망과 함께 불교가 타락하고 새로 유교가 대두될 때였으므로, 이러한 대논문은 조선
　　시대 숭유억불(崇儒抑佛) 정책의 계기가 되었다. 책머리에 권근과 신숙주(申叔舟)의
　　서문이 있고, 정도전의 증손인 문형(文炯)의 발문이 있다.

를 짓게 된 내력이 조금 보인다. 조선 전기에 과거제도가 정착되면서 관계로 진출한 관료들 가운데는 사림(士林) 계통의 엄격한 도덕성과 개혁 의지를 갖춘 유학자들이 많았다. 이들은 조선 건국 후 권력을 장악하고 패권을 행사하던 훈신(勳臣) 및 척신(戚臣)들과 대립했다. 이 과정에서 점필재(佔畢齋) 김종직(金宗直, 1431~1492)을 중심으로 한 새로운 학문적 경향이 시대적 역할의 한 부분을 담당하였는데, 한재는 김종직의 수제자로서 이 흐름에 가담하였다. 이들은 절의(節義)를 중시한 길재(吉再)의 학통을 이어받은 선비들로서 중앙의 정관계로 진출하여 엄격한 도학정신으로 기존 세력에 대항하였다.

도학은 인륜성을 중시하는 유학의 근본정신을 본령으로 한다. 인륜은 '개인 → 가정 → 사회 → 국가 → 천하'의 연속적 범주로 확장된다. 『대학』의 이른바 '격·치·성·정(格物·致知·誠意·正心)'은 개인적 수도(修道)의 요체이며, '수·제·치·평(修身·齊家·治國·平天下)'은 사회적 행도(行道)의 강령이다. 이 과정의 주체는 개개인의 인격적 자아이다. 여기에서 도학의 근간은 고래(古來)의 유학적 사회건설 이념의 출발인 수신(修身)을 근본으로 하는 수양론임을 알 수 있다.

이러한 도학이념을 바탕으로 점필재 문하에서는 많은 학자 차인들이 배출되었다. 이는 차(茶)와 다도가 도학을 공부하는 선비들에게 좋은 도반이었기 때문일 것이다. 특히 조위(曺偉), 정희량(鄭希良), 남효온(南孝溫), 김일손(金馹孫), 유호인(俞好仁), 이종준(李宗準), 강흔(姜訢), 이원(李黿), 이주(李冑), 김흔(金訢), 최보(崔溥), 김극성(金克成), 홍언충(洪彦忠), 홍유손(洪裕孫) 등은 눈에 띄는 차시들을 남긴 차 애호가들이었다.[325] 이 무렵 점필재의 문하에서 도학

325 류건집, 『한국차문화사』 상(上)권, 이른아침, 2007, 399-423쪽.

이념의 강골인 한재가 등장한다.

그는 동문 중에서도 막내인 젊은 나이로서 사림에 충만했던 도학정신과 절의정신을 실천하는 데 굽힘이 없었다.『다부』는 한재 이목이 그러한 자신의 성품을 다성(茶性)에 비유하여 읊은 작품이기도 하다.[326]

2)『다부』의 수양론적 구조

『다부』는 1,332자에 이르는 긴 운문으로서, 서론·본론·결론의 체제에 기존의 단편 차시들에서는 찾아볼 수 없는 차 관련 내용을 폭넓게 담고 있다.『다부』를 어떤 목적으로 썼는지는『다부』의 맨 앞머리 '병서(幷序)'에 나와 있다. 저자가 차의 성품을 깨닫게 되어서 인간이 차를 좋아하는 이유와 인간에 대한 차의 공로를 알리고자 썼다. 이러한『다부』의 저술 목적에 맞게『다부』에서 한재는 일단 차의 덕(德)과 공로를 낱낱이 밝혀 기린다. 이러한 한재의 의도 속에서 깊은 '수양'의 의미를 읽어 낼 수 있어서『다부』는 '다도수양론' 또는 '다도수양의 지침서'라고 할 수 있다.『다부』에서 차의 '오공 육덕'은 인간의 심신 수양을 위한 동인으로 제시되며, 저자 한재는 차를 마셔서 얻은 득도 체험의 경지를 '오심지차'라는 말로 표현한다.

따라서『다부』의 수양론적 결론은 '오심지차'라는 말에 있다. '오심지차'의 경지에 이르기까지는 차를 통한 수양의 과정이라고 볼 수 있다.『다부』의 수양론적 틀은 차가 지닌 신묘함과 덕성을 전제로 깔고, 그러한 차의 신묘함

---

326 류건집,『茶賦註解』, 이른아침, 2012, 18쪽.

이 우리 심신에 덕성으로 들어와 깨달음에 이르게 한다는 구도로 되어 있다. 그리고 그 사이 사이에 우주의 생기로서 차의 신령함을 강조하는 내용이 들어 있다.

또 중간에는 '채다(採茶)'와 '포다(泡茶)'에 관한 언급도 있다. 이는 찻잎을 따고 차를 우리는 과정에서 차의 덕성을 살피고 이를 차탕에 구현해 내는 일의 의미인 '정성 다하기(誠之)'를 말하는 것이다. 그러나 무엇보다도 『다부』의 핵심은 끽다(喫茶)의 경지인 '오심지차'라는 말이다. '오심지차'는 끽다 명상의 수양 과정을 거쳐 이른 '자연합일'의 경지이다. 『다부』의 내용을 크게 분류하자면 아래 표와 같다.

『다부』의 내용 분류

구분	『다부』의 내용
서 론	① 책을 쓰는 동기와 목적을 말하는 '병서'
	② 찻잎 따기와 차 달이는 일의 정성
본 론	③ 차를 마셔서 얻는 심신의 효과
	④ 차(茶)의 5공(五功) 6덕(六德)
결 론	⑤ 차의 미덕과 차가 가져다주는 '득도의 경지'에 대한 설명

『다부』의 구조를 '채다(採茶) → 팽다(烹茶) → 끽다(喫茶) → 깨달음(得道)'의 과정에 일관하는 수양론적 함의를 중심으로 상세히 살펴보자. 『다부』에 '제다(製茶)'에 관한 언급은 없다. 당시 여건상 한양에 살던 사대부 계층인 이목이 제다를 실천할 실정이 아니었을 것이다. 채다에 관한 언급은 있으나 이는 이목이 스승인 김종직의 함양다원에서의 체험 또는 중국에서의 견학 내

용을 말하는 것으로 보인다. 아래의 ①~⑤는『다부』의 수양론적 구조 분석
으로서, 각 장을 공통되거나 구별되는 수양론적 함의에 따라 다섯으로 다시
엮어 거기에 맞는 제목을 붙인 것이다.

① 차의 청기(淸氣) 인식과 수양의 기반

『다부 병서』중 제1장 '서론' 부분에서 제3장(본론) '다림의 경관'에 해당되
는 부분으로, 서론 첫머리 '稍得其性心 甚珍之'는『다부』의 사상적 핵심으
로 일컬어진다. 그 앞의 '자독육씨경'과 연결 지어 해석하면 "육씨경(『다경』)
을 읽은 뒤부터 차츰 차의 성품을 터득하여 마음속으로 몹시 진중하게 여겼
다."이다.

그러나 한재의 후손인 이환규 씨는 이 대목 전후를 달리 해석하여 새롭게
의미 부여한다. 그는 '余於茶 越乎其莫之知 自獨陸氏經 稍得其性心 甚珍之'
에서 '越乎'를 '널리 알리다, 전파하다'[327]로, '自讀'을 '떨치다, 선양하다'[328]로,
'稍得'을 '감추다, 훔치다'로 해석하여[329] '余於茶 越乎其莫之知 自獨陸氏經 稍
得其性心 甚珍之'를 '나는 茶의 고요하고 맑은 지혜가 끝없이 넓고 크다는 것
을 널리 알리고 있었다. 스스로 경전이라고 떨친(자랑한) 육씨경(『다경』)이 감

---

327 『爾雅』(釋言)에 월(越), 양야(揚也), 즉 '전파하다, 宣揚하다'로 밝혔다(『漢韓大辭典』,
    2008, 11-326쪽).

328 『漢韓大辭典』(2008) 12-1121쪽에 讀이 '말하다, 드러내어 널리 떨치다, 宣揚하다'라
    는 의미로 설명돼 있다.

329 檀國大學(東洋學研究所)에서 펴낸 『漢韓大辭典』 10권(657쪽), 화부(禾部), 초(稍)에,
    ④ 녹봉(祿俸) 녹미(祿米) ⑥ 노름 밑천, 本錢에 이어 ⑦'감추다 또는 훔치다'로 밝혀
    있다.

춘(말하지 못한) 차의 그 性心이 보배처럼 훌륭하다.'고 풀이한다.[330]

그는 또 『다부병서』 서론 끝머리 '其辭曰'의 사(辭)가 본래 재판(訟事)에서 당사자 또는 관계자가 事件의 顚末을 소상하게 말한다(陳述)는 의미라는 전제하에 '其辭曰'을 "自讀하면서(다경이라고 떨치면서) 稍得한(감춘) 차의 깊은 성심(其性心甚珍之)의 내막을 밝힌다."는 의미라고 설명한다.

그리고 『다부 병서』 제2장 첫머리에 차의 이름을 일컫는 것으로 해석돼 온 '曰茗 曰荈 曰蔂 曰菠'도 어조사 曰과 잡초변(艸)을 모두 떼어 내고 '名·舛'을 '무욕'으로, '寒·波'를 '謙·敬'으로 해석한다.[331] 한재가 蔂(꽈리)와 菠(시금치)를 굳이 차 이름으로 차용해 썼을 리 없고 차 정신을 의미하는 寒(謙)·波(敬)의 의미로 썼다는 것이다.

종래의 해석은 한재가 『다경』을 읽고 비로소 차의 품성에 대한 인식을 하게 되었다는 것이고, 이환규 씨의 새로운 풀이는 한재가 『다경』에서도 놓친 차의 품성을 오래전부터 인식하여 널리 알려 왔다는 것이다. 어쨌든 이 대목은 차가 지닌 수양론적 의미의 강조로 해석된다. 이 씨의 풀이가 설득력이 있는 것은 한재가 차에 대한 자신의 이런 인식이 갑작스런 일이 아님을 밝히고 있기 때문이다. "또한 나는 고질이 있어서 이에 미처 발할 겨를이 없다(且余有疾 不暇及此云)."고 한 것은 그가 오랜 차벽(茶癖)을 지녀 왔음을 밝힘으로써 오래전부터 수양의 계기나 필요성을 느껴 왔다고 말하는 것이다.

제2장 '차의 명칭과 산지' 및 제3장 '다림(茶林)의 경관'은 차의 다양하고 고결한 명칭과 범상치 않은 차의 산지 및 다림(茶林)의 수려하고 현묘한 경관

---

330 이환규, 「왈차의 융합적 통찰」, 8쪽.

331 위의 논문, 2쪽.

을 소개함으로써 차가 청기(淸氣)와 다신(茶神)을 지니게 되는 환경을 소개하고 있다.

제2장 '차의 명칭과 산지'

글에 말하다(其辭曰). 여기에 있는 물건(차)은 그 종류가 매우 많다(有物於此 厥類孔多) / 명이라 하고 천이라 하며 한이라 하고 파라 한다(曰茗曰荈曰한曰葭) / 선인장, 뇌명, 조취, 작설이 있고(仙掌雷鳴鳥嘴雀舌) / 두금 납면 용 봉 석유 적유라네(頭金 蠟面 龍 鳳 石 的) / 산정, 승금, 독행영초(挺 勝金 獨行靈草) / 박측 선지 눈예 운합 경합이 있고(薄側 仙芝 嫩蘂 運慶) / 복합 녹합 화영 내천 황령모(福祿 華英 來泉 翎毛) / 지합 청구 금명 옥진이 있다네(指合 淸口 金茗 玉津) / 우전 우후 선춘 조춘(雨前 雨後 先春 早春) / 진보 쌍승 녹영 생황이 있다네(進寶 雙勝 綠英 生黃) / 혹은 산차로 혹은 편차로, 혹은 음지에서 혹은 양지에서(或散或片 或陰或陽) / 천지의 순수한 기운을 머금고(含天地之粹氣) / 해와 달의 아름다운 빛을 들이마셨네(吸日月之休光) / 그 자라는 땅은 석교, 세마, 태호, 황매(其壤則 石橋 洗馬太湖黃梅) / 나원, 마보, 무주, 처주, 온주, 태주, 용주가 있다(羅原麻步婺處溫台龍溪) / 형주, 협주, 항주, 소주, 명주, 월주, 상성, 왕동이 있으며(荊峽杭蘇明越商城王同) / 흥국군, 광덕군, 강절, 복건, 개순, 검남, 신주, 무주(興廣江福開順劍南信撫) / 요요주, 홍주, 균주, 원주, 건창, 남강, 악주, 악주, 산동(饒洪筠袁昌康岳鄂山同) / 담주, 정주, 선주, 흡주, 아주, 종산, 몽산, 곽산 등이 있다(潭鼎宣歙雅鍾蒙霍) / 비와 이슬의 은택으로 가지를 뻗네(蟠柢丘陵之厚 楊柯雨露之澤).

제3장 '다림(茶林)의 경관'

그것을 만드는 곳 다림은(造其處) / 산이 높고 험하게 솟아 있고(則崆峨嵯峨 險

嶬屼峰) / 비탈 봉우리 높게 뻗었네(峇嵂嵒嵥 嵣嵤嵃峛) / 골짜기가 텅 빈 듯, 툭 트였다가 끊어지기도 하네(呀然或放 谿然或絶) / 가려져 숨어 있기도 하고, 굽어지다 좁아지기도 하네(崦然或隱 菊然或窄) / 그 위로 무엇이 보이는가? 별들이 지척이고(其上何所見 星斗咫尺) / 아래로 무엇이 들리는가. 강이나 바다가 물결치며 소리 낸다네(其下何所聞 江海吼江海扖) / 신령스런 새들이여, 날며 기운도 토하고(靈禽兮翎颭) / 신기한 짐승들이여, 사로잡힐 듯하구나(異獸兮挐攫) / 기이한 꽃과 상서로운 풀들은 금빛과 푸른빛의 보석과 옥 같고(奇花瑞草 金碧珠璞) / 덥수룩이 우거지니 용모가 준수하네(尊尊蘘蘘 磊磊落落) / 용감한 사냥개 머뭇거리고, 산도깨비가 위협하는 곳이로다(徒盧之所趍趍 魍魎之所逼側).

제2장 중간의 '천지의 순수한 기운을 머금고 해와 달의 아름다운 빛을 들이마셨네(含天地之粹氣 吸日月之休光)'와 제3장 말미의 '신령스런 새들이여, 날며 기운도 토하고 신기한 짐승들이여, 사로잡힐 듯하구나. 기이한 꽃과 상서로운 풀들은 금빛과 푸른빛의 보석과 옥 같고 덥수룩이 우거지니 용모가 준수하네(靈禽兮翎颭 異獸兮挐攫 奇花瑞草 金碧珠璞 尊尊蘘蘘 磊落落).'의 구절에서는 상서로운 기운이 넘치는 차가 지닌 자연싱에서 '물아일여'를 희구하는 심정을 엿볼 수 있다.

그러한 세계와 이어 주는 신기(神氣)를 머금은 차를 가까이 하고 마시는 것은 일상의 세계로부터 득도의 경계로 나아가는 수양의 과정이다. 기론(氣論)에 따르면 그러한 차이 청기(淸氣)는 일상의 세계와 득도의 경계를 하나 되게 이어 주는 '감응—공명'의 매개 역할을 한다.

② 실천을 통한 자연의 이법(理法)과의 감응

제4장은 '춘절의 채다'에 해당된다. 『동다송』에서 초의의 다도 규정은 '음다(飲茶)의 경지' 이전에 차를 만들고 우려내는 '과정'의 수양이다. 즉 '채다(採茶)-제다(製茶)-포법(泡法)'의 과정이 그것이다. 이 과정에서는 다성(茶性)을 파악하여(채다) 이를 온존시켜(제다) 차탕에 살려 내는(포법) 지·행(知·行)이 요구된다.

정영선은 "한재의 지행일체는 차를 따고 손수 끓이며 다서를 쓴 데서 찾아진다."[332]고 말하여 한재가 차를 따고 우려내는 과정에서 체득한 바로써 『다부』를 쓴 일을 평가하였다. 김명배는 "육우처럼 다도 수련의 아홉 단계[333]를 수련하여 덕망을 쌓은 다인이라면 김시습을 비롯하여 다산(茶山) 정약용과 제자인 초의선사(草衣禪師) 등이 있을 뿐이다. 왜냐하면 대부분의 다인들은 차 만들기를 하지 않고 사거나 선물을 받아서 마셨기 때문이다."라고 했다.

두 사람의 지적은 다도에 있어서 '끽다' 이전의 과정이 중요함을 강조한 것이다. 그런데 『다부』에 제다에 관한 언급이 없고 김명배가 한재를 김시습-다산-초의의 반열에 넣지 않은 것은 한재가 제다의 일에는 미치지 못했음을 말해 준다. 정영선은 한재가 함양다원 또는 중국 견학지에서 차를 따는 일을 견학한 것을 다도 수행을 위한 귀중한 체험으로 평가하고 있는 것 같다.

『다부』 제4장 '춘절(春節)의 채다(採茶)'는 이른 봄 찻잎을 따면서 체득하게 되는 자연의 이법(理法)에 대해 상세히 읊고 있다.

---

332 정영선, 『한재 이목-다부』, 너럭바위, 2011, p.45.
333 『다경』에 나오는 '차의 아홉 가지 어려움'을 말한다. '1. 차 만들기(造), 2. 차 품질 식별(別), 3. 찻그릇(器), 4. 불(火), 5. 물(水), 6. 차 굽기(炙), 7. 가루내기(末), 8. 물 끓이기(煮), 9. 차 마시기(飮)' 등이다.

이에(於是), 東風이 언뜻 일고 북두칠성이 壁星을 지나니(谷風乍起 北斗轉壁) / 얼음이 황하에서 풀리고 해 떠오르니 달이 청륙을 운행한다(氷解黃河 日躔靑陸 月軌靑陸) / 풀은 움틀 마음 갖지만 아직 싹이 나지 않았고(草有心而未萌) / 나무의 기운은 뿌리로 돌아가 다시 (가지와 잎으로) 옮기려 하네(木歸根而欲遷) / 오로지 저 훌륭한 차나무는 백물에 앞서서(惟彼佳樹 百物之先) / 이른 봄 홀로 나서니 절로 하늘 독차지하네(獨步早春 自專其天) / 자색 녹색 청색 황색(紫者綠者 靑者黃者) / 이른 것 늦은 것 짧은 것 긴 것(早者晚者 短者長者) / 뿌리에 정기 모아 줄기에 뻗치어, 잎을 펴고 그늘 드리우네(結根竦幹 布葉垂陰) / 황금빛 싹이여, 푸른 옥을 이미 토했네(黃金芽兮 已吐碧玉) / 드리워 숲을 이루니, 가려지고 우거져 무성하네(麩兮成林 晻曖蓊蔚) / 아름답고 고운 미인(阿那嬋媛) / 정연하고 위의 있네(翼翼焉 與與焉) / 구름이 생겨나고 안개가 피어오르면(若雲之作霧之興) / 바로 천하의 장관일세!(而信天下之壯觀也) / 휘파람 불고 돌아오며 잠깐 찻잎 따노니(洞嘯歸來 薄言采采) / 집어 따고 지고 싣네(擷之折之 負且載之).

먼저 '나무의 기운은 뿌리로 돌아가 다시 (가지와 잎으로) 옮기려 하네(木歸根而欲遷).'라는 표현을 빌려 '기(氣)의 취산(聚散)' 순환으로 우주 자연의 변화를 설명하고, '오로지 저 훌륭한 (차)나무는 백물에 앞서서 이른 봄 홀로 나서니 절로 하늘 독차지하네(惟彼佳樹 百物之先 獨步早春 自專其天).'라고 하여 차나무의 빼어난 기(秀氣)를 부각시켰다.

이어 '뿌리에 정기 모아 줄기에 뻗치어, 잎을 펴고 그늘 드리우네. 황금빛 싹이여, 푸른 옥을 이미 토했네(結根竦幹 布葉垂陰 黃金芽兮 已吐碧玉).'라는 표현으로 '기(氣)의 취산(聚散)' 순환 원리를 차나무에 적용하고, 이른 봄 생명 기운의 정수인 차싹을 따는 환희를 '휘파람 불고 돌아오며…'라고 했다. 찻잎을 따는 과정에서 봄의 생명 기운을 느끼고 찻잎에 스며 있는 우주 순환의 원리를 육감으로 만나는 일은 실천을 통한 자연의 이법과의 조우라고 할 수 있다.

③ 성지(誠之)

성지(誠之)는 제5장 '煮茶 삼품' 부분에 해당된다. 자다(煮茶)는 찻물을 끓이고 병차를 가루 내어 차탕을 달이는 과정이다. 『다경』에는 '三之造(3. 차 만들기)'의 '찻잎 따기'와 '병차의 제조'에 이어 '五之煮(5. 차 달이기)'에서 차 달이는 물의 종류를 분류하고 특히 찻물 끓이는 방법을 상세히 기술했다. 물의 선택은 정해진 기준에 따르면 되지만 물을 끓이는 일은 사람의 세심한 주의와 정성이 필요하다. '五之煮'에 아래와 같은 대목이 있다.

물 끓는 것이 마치 고기의 눈알과 같은 기포가 올라오고 가느다란 소리를 내면 이것을 첫 번째 끓음이라고 한다. 솥의 가장자리 쪽이 솟아오르는 샘과 같고 구슬이 이어진 것처럼 기포가 올라오는 것을 두 번째 끓음이라고 한다. 물결이 뛰어오르고 파도가 솟아오르듯 하는 것을 세 번째 끓음이라고 한다. 그 이상 끓으면 물이 쇠어지므로 먹어서는 안 된다(其沸如漁目 微有聲 爲一沸; 緣邊如湧泉連珠 爲二沸; 騰派鼓浪 爲三沸 已上水老 不可食也). 물이 처음 끓을 때 물의 양에 맞추어 소금으로 간을 조절한다. 그 마시던 나머지를 버리라고 한 것은 그 짠맛만 알고 다른 맛은 한 가지도 모를 수가 있기 때문이다. 물이 두 번째 끓을 때 끓는 물을 한 표주박 떠내고 대젓가락으로 끓는 물의 중심을 휘저으며 찻 가루의 양을 헤아려 솥의 한가운데에 부어 넣는다. 잠시 끓기를 기다려 이윽고 물 끓는 기세가 마치 성난 파도처럼 물거품이 넘쳐흐르듯이 하면, 이때 미리 떠내 식힌 물을 끓는 물에 부어 더 이상 끓지 못하게 가라앉히는데, 이는 차탕의 정화를 기르기 위한 것이다(初沸 則水合量調之以鹽味 謂棄其啜餘 無乃鹹鹹而鐘其一味乎(上古暫反 下吐濫反 無味也) 第二沸出水一瓢 以竹筴環激湯心 則量末當中心而下 有頃 勢若奔濤濺沫 以所出水止之 以育其華也).[334]

윗글의 결어는 단락 말미에 있는 '차탕의 정화를 기르기 위한 것'이다. 차탕의 정화(精華)를 기른다 함은 차탕에서 차의 정기를 최대한 발현시킨다는 뜻이다. 윗글에서 '기화(其華)'는 차탕의 거품을 뜻하는데, 원래 정화(精華)는 정기의 발현을 뜻한다. 곧 차탕의 거품을 통해 차의 정기인 차향이 표출된다고 본 것이다. 차의 향은 다도를 이루는 주요 요인이다. 자다(煮茶)는 다도의 한 과정이고 자다(煮茶)에서 중요한 것은 차탕의 정화를 기하여 차의 향을 제대로 살려 내는 일이라 할 수 있다. '五之煮'의 요지는 차탕의 정화를 기하기 위해서는 매우 세심한 주의와 정성을 기울여야 한다는 것이다. 차탕의 정화는 천도(天道)의 성실한 모습인 성(誠)을 상징한다고 보고 차탕의 정화를 기하기 위해 정성을 다하는 것은 유가 사상의 수양론인 '誠之'에 해당한다.

『다부』의 제5장 '자다 삼품'은 시작부터 수양의 의미를 나타내고 있다.

옥 같은 잔 꺼내서 손수 씻고(搴玉甌而自濯) / 돌샘 물 끓이며 옆에서 바라보니(煎石泉而傍觀) / 하얀 김이 부리에서 쏟아져 나와(白氣漲口) / 여름날 구름이 산 등성이를 넘는 듯하네(夏雲之生溪巒也) / 흰 파도 비늘처럼 이니素濤鱗生) / 봄

---

334 치우지평 지음, 김봉건 옮김, 『다경도설』, 이른아침, 2005, 181-182쪽.

강에 물결치듯 하는구나!(春江之壯波瀾也) / 끓는 소리 쏴쏴 퍼지니(煎聲颼颼) / 대나무 잣나무 서릿바람 부는 듯하네(霜風之嘯篁栢也) / 아름다운 향기 떠올라 퍼지니(香子泛泛) / 전함이 적벽강을 나는 듯하네(戰艦之飛赤壁也) / 저절로 웃음 지으며 혼자 따라 마시니(俄自笑而自酌) / 흐렸던 두 눈이 밝았다 어두웠다 하네(亂雙眸之明滅) / 아아, 이로써(於以) / 몸을 가벼이 할 수 있으니 어찌 상품이 아니며(能輕身者 非上品耶) / 고질을 없애 주니 어찌 중품이 아니며(能掃痼者 非中品耶) / 고민을 달래 주니 어찌 그 다음 품이 아니겠는가(能慰悶者 非次品耶) / 이에 표주박 하나 들고 바지 걷어 올리니(乃把一瓢 露雙脚) / 백석 끓이는 일 천히 여기고(陋白石之煮) / 금단의 단련을 본받네(擬金丹之熟).

'옥 같은 잔 꺼내어 씻어(搴玉甌而自濯)'는 세속의 때를 씻고 청신한 심신을 가져 보려는 마음의 표출이다. 전춘년(錢椿年)은 『다보(茶譜)』에서 점다삼요(點茶三要) 중 첫째를 척기(滌器: 그릇을 깨끗이 씻음)라 했다.[335] 이어서 물의 끓는 상태를 기운, 모양, 소리로 나누어 묘사하고 있다. '옥 같은 잔 꺼내어 손수 씻고, 돌샘 물 끓이며 옆에서 바라보니, 하얀 김이 부리에서 쏟아져 나와, 여름날 구름이 산등성이를 넘는 듯하네(搴玉甌而自濯 煎石泉而傍觀 白氣漲口 夏雲之生溪巒也).'는 장원(張源)의 『다록(茶錄)』에 나오는 '기변(氣辨)'에 해당한다.

'흰 파도 비늘처럼 이니, 봄 강에 물결치듯 하는구나!(素濤鱗生 春江之壯波瀾也)'는 '형변(形辨)'에 해당한다. '끓는 소리 쏴쏴 퍼지니, 대나무 잣나무 서

---

335 류건집, 『茶賦註解』, 159쪽.

릿바람 부는 듯하네(煎聲颼颼 霜風之嘯篁栢也).'는 '성변(聲辨)'에 해당한다.[336]
이 구절이 지니는 수양론적 의미는 물 끓는 모습이 기운, 형태, 소리에 있어
서 자연의 이법에 어긋나지 않도록 세심히 지켜보면서 차탕이 정화를 기하
도록 정성과 주의를 기울이는 성(誠)·경(敬)의 자세를 가지라는 것이다. 또
물이 끓는 이상적인 기운, 형태, 소리는 자연의 치중화(致中和)의 모습이며
그것에 주시하여 몰입하는 것은 기운, 형태, 소리를 이루는 기(氣)와의 소통
을 통해 자연과 합일하고자 하는 수양의 길이다.

그렇게 하여 잘 우려진 차탕에서 차향이 발현되어 서서히 퍼지는 형세는
적벽강을 병선들이 누비듯 기세가 등등하다. 이때 차를 마셔서 이 기세를
타고 '척안'의 세계에서 '대붕'의 세계로 나아가고자 한다. 따라서 여기에서
차를 마시는 일은 일상의 세계에서 물아일여의 세계로 나아가게 해 주는 수
양의 '과정'이 된다. 한재는 차를 우려내는 일을 백석을 끓이거나 금단을 제
련하는, 즉 선도(仙道)를 닦는 일과 같이 여기며 글을 맺는다.

④ 차의 덕성과 수양

『다부』 수양론의 중심이 되는 차의 덕성과 수양의 내용은 제6장 '한재의
「칠완다가」'부터 제8장 '음다생활의 은총' 부분에 해당된다. 제6장 '한재의
「칠완다가」'는 노동(盧仝)의 「칠완다가」를 본떠 정화를 얻은 차를 끽다한 다음
얻는 수양의 효과를 노래하고 있다.

차 한 잔을 마시니 마른 창자에 눈으로 물 대듯 하고(啜盡一椀 枯腸沃雪) / 두

---

336 위의 책, 150쪽.

잔 마시니 정신을 상쾌하게 하여 신선되고 싶네(啜盡二椀 爽魂欲仙) / 셋째 잔을 마시니 병든 뼈가 깨어나고 두통이 낫네(其三椀也 病骨醒 頭風痊) / 내 마음은(心兮) / 공자께서 부귀를 뜬구름처럼 여긴 뜻과(若老叟抗志於浮雲) / 맹자께서 호연지기를 기른 뜻의 경지에 이르네(鄒老養氣於浩然) / 넷째 잔에는(其四椀也) / 웅장함과 호방함이 일어나 근심과 분노가 사라지니(雄豪發憂忿空) / 내 기운은(氣兮) / 공자께서 태산에 올라 천하가 작게 여겨져(若登太山而小天下) / 내려보고 올려봐도 눈길이 다 담기지 않는 경지가 되네(疑此俯仰之不能容) / 다섯째 잔을 마시니(其五椀也) / 색마가 놀라 달아나고 제수 탐하는 시동 눈멀고 귀멀게 되네(色魔驚遁 餐尸盲聾) / 내몸은(身兮) / 구름치마에 깃옷 입고 흰 난새를 몰아 달에 오르듯 하도다(若雲裳而羽衣 鞭白鸞於蟾宮) / 여섯째 잔을 마시니(其六椀也) / 마음은 해와 달이 되고, 모든 사물은 다 거적에 불과하네(方寸日月 萬類簷籧) / 내 정신은(神兮) / 소보와 허유를 쫓아내고 백이숙제를 종복 삼는 것 같아져서(若驅巢許 而僕夷齊) / 하늘의 상제께 읍을 하도다(揖上帝於玄虛) / 어이하여 일곱째 잔은 반도 안 마셨는데도(何七椀之未半) / 울금향 같은 맑은 차향 옷깃에 일고(鬱淸風之生襟) / 하늘 문 바라보니 무척 가까워(望閶闔兮孔邇隔) / 봉래산이 조용하고 울창하구나(蓬萊之蕭森).

'마른 창자에 물대듯 하고, 정신을 상쾌하게 하여 신선이 되고 싶게 하고, 병든 뼈가 깨어나고 두통이 낫는' 형신(形神) 정화의 단계를 거쳐 마침내 마음이 공자 맹자와 같은 성인의 경지(若老叟抗志於浮雲 鄒老養氣於浩然)에 이르게 되었다. 그 결과 근심과 분노가 사라지는 평정(平靜)을 얻어서 마침내 계속 풍겨나는 차향의 기운을 타고(鬱淸風之生襟) 신선의 경지에 오르게 되었다(蓬萊之蕭森).

제7장 '차의 오공 육덕'과 제8장 '음다생활의 은총'은 수양론적 속성을 지닌 차의 덕성 및 차로 인해 얻게 되는 심신 수양의 효과를 정리하여 나열하고 있다.

제7장 '차의 오공 육덕'

이처럼 차의 맛이 아주 좋고 신묘하니(若斯之味極長且妙) / 그 공을 논하지 않을 수 없네(而論功之 不可闕也) / 옥당이 서늘하여 밤 깊도록 책상에 앉아서(當其凉生玉堂 夜闌書榻) / 만권을 독파하고자 잠시도 쉬지 않아(欲破萬卷 頃刻不輟) / 동생은 입술이 상하고 한유는 이가 빠졌다네(董生脣腐 韓子齒豁) / 이때 너 아니면 누가 목마름 풀어 주랴. 그것이 첫째 공이다(靡爾也 誰解其渴 其功一也) / 그 다음은(次則) / 한나라 궁에서 글을 읽고 양나라 감옥에서 글을 올려(讀賦漢宮 上書梁獄) / 그 모습이 야위고 안색은 초췌하여(枯槁其形 憔悴其色) / 창자가 하루에 아홉 번 뒤틀리고(腸一日而九回) / 답답한 가슴에 불이 타는 것 같을 때(若火燎乎膈臆) / 너 아니면 누가 그 울분을 풀겠는가. 그 공이 둘째이다(靡爾也 誰叙其鬱 其功二也) / 다음은(次則) / 황제가 내리는 칙령 한 통에 온 나라가 한마음 되고(一札天頒 萬國同心) / 칙사가 명을 전하면 모든 제후들이 받들어(星使傳命 列候承臨) / 읍하고 사양하는 예가 행해지고, 인사말 주고받으며 격렬할 때(揖讓之禮旣陳 寒喧之慰將訖) / 너 아니면 빈주의 정을 누가 통하게 하랴. 그 공이 셋째다(靡爾也 賓主之情誰協 其功三也) / 그 다음은(次則) / 천태산 은자와 청선산 신선이(天台幽人 淸城羽客) / 바위 모서리에서 토납하고 솔뿌리에서 정기 단련하며(石角噓氣 松根鍊精) / 신선비법 시험하려 하니 배 속 우레가 갑자기 울어대니(囊中之法欲試 腹內之雷乍鳴) / 너 아니면 삼팽의 기생충 누가 정복하랴. 그 공이 넷째다(靡爾也 三彭之蠱誰征 其功四也) / 다음으로는(次

則) / 금곡원에서 잔치가 파했고, 토원에서 수레를 돌렸는데(金谷罷宴 兎園回轍) / 숙취가 덜 깨여 간과 허파가 찢어지는 듯할 때(宿醉未醒 肝肺若裂) / 너 아니면 오경의 술기운 누가 없애 주랴, 그 공이 다섯째다(靡爾也 五夜之醒誰輟 其功五也) / 나는 그 연후에 알았으니, 차에는 또 여섯 가지 덕이 있네(吾然後知 茶之又有六德也) / 사람의 수명을 닦아 늘이니, 요임금과 순임금의 덕을 지녔다네(使人壽修 有帝堯大舜之德焉) / 사람의 병을 그치게 하니, 유부와 편작의 덕을 지녔네(使人病已 有俞跗扁鵲之德焉) / 사람의 기를 맑게 하니, 백이나 양진의 덕이 있네(使人氣淸 有伯夷楊震之德焉) / 사람의 마음을 편안케 하니 이로나 사호의 덕이 있네(使人心逸 有二老四晧之德焉) / 사람을 신선으로 만드니 황제와 노자의 덕을 지녔네(使人仙 有黃帝老子之德焉) / 사람을 예의롭게 하니 주공과 공자의 덕을 갖추었네(使人禮 有姬公仲尼之德).

제8장 '음다생활의 은총'

이것은 일찍이(斯乃) / 노동이 시로써 밝힌 바요, 육우가 즐긴 바라네(玉川之所嘗贊 陸子之所嘗樂) / 梅堯臣은 그로써 인생을 깨달았고, 조업은 그로써 돌아갈 줄을 잊었도다(聖俞以之了生 曹鄴以之忘歸) / 작은 봄 햇살처럼 차가 백락천의 심기를 안정시켰고(一村春光 靜樂天之心機) / 십 년 세월 가을 달밤처럼 소동파의 잠귀신을 물리쳤네(十年秋月 却東坡之睡神) / 다섯 가지 해를 없애고 팔진을 향해 가노라(掃除五害 凌厲八眞) / 이는 조물주의 은덕이니 다행한 일이고(此造物者之盖有幸) / 또한 나와 옛 사람의 마음이 맞는 바이네(而吾與古人之所共適者也) / 어찌하여 夏代 술을 처음 만든 의적의 광약이 장부를 찢고 뭉그러뜨리는 것과 비교하리(豈何與儀狄之狂藥 裂腑爛腸) / 더구나 사람들로 하여금 덕을 손상케 하고 목숨을 재촉케 하는 술과 차가 같다고 하겠는가(使天下之人 德

損而命促者同日語哉).

⑤ 다도 수양의 완결

제9장 '다도지심'은 『다부』의 결론에 해당한다.

기뻐하며 노래하네(喜而歌曰) / 내가 세상에 태어나 풍파가 모질구나(我生世兮風波惡) / 양생에 뜻한다면 널 두고 무엇을 구하랴(如志乎養生 捨汝而何求) / 나는 널 지니고 다니며 마시고 넌 나를 따라 노니나니(我携爾飮 爾從我遊) / 꽃피는 아침 달뜨는 저녁 즐겁기만 하고 싫지가 않네(花朝月暮 樂且無斁) / 옆에 마음이 있어 삼가 말하네(傍有天君 懼然戒曰) / 삶은 죽음의 줄기요 죽음은 삶의 뿌리(生子死之本 死者生之本) / 心만을 다스리다가 밖(몸)이 시들어서(單治內而外凋) / 혜강은 양생론을 지어 어려운 실천을 하고자 했다네(嵇著論而蹈艱) / 어찌(曷若) / 지수에 빈 배를 띄우고(泛虛舟於智水) / 인산에 좋은 곡식을 심는 것과 같겠는가(樹嘉穀於仁山) / 신명이 기를 움직여 묘경에 들게 하니(神動氣而入妙) / 즐거움은 꾀하지 않아도 저절로 이르네(樂不圖而自至) / 이것이 바로 '내 마음의 차'이거늘(是亦吾心之茶) / 굳이 다른 데서 즐거움을 구하겠는가(又何必求乎彼也).

그중에서도 '오심지차(吾心之茶)'라는 말에는 『다부』의 수양론적 함의가 농축돼 들어 있다. '오심지차'의 의미에 대해 류승국(柳承國, 1923~2011)은 "'내 마음속에 이미 차가 있거늘 어찌 다른 곳에서 또 이를 구하려 하겠느가(是亦吾心之茶又何必求乎彼耶)'라 하여 실제(實際)의 차(물질)에서 내 마음(吾心)의 차(정신)로 승화한 경지는 한국인의 사고양식인 것…"[337]이라며 다도에 관한

---

337 박남식, 「한재 이목의 다도사상 연구」, 성균관대학교 박사학위논문, 2012, 129쪽.

한국적 정서의 우월성을 강조하였다. 여기에서 '한국인의 사고양식'이라는 말은 '초월(오심지차)'과 '실제(현실 물질로서의 차)'를 통합하여 분별을 없애는 묘합(妙合)의 수양론적 사유를 말한다.

'다도지심'의 글에서 '지수에 빈 배를 띄우고(泛虛舟於智水)'와 '인산에 좋은 곡식 심는(樹嘉穀於仁山)'의 구절은 차를 마심으로써 각각 천명으로서 사람의 본성인 지·의(智·義)와 인·예(仁·禮)를 존양한다는 의미로 풀이된다. '범허 주어지수(泛虛舟於智水)'에서 '지수(智水)'는 '지자요수(智者樂水)'의 의미로서 智·義를 상징하고, '수가곡어인산(樹嘉穀於仁山)'에서 '仁山'은 '인자요산(仁者樂山)'의 의미로서 仁·禮를 상징한다. '지수에서 빈 배를 띄우고'는 '차(지 수)를 마셔서 마음을 비워 智·義를 기른다'는 의미이고, '인산에 좋은 곡식 을 심는다'는 '차(인산)에서 仁·禮를 기른다'는 의미이다.

그리하여 둘을 합쳐 차로써 마음을 닦고 인의예지의 본성을 기르는 수심 양성(修心養性), 곧 다도를 통한 수양을 의미한다. 그 과정의 전개는 다신(茶 神)이 내 마음을 정화하고 마음의 기(氣)를 움직여 득도의 경지(묘경)에 들게 하니, 자연합일의 즐거움은 차로 인하여 무위(無爲)의 정황에서 저절로 찾 아드는 것이다. 그것이 바로 내 마음에서 작동하는 차(吾心之茶)의 수양 효 과이다.

여기에서 '신동기입묘(神動氣而入妙)'를 해석하는 데 유의할 필요가 있다. 차를 마시는 사람의 심신에 편재한 기(氣)만 놓고 논리적 순서에 따른다면 '氣動神而入妙(기가 움직여 신으로서 묘경에 든다)'가 되어야 한다. 하위 개념의 기(氣)에서 상위 개념의 신(神)으로 고도화(練氣化神)하기 때문이다. 그리고 묘경에 드는 단계의 기는 신(神)이다. 그러나 한재가 이 글귀를 이 자리에 인 용하게 된 앞뒤 맥락을 살펴보면 여기에서 '신'은 곧 '다신(茶神)'이라고 보는 게 타당하다.

이 대목을 기론에 입각한 '수양의 기제'로서의 기(氣)의 기능에 따라 해석하자면, '차를 마셔서 내 몸 안에 이입된 다신이 내 마음과 몸의 기를 우주 자연의 기와 공명(共鳴)하도록 매개하여(神動氣) 나로 하여금 자연합일 · 물아일여의 묘경에 들게 한다.'가 된다. '神動氣'의 '신'을 '다신'으로 볼 때 '神動氣'라는 말은 차의 수양 기능을 강조하는 의미를 갖는다. 차의 수양 기능은 마음을 비우게 하고 거기에 자신의 다신을 들여앉혀서 그 신(신통력)으로써 대상과의 감응을 매개하는 것이다. 따라서 여기에서 '神動氣'는 마음이 비워진 자리에 들어온 다신(고도화된 차의 기)이 신통력을 발휘하여 몸 안의 기를 자극하여 우주 자연의 기와 감응을 일으켜 자연합일을 이루게 한다는 의미이다. 이와 관련하여 『관자』 4편의 내적 수련법을 보자.

신체적인 정화를 통해 정기를 활성화하고 마음을 비우고 고요히 하며 집중한다(虛, 靜, 一). 이 과정에서 심층의 의지 혹은 더 깊은 마음속의 마음으로 들어가 우주의 기운을 불러들이고, 이것은 다시 몸 안의 기운을 조절해서 몸을 건강한 상태로 변하게 한다. 이러한 과정은 궁극적으로 … 몸을 순수한 정기가 가득 찬 우주적 존재 혹은 道와 하나가 되는 상태에로 이끈다.[338]

---

338 김희정, 『관자』 四篇의 구원론으로서 '治身思想', 『도교문화연구』 제18권, 한국도교
   문화학회, 2003, 222쪽.

3) '오심지차(吾心之茶)'의 수양론적 이해

『다부』에서 수양의 의미는 '오심지차'라는 말에 농축돼 있다. 한재는『다부』와 함께『허실생백부』를 지었는데, 이 둘의 의미 맥락으로 보면『허실생백부』의 수양론적 메시지는『다부』에서 '오심지차'라는 말에 구체화된다. '오심지차'의 의미를 드러내는 구절은『다부』에서 '喜而歌曰'부터 이후 끝까지이다.

흔연히 노래하노라(喜而歌曰) / 내가 세상에 태어남에 풍파가 모질기도 하다(我生世兮 風波惡) / 내 뜻을 양생에 둔다면 널(차) 두고 무엇을 구하랴(如志乎養生 捨汝而何求) / 나는 늘 너를 지녀 마시고 너 또한 나를 따라 주유했지(我携爾飮 爾從我遊) / 꽃피는 아침 달뜨는 저녁 즐겁기만 하고 싫지가 않네(花朝月暮 樂且無斁) / 옆에 마음이 있어 삼가 말하네(傍有天君 懼然戒曰) / 삶은 죽음의 나무줄기(本)요 죽음은 삶의 뿌리(根)(生子死之本 死者生之根) / 안(마음)만을 다스리다가 밖(몸)이 시들어서(單治內而外凋) / 혜강은 양생론을 지어 어려운 실천을 하고자 했으나(嵇著論而蹈艱) / 어찌 같겠는가(曷若) / 지수에 빈 배를 띄우고(泛虛舟於智水) / 인산에 좋은 곡식 심는 것과(樹嘉穀於仁山)… / 다신이 기운을 움직여 묘경에 들게 하니(神動氣而入妙) / 즐거움은 꾀하지 않아도 저절로 이를 것이네(樂不圖而自至) / 이 또한 '내 마음의 차'이니(是亦吾心之茶) / (기쁨을)어찌 반드시 다른 것(彼)[339]에서만 구하랴(又何必求乎彼也).

---

339 차를 향과 맛 중심으로 감각적으로 즐기는 것(嗜茶)과 같은 것.

윗글의 '희이가왈(喜而歌曰)'에서 '갈약(曷若)' 이전까지는 차의 수양론적 효용을 말하기 위한 전제를 깔고 있다. 이를 풀어서 이해하자면, '내가 세상에 태어나 모진 풍파에 고생을 겪어 심신의 양생이 필요하다. 그래서 늘 차를 지니고 다니며 즐겨 마신다. 그런데 천군(마음)을 옆에 두고 생각하자면 삶과 죽음은 나무의 줄기와 뿌리의 관계처럼 (기가) 순환하는 것이거늘, 안(마음)만 다스리다가 육체는 시들어서, 혜강은 안팎을 다 챙기는 '양생'에 치중했으나…'라는 뜻이 되겠다.

'生者死之本 死者生之根'은 『도덕경』 제16장의 '만물은 다시 그 뿌리로 돌아간다(萬物復歸其根)'의 의미와 상통하는 말로서, '氣의 聚散'으로 본 생사관에서 생사를 초월한 도(道)의 경지를 뜻한다. 이는 차를 마심으로써 그러한 도의 경지에 이르게 된다고 말하기 위한 전제로 보인다. 『도덕경』 제16장 첫머리는 '마음을 완전히 비우고 고요함만을 지킨다(致虛極 守靜篤)'는 말로써 '도의 경지'에 이르기 위한 조건을 제시하고 있다. 이는 곧 차의 공효이자 기(氣)의 원리에 입각한 다신(茶神)의 기능과 관련되는 대목이다.

'갈약(曷若)' 이후는 차를 마셔서 도달한 '마음의 이상적인 경지'를 말하고 있다. '빈 배를 지수에 띄우는 것(泛虛舟於智水)'과 '인산에 좋은 곡식을 심는 것(樹嘉穀於仁山)'은 『논어』「옹야(雍也)」편에서 유래한 '지자요수(知者樂水)', '인자요산(仁者樂山)'의 의미와 상통한다. 이는 차를 마셔서 仁(禮)과 智(義)의 인간 본성을 존양·체인(體認)하는 경지에 이른다는 말이겠다. 지수에 '빈 배를 띄우는(泛虛舟)' 일은 지혜를 얻는 '마음 비움'의 상태를, 인산에 '가곡을 심는(樹嘉穀)' 일은 인(仁)을 존양함을 뜻한다.

다도수양에서 차를 마시는 일은 인·의·예·지(仁義禮智)의 본성(人道)을 존양하는 데에서 나아가 우주 자연의 원리에 합일하는 묘경(天道)을 지향한다. 그런 묘경에 들게 되는 기제(機制)는 기(氣)의 발동이다. '神動氣而入妙'는 앞에서 살펴본 것처럼 다신(茶神)이 '내 마음의 기'를 움직여서 신묘한 경지에 들게 한다는 뜻이므로 이때의 다신은 고도화된 자연의 기로서 '神'이다. 차가 품고 있는 '자연의 기'는 『茶賦』 본론 첫머리에 '含天地之秀氣'로 표현돼 있다.

즉 이 수기(秀氣)가 '다신(茶神)'으로서 내 마음의 탁기(濁氣)를 정화하고 발동시켜서(神動氣) 자의식과 분별심이 제거된 나(我→吾)의 마음(吾心)으로 하여금 우주의 기와 공명·감응하게 하는 작용, 그것이 곧 '묘경'에 들게 하는 것(入妙)이다. 이러한 상태에 이르는 과정은 기의 작용에 의한 주·객의 전일화(全一化)로서의 수양이다. 『관자』「심술 하」에는 기의 수양 기능과 관련하여 "경(敬)의 자세로써 생각을 흩뜨리지 않고 마음을 전일하고 한결같이 하면 정성스러운 기운이 들어와 신령한 힘을 발휘하게 한다."는 구절이 있다. 여기에서 '정성스런 기운'은 다도에 있어서 '다신'에 해당한다.

수양을 기의 역할로 설명하는 것은 기의 전일성에 근거한다. 기(氣)의 전일성(全一性)이란 기가 정신과 물질, 개체와 전체를 관통함을 일컫는다. 세상 만물은 기의 전일성에 바탕하여 '개별성으로부터 전체성으로의 회복'을 도모한다. 다도수양의 효과는 전일성을 지향하는 기(茶神)의 역할이 좌우한다. 이러한 기의 전일성과 역할을 설명하는 대목이 『장자』「지북유(知北遊)」편에 보인다.

태어남은 죽음의 짝이요, 죽음은 태어남의 시작이다. 누가 그 기틀을 알겠는가? 사람의 생겨남은 기의 모임 때문이다. 기가 모이면 살고 흩어지면 죽는다. 생사가 짝이라면 내가 또 무엇을 근심하겠는가? 그러므로 만물은 하나이다. 그 아름다운 것은 신기한 것이고 그 추한 것은 썩은 내 나는 것이다. 썩은 내 나는 것은 다시 신기한 것이 되고 신기한 것은 다시 썩은 내 나는 것이 된다. 그러므로 말하기를 '천하를 통틀어 일기가 있을 뿐이다.'라고 한다. 그러므로 성인은 하나를 귀히 여긴다.[340]

    세상에는 오직 하나의 기가 있을 뿐이다. 삶과 죽음 그리고 변화는 모두 '기화(氣化)'로써 설명된다. 일기가 운행하는 세계는 신(神)으로 공명하는 전일적 세계이다. '포정해우(庖丁解牛)'의 신(神)은 마음의 분별상을 초월하는 직관과 지혜로서 '나'라는 개체와 우주 자연을 전일적인 하나로 본다. 신으로 대하는 전일적 인지가 가능한 까닭은 무엇일까? 그것은 "주체와 객체를 아우르고, 세계를 관통하는 기(氣)"[341] 덕분이다.

    '神動氣而入妙'의 경지를 척안이 대붕의 세계로 나아간 것에 비유하자면, 이때 척안이 대붕으로 화(化)하는 것은 척안이 세계를 채우고 있는 일기와의 공명·감응을 통해 일상적 개체에서 우주적 전체로 승화한 것이다. 기를 제어할 수 있는 것은 마음이다. 『맹자』「공손추」장에 "지(志)는 기(氣)의 장수요 기는 몸을 채우는 것이다. 지가 이르면 기가 따른다."[342]고 했다. 여기에서 지(志)는 마음의 지향, 곧 마음의 활동이다. 척안이 대붕의 세계로 나아가는 길은 척안이 마음을 비우는 지(志)의 활동으로 허(虛)의 상태에서 우주의 기

---

340 生也死之徒, 死也生之始, 孰知其紀! 人之生, 氣之聚也, 聚則爲生, 散則爲死. 若死生爲徒, 吾又何患! 故萬物一也, 是其所美者爲神奇, 其所惡者爲臭腐. 臭腐復化爲神奇, 神奇復化爲臭腐. 故曰 通天下一氣耳. 聖人故貴一.

341 이성희, 『빈 중심의 아름다움 : 장자의 심미적 실제관』, 한국학술정보, 2008, 184쪽.

342 『孟子』「公孫丑上」: 夫志, 氣之帥也. 氣, 體之充也. 夫志至焉, 氣次焉.

를 빈 마음에 받아들여 우주 자연의 기에 공명시키는 것이다.

이런 원리에 따르면 '오심지차(吾心之茶)'의 경지는 『동다송』에 소개된 '독철왈신(獨啜曰神)'의 경지이자 솔거(奉居)의 노송(老松) 그림에 새들이 찾아와 앉고자 하는 정경이며, 이는 또한 혜강(惠崗) 최한기(崔漢綺)가 말한 '신기통(神氣通)'의 경지라고 할 수 있다. 그것은 곧 우주생명의 역동적(力動的) 동시성(同時性)의 편재(遍在)가 드러나고 이를 깨닫는 경지이다.

이러한 기의 활동 원리를 차의 성분 및 서구 명상이론의 원리에 따라서 이해하자면, 차를 마시면 차의 테아닌과 카페인 등의 성분에 의해 마음이 정화(淨化)·각성되고, 그 '비워진 자리'에 도파민이나 엔도르핀과 같은 평화의 호르몬이 분비되면서 '브레이크 아웃'이 이루어진다.

이완반응 명상법을 개발한 벤슨은 스트레스에 대한 악순환적 반응이나 비생산적 사고 패턴이 일시에 부서지고 새로운 인지의 세계로 나가는 자기 변형의 체험이 종교적 체험, 특히 명상과 같은 심신의 이완 명상을 통해 일어난다고 하여 이를 '브레이크 아웃(Breakout)'이라고 명명하였다. 그는 2003년 『브레이크 아웃의 원리』라는 저서를 통하여 브레이크 아웃이 일어나고 있는 동안의 심리 생물학적 기제에 대해 다음과 같이 설명하고 있다.

난제에 부딪혀 해결의 실마리를 찾지 못할 때 우리는 스트레스를 느끼게 된다. 이때는 아드레날린이나 노어아드레날린 또는 코티졸과 같은 스트레스 관련 호르몬이 분비된다. 이들 호르몬에 의한 스트레스반응은 뇌나 신체를 각성시키고자 대사활동을 늘려 문제를 해결하려고 하는 에너지원이 된다. 그러나 스트레스반응이 지속되면 심신을 피폐시켜 결국에는 질병을 만든다. 인간은 이런 심신의 피폐화를 방지하고 건강을 지키게 하는 지혜를 발견했다. 그것은 바로 마음과 몸을 쉬게 하는 명상, 기도, 요가 등의 마음 수련법이다. 스트레스로부터 이완하게 될 때 스트레스호르몬 대신 평화의 호르몬인 도파민과 엔도르핀이 분비된다. 이때 통찰이나 창의성의 발현, 수행 능력의 증가, 심오한 영적 체험과 같은 변형된 의식 상태가 나타나게 되는데 이것이 브레이크 아웃이다. 브레이크 아웃이 일어나면 과거에는 전혀 생각하거나 보이지 않았던 새로운 세계가 나타나면서 난제가 일시에 해결된다. 아르키메데스의 '유레카', 과학자들의 통찰, 예술가의 심미적 영감, 수행승의 깨침 등은 최상의 브레이크 아웃에 이른 경우라 할 수 있을 것이다.[343]

'브레이크 아웃'을 다도수양론으로 해석하자면, 차를 마심으로써 우주 자연의 기인 차의 기운(茶神)이 내 마음의 기를 정화하고 채워 우주 자연과 전일적으로 감응하여 합일하는 득도의 경지에 도달하게 한다. '오심지차'는 차가 마음에서 수행하는 그러한 수양의 기능을 묘사한 말이다. 자연의 기운을 전해 주는 차를 마심으로써 차에 의한 수양의 과정을 거쳐 득도의 경지에 도달하는 성취감은 어떤 다른 것에 의존하여 인위적으로 꾀하는 즐거움과는 다르다(樂不圖而自至).

차의 기운에 의해서 우리의 정체성이 자연 쪽으로 확장되어, 우리의 안과 밖에 있는 자연이 서로 이어져 있는 것임을 깨달으면서 자연의 상호 의존적 질서에 참여하여 자연의 일원이 되는 즐거움은 곧 '무위(無爲)'라는 자연성에의 참여가 가져다주는 즐거움이다. 그러하니 차를 완미하는 데 그치는 '기차(嗜茶)'의 차원[344]에서 낙도(樂道)의 경지를 찾을 필요가 있겠는가?

---

343 장현갑, 『마음 vs 뇌』, 186–188쪽에서 발췌 · 정리하여 필자의 생각을 더한 것임.
344 차를 기호음료로 마시는 수준을 말함. 다도수양에서 차를 마시는 일은 '음(飮)' 자 보

이때 '오심지차'에서 '오(吾)'의 의미를 수양론적 관점에서 살펴볼 필요가 있다. 오(吾)의 개념은 '오상아(吾喪我)'의 '오'와 '아'의 대비에서 잘 나타난다. '오상아(吾喪我)'라는 말은 『莊子』「齊物論」'남곽자기의 우화'에 나온다.

남곽자기가 궤에 기대앉아 있다가 하늘을 쳐다보고 숨을 내쉬었다. 놓여나서 짝을 잃은 듯하였다. 안성자유가 시중들고 있다가 말했다. "어째서입니까? 진정 몸을 마른 나무처럼 만들고 마음을 타 버린 재처럼 만들 수 있습니까? 지금 궤에 기대어 있는 사람은 이전에 궤에 기대어 있던 사람이 아닙니다." 자기가 말했다. "언아 참 좋구나, 너의 질문이. 지금 나는 나를 잃어버렸다. 너는 그것을 알겠느냐?"[345]

여기에서 '오상아(吾喪我)'의 아(我)는 자의식이 있는 상대 세계의 나이고 오(吾)는 분별과 집착을 버린 절대 경지의 나다. 아(我)는 수양을 통해 자신을 비움으로써(喪我) 오(吾)의 경지에 오른다. '오상아(吾喪我)'는 남곽자기가 수양을 통해 분별적 아집의 아(我)를 벗어나 절대자유의 오(吾)로 거듭난 상태이다. 그런 맥락에서 볼 때 '오심지차'는 '차를 통한 수양으로 절대적 경지에 든 나'의 정황을 상징하는 말이다. 이렇게 수양을 통해 자의식을 완전히 해소하고 자연의 일기(一氣)에 합류하는 일은 마음 비우기(心齋)로써 가능하다. 한재가 『다부』와 짝하여 『허실생백부』를 내놓은 의도는 이런 연유를 설

다는 '끽(喫)' 字나 '철(啜)' 자를 주로 쓴다.

345 南郭子綦隱机而坐 仰天而噓 苔焉似喪其耦 顏成子游立侍乎前曰 何居乎 形固可使如 橋木 而心固可使如死灰乎 今之隱机者 非昔之隱机者也 子綦曰 偃 不亦善乎 而問之也 今者吾喪我 汝知之乎.

명하기 위한 것으로 보인다.

'갈약(曷若)' 이하의 구절이 묘사한 정경은 유가의 정좌(靜坐)에 비유될 수도 있다. 이때 '범허주어지수 수가곡어인산(泛虛舟於智水 樹嘉穀於仁山)'에서 '범허주'와 '수가곡'은 각각 차를 마셔서 시간이 지나지 않은 미발(未發)시 중(中)의 상태에서 존양(存養)함을 의미하고, '인산'과 '지수'는 존양의 대상인 인·예(仁·禮)와 의·지(義·智)의 성(性)을 뜻한다. 다음에 이어지는 '신동기이입묘(神動氣而入妙)'는 시간이 어느 정도 지나 다신(茶神)이 내 마음의 기(氣)를 움직여서 이발(已發)의 화(和)에 들어가게 됨을 말하고, '락부도이자지시역오심지차(樂不圖而自至 是亦吾心之茶)'는 차로써 도달한 이발(已發)시의 중절한 마음의 안락함을 나타낸다.

추사 김정희는 초의 선사에게 다도수양을 함의하는 시구 '靜坐處茶半香初妙用時水流花開'를 써 보냈다. 송대 정이천(程伊川)은 자연의 창조력에 내함되어 있는 조리(條理)로부터 취상(取象)한 복괘(復卦)의 괘상을 음미하면서 그 조리의 의미를 이렇게 해석하고 있다.

陽이 처음 생겨날 때는 매우 미약하니 안정된 후에야 자랄 수가 있다. 그러므로 '선왕은 이로써 동짓날에 관문을 닫는다'고 한 것이다.[346]

성(性)은 리(理)이고 리는 인(仁)이다. 인은 '행인(杏仁, 살구씨)', '도인(桃仁, 복숭아씨)'이라는 말에서 알 수 있듯이 '씨앗'의 의미도 갖는다. 복괘는 씨앗

---

346 『近思錄』「存養」2. "伊川先生曰 陽始生甚微, 安靜而後能長, 故復之象曰, 先王以至日閉關"

이 초구(양)으로서 아직 땅에 덮여 있는 형국이다. 자연의 기운(天地之心)은 생명의 씨앗(초구)이 위에 겹겹이 쌓여 있는 두터운 음(陰)을 뚫고 싹터 나오도록 한다. 이 씨의 발아에 대한 세심하고 애틋한 우주 자연의 마음처럼,[347] 인간의 성(性)도 그것의 발현을 위해 세심하고 애틋해야(誠) 한다. 이 정성스러운 마음을 확보 유지하기 위해 '고요함(靜)'이 필요하다.

정명도는 제자 사량좌에게 "우선 정좌(靜坐)하라"[348] 했다. "성이 고요한 뒤라야 학문에 들 수 있기 때문이다."[349] 이렇게 마음이 "고요함을 얻게 된 뒤에야 자신이 만나는 만물이 모두 스스로 그러하게 춘의(春意)를 가지고 있음"을 알게 된다. 춘의란 생명의 창조와 약동의 의지를 말한다. 존심을 통해 고요함을 얻고, 그로 인해 성을 기를 수 있는 환경이 만들어지는 것은 바로 우주가 가진 생명을 창조하는 사랑의 마음과 이치를 확인하는 것이다.[350]

여기에서 추사가 초의에게 써 보낸 차시 '靜坐處茶半香初 妙用時水流花開'의 의미가 확연해진다. '靜坐處茶半香初'는 다도수양에서 차를 마시기 직전 성(性)의 미발(未發) 상태이다. '妙用時'는 차를 마셔서 다신(茶神)이 우리 몸의 기(氣)를 자극하여 이발(已發)의 상황으로 전환시키는[351] 때이고, '水流花開'는 춘의(春意)가 발동되는 이발 묘경의 상태를 말한다. '오심지차'는 바로 '妙用時水流花開'의 경지이자 초의가 『동다송』에서 소개한 음다지법(飮茶之

---

347 『주역』복괘(復卦)의 단사(彖辭) : 復, 見其天地之心.

348 『近思錄』「存養」63. "且靜坐"

349 『近思錄』「爲學」68. "明道先生曰, 性靜者, 可以爲學"

350 한형조 외 4인 지음, 『근사록―덕성에 기반한 공동체, 그 유교적 구상』, 한국학중앙연구원출판부, 2012, 65~66쪽.

351 『다부』에서는 이를 '神動氣入妙'라고 표현했다.

法)의 '獨啜曰神'의 경지이다.

한재는 사람들에게 수양을 권하기 위해 수양론의 이론서로서 『허실생백부』를 썼고, 차를 매개로 한 수양의 실천 방법론으로서 『다부』를 쓴 것으로 보인다. 『허실생백부』에서 수양의 원리는 '虛室生白', 곧 마음을 비워 그곳을 채우는 우주의 기(氣)에 의하여 세상의 본연 또는 진리와 공명·감응하는 것이다. 이때 마음을 비우는 데는 깊은 명상 수양의 노력이 요구된다.

다도 수양에서는 마음을 비우고 그 빈 마음에 우주의 기를 채워 주는 일을 차 즉 차의 향(香氣)과 맛(氣味) 등 차가 담지(擔持)한 우주 자연의 기(氣)인 다신(茶神)이 맡는다. 그럴 경우 차는 이미 바깥의 실물인 '물질'에서 마음의 요소인 '정신'으로 기화(氣化)하여 작동한다. 그 마음속의 차(茶神, 吾心之茶)가 내 심신의 기를 움직여 묘경에 들게 하니[352] 그 묘경에서 득도의 즐거움은 크게 힘들이지 않아도 (차의 도움으로) 저절로 찾아드는 것이다.

이것이 다도수양론으로서의 '오심지차'의 정의이고 「다부」에서 말하는 '한국수양다도'의 창발적(創發的) 원형이라고 할 수 있다. 한재의 '오심지차' 개념을 '한국수양다도의 창발적 원형'이라고 하는 것은 자고로 차와 차에 의한 득도의 경지를 말하는 이는 많았으나 한국을 포함한 한·중·일 3국인 중 여느 누구도 한재처럼 동양 사상 수양론의 기본 이론인 기론(氣論)에 바탕하여[353] 다도 수양의 원리를 명쾌히 단언한 사람이 없다는 사실에 근거한다.

---

352 「허실생백부」와 「다부」에 나오는 '神動氣入妙'는 『漢書』 「叙傳上」에 나오는 "精通靈而感物兮, 神動氣而入微, 養遊睇而猿號兮, 李虎發而石開(마음의 정기가 신령한 데 통하여 만물과 감응하나니! 마음의 정미함(정신)이 (온몸의) 기를 움직여 미묘한 경지에 들게 한다. …)"를 인용한 것으로 보인다.

353 「허실생백부」는 도가(장자) 사상 기론에 입각한 수양의 원리를 싣고 있다.

4) '오심지차(吾心之茶)'와 '허실생백(虛室生白)'

한재가『다부』에 짝지은 양 쓴『허실생백부』는 다도 수양의 철학적 이론 근거이자 '오심지차'의 의미와 원리에 대한 기론적 해설서라고 할 수 있다. '허실생백'은『장자』의 심재(心齋) 상태를 설명하는 말이고, 심재는 기(氣)를 기반으로 하는 수양 방법이다.『허실생백부』는『다부』의 수양론이 동양 사상 수양론 전반의 기제인 기(氣)에 기반하고 있음을 보여 주는 동시에 '오심지차' 역시 기(氣)와 신(神)의 차원으로 파악하기를 조언하고 있다.

『허실생백부』는 총 1,145자의 서론·본론·결론 형식으로 이루어져 있다. 그런데『장자』의 수양론 개념인 심재(心齋), 좌망(坐忘), 오상아(吾喪我)를 놔두고 한재는 왜 '허실생백'을 택했을까? 그것은 '허실생백'이 심재, 좌망, 오상아라는 '마음 비우기'의 과정뿐만 아니라 결과까지를 말해 주기 때문일 것이다. '허실생백'은『허실생백부』에서 앞부분의 기(氣)에 대한 묘사에 이어 설명되면서 기의 작용에 의한 수양의 모습을 생생하게 보여 준다.

'허실생백(虛室生白)'은『장자(莊子)』「인간세(人間世)」편에서 공자와 안회의 심재(心齋)에 관한 문답에 나오는 말이다. 여기에서 공자는 "기로 들으라"는 말로써 심재를 설명한다. 감각(귀로 듣기)이나 인식(마음으로 듣기) 등 마음을 채우고 있는 각종 분별심을 단절시켜 마음을 허(虛)하게 하는 것이 심재이고, 그 마음이 비워진 자리에 들어서는 것이 우주 자연의 기(氣)이다.

기 자체는 비워져 있어서(虛室) 자타를 구별하는 의식이 없고 무엇이든 받아들인다(生白). 그런 상태가 또한 도(道)이다. 그런 경지는 텅 빈 방에 햇빛이 비쳐 환히 밝아지는 것(虛室生白)과 같다. "기로 들으라"는 말은 마음을 비운 상태에서 대상과 하나가 되어 '감응'하라는 주문이다. '기로 듣는다'는 것은 수양에서 기(氣)의 역할 및 '수양다도'에서 차(茶)의 기(氣)인 다신(茶神)의 역할을 말해 준다. '허실생백'은 기(氣)에 의해 '우주의 전일적 인지'에 도달한 상태가 '득도(得道)'이고 거기에 이르는 과정이 '수양'임을 말해 준다.

정영선은 "'허실생백'은 인간의 마음(心)과 하늘(天)의 도심(道心)을 전제로 하여, 사람의 심체(心體)도 텅 빈 공간과 같이 비워서 잡념이 없고 고요해지면 '天'의 본심을 깨닫게 되고 밝은 빛과 같은 진리를 얻을 수 있음을 말하고 있다."고 설명하고, '허실생백'을 위한 차의 기능에 대해서도 "'허실생백'은 그 요지가 오늘날의 '마음 비우기'이다. 근심을 없애고 잡념을 버리어 '神'을 '淸'하게 하는 데는 다음(茶飮)을 따를 것이 없음은 7세기의 설총 시대에도 이미 간파된 바이다."[354]라고 언급하고 있다.

『허실생백부』와 『다부』의 관계는 한재 수양론의 이론서와 수양 실천서라고 볼 수 있다. '허실생백'은 '오심지차'의 수양론적 원리이자 차의 수양론적 기제(機制)에 대한 설명이라고 할 수 있다. 『허실생백부』와 『다부』에는 같은 의미의 어구(語句)가 많이 나온다. 양쪽에 공통적으로 나오는 단어를 보면, 부운(浮雲)과 호연지기(浩然之氣), '소보와 허유'의 청덕(淸德), 무욕의 상징인 '거저(籧篨: 거적)', 그리고 마음을 뜻하는 '天君'과 하늘의 '창합(閶闔: 궁궐 대문)' 등이 있다.

또한 『다부』의 제9장에 있는 도경(道境)을 나타낸 '神動氣入妙'의 구절은 『허실생백부』 제3장에도 나오고, 청신(淸神)이 극치에 이르러 하늘의 '상제를 만난 것 같다'는 내용도 동일하다. 그리고 '천인무간(天人無間)'을 강조하였으며, '찻자리의 고요함'이 바로 '허실'을 만드는 자리임도 은유적 글로 나타

---

354 정영선, 『한재 이목-다부』, 157–158쪽.

냈다. 그리고 두 군데에서 중시되는 인물들을 보면, 요, 순, 공자, 맹자, 백이·숙제, 한유와 소보, 그리고 지자(智者) 등이다.

그런데 정통 유학 관료였던 한재가 자신의 인식론 및 수양론에 노장사상을 인용한 이유가 무엇일까? 그 답은 『허실생백부』 병서(幷序)에 나와 있다.

유가에서 장자를 반드시 배척하는 것은 그 설의 괴이함 때문이다. 혹 괴이하지 않은 것이 있으면 성현은 기필코 버리지 않으셨다. 하물며 나 같은 사람이랴? 「인간세」 편에 있는 '허실생백'의 설은 괴이하지 않다. 그 귀결되는 요지를 보면, 맹자가 말한 '호연'이나 주자가 말한 '허령불매'라는 것이다. 나를 힐책하는 객이 있기에 그와 같이 대답하였다. 스스로 해석하기를, "무릇 방이 텅 비면 밝아질 수 있고, 밝다 함은 빈 것이 그렇게 하는 바이다."라고 하겠다. 이를 형용하자면 '마음(心體)'의 근본은 '밝다'는 것이니, 이는 매우 중요하다. 이에 부를 지어, 사소한 것으로 말미암아 큰 것에 미치고, 드러난 것을 근거로 하여 은미함을 깨우치며, 스스로 반성하고자 한다. 비록 그러나 장자를 따르는 학인은 우리 유가의 무리가 아니지만, 특별히 그 설과 우언(寓言)을 취하는 것은, 어찌 이른바 '미워하지만 그 좋은 점을 아는 것'과 같지 않겠는가?[355]

박남식은 한재의 노·장 인용에 대해 "일반적으로 선비들의 노·장 수용은

---

355 儒必斥莊子. 爲其說之怪也. 或有不怪者. 則聖賢必不棄矣. 況如吾者乎. 其人間世篇虛室生白之說. 不怪矣. 要其歸則猶孟子之言浩然. 朱子之言虛靈不昧也. 客有詰余者. 旣以此答. 且自解曰. 夫室虛則能白. 白者. 虛之所爲也. 以之爲形容心體之本明者. 莫切焉. 於是賦之. 由細而及大. 據顯而喩微. 以自省焉. 雖然. 莊生. 非吾徒也. 特取其說而寓言. 豈所謂惡而知其善之類耶.

정치경세적 측면의 수용과 인생의 수행 측면에서의 수용으로 나누어 볼 수가 있다. 당시 상황으로 보아 정치경세적 측면의 사례보다는 유가적 출세에 의미를 두지 않거나 그 입지가 실현되지 못한 선비의 이차적 수용으로 출세지향적인 욕구를 뛰어넘어 인생의 수행 방식으로 노장사상을 수용한 측면이 대부분이라 볼 수 있다."[356]고 말하고, "『허실생백부』는 실제 생활상의 수양 수단으로 노장사상을 나타내는 대표적 저술이라 할 수 있겠다. 이것은 조선 선비들의 수양태도의 이중성을 말하고 있으며, 그의 또 다른 저서『다부』는 실생활에서의 사적인 수양 수단으로 차를 선택하여 지은 것이라고 할 수 있겠다. 「다부」는 정통 유자(儒者)로서의 유학사상과 사적 수양 모습인 노장사상이 잘 융합된 좋은 작품이라 하겠다."[357]고 부연(敷衍)한다.

한재가 노장사상의 '허실생백'을 인용한 것은 「계사하전」 제5장의 "천하에 무엇을 생각하며 무엇을 염려하느냐, 천하는 사람들이 걸어가는 길은 다르더라도 돌아갈 바는 결국 같고, 백 가지로 생각하더라도 극치에 이르는 도리는 하나"[358]라는 구절에 부합하는데, 박남식의 설명은 같은 맥락에서 한국 전통 사상의 특징인 유·도·불 삼교 융합회통의 면모를 말해 준다고 하겠다. 유·도·불이 각각 현실·자연·초월에 초점을 둠으로써 한국인의 삶과 정신세계를 채워 준다고 볼 때, 수양은 일탈된 현실에 기(氣)로써 자연성을 회복시키고, 우주 자연의 운화(運化)에서 궁극의 본래성을 확인하는 과정이라고 할 수 있겠다. 이때 기(氣)를 기반으로 하는 도가적 세계관은 유·불을

---

356 박남식, 「한재 이목의 다도사상 연구」, 101쪽.

357 위의 논문, 87쪽.

358 天下何思何慮, 天下同歸而殊塗, 一致而百慮.

잇는 다리가 되어 삼교 융합 회통이 꾀해진다.

이런 점에서 볼 때, 자연의 정수(精髓)라 할 수 있는 차의 다신(茶神)이 개재(介在)하는 다도수양에서는 한국인의 전통 사상인 삼교회통의 정신을 이어 주는 기의 역할이 중요하다. 한재가 『다부』의 '오심지차'와 맥락이 닿는 '허실생백'을 노래한 것도 그런 의미가 있다고 하겠다. 이런 전제 아래 『허실생백부』를 살펴보기로 한다. 『허실생백부』 전체를 주제별로 5개의 장으로 구분하여 내용을 분석하고 수양론적 의미를 찾아본다.

제1장 '병서'는 위에서 살펴보았듯이 "천하에 무엇을 생각하며 무엇을 염려하느냐…"라고 한 계사전의 말과 같이 두루 통하는 도리의 하나로서 한재가 '허실생백'의 설을 택한 이유를 설명하고 있다. 한재 자신의 의도와 무관하게 『허실생백부』를 『다부』의 수양론적 기반이라고 볼 때, 한재의 '허실생백' 인용은 한국 다도수양론에 있어서 차의 기적(氣的) 기능에 대한 최초의 설명이 된다.

제2장은 '비움(虛室)과 감응(感應)'을 말한다. 이 장은 마음을 비웠을 때의 자득의 상황과 기쁨을 말하고 있다.

말하노니 다음과 같다. 내가 태어남에 우매함을 고민하다가, 허령의 마음에서 현묘함을 찾는다네. 머물러 있음을 모르는데 어찌 정한 바가 있으리오? 고요히 눈길을 거두고 듣기를 멈춘다네. 바야흐로 뭇 동물의 호흡이 잠잠해져, 은밀히 올올하게 책상에 앉으니 마치 고목과 같구나. 잠깐 사이에 성긴 창문으로 달이 찾아들어, 환하게 토해 내는 빛이 방 안에 가득 찼네. 장형의 사현부(思賢賦)를 읊조리고, 남화경의 허실생백을 외운다. 생각의 말을 놓아 멀리 달리게 하나니, 내 어찌 좁은 땅에 머물러 있으랴. 천상세계의 문을 바라보자니, 북두와 남두보다 높고 심원하구나. (하늘의) 중문을 뚫고서 미묘함을 깨우치리니, 조금이라도 삿됨이 있으면 남들이 알리라. 그러나 (하늘을) 바라보는 것이 즐겁지 않으니, 나는 하늘에 가서 멀리 보겠노라. 높도다. 우주는 크기도 하고, 넓고도 두터우며 아주 밝구나. 구름과 무지개는 실낱만큼도 가리지 않고, 바람과 달이 모두 맑도다. 이에 나를 들어 높이 솟아 가운데 서서, 위아래를 헤매며 구하고 찾는다. 어떠한 소리와 냄새가 흩어져 전해 오는가? 단지 솔개와 물고기가 날고 뛰논다네.[359]

마음 비우기를 시작하는 단계에서부터 마음이 비워지는 상태, 마음을 완전히 비운 허(虛)의 상태에서 우주와 감응하는 모습을 각각 오상아(吾喪我)[360], 허실생백, 대붕(大鵬)의 눈으로 본 연비어약(鳶飛魚躍)[361]의 논리로 설명하고 있다. 책상에 앉아 고목이 된 상태는 명상을 통해 물질적인 형체(形

---

359 其詞曰. 悶余生之愚昧兮. 索玄妙於虛靈. 迷所止而奚定兮. 靜收視而反聽. 方群動之潛息兮. 兀隱几猶枯木. 俄疏櫺之得月兮. 炯吐輝之盈室. 詠平子之思玄兮. 誦南華之生白. 縱神馬以騁遠兮. 吾焉滯乎一歘. 睨九天之閶闔兮. 屹崢嶸乎星斗. 洞中門以喩微兮. 小有曲則人知. 然不快於觀覽兮. 吾將去此而遐之. 覓覔乎宇宙之大兮. 能博厚而高明. 無雲霓之纖礙兮. 有風月之雙清. 爰揭撅予中立兮. 紛上下而求索. 何聲臭之靡接兮. 但鳶魚之飛躍.

360 『장자』「제물론」 '남곽자기'의 우화에 나오는 말로서, 스스로를 잊어버린 상태, 곧 만물과 하나가 된 경지를 말한다. '모든 내외를 잊은 뒤에야 초연(超然)히 다 함께 얻게됨'을 뜻한다.

361 『중용』 12장의 "시경에 이르기를 '솔개는 날아 하늘에 이르는데 물고기는 연못에서 뛰논다.' 하였으니, 상하에 이치가 밝게 드러남을 말한 것이다(詩云 鳶飛戾天 魚躍于淵 言其上下察也)."라는 구절에서 유래한 말. 만물이 저마다의 법칙에 따라 자연스럽게 살아가면, 전체적으로 천지의 조화를 이루게 되는 것이 자연의 오묘한 도(道)임을 말함. '연비어약'은 언어를 넘어서는 유학의 절대적 경지를 대표하는 어구이다. 이론적으로 설명할 수 없는 궁극의 본연을 『시경』에서 시적으로 형상화한 말이다. 자연의 생기의 활발발(活潑發)을 묘사하는 말이기도 하다.

體, 몸)까지도 잊어버린 상태(吾喪我), '성긴 창문으로 달이 찾아들어, 환하게 토해 내는 빛이 방 안에 가득 찼네'는 허실생백의 장면, 그리고 허실생백의 상태에서 시각을 넓혀 하늘에 가서 멀리 보니 솔개와 물고기가 날고 뛰노는 것을 보는 즐거움은 우주 자연이 운화하는 도(道)에 순응하여 물아일체가 된 모습이다.

제3장은 '내 마음(吾心)의 虛室生白'한 상태를 그리고 있다. 이 장에서는 우주 자연 속에서 누리는 자유의 즐거움을 내 마음의 자유로 귀환시킨다.

이에 비록 묘한 구경거리로 만족한다지만, 즐거움은 자신에게 돌이킴보다 큰 것이 없다네. 천군이 나를 이끌어 처음의 본성으로 돌아가게 하니, 장차 나는 이 경륜에 나아가리라. 때마침 신명이 주재하시어, 넓고도 환히 밝은 곳에 침잠하도다. 현빈의 문으로 드나들고, 자연을 성곽으로 여겨 합치시킨다네. 이것을 나의 허실(虛室)로 삼는다고 말하나니, 그 가운데 쌓여 있어도 허물이 아니구나. 진실로 사사로운 마음이 없고, 천지간에 지극히 높고 밝도다. 문득 명덕이 회복되어 밝아지나니, 갑자기 발한 빛을 받아들이기 어렵구나. 밝고 밝은 것이 쉽게 어두워질까 두려워, 예(禮)의 횃불을 밝혀 어두움을 비추고, 한 사물이라도 와서 접하는 것을 경계하여, 지자(智者)의 물을 뿌려 소제를 한다네. 하늘이 명한 바를 즐거워하며 천명을 아는 까닭에, 사욕을 버리고 거친 자리 바란다네. 아름다운 심성으로 순수하게 빛나니, 비록 텅 비었다고 말하지만 가득 차 있도다. 텅 빈 것은 꽉 찰 수 있으나 꽉 찬 것은 빌 수 없음을, 나는 주자에게서 들었노라. 근엄하게 많은 사람이 가리키는 바이니, 누가 감히 어두워서 속여도 된다고 말하리?[362]

---

362 茲雖足爲妙觀兮, 樂莫大於反身, 天君引余而復初兮, 將吾造此經綸, 會神明之主宰兮, 潛廣

천군(天君)은 몸을 주재하는 마음(心)이다. 내 마음 속의 본성(천명)으로 돌아가 자신을 살펴보니 거기에 명덕(明德)이 있어 밝게 빛나 받아들이기 어려울 정도로 기쁘고 두렵기까지 하다. 이를 혹시 잃을세라 예(禮)와 경(敬)과 지혜(智)를 동원하여 밝음을 유지하고 외물의 자극에 의한 감각을 자제하고 마음을 비우는 수양을 계속한다. 그리하여 마음이 늘 텅 비어 있는 상태에서 저절로 다른 것(淸氣)이 채워지도록 한다.

이 장은 '허실생백'이 시사하는 수양의 원리를 설명하고 있다. "지자(智者)의 물을 뿌려 소제를 한다네."라는 말은 『다부』의 말미에 나오는 '지혜의 물에 빈 배를 띄운다'라는 구절과 맥락이 상통하면서 수양으로 존양된 지(智)의 기능을 말해 준다.

제4장은 '수양(修養)의 실천'이다.

재상인 이윤은 고지식하면서, 무위의 현묘한 기교를 행하였도다. 백이가 서산에서 굶주렸지만, 해와 더불어 다투어 빛이 나도다. 두보의 집은 띠를 거듭 잇지 않았으나, 온갖 비바람이 쳐도 어떠하다더냐? 이는 등촉을 잡고 밤길을 가는 것과 같이, 몸은 어두운 데 있지만 더욱 빛난다네. 이미 (명덕이) 밝아져 백성에게 미치었으니, 요·순·우·탕을 말하게 되는구나. 홀로 먼 기산을 유람하고 나서, 바람을 버려두고 표주박의 물로 귀를 씻었다네. 어찌 그 근본이 둘이겠는가? 대개 극에 이르면 모두가 하나의 리(理)로다. 엿보건대 성인의 문하에는 현인이 많

居之昭晢. 門玄牝以出入兮. 合自然爲城郭. 日玆爲吾之虛室兮. 中積然而無累. 苟不私於方寸兮. 極高明乎天地. 緜明德之復明兮. 奄發輝之難收. 懼昭昭之易暗兮. 燦禮火而燭幽. 警一物之來接兮. 洒智水以掃除. 所以樂天而知命兮. 閑利欲之籬簴. 赫英華之盎粹兮. 雖曰虛而爲盈. 虛者能盈而盈者不能虛兮. 吾聞之於考亭. 儼十手之攸指兮. 孰云幽之可欺

지만, 오직 그에 가까운 이는 안씨로다. 종일토록 침묵하여 어리석은 것 같으나, 공자의 해와 달과 같은 도를 즐기었도다. 아아, 지인(至人)은 멀리 있다고 말하게 되고, 바른 길은 띠풀로 꽉 막혀 있구나. 누가 이 지게문에서 나오지 못하고, 하나같이 어찌 남북을 헤매는가? 다행(이)히 낙양 관문에 사람이 있어, 앞선 철인들이 펴지 못한 바를 열었도다. 봄날의 풀을 창 앞에서 읊고, 하늘 끝 가을 구름을 본다네. 정기가 신령과 통하여서 물사(物事)에 감응하며, 신명이 기(氣)를 움직여 묘한 경지에 드노라. 어찌 나는 큰 띠에 글을 써서 몸에 지니지 않는가? 집에 비새는 것을 부끄럽지 않게 여기겠노라. 이제 하나로 돌아가 만사를 보게 되니, 어찌하여 진실은 적고 모두가 거짓인가? 세상에는 참으로 겉만 꾸미고 속은 버려두어, 간사함을 다투어 도모하고 질박함을 깎아 버리는구나. 더구나 이단의 말은 분분하고 어지럽히어, 도리어 귀먹고 눈멀게 하는구나. 양웅이 『태현(太玄)』을 지키며 가난에 쫓기고, 한유는 궁하게 거처하며 「송궁문」을 생각했네. 이미 지닐 수 없게 되어 아무것도 없음을, 나의 중심에 있는 공동(텅 빈 굴)이라 말한다네. 누가 초연해져서 근본으로 돌아가, 만고의 긴 꿈에서 깨어나리오?[363]

이 장에서는 이윤, 백이, 안회, 두보 등 현인들의 예로써 수양의 실천을

---

363 伊尹之守拙兮. 躡玄機之無爲. 伯夷之餓於西山兮. 光與日而爭磨. 匪杜屋之重茅兮. 百風雨其誰何. 是猶秉燭而夜途兮. 身投昧而愈光. 明已明而逮民兮. 日堯舜與禹湯. 燭箕山之遠覽兮. 捨風瓢而洗耳. 豈厥本之有二兮. 蓋至極則皆理. 窺聖門之多賢兮. 唯庶幾者顔氏. 默終日而如愚兮. 樂仲尼之日月. 嗟至人之云遠兮. 正路鬱其茅塞. 誰不出乎斯戶兮. 一何迷其南北. 幸關洛之有人兮. 開先哲之未發. 吟春草於窓前兮. 目秋雲乎天末. 精通靈而感物兮. 神動氣而入妙. 盍吾書紳而佩服兮. 期屋漏之無愧. 方歸一而視萬兮. 何寡眞而皆僞. 世固飾外而遺內兮. 競圖邪而斲朴. 矧異說之紛霏兮. 反聾瞽其耳目. 雄守玄而逐貧兮. 愈處窮而思送. 旣不能以無物兮. 謂吾中之空洞. 孰超然而反本兮. 醒萬古之長夢

보여 주면서 수양의 공효가 명명덕으로서 백성에 미칠 수 있음을 요·순·우·탕을 거론하여 말하고 있다. 한편 수양으로 텅 비워진 마음으로 현실을 돌아보니 세상은 거짓투성이에 겉만 꾸미고 속은 질박함을 몰아낸 자리에 간사함과 모략이 채워져 있다. 이런 세태에서는 마음을 텅 비워 근본으로 돌아가는 수양이 필요하다.

"다행히 낙양 관문에 사람이 있어, 앞선 철인들이 펴지 못한 바를 열었도다."라는 말은 노·장의 '허실생백'을 긍정하는 찬사이다. '神動氣而入妙'는 『다부』의 마지막 장에도 나오는 말이다. 여기에서는 기(氣)와 신(神)의 역할 및 관계를 강조하고 있다. 텅 빈 마음으로 봄날 창 앞의 풀, 하늘 끝 가을 구름의 건령(健靈)한 자연을 바라보며 그것들과 나의 정기가 우주의 신통력(神靈)으로써 하나 됨을 느끼니(物事에 감응함), 신명이 기를 움직여 신묘한 경지에 드는 것과 같다.

제5장은 '수양의 필요'를 역설하고 있다. 이 장은 『허실생백부』의 결론에 해당한다.

대요(大要)를 말해 보자. 천지가 생겨 만물이 풀처럼 우매한 가운데 천명으로 본성(本性)이 세워졌으니, 그 가운데 유독 사람은 올바름을 부여받았네. 그런데 어찌하여 말단을 좇아 풍진으로 고생하는고? 황량의 조밥은 익지 않았는데, 흰 귀밑털이 새롭다네. 뒤돌아보면 인간사란 진실로, 공자가 말한 뜬구름이요, 맹자의 호연이라오. 탁월한 저 선각자들이 천명을 밝혔으니, 경(敬)으로써 본성을 지키며 성(誠)을 주로 삼을 일이네. 지금 천하 사람들이 힘들고 고생스럽나니, 어찌

하여 옛날과 같이 허실에 돌아오지 아니하는가?[364]

원래 천지가 생겨나면서 만물에 본성이 주어지고, 인간은 수기(秀氣)를 타고 났으나, 한재 자신이 살던 시대상은 어찌 된 일인지 인간들이 세속적인 욕망을 좇아 고해에 처해진 난세였다. 인간사는 뜬구름이요 허망한 꿈이면서 도도하고 전일적인 기(氣)의 흐름(浩然)이다. 선각자들은 인간사의 근본인 하늘의 본뜻, 곧 성(誠)을 내용으로 하는 천명(性)을 밝혔다. 한재는「천도책」에서 『중용』을 인용하여 '천도(天道)는 성(誠)이요 인도(人道)는 '성지(誠之)'라고 했다.

옛날 도(道)가 구현되던 요·순·우·탕·문·무·주공의 시절에는 성덕군주와 현신들이 경(敬)으로써 마음을 비워 본성을 지키고 또 매사에 본성을 구현하는(誠之) 인도(人道)를 실천하였다. 왜 오늘날의 위정자들은 옛날처럼 허실생백(虛室生白)의 마음을 갖지 않는가? 여기에서 한재는 '허실생백'이라는 도가의 수양론과 성(誠)·경(敬)의 유가 수양론을 함께 구사하고 있다. 이를 통해 알 수 있는 것은 '허실생백'이나 성·경이 각각 도가 및 유가의 문헌에 나오는 용어일지언정 종파의 장벽 없이 흔히 쓰이는 것으로 보아 수양의 보편성을 함의한 말이라고 볼 수 있다는 것이다.

이 결론에서는 한재가 왜『허실생백부』와『다부』를 지었으며 둘은 어떤 관계에 있는지를 알 수 있다. 한재는 당시 정치적 소용돌이 속에서 의(義)를

---

364 亂曰. 天造草昧. 立性命兮. 人於其間. 獨也正兮. 胡爲逐末. 困風塵兮. 黃粱未熟. 白鬓
新兮. 回首人間. 底事眞兮. 孔稱浮雲. 孟浩然兮. 卓彼先覺. 明此天兮. 敬以守之. 誠爲主
兮. 今天下人. 勞且苦兮. 胡不歸來. 室猶古兮

굽히지 않다가 연산군(燕山君, 재위 1494~1506) 때 무오사화(戊午士禍)의 화를 입어 28살의 젊은 나이로 죽음을 당하였다. 한재는 당시 패권 다툼의 정치적 욕망이 만연한 사회상을 보면서 그 원인이 인간의 성정에 있다고 보고 원천적인 해결책으로서 수양의 필요성을 일찍이 그리고 절실히 느꼈던 것으로 보인다. 이는 퇴계가 연속되는 사화(士禍)와 정치의 난맥상을 보고 낙향하여 강학(講學)에 몰두하면서 '사칠론(四七論)'을 토(討)하고 경(敬)을 위주로 한 수양을 강조했던 것과 유사한 상황이었다고 할 수 있다.

정리하자면, 『다부』는 한국수양다도론이며, 그 수양의 원리는 '허실생백' 곧 차(茶神)로써 마음을 정화하고 그곳에 채워진 다신의 신통력을 통해 우주 자연과 공명·감응하여 하나가 되는 경지에 이르는 것이다. 그럴 경우 차는 이미 바깥의 실물이자 기호물에서 마음속의 기(氣)로 기화하여 작동한다(吾心之茶). 더 구체적으로는 그 마음속의 차(氣)의 다신이 몸과 마음의 기를 정화하여 우주 자연과 감응시켜서 자연합일에 이르게 하니, 그 묘경에 드는 즐거움은 바로 자연의 원리인 무위(無爲)로써 찾아든다(樂不圖而自至). 이것이 『다부』에 들어 있는 한국적 다도수양론의 '수양'에 대한 해석이자 '허실생백(虛室生白)'과 '오심지차(吾心之茶)'의 수양론적 원리이다.

5. 『동다송(東茶頌)』에 규정된 한국수양다도의 '과정'

1) 한국 차문화사에서 『동다송』의 자리

한국의 차계(茶界)에서는 『동다송』의 저자인 초의(草衣, 1786~1866)를 '한국의 다성(茶聖)'이라고 부른다. 이는 초의와 『동다송』이 한국 차문화사에서 차지하는 자리를 상징한다. 그렇다면 초의와 『동다송』이 어떤 연유로 그런 평가를 받게 되었는지, 그러한 평가는 어느 정도 타당한지를 따져 보는 일은 한국 차문화사를 재조명하거나 『동다송』에서 한국 다도의 수양론적 모습을 탐색해 보고자 하는 데 있어서 비켜갈 수 없는 일이다. 이러한 맥락에서 『동다송』 저술의 배경 및 『동다송』이 한국 다도개념 인식에 미친 영향을 살펴보고자 한다.

『동다송』의 저술 동기는 『동다송』 맨 앞의 제목 글 '동다송은 해도인의 명을 받들어 초의 승려 의순이 짓다(東茶頌承海道人命草衣沙門意恂作)'와 1837년 초의가 『동다송』 저술을 완료하여 해거도인(海居道人) 홍현주(洪顯周, 1793~1865)[365]에게 보낸 편지에 나와 있다. 『동다송』은 정조의 사위 홍현주

---

365 조선 후기의 문신. 정조의 차녀 숙선옹주의 남편이다. 우의정을 지낸 홍석주는 그의 형이다. 자는 세숙(世叔), 호는 해거재(海居齋)·약헌(約軒)이며, 본관은 풍산이다. 시호는 효간(孝簡)이다.

가 진도부사였던 변지화(卞持和)를 통해 다도에 관해 물어온 데 대한 답변으로 지은 것이다.

　산에 사는 초의 아무개는 삼가 해거도인이 앉으신 은궤(隱机) 앞에 두 번 절하고 글을 올립니다. 우러러 귀하신 체후 만안하신지 문안합니다. 돌이켜 보면 지난 신묘년(1831)에 청량사의 송헌(松軒)에서 가까이 모신 기회를 얻었던 일이 떠오릅니다. … 근자에 북산도인의 말씀에, 다도(茶道)에 대해 물으시는 분부 받들었다 하옵기에, 마침 옛사람들이 전해 준 뜻에 따라 삼가 「동다행(東茶行)」 한 편을 지어 올립니다. 말이 분명하지 않은 곳에는 본문을 베껴 보여 물음 내리신 뜻에 대답합니다. 장황한 말로 어지럽고 번거롭게 하여 듣고 싶어 하시는 바에 욕되어 드리지 않나 주군 모시는 신하처럼 조심스럽습니다. 혹 남겨둘 만한 구절이 있다면 꼭 한 차례 짚어 주시는 노고를 아끼지 마십시오.[366]

　이 편지를 보면 조선 후기 숭유억불의 엄혹한 정치, 종교, 학문의 풍토에서도 불가 승려인 초의와 유가 지배층인 홍현주가 교류하고 있었음과 그 교류의 매개물이 차(茶)였음을 알 수 있다. 따라서 『동다송』 저술 배경은 남단(南端) 대흥사의 승려 초의가 한양의 경화사족(京華士族)인 홍현주와 교류를 하게 된 경위를 살펴보는 것으로써 추려질 수 있다.

　초의와 홍현주의 만남은 초의가 1830년 스승인 완호의 삼여탑에 새긴 서

366　류건집, 『東茶頌 註解』, 이른아침, 2009, 352~355쪽: 草衣山人某, 謹再拜上書于海居道人隱机座前. 仰問尊候萬安. 憶昔辛卯, 獲奉巾拂於淸凉松軒, … 近有北山道人承敎, 垂問茶道. 遂依古人所傳之意, 謹述東茶行一篇以進獻. 語之未暢處, 抄列本文而現之, 以對下問之意. 自怵陳瀆亂煩, 冒瀆鈞聽, 極切主臣. 如或有句可存者, 無惜一下金箆之勢).

문과 시(銘詩)을 받기 위해 선물로 보림사 죽로차(보림백모)를 들고 서울에 오면서 이루어졌다.[367] 이때 금령(錦舲) 박영보(朴永輔, 1808~1872)가 이 차를 마시고 칭송하는 시 「남차병서(南茶幷序)」를 지었다. 이 시로 인해 초의가 가져온 떡차인 '보림백모'가 초의의 이름과 함께 서울 장안에 알려지게 되었다. 박영보가 먼저 「남차」 시를 건네 인사를 청하자 초의는 즉각 「증교」 시로 화답했다.

박영보를 만난 초의는 서울로 올라오기 전 자신이 일지암 공사를 마치고 그곳으로 거처를 옮기던 저녁에 꾼 꿈 이야기를 박영보에게 들려주었다. 꿈에 신위가 나타나 편액을 써 주고 방상관을 만들어 준 이야기였다. 박영보의 스승인 자하(紫霞) 신위(申緯, 1769~1845)는 박영보를 통해 초의의 차와 꿈에 관한 이야기를 듣고 두 편의 시를 지었다. 하나는 역시 초의의 차를 칭송하는 뜻으로 앞의 「남차병서」에 차운하여 지은 「남차시병서(南茶詩幷序)」이고, 다른 하나는 초의의 꿈에 대한 이야기를 듣고 쓴 「원몽사편(圓夢四篇)」이다. 박영보를 통해 「원몽」시와 「남차시병서」시를 받은 초의는 기쁨을 이기지 못해 차운하여 화답했다. 이에 신위는 초의를 위해 다시 글을 지었다.

초의가 내가 금령에게 준 시운에 차운하였는데 몹시 아름다웠다. 그래서 다시 원래의 운자를 써서 글을 지어 보낸다. 이때 초의는 스승인 완호대사를 위해 삼여탑을 세우고, 해거도위 홍현주에게 명시(銘詩)를 청하면서, 내게도 서문을 써 달라고 하며 차떡 4개를 보냈다. 차떡은 자신이 직접 만든 것으로, 이른바 '보림백모(寶林白茅)'라는 것이다. 시 속에서 아울러 이를 언급하였다(草衣次余贈錦舲

詩韻, 甚佳, 故更用原韻賦示, 時草衣爲其師玩虎大師, 建三如塔, 乞銘詩於海居道尉, 乞序文於余, 而遺以四茶餅, 則其手製, 所謂寶林白茅也, 詩中幷及之).[368]

　이상에서 알 수 있는 것은 초의가 1830년 스승 완호대사의 삼여탑 비문(碑文)을 얻기 위해 서울에 와서 자신이 직접 수제(手製)하여 가져온 '보림백모'라는 차떡(茶餅: 떡차인 餠茶와는 다름)을 경화사족들에게 선물하여 이름을 얻게 되었고, 이를 계기로 신위와 홍현주에게 각각 탑의 서문과 명시를 부탁하였는데, 나중에 홍현주가 '다도'에 관해 물었다는 말을 듣고 훗날『동다송』으로 이름이 바뀐『동다행』을 짓게 되었다.

　그렇다면 홍현주는 어떤 동기 또는 목적에서 초의에게 다도에 대해서 물었을까? 이에 대해 정민은 "그는 이전부터 중국차를 즐겨 마셨는데, 초의의 차를 맛본 일을 계기로 우리나라 차의 역사와 효능 등에 대해 궁금증을 품게 되었다. …『동다송』은 홍현주의 요청에 따라 초의가 차의 역사와 우리나라 차의 역사를 간추려 정리한 것이다. 즉 이 한 편으로 차 전반에 대한 이해를 압축적으로 설명하려는 의욕에서 지은 작품이다."[369]라고 말하고 있다.

　여기까지에서 알 수 있는 것은,『동다송』은 차 전반에 관한 총론이지 원래적 의미의 다도 또는 다도수양에 관한 내용은 아니라는 것이다.『동다송』을 짓도록 홍현주가 질문한 '다도'란 정신적 차원의 깨달음이나 득도와 관련되는 수양론적 의미의 다도가 아니라 차에 관한 전반적인 지식이나 찻일(茶事)의 내용을 가리키는 '다법(茶法)' 수준의 개념이었다. 이에 대해서는 홍현주

368　위의 책, 263-285쪽.

369　위의 책, 299쪽.

의 차생활과 관련한 다음의 설명이 참고가 된다.

홍현주는 부마(정조의 사위)여서 중요한 벼슬은 못하고 한직으로 지내며 시문
과 서화, 차를 즐겼고 자하, 초의와 가까이 지냈다. 가족이 모두 차인이요 시인이
었지만 유독 해거도인은 옹주와 사별한 후 쓸쓸한 만년을 지내며 차에 더욱 경도
되었다. 그는 초의에게 『동다송』을 짓게 하고 자신도 100수가 넘는 다시를 남겼다.
… 해거도인의 차생활은 어렸을 때부터 몸에 밴 것으로, 그는 아내를 잃고 외로움
에 휩싸여 있을 때 초의를 만난 후로 더욱 차를 많이 마시고 다시도 썼다. … 해거
도인의 차생활은 다른 일반인과는 여러 면에서 다를 수밖에 없었다. 우선 집안이
부유하여 다양한 차를 마시거나 좋은 다구와 문방 서화를 가질 수 있었다.[370]

즉, 홍현주의 차생활은 여유를 즐기거나 외로움을 잊기 위한 '완상(玩賞)'
의 한 방편이었지 도(道)를 추구하거나 정신적 초월의 경지를 얻기 위한 것
은 아니었다.

그런데 홍현주의 다도 물음에 답하는 처지에 있었던 당시 초의의 다도 인
식은 어떠했을까? 스승 완호 대사의 비문 청탁을 위해 1830년 서울에 올라
가 홍현주 등 경화사족들과 만났던 무렵은 초의가 『다신전(茶神傳)』 초사(抄
寫)를 마친 해였다. 초의가 대흥사로 거처를 옮겨 본격적으로 선학(禪學)에
입문하고 다산초당에 든 귀양객 다산을 찾아가 『주역』과 『논어』를 배우기 시
작한 때가 1801년이니, 『동다송』을 지은 때(1837년)는 초의가 유·불(儒·佛)
에 대한 철학적 이해와 그에 따른 수양론적 견해가 무르익었을 무렵이었다.

---

370 류건집, 『동다송 주해』, 이른아침, 2009, 74-77쪽.

그럼에도 불구하고 초의가『동다송』의 저작에 자신의 수양론을 드러나게 반영시키지 않은 이유에 대해서는 앞에 말한 저작 동기 외에 당시 숭유억불의 시대 상황에서 임금의 사위인 홍현주에게 불가의 수행 다도관을 피력하기 어려웠던 사정을 감안할 필요가 있겠다. 또 정조의 개혁운동이 추진되면서 새로운 학풍(실학)이 진작되어 철학적이고 형이상학적인 의제보다는 백성들의 실생활과 직결되는 문제에 사회적 관심이 쏠렸던 당시의 실정을 무시할 수도 없었을 것이다.

여기에서 한 가지 의문은,『동다송』저작 이후에도 초의가 추사로부터 제다의 화후(火候)에 대한 조언을 들은 것에서 알 수 있듯이,『동다송』저작 당시 초의가 찻일에 관해 완벽한 수준에 이르렀던가 하는 점이다. 특히 다도 구현의 과정에서 가장 중요하다고 할 수 있는 제다에 관해『만보전서』의 '조차(造茶)'편을 인용(『동다송』제57구의 주석처럼)하는 데 그친 것도 초의의 우리 차에 관한 분석적 이해나 다도관의 깊이에 궁금증을 갖게 한다.

초의가『다신전』을 쓴 목적도 후학들에게 이른바 '다도'를 가르쳐 주기 위한 것이라고 했지만, 이때의 '다도' 역시 정신적 차원의 '수양'과 관련된 것이라고 확정하기 어렵다. 초의는『다신전』말미에 이렇게 썼다.

총림에도 조주(趙州)의 끽다선풍(喫茶禪風)이 있으나 모두가 다도를 모른다. 이에 초록하여 후학들에게 보이는 바이다(叢林或有趙州風 而盡不知茶道 故抄示可畏).

여기에서 초의는 '끽다선풍'과 다도를 다른 것으로 구별하고 있다. 즉 끽다선풍은 총림에서 차를 마시며 선을 하는 풍조이고, 다도는 그 밖의 찻일(茶事), 즉 끽다 이전의 차를 만드는 과정의 일을 말한 것으로 보인다. 그 '다도'

를 총림의 후학들에게 알리기 위해『다신전』을 초록한 것이니, 초의가 말하는 다도는『다신전』에 있다.『다신전』「다위(茶衛)」[371]장에 "차를 만들 때 정미하게 하고 차를 저장할 때 건조하게 하며 차를 우릴 때는 청결하게 한다. 정미하고, 건조하고, 청결하면 다도는 다한 것이다(造時精 藏時燥 泡時潔, 精 燥 潔 茶道盡矣)."라고 다도가 정의되어 있다.

즉, 다도는 차를 만들고 저장하고 우리는 방법상의 일을 말한다. 그러나『다신전』은 중국의『만보전서』에 있는 장원(張源)의『다록』의 내용을 베낀 것이어서『다신전』에 나오는 '다도'를 두고 초의의 다도관이라고 할 수는 없다. 초의의 창발적인 다도관은『다신전』필사 이후 차에 관한 식견이 훨씬 높아졌을 때 지은『동다송』에서 찾아야 한다.『동다송』제60행 '체와 신이 비록 온전하다 할지라도 오히려 중정을 지나칠까 두렵네, 중정을 지나치지 않으면 體로서 물의 건실함과 神으로서 차의 신령함이 아우러진다네(體神雖全猶恐過中正 中正不過健靈併)'라는 구절 뒤에 붙인 주석을 살펴보자.

평하여 말하면, 차를 딸 때는 차의 신묘함을 다하고(보전하고) 차를 만들 때는 차의 정기를 다하고(보전하고) 물은 참된 것을 얻어야 하고, 차를 우릴 때는 중(물과 차의 양의 적정함)을 얻어야 한다. 물(體)과 차(神)가 서로 조화를 이루면 물의 건실함과 차의 신령함이 잘 아우러진다. 여기에 이르면 다도는 다 이루어진 것이다(評日 採盡其妙 造盡其精 水得其眞 泡得其中 體與神相和 健與靈相併 至此而 茶道盡矣).

371『다신전』과『만보전서』에는 '茶衛'로 되어 있으나 장원의『다록(茶錄)』에는 '茶道'로 나와 있다.

여기에서도 다도는 찻잎을 따서 차를 만들고 찻물을 선택하여 차탕을 우려내는 방법상의 과제이다. 그런데 위 구절과 '평왈(評日)'의 내용에서 '다도'에 대한 규정을 넘어 초의의 창의성과 철학 세계를 감지할 수 있다는 데에 『동다송』의 차문화사적 의의가 있다. 초의가 찻일의 과정을 종합적으로 평가하여 '다도'에 대해 『다신전』에서보다 발전된 결론을 내렸다는 점과 다도의 최종 지향점을 '건령상병(健靈相併)'에 두고 있다는 점이 그것이다. '健靈相併'의 기론(氣論)적 의미를 생각하면 초의가 다도에서 '득도'의 개념을 도외시했다고 할 수는 없다.

그러나 다도를 수양론으로 파악하고자 할 때, 초의가 『다신전』이나 『동다송』에서 '다도'라고 말하는 문구 어디에서도 다도의 수양론적 의미를 직접 표현한 대목을 찾기 어렵다. 대신 찻일(茶事)의 실천 또는 찻일의 과정에 담긴 함의에서 다도 수양의 의미를 찾아야 한다. 초의가 참고한 중국 다서들에 담긴 다도관은 수양론이라 할 수 없는데 초의는 일단 그러한 다도관에 동의한 것으로 보인다. 이와 관련하여 정영선은 "중국 다서는 차산지나 제다, 차의 종류, 전다법, 효능을 쓴 기록이 대부분이고, 음다풍속이나 다공문화(茶供文化) 또는 다예(茶藝, 茶技)를 통해 깨닫는 사상철학을 중시한 책이 거의 없다."[372]고 말한다.

초의는 『동다송』 저술에서 중국의 각종 다서와 차시 및 차 관련 고사들을 참고하고 이덕리의 『동다기』도 인용[373]했다. 『동다기』 역시 정통 다도를 다루

---

372 정영선, 『한재 이목–다부』, 24쪽.

373 『동다송』의 시구 '東國所産元相同 色香氣味論一功 陸安之味蒙山藥 古人高判兼兩宗' 뒤의 『東茶記』云 "或疑東茶之效 不及越産 以余觀之 色香氣味 少無差異 茶書云 '陸安茶以味勝 蒙山茶以藥勝' 東茶盖兼之矣 若有李贊皇陸子羽其人必以余言爲然也"라고

기보다는 제다와 차 무역에 관한 내용이라는 점에서 초의가 '제다'에 관한 실용적인 지식을 얻기 위해『동다기』를 참고한 것으로 보인다. 그러나『다부』의 다도 관련 내용은『동다송』에 반영되지 않았다.『동다송』에서『다부』의 '오심지차'와 같은 득도 개념에 대한 언급이 보이지 않는 것은 초의가 다도의 철학성을 도외시한 중국 다서의 영향권에 경도되어 있었거나,『다부』의 수양론이 도가 사상의 수용인 점, 또는『다부』의 저자 이목이 무오사화의 피해자였던 당시의 정치적 분위기 등에 신경 쓰인 까닭이 아닌가 생각된다.

그럼에도 불구하고『동다송』이 '한국 차의 경전'인 양 인식되는 이유는 한국 차계에서『동다송』의 '다도'의 언급에 실려 있는 '중정(中正)'을 한국 다도정신으로 받아들이고 있는 실정과 무관하지 않다. '중정'을 한국 다도정신으로 받아들이고 있는 경향은 한국 다도사상 관련 논문을 비롯한 각종 글에서 쉽게 찾아볼 수 있다. 아래의 글은 '중정'을 '한국 다도정신'으로 결정한 근거를 제시하고 있다.

한국의 다도정신을 '중정(中正)'으로 결정한 것은 1977년 1월 15일 다솔사에서 〈한국차도회〉가 창립되었고 그때에 한국의 다도 정신을 "중정"이라고 정식으로 채택하였다. 그리고 1979년 1월 20일에 〈한국차인회〉가 결성되고 한국차인회의 회지였던『다원』(茶苑)이란 차 월간지의 창간호에 "한국 차의 정신은 중정이다"라는 글을 처음으로 본인이 쓰게 되었다.[374]

『東茶記』를 인용하여 협주를 달았다.

374 윤병상,『茶道古典』, 연세대학교 출판부, 2004, 15쪽.

윗글에서 말하는 '중정'은『동다송』제60행 '體神雖全猶恐過中正 中正不過健靈併'이라는 구절에 나오는 '중정(中正)'을 가리키는 것으로 보인다. 이 '중정'이란 그 구절 뒤에 붙인 주석에 따르면, 차를 우릴 때 물의 양과 기세에 견주어 적절한 양의 차를 넣어서 다신(茶神) 발현을 위해 물과 차가 조화를 이룬 '상태'를 지칭하는 형용사이다. 달리 말하면, '中正不過健靈併'이라는 말에서 알 수 있듯이 중정이란 몸체(體)로서의 물의 건실함과 정신(神)으로서의 차의 신령함이 상호 제압하지 않고 조화를 이루도록 물의 양에 준해 적절한 양의 차를 찻물에 넣어 차탕이 '바름'을 유지한 상태에 지나지 않는다. 여기에서 '차탕의 바름'이란 차의 향, 색, 맛이 이상적으로 발현된 상태로서 '채다~포법' 과정에서 정련(精鍊)된 다신의 구현을 가리킨다.

혹자는『동다송』의 '중정'을『주역』의 용어 '중정'과 같은 의미로 해석하기도 한다. 그것은 논리의 비약이다.『주역』의 '중정'은 음·양효가 각각 내·외괘의 가운데 자리에 있는 '육이·구오'의 자격을 말하는 것이다.『동다송』의 '중정'에서 중과 정은 분리될 수 없고 '중'은 '정'을 이루기 위한 조건이다. 즉, 차를 우릴 때 물에 비해 적정(中) 양의 차를 넣지 않으면 다신이 이상적으로 발현된 차탕(正)을 얻기 어렵다. 이런 맥락에서 수양론적 다도정신 규명은 어떤 결과나 상태를 다도정신으로 보느냐, 그것에 이르기 위한 행동의 속성이나 마음가짐을 다도정신으로 보느냐의 문제라고 할 수 있다.

『동다송』의 '중정'을 '한국의 다도정신'으로 규정한 것이 특정 차모임의 주장이냐 또는 널리 공인된 것이냐와 무관하게 한국의 차계나 관련 학계에서 이런 주장에 이의를 제기한 사례는 별로 없다. 오늘날 한국 차계에서 다도란 대체로 '차를 만들고 우리는 과정상의 문제'로 인식되고 있고, 이에 따라 한국 다도가 형식 위주의 '다례'라는 지적을 받는 것도 '중정'의 의미에 대한 해석의 혼동에서 비롯된 것이라고 할 수 있다.

그럼에도 불구하고『동다송』의 한국 차문화사적 의의를 찾는다면『동다송』에서 초의가 최초로 창의적인 '한국다도'를 규정했다는 것이다. 위에 언급한『동다송』제60행의 주석 "評曰 採盡其妙 造盡其精 水得其眞 泡得其中 體與神相和 健與靈相倂 至此而茶道盡矣."가 그것이다. 초의는『다신전』의 다도 규정 '造時精 藏時燥 泡時潔'에서 '造時精'만 채택하고 이에 자신의 차에 대한 식견을 더한 확장 개념으로『동다송』에서는 찻잎을 따는 일에서부터 이상적인 차탕을 우려내는 과정을 '다도'로 규정했다.

2)『동다송』의 수양론적 구조

『동다송』이 주는 차의 의미와 차정신에 관한 메시지는『동다송』의 행간에서 더 진하게 우려져 나온다. 한재의『다부』와 달리『동다송』에서 초의는 수양론적인 언급을 직접 하지 않았고,『동다송』은 송(頌)의 특성상 비유와 관념적인 표현이 주를 이루고 형식적인 단락 구분이 없어서 주어진 그대로 읽으면 한낱 '차의 칭송'으로만 들릴 수 있다.『동다송』의 행간에 주목하여야 하는 이유는,『동다송』에는 분명히 '다도'라고 규정된 대목이 있는가 하면 거기에서 제외돼 있지만 차의 수양론적 속성과 차를 마심으로써 얻는 수양론적 터득(攄得)의 경지 등 다도 수양의 핵심적인 내용을 '다도' 규정 밖에 배치한 대목이 있어서, 이들이 섞여있는 흐름에서 상통하는 수양론적 맥락을 추려내어 엮어서 살펴보아야 하기 때문이다.

『동다송』의 행간을 살펴야 하는 이유는 또한『다부』를『허실생백부』와 연계시켜 보아야 「다부」의 수양다도적 사상을 제대로 파악할 수 있는 것과 같다. 그렇게 하기 위해서는 『동다송』 앞머리에 묘사된 차의 환경 및 차의 덕성뿐만 아니라 수많은 다서(茶書)와 고사의 인용, 초의가 『동다송』 밖에서 차를 말한 차시(茶詩) 등의 상호 유기적인 관계 속에 이어지는 맥락을 보면서 초의가 행간에 말하고자 한, 또는 초의의 의도와 무관하게 탑재된 『동다송』의 수양다도적 정신에 가까이 다가가야 한다.

예컨대 혹자들은 제59~제60행 및 제60행의 주(註)에 명시돼 있는 '중정(中正)'이라는 단어에 착안하여 『동다송』의 다도정신을 '중정'이라 규정해 버리지만 이는 성급한 결론이다. 『동다송』의 다도정신을 파악하는 데 있어서는 우선 '동다송'이라는 말의 뜻과 『동다송』의 저술 동기를 연계하여 이해할 필요가 있다. '동다송'이라는 말의 뜻이 우리나라의 차(동다)를 칭송하는 의미로 들리고, 『동다송』 저술 동기는 홍현주가 '다도'를 물은 데 답할 목적이었으므로 이 둘의 관계가 『동다송』 내용의 전체적인 흐름 속에서 '다도'를 향해 어떻게 펼쳐지고 있는지를 살펴봐야 한다.

그런데 『동다송』에서 우리나라 차(東茶)에 대한 언급은 이덕리가 쓴 『동다기』에서 한 구절을 인용하여 우리 차의 우수성을 말한 대목과 중국과 다른 우리 차의 채다 시기, 그리고 화개동 차에 대한 언급에서 당시 칠불사 중들의 차에 대한 몰이해를 탄식하는 대목이 전부이다. 이런 탓에 최영성은 '동다송'이라는 제목에 관해 "'동방의 다송'이라는 의미로 책이름을 붙였을 가능성이 높다."[375]고 말한다. 즉, 동다(우리 차)에 관한 칭송이 아니라 '차에 관한 동방(한국)에서의 칭송'이라는 것이다.

---

375 최영성, 『사상으로 읽는 전통문화』, 이른아침, 2016, 430쪽.

『동다송』은 모두 492자, 68행의 칠언절구 고시체로 되어 있으며 몇 곳에서는 칠언절구에서 벗어나 표현의 자유를 보인다. 또 31개의 주를 달아 설명이 필요한 곳에서 시적 표현의 한계를 보완했다.『동다송』의 형식적 구성에 대해서는 각자에 따라 생각이 다르다. 김수인은 4구(四句)를 하나의 송으로 보아 전체를 17송[376]으로 구분했고, 송해경도 17송으로 구분했다.[377] 반면 정민은 "31개의 토막으로 나눠 읽거나 17개의 단락으로 끊어 읽는 것은 설명의 편의를 위해서도 적절치 않고, 초의 자신의 원래 의도와도 전혀 맞지 않는다."고 말하고 전체 내용을 크게 다섯 부분으로 나눈다.

그의 구분에 따르면 첫째 단락은 제1행에서 제10행까지의 서설로서 차의 덕성과 효능을 노래했다. 둘째 단락은 11행에서 36행까지이다. 상고의 염제로부터 한(漢)·수(隋)·당(唐)·송(宋)까지의 차에 얽힌 고사를 통시적 맥락으로 소개했다. 셋째 단락은 37행에서 40행까지이다. 우리 차의 색향기미(色·香·氣味)가 중국에 조금도 못지않다는 주장을 펼쳤다. 넷째 단락은 41행에서 56행까지이다. 환동진고(還童振枯)하는 차의 효능 밑 9난과 4향의 관계, 차의 성질과『다경』에 보이는 떡차의 모양 등을 설명했다. 다섯째 단락은 57행에서 끝줄인 68행까지이다. 차탕이 중의 상태에서 체·신의 조화에 따라 건·령이 아우러지도록 차 우리는 요체를 설명하고, 마무리를 덕담으로 맺었다.[378]

한편,『동다송』분단(分段)의 문제점에 대해 최영성은 운자(韻字)를 중심으

---

376 김수인,『초의 스님과 차』, 동국대학교출판부, 2016, 87쪽.

377 송해경,『동다송의 새로운 연구』, 지영사, 2009, 39쪽.

378 정민, 앞의 책, 306~309쪽.

로 형식에 따라 분단을 할 때 전후 맥락이 이어지지 않는 경우가 적지 않다는
점, 내용으로 분류하다 보면 운자가 맞지 않는 경우가 상당하다는 점을 들어
결국『동다송』68행을 있는 그대로 보는 것이 초의의 뜻에 맞다고 주장한다.[379]

본 연구에서는 위 정민의 내용 구분을 전제로 하고 최영성의 주장에 따라
전체를 유기적 관점으로 조망하는 방법을 통해『동다송』의 다도정신을 구조
적으로 살펴보고자 한다. 구별의 편의상『동다송』원문 각 행에 일련번호를
붙여 배치하였다.

첫 단락에서는 차의 덕성과 거처를 옮기지 않는 믿음성(信, 誠), 강인함,
신선한 자태 등을 강조하고, 이로 인하여 모두의 아낌을 받는 존재인 차를
표현하였다.

1. 황천후토가 좋은 차나무를 귤의 덕과 짝 되게 하시니(后皇嘉樹配橘德) / 2. 천
명받은 대로 옮김 없이 남국에서 산다네(受命不遷生南國) / 3. 무성한 잎 추위 이
겨 겨우내 푸르고(密葉鬪霰貫冬靑) / 4. 하얀 꽃은 서리 씻어 내고 가을에 한창 피
네(素花濯霜發秋榮) / 5. 고야산 신선처럼 분바른 살결 깨끗하여(姑射仙子粉肌潔)
/ 6. 염부의 단금색 같은 향기로운 마음 모두있네(閻浮檀金芳心結) / 7. 밤이슬에
맑게 씻겨 벽옥 같은 줄기 되고(沆瀣漱淸碧玉條) / 8. 아침 안개 흠뻑 머금은 싹 물
총새의 혀 같네(朝霞含潤翠禽舌) / 9. 하늘 신선 사람 귀신 모두 중히 아끼나니(天
仙人鬼俱愛重) / 10. 너의 물건 됨이 성실하여 참으로 뛰어남을 알겠노라(知爾爲物
誠奇).

379 최영성, 앞의 책, 431쪽.

이곳의 핵심 포인트는 차가 지닌 '청신한 기운'의 강조이다. 이처럼 『동다송』의 서두에 차의 기운(氣)이 강조된 것을 눈여겨볼 필요가 있다. 초의의 의도와 무관하게 초의의 다도가 수양론적으로 기론에 기반하고 있음을 추정하게 하는 단서이다.

둘째 단락은 분량은 많지만 단지 차와 관련한 다양한 고사를 인용하여 첫 단락에서 강조한 '차의 청신하고 신비스런 기운'을 부연 설명하고 있다.

11. 염제 신농 일찍이 맛보아 식경에 실었네(炎帝曾嘗載食經) / 12. 제호 감로 그 이름 예로부터 전해 오네(醍醐甘露舊傳名) / 13. 술 깨이고 잠 적게 함은 주공이 증명했네(解酲少眠證周聖) / 14. 제나라 재상 안영도 거친 밥에 차나물 먹었다고 들었네(脫粟伴菜聞齊嬰) / 15. 우홍은 제를 올려 단구자의 차를 얻었고(虞洪薦饌乞丹邱) / 16. 모선은 진정을 데려가 차숲을 알려 주었다네(毛仙示藂引秦精) / 17. 땅속 혼백도 많은 돈 아낌없이 사례했다네(潛壤不惜謝萬錢) / 18. 귀인 밥상에서 유독 여섯 음료의 위라네(鼎食獨稱冠六淸) / 19. 문제의 두통 고친 것 신기한 일로 전해지고(開皇醫腦傳異事) / 20. 뇌소와 용향이 차의 뒤를 이었네(雷笑茸香取次生) / 21. 당나라 때 尙食에 갖은 진미 있었어도(巨唐尙食羞百珍) / 22. 沁園唯獨記紫英(심원에선 다만 홀로 자영만을 기록했지) / 23.두강을 법제함이 이때부터 성해져서(法製頭綱從此盛) / 24. 어진 이와 명사들이 향과 맛의 여운을 강조했다네(淸賢名士誇雋永) / 25. 비단 장식 용봉단차 정교하고 아름다워(綵莊龍鳳團巧麗) / 26. 만금을 다 들여 떡차 백 개 만들었네(費盡萬金成百餠) / 27. 누구라서 참다운 색과 향으로 자족함을 알까(誰知自饒眞色香) / 28. 조금만 오염돼도 참된 성품 잃는다네(一經點染失眞性) / 29. 도인께서 평소에 차의 아름다움 온전히 하고자(道人雅欲全其嘉) / 30. 일찍이 몽산 봉우리에 손수 심어 길렀다네(曾向蒙頂手

栽那) / 31. 다섯 근을 길러 얻어 임금께 바쳤으니(養得五斤獻君王) / 32. 길상예와 성양화가 그것이라네(吉祥蕊與聖楊花) / 33. 설화차와 운유차는 꽃다운 향기 다투고(雪花雲腴爭芳烈) / 34. 쌍정차와 일주차는 강서와 절강에서 유명하다네(雙井日注喧江浙) / 35. 건양과 단산은 맑은 물의 고장이고(建陽丹山碧水鄕) / 36. 특별히 좋은 물로 운간월을 꼽는다네(品題特尊雲澗月).

신농이 차를 『식경』에 실은 일, 땅속 혼백의 감응, 도인이 차의 가상(嘉祥)함을 보전하려고 몽산에 차나무를 심어 기른 일 등이 모두 차의 수기(秀氣)를 강조하는 것으로 풀이된다. 설화차와 운유차를 예로 차의 향기를 강조하고 '운간월(월간운)'[380]로써 차향을 살려 내는 '좋은 물'에 대한 관심을 보여 차향을 살려 내는 일의 중요함을 강조한 것도 같은 맥락이다.

셋째 단락에서는 이덕리의 『동다기』 본문 6조에서 "차의 효능을 두고 어떤 이는 우리 차(동다)가 중국 남쪽 지방(월나라)의 차에 못 미친다고 의심한다. 내가 보건대 빛깔, 향, 맛이 조금도 차이가 없다. 다서에 이르기를 '육안차는 맛이 월등하고, 몽산차는 약효가 뛰어나다'고 했다. 우리 차는 이 두 가지를 겸했다. 이찬황과 육우가 있다면 그들은 반드시 내 말이 옳다고 여기리라."[381]라는 구절을 인용하여 우리나라(동국) 차의 우수성을 강조했다.

37. 동국에서 나는 차는 원래 서로 같은데(東國所産元相同) / 38. 색과 향기와

---

380 '운간월'은 원주에 나오는 '月澗雲'을 운(韻)을 맞추기 위해 바꿔 쓴 것으로 보인다.

381 "茶之效 或疑東茶不及越産 以余觀之 色香味 少無差異 茶書云：'陸安茶以味勝 蒙山茶以藥用勝' 東茶盖兼之矣 若有李贊皇陸子羽 其人則必以余言爲然."

맛이 한결같이 좋다고 했네(色香氣味論一功) / 39. 육안차는 맛이 좋고 몽산차는 약효가 좋은데(陸安之味蒙山藥) / 40. 옛사람은 동다가 둘을 겸했다고 높게 판별했네(古人高判兼兩宗).

혹자는 이 대목의 분량이 적음을 들어『동다송』이 우리 차에 대한 이야기가 아니라 차 일반에 대한 내용이라고 주장한다. 전체 68행 가운데 우리 차에 관한 언급이 불과 4행인 데다가 그것도 핵심이라고 할 수 있는 내용은『동다기』의 한 대목을 옮겼을 뿐이기 때문이다. 이는『동다기』가 전적으로 우리 차에 관한 내용을 실음으로써『동다기』라는 이름에 부응한 것과는 달리『동다송』은 우리 차에 관한 내용이 적어『동다송』이라는 이름을『동다기』와는 다른 의미로 해석해야 된다는 주장에 설득력을 부여한다.

넷째 단락에서는 '구난사향'이라는 말로써 찻일과 제다에서 차의 신령한 기운인 차의 4향을 보전해 내는 일의 중요성을 강조했다.

48. 지극한 맛 구중궁궐 이바지로 바칠 만해(至味可獻九重供) / 49. 취도와 녹향이 마음을 조회함에 들어가자마자(翠濤綠香纔入朝) / 50. 총명함이 사방에 달해 막힌 곳이 없어지네(聰明四達無滯壅) / 51. 신령스런 네 뿌리를 신산에 의탁하여(矧爾靈根托神山) / 52. 신선 풍모 옥 같은 뼈 저절로 별종일세(仙風玉骨自另種) / 53. 초록 싹과 자줏빛 순은 구름 위에 자라고(綠芽紫筍穿雲根) / 54. 호인의 신발, 들소의 가슴 같은 물결무늬(胡靴犎臆皺水紋) / 55. 청량한 밤이슬에 흠뻑 젖었나니(吸盡瀼瀼清夜露) / 56. 삼매경의 솜씨로 차 우리니 기이한 향 피어오르네(三昧手中上奇芬).

'구난'과 '사향의 현묘한 작용'을 대대(待對)시키고 '무엇으로 옥부대 위 좌선 무리 가르칠까'로 '사향'을 보전하기 위한 '구난'의 어려움을 강조한 뒤, '구난을 범치 않으면 사향이 보전되어'로 찻일의 '구난'이 차의 향을 보전해 내기 위한 어려움이라는 사실을 설명하고 있다. 말미에서는 '신령스런 뿌리', '신선 풍모', '구름 뚫고 나니', '삼매 솜씨' 등의 표현으로 차의 신령스런 기운을 다시 한 번 강조하였다.

여기서 제56행의 주석[382]에 찻잎을 따는 데 적당한 시기와 날씨를 언급한 것을 보면, '삼매수(三昧手)'는 찻잎을 따고 차를 만드는 일(製茶)이나 차를 우려내는 일(泡茶)에 있어서 무념무상으로써 도(道)의 경지에 이른 솜씨를 말한다. '삼매경의 솜씨로 기이한 향이 올라온다'는 말은 앞에 말한 '구름 위에 자라는 초록 싹과 자줏빛 순'으로 상징되는 차의 신령한 기운이 곧 차향임을 일러 주는데, 제45행의 주석에서 차향의 종류를 설명한 대목[383]을 보면 '차의 신령한 기운'은 곧 진향(眞香)에 있음을 알 수 있다. 즉, 제45행의 주석과 제

---

382 다서(『만보전서』)에 "차를 따는 일은 그때를 중요시한다. 너무 빠르면 맛이 온전하지 않고 늦으면 다신이 흩어진다. 곡우 전 5일간의 것이 최상이고 그 후 5일간의 것이 다음이며, 그 후 5일간의 것이 또 다음이다."라 하였다. 그러나 우리나라 차의 경험으로 보면 곡우 전후는 너무 이르니 마땅히 입하 후를 알맞은 때로 삼아야 한다. 차를 딸 때는 "밤새 구름 한 점 없었을 때 이슬에 흠뻑 젖은 것을 따는 것이 가장 좋고, 낮에 딴 것은 그 다음이며, 장마기간에 따서는 안 된다."고 했다. …(茶書云 "採茶之候貴及時 太早則味不全 遲則神散. 以穀雨前五日爲上 後五日次之 後五日又次之." 然驗之東茶 穀雨前後太早 當以立夏前後爲及時也. 其採法 "徹夜無雲沮露採者爲上 日中採者次之 陰雨下不宜採"…).

383 『만보전서』에 "차에는 진향·난향·청향·순향이 있다. 겉과 속이 같은 것을 순향이라 하고, 설지도 너무 익지도 않은 것을 청향이라 하며, 불기운이 고르게 든 것을 난향이라 하고, 곡우전의 신령함이 잘 갖추어진 것을 진향이라 한다."고 하였다. … (『萬寶全書』 "茶有眞香 有蘭香 有淸香 有純香. 表裏如一曰純香, 不生不熟曰淸香, 火候均停曰蘭香, 雨前神具曰眞香"…)

56행의 주석을 연결해 보면 곡우 전후(우리나라 차는 입하 전후) 5일간에 밤새 구름 한 점 없이 이슬에 흠뻑 젖은 찻잎이 차의 신령함을 가장 잘 갖춘 찻잎에 해당한다.

다섯째 단락 고찰에서는 설명의 편의를 위해 해당 구절에 붙여진 주(註)도 옮겼다.

57. 그 속에 현미함 있어서 그 묘함 드러내기 어렵네(中有玄微妙難顯) / 58. 참된 정기는 체와 신이 나뉘지 않게 한다네(眞精莫敎體神分). 주: '조다편(造茶篇)'에 이르기를 "새로 딴 것은 쉰 잎과 줄기를 골라내고 뜨거운 솥에서 덖되 솥이 잘 달아올랐을 때 찻잎을 넣어 얼른 덖어야 하며 불기를 늦춰서는 안 된다. 찻잎이 익기를 기다리고 곧 꺼내어 체에 담아서 가볍게 비벼 몇 번 턴 다음 다시 솥에 넣어 불길을 조금씩 줄이면서 알맞은 온도로 말린다. 그 속에 현미(玄微)한 것이 있으니 말로 전부 설명하기 어렵다."고 하였다. '품천'에 이르기를 "차는 물의 神이요 물은 차의 體이니 眞水가 아니면 차의 신묘함이 나타나지 않으며 정기 어린 차가 아니면 그 체를 엿볼 수 없다."고 하였다(註: 造茶篇云 新探揀去老葉 熱鍋焙之 候鍋極熱 始下茶急炒 火不可緩 待熟方退 撤入筬中 輕團枷數遍 復下鍋中 漸漸減火 焙乾爲度 中有玄微 難以言顯. 品泉云 茶者水之神 水者茶之體 非眞水莫顯其神 非精茶莫窺其體). 59. 체·신이 홀로 각각 온전해도 차탕이 중정 잃음 염려되니(體神雖全猶恐過中正) / 60. 중정은 (물의) 건실함과 (차의) 신령함이 함께함에 불과하네(中正不過健靈倂). 주: 포법에 이르기를 "물이 완전히 끓으면 곧 화로에서 내려 먼저 다관 안에 조금 부어 냉기를 씻어 쏟아 버리고 찻잎의 많고 적음을 잘 가늠하여 넣는데, 中을 지나쳐 正을 잃어서는 안 된다. 차가 많으면 맛이 쓰고 향기가 가라앉으며 물이 많으면 맛은 떨어지고 빛깔이 엷어진다. 다관은 두 번 쓴 뒤

또 냉수로 씻어서 깨끗하게 한다. 그렇지 않으면 차의 향이 줄어든다. 茶罐이 뜨거우면 먼저 우려 마신 차의 餘薰이 있어 다신의 발현에 좋지 않고, 다관이 깨끗하면 물의 성품이 마땅히 신령해진다. 점차 차와 물이 충화하기를 기다린 연후에 마포 같은 베에 걸러 마시는데, 거르기가 빨라도 마땅치 않고 마시기가 늦어도 마땅치 않다. 거르기가 빠르면 다신이 우러나지 않고 마시기가 늦으면 오묘한 향기가 먼저 소실된다." 하였다. 평하여 말하자면, 차를 딸 때에는 차의 신묘함을 보전하기 위해 따는 시기와 시간 및 기후의 선택에 묘를 발휘해야 하고, 차를 만들 때는 차의 정기를 잘 아우르는 데에 정성을 다하고, 물은 진수를 얻어야 하고, 차 우리기에 있어서는 찻물에 적정한 양의 차를 넣어야 한다. 그렇게 하면 體와 神이 조화하여 健과 靈이 함께 아우러진다. 여기에 이르면 다도(茶道)를 다했다 할 수 있을 것이다(註: 泡法云 探湯 純熟便取起 先注壺中小許 盪祛冷氣傾出然後 投茶葉多寡宜酌 不可過中失正 茶重則味苦香沈 水勝則味寡色淸 兩壺後 又冷水蕩滌 使壺凉潔 不則減茶香 罐熱則茶神不健 壺淸則 水性當靈 稍候茶水沖和然後 分釃布飮釃 不宜早 飮不宜遲 操飭茶神不發 遲則妙馥先消 評曰 采盡其妙 造盡其精 水得其眞 泡得其中 體與神相和 健與靈相倂 至此而茶道盡矣). / 61. 옥화 같은 차를 한 잔 마시니 겨드랑이 바람 일어(一傾玉花風生腋) / 62. 어느새 몸 가벼워 상청경을 노니누나(身輕已涉上淸境) / 63 밝은 달 등촉 삼고 아울러 벗을 삼아(明月爲燭兼爲友) / 64. 흰 구름 자리 깔고 인하여 병풍 되네(白雲鋪席因作屛) / 65. 대바람 솔바람이 온통 모두 서늘하여(竹籟松濤俱蕭凉) / 66. 청한함 뼈 저미고 심간 마저 오싹해라(淸寒瑩骨心肝惺惟許) / 67. 흰 구름과 밝은 달을 두 객으로 삼으니(白雲明月爲二客) / 68. 도인의 자리 위에 이것이 '勝'(二客曰勝)이네(道人座上此爲). 주: 차를 마시는 법은 한 자리에서 차 마시는 손님이 너무 많으면 주위가 시끄러우니, 시끄러우면 아취를 찾을 수 없다. 홀로 마시면 신(神)이요, 둘이 마시면 승(勝)이며, 서

너 명은 취미요, 대여섯은 덤덤할 뿐이며, 칠팔 인은 그저 나누어 마시는 것일 따름이다(註: 飮茶之法 客衆則喧 喧則 雅趣索然 獨啜曰神 二客曰勝 三四曰趣 五六曰泛 七八曰施也).

단락의 전체적인 내용은 차의 신(神)을 잘 보전하여 완제된 차를 체(물)와 신(차)의 건건함과 신령함이 잘 아우러지도록 우려서 차의 신령한 기운이 이상적으로 발현되도록 하여 마셨을 때 이르게 되는 득도의 경지(神)까지를 묘사했다. 제57행은 뒤에 붙인 주(註)의 내용으로 보아 '제다(製茶)'를 말한 것이다. 제57행의 '현미'와 '묘'는 제다에서 차향을 보전해 내는 일 또는 포법에서 차향을 적절히 발현시켜 내는 일의 어려움을 말한 것이다.

제58행은 '차 우리기(泡茶)'에 들어가기 전의 전제이자 제57행에서 말한 '玄微妙難顯'의 다른 표현이다. '眞精莫敎體神分'이라는 말은 체(體)로서의 물과 신(神)으로서의 차의 불가분의 관계 속에서 작동하는 기의 기능을 설명해 준다. '기(氣)'는 물질 현상과 정신 현상의 공통적 기원이다.[384] 수양을 나와 대상의 주객일체 또는 나와 대상인 자연과의 합일에 이르는 과정이라고 볼 때 주객의 분별이 사라진 무아(無我)적 인지는 물질 현상과 정신 현상을 비롯한 모든 현상의 전일성을 전제로 했을 때 가능하다.

'眞精莫敎體神分'은 차탕에서 차의 진정한 정기는 물질에 해당하는 물(體)과 정신에 해당하는 차(神)를 하나로 이어 주는 역할을 하며, 그렇게 잘 발현된 차의 활발한 기운이라야 마셨을 때 사람의 몸과 마음을 전일화시키고 나아가 차를 마시는 주체와 객체인 자연을 전일화시킬 수 있다. '眞精莫敎體神

---

384 정우진, 『感應의 哲學』, 320쪽.

分'은 기(氣)로서의 차의 수양 기능 및 다도의 수양론적 함의를 동시에 말해 주는 표현이다. 이는 곧 다신이 지닌 체·신 묘합의 기제에 대한 설명이다.

제60행 뒤에 붙인 주석은 '포법(泡法)'에 관한 내용과 함께 '다도'를 규정한 대목으로서 『동다송』의 결론이자 핵이라고 할 수 있다. 한국 차계에서는 여기에 나오는 '중정(中正)'이라는 말을 '한국의 다도정신'으로 삼는다. 그러나 여기에서의 '중정'은 잎차(散茶)를 우릴 때 찻물에 그에 상응하는 적정량의 차를 넣어서 다신이 이상적으로 발현된 상태(投茶葉多寡宜酌 不可過中失正)를 말한다.

'과중실정(過中失正)'은 앞의 '차엽다과의작(茶葉多寡宜酌)'과 연계하여 볼 때 '다관에 투입하는 찻잎의 양이 적정함을 지나치면 차탕의 바름을 잃는다'는 뜻이니, 중정(中正)은 한 단어가 아니라 중(中)과 정(正)이 합쳐진 말이다. 이는 주석의 "차 우리기는 중을 얻어야 한다(泡得其中)"에서 확인되고 있다. 끓인 물에 적정량의 찻잎을 넣는 게 중(中)이고 그렇게 하여 우러난 차탕은 차의 무사(無邪)한 덕, 즉 차의 정기를 바르게 전해 주는 향(香氣), 색(氣色), 맛(氣味)을 정상적으로 갖추게 된다(正)는 의미이다. 즉 이때의 정(正)은 이상적인 차향의 발현 또는 물과 차가 소화를 이루어 정상적으로 다신을 발현시킨 차탕의 상태를 가리킨다.

'중정'의 의미는 이미 제60행 '중정은 건과 영이 함께함에 불과하네(中正 不過健靈併)'에 설명되어 있다. 제60행은 제58행(眞精莫敎體神分)이 부연으로서, 찻일에 있어서 중정이란 차의 몸체인 물의 건실함과 물의 정신인 차의 신령함이 나눠지 않고 조화를 이루어 차의 정기(茶神)가 정상적으로 작동하는 상태를 지칭하는 말이다. 여기에서 차의 신령함이란 다신(茶神)을 일컬음과 동시에 다신을 전해 주는 차의 향, 색, 맛의 기운을 뜻한다. 그러므로 중정에서 중(中)이란 '눈수(嫩水)'³⁸⁵의 물 적정량에 적절한 양의 차를 넣는 일이고, 정(正)이란 차향이 잘 발현되어 물과 잘 어우러짐으로써 물의 건실함과 차의 신령함이 조화를 이룬 상태이다.

이를 위해서는 물 끓음과 차의 양을 가늠하여 넣는 일에서 경(敬)의 자세로 '성지(誠之)'를 실천해야 한다. 따라서 이를 수양론적으로 해석하자면 경(敬, 조심스러운 자세)과 성(誠, 정성을 다함)이 수양에 해당하고 중정(中正)은 그것의 결과이다. 그리고 '中正不過健靈併'이라는 문구에서 알 수 있듯이 중정의 내용은 '健靈併', 즉 체의 건건함과 신의 영험함이 함께하는 체·신 묘합이다.

중정의 차맛에 대해 김수인은 "선정의 힘인 다선삼매의 솜씨로 만들어진 차맛은 여섯 가지 맛이 침출 과정에서 치우치지 않게 중정을 이루어 낸 한 가지 맛으로, 이것이 제호(醍醐)이며 감로인 것이다. 결국 다관 속에서 일체법이 우주의 신비스러운 진공묘유의 한 가지 맛으로 탄생하는 것이다."³⁸⁶라고 말했다. 최영성은 제58행 주석 '차자수지신 수자차지체 비진수막현기신 비정차막규기체(茶者水之神 水者茶之體 非眞水莫顯其神 非精茶莫窺其體)'에 대해 "이것은 한국사상의 두드러진 특징 가운데 하나인 묘합론(妙合論)과 그 뿌리가 통한다."³⁸⁷고 주장한다.

이 단락에서 '다도'를 규정한 대목은 『동다송』이 홍현주의 '다도'에 관한 물

---

385 『다신전』「탕용노눈(湯用老嫩)」에 나오는 말로, 너무 지나치게 끓이지 않아서 기(氣)가 살아 있는 부드러운 물을 뜻한다. 嫩는 純熟과 뜻이 비슷하다.

386 김수인, 『초의 스님과 차』, 동국대학교출판부, 2016, 72쪽.

387 최영성, 「한국 다도의 철학적 기반」, 『한국차학회지』 제22권 제4호, 한국차학회, 2016, 24쪽.

음에 답하기 위하여 저작된 것임을 감안하면『동다송』저술의 결론이라고 할 수 있다. 그러나 초의는 다도의 규정을 정문(正文)이 아닌 주석으로 처리했다. 그 이유는 이미『다신전』에서「다위(茶衛)」[388]라는 항목을 두어 '다도'[389]를 규정한 바 있으나, 홍현주의 질문에 대해『다신전』등초 이후 진전된 자신의 차 지식을 더하여 정리된 '다도'의 새로운 내용을 말하고자 했고, 송(頌)의 구조상 상세한 설명을 요하는 내용을 표현하기가 부적절하여,『동다송』의 관련 대목에 주석으로 덧붙이게 된 것으로 보인다.

즉 제57~60행에서 차의 현미함과 그것을 발현시키는 이상적인 포다기법을 말하다 보니 장원의『다록』및『만보전서』등 중국의 기존 다서(茶書)에 나와 있고『다신전』에 인용된 차 만드는 법(造茶)과 물에 관한 언급(品泉), 포법(泡法) 등을 주석으로써 좀 더 자세히 설명하게 되었고, 이러한 것들을 일관된 하나의 과정으로 정리하여 자신이 생각하는 '다도'로 규정하게 된 것으로 보인다.

여기에서 또 하나 눈에 띄는 것은 '포법'까지만 '다도'에 넣고 그 뒤에 이어지는 '음다의 경지'는 '음다지법'이라 하여 '다도'의 범주에서 떼어 따로 배치한 점이다. 따라서 전술한 바와 같이『동다송』의 수양론적 다도정신은 구절이나 글자에 얽매이지 말고 '음다의 경지'까지 전체를 통괄하여 유기적 맥락 관계에서 파악해야 할 필요가 있다.

이제『동다송』에 들어 있는 초의 다도의 핵심 사상을 좀 더 살펴보기로 한다.『동다송』에서 다도를 규정한 대목은 제59~60행의 주석으로 붙인 '採盡

---

388 『다신전』과『만보전서』에는 '茶衛'로 나와 있으나 그 원전인『다록』에는 '茶道'로 나와 있다.
389 초의는『다신전』에서 '造時精 藏時燥 泡時潔. 精燥潔 茶道盡矣'라고 하였다.

其妙 造盡其精 水得其眞 泡得其中 體與神相和 健與靈相併 至此而茶道盡
矣'[390]이다. 이는 제55행(채다)~60행(포법)까지의 내용을 요약하여 강조한 것
으로서, 『다신전』의 '다위(茶衛)' 조항(造時精 泡時潔 藏時燥)에서 '藏時燥'를 빼
고 '採盡其妙'를 넣었으며, '泡時潔'을 '泡得其中'으로 바꿔 첨삭 보완한 것이
다. 즉 『다신전』에서 '차를 만들어, 우리고, 보관하기'까지를 다도로 본 데에
비해 『동다송』에서는 '채다(採盡其妙)-제다(造盡其精)-포다(水得其眞, 泡得其
中, 體與神相和, 健與靈相併)'의 추가 확장된 과정을 '다도'로서 포착한 것이다.

『다신전』에서 '포시결(泡時潔)'이라 하여 차를 우릴 때 단지 청결함만을 언
급한 데 비해 『동다송』에서 '水得其眞 泡得其中'이라 한 것은 차를 우릴 때
차의 향, 색, 맛을 제대로 발현해 내기 위한 수질 및 찻물과 차의 적정량의
중요함을 강조한 것이다. 『다신전』의 내용이 장원의 『다록』을 그대로 옮긴
것임에 비해 『동다송』의 이 대목은 초의가 제55행~60행의 내용을 추가 설
명하기 위해 '평하여 말하자면(評曰)'이라는 말을 붙여 '다도'에 관한 자신의
창의적 생각을 보여 주었다는 의미가 있다.

여기에서 『동다송』 다도정신의 수양론적 함의를 살펴보자. 『동다송』의 다
도는, 『다신전』의 다도가 '제다~장다~포다' 과정의 기능적인 면에 치중한
데에 비해, '채다~제다~포법'의 과정 중 '채다'에서 찻잎이 신령한 기운인
진향(眞香)을 품고 있을 때 따도록 따는 시기와 날씨와 때를 살피는 데 묘(妙)

---

390 '찻잎을 딸 때는 (차의 신묘함을 보전하기 위해 그 시기와 날씨를 살핌) 묘를 다하
고, 제다에서는 차의 정기를 잘 보전하는 데에 정성을 다하고, 물은 순수한 것을 얻
어야 하고, 차를 우릴 때는 (차의 양에 있어서) 적절함을 기해야 한다. 물과 차가 서
로 조화를 이루면 물(체)의 건실함과 차(신)의 신령함이 잘 아우러진다. 여기에 이르
면 다도는 다 이루어진 것이다.'

를 발휘하고, '제다'에서 차의 그 신령한 기운(精)을 보전하는 데 (화후조절 등) 정성을 다하고, '포법'에서 차의 그 신령함을 차탕에 발현시켜 내기 위해 순수한 물(眞水)을 찾아, 적정량의 물과 차로써(中), 체·신(體·神) 조화를 이루는 가운데 건·령(健·靈)이 서로 아우러지도록 하는 것이다. 초의의 다도는 일단 여기에서 끝난다.

그렇다면 '건·령이 서로 아우러지도록' 하는 이유는 무엇인가? 여기에서 건은 문맥상 물질로서 체(體)인 물의 건강성이 차탕의 색으로, 영은 정신으로서 신(神)인 차의 신령함이 차탕의 향과 맛으로 나타남을 말한다. 건·령이 서로 아우러짐은 이미 제58행(眞精莫敎體神分)이 일러 주었듯이 차탕에서 물과 차의 조화 속에 차의 정기(茶神)인 차의 향, 색, 맛이 이상적으로 발현됨을 의미한다. 앞에 언급했듯이 기(氣)는 물질 현상과 정신 현상의 공통적 기원으로서 물질과 정신의 전일성을 전제로 둘 사이의 격절을 해소하는 소통 역할을 한다. 차탕에서 건·령이 잘 아우러짐은 차를 마셨을 때 인간과 우주 자연을 이어 주는 다신의 기능이 원활할 것임을 보장하여 원만한 다도 수행(遂行)을 가능하게 한다는 의미를 갖는다.

여기서 간과할 수 없는 것은, 이어지는 제67~68행에 붙인 주석(註釋)이다.

차 마시는 법은 '손님이 많으면 소란스러워 아취가 없고 답답하다. 홀로 마시는 것을 신령스럽다 하고, 객이 둘이면 아름답다고 하고, 서넛이면 아취가 있다고 하고, 대여섯이면 그저 그렇고, 칠팔 명이면 그냥 차를 대접한다.'고 한다.

이는 초의가 『다신전』에 베껴 적은 『다록』의 내용을 그대로 옮긴 것이다. 여기에서 '독철왈신(獨啜曰神)'의 '신(神)'은 '채다~포법' 과정에서 얻어진 '체와 신이 서로 조화하여 건건함과 신령함이 서로 아우러진' 기운을 '음다(飮茶)'를 통해 전이받아 이르게 되는 경지를 묘사한 것이다.

여기에서 '음다의 경지'를 '다도'의 규정에 넣지 않고 따로 분리된 상태 그대로 옮겨 적어 놓은 것을 보면 초의는 이론적으로는 '음다의 경지'의 수양론적 함의를 인식하지 못했거나 강조하지 않으려 한 듯하다. 그런데 실제로는 제61행~68행까지에서 '음다의 경지'를 묘사하고 있다. 특히 제67행(흰 구름과 밝은 달을 두 객으로 삼으니)과 제68행(도인의 자리 위에 이것이 '勝'이네)에서 '흰 구름'과 '밝은 달'을 음다 자리의 구성원으로 배치하고 자신을 '도인'의 자리에 앉힘으로써 수양다도가 지향하는 우주 · 자연과의 합일을 그리고 있다.

따라서 여기에서 '승(勝)'은 도인인 자신 및 '구름과 달'이라는 '자연'의 '이객(二客)'이 차를 마시는 정경을 일컫지만 사실은 자연 속에서 혼자 차를 마시는 '독철왈신(獨啜曰神)'의 경지이다. 이는 한재가 『다부』에서 말한 '오심지차(吾心之茶)'의 경지이기도 하다. 『동다송』에서 수양론적 결론을 찾는다면 초의의 의도와 무관하게 제68행에서 찾아야 한다. 즉 '도인(道人)'이라는 표현은 혼자 차를 마시면서 '신(神)'의 작용을 통해 우주 자연과 합일하는 득도의 경지를 찾는 사람을 말하는 것이다. '부처', '至人', '道士'가 아니고 '도인'이라는 유가적 개념을 쓴 것도 눈에 띈다.

초의는 또한 '신(神)의 경지'의 내용을 제67행 이전에 이미 밝혀 놓았다. 61행 '한 번 옥화 기울이자 겨드랑이 바람 일고(一傾玉花風生腋)', 62행 '어느새 몸 가벼워 상청경을 노니누나(身輕已涉上淸境)', 66행 '청한함 뼈 저미고 심간마저 오싹해라(淸寒瑩骨心肝惺惟許)'가 그것이다. 다만 그것이 자신의 득도를 말한 것인지, 노동의 「칠완다가」를 관습적으로 모사한 것인지는 의문의 여지가 있다.

이렇게 볼 때 『동다송』 다도를 『동다송』 전편을 통해 수양론적 구조로 파악하자면, '채다~포법'의 '과정' 및 '독철왈신'이라는 '음다의 경지' 등 이중 구조로 이루어진 '전일적 다도(全一的 茶道)'라고 부를 수 있겠다. 여기에서 '전일적'이라 함은 차를 만들어 우려내는 '과정' 및 그 차를 마심으로써 얻게 되는 '명상의 경지'를 일관되고 완결된 하나의 수양다도의 수행(遂行)으로 파악한다는 뜻이다. 그런데 실제로 초의는 '신(神)'의 내용을 달리 설명하지 않고 득도의 경지에 대해서는 다만 『다록』에 나오는 '독철왈신'을 옮겨 놓았을 뿐이다. 따라서 위에 나온 '도인'이라는 말은 '득도'에 대한 초의의 희원(希願) 정도로 해석된다.

이 전일다도의 기준에 따르면 제53행~제60행까지는 '채다~포법'의 '과정'이고 제61행 이후는 '음다의 경지'이다. 그리고 제53행 이전 제1행~제52행까지는 제53행 이후의 본격적 다도 과정에 대비한 사전 단계로서 차의 덕성과 수기(秀氣)를 확인하고 각인시키기 위해 배치한 장치이다.

『동다송』 전체를 수양다도로 파악하고자 할 경우, 이 전일다도에서는 과정별로 마땅한 다도 수양이 이루어져 전체적으로 통합되어 하나의 일관된 다도 수양 과정이 성립될 수 있다. 즉, 제1행~제52행까지의 '사전 단계'에서는 차의 덕성과 수기(秀氣)에 대한 개념적 이해를 얻고, 제53행~제60행의 단계에서는 차의 덕성 및 수기(秀氣)를 채다와 제다에서 직접 만나고 보전하여 이를 포다에서 차탕에 재현해 내는 데 경건한 자세로 정성을 다하며(敬 · 誠), 제61행 이후 음다의 '경지'에서는 우주 자연과 인간이 동일성(誠)의 원리로써 합일되는 체인을 하는 것이다.

그렇다면 ① 본격적 다도 수양의 단계인 제53행~제60행의 '과정'에는 어떠한 수양론적 함의가 있으며, ② 61행 이후의 음다의 '경지'에서 얻는 체인이란 무엇이며, ③ 그러한 자득(自得)은 어떠한 기제에 의해 달성되는지 등이 문제이다. ①에 대한 대답은 위에 '경·성(敬·誠)'으로써 암시돼 있다. ②, ③에 대한 답은 앞으로 논하게 될 '獨啜曰神'의 '신(神)'에 대한 해석이다.

앞에서 『동다송』의 다도정신을 파악하기 위한 방법의 하나로 초의가 『동다송』 밖에서 차를 말한 차시(茶詩)의 『동다송』과의 의미 관계를 유기적으로 살펴봐야 한다고 말한 바 있다. 아래의 시는 초의가 1850년 추사의 동생 산천 김명희가 초의의 차를 받고 감사하는 시(「사차(謝茶)」)에 답하는 시로서, '제2의 다송(茶頌)'이라 일컬어질 정도로 초의의 차지식 및 차정신을 담고 있다. 특히 선승으로서 초의가 『동다송』에서와는 사뭇 다른 불가의 다도관을 표출한 것이 눈에 띈다.

이 시는 초의가 『다신전』을 쓴 지 20년, 『동다송』 저술 13년 뒤에 쓴 것이어서 그사이 무르익은 초의의 차지식과 다도관의 수준을 보여 주는데, 특히 음다의 경지에서 언급되는 '신(神)'의 문제와 관련하여 눈여겨볼 만하다. 제목은 「산천도인의 사차시에 삼가 화운하여 짓다(奉和山泉道人謝茶之作)」이다. 『동다송』에서처럼 필요한 곳에 5개의 협주도 붙였다. 편의상 각 구에 숫자를 붙여서 살펴본다.

1. 예로부터 성현은 모두 차를 좋아했으니(古來賢聖俱愛茶) / 2. 차는 군자의 성품이 삿됨이 없는 것과 같네(茶如君子性無邪) / 3. 사람들이 풀잎과 차를 모두 맛보고서(人間艸茶差嘗盡) / 4. 멀리 설령[391]에 들어가 노아차를 땄네(遠入雪嶺探露芽) / 5. 법제하여 품질에 따라 이름을 붙여(法製從他受題品) / 6. 옥그릇에 갖은

---

391 히말라야를 말함.

비단 감싸서 담았다네(玉壜盛裏十樣錦) / 7. 물은 황하의 맨 위 근원을 찾아 구하니(水尋黃河▩上源) / 8. 여덟 덕을 두루 갖춰 아름다움 더 깊다(具含八德美更甚) / 주:『서역기』에 말했다. "황하의 근원은 아욕달지에서 시작된다. 물이 여덟 가지 덕을 갖춰 가볍고 맑고 차고 부드럽고 아름다우며, 나쁜 냄새가 나지 않고, 마실 때 알맞으며, 마신 뒤에 탈이 없다(註 : 西域記云: 黃河之源, 始發於阿褥達池. 水含八德, 輕淸冷軟美, 不臭, 飮時調適, 飮後無患)." / 9. 경연수 깊이 길어 한 모금 마시자(深汲輕軟一試來) / 10. 참된 정기 알맞아 체와 신이 열리는구나(眞精適和體神開) / 주 :『다서』「천품(泉品)」에 말했다. "차란 것은 물의 신이고, 물은 차의 몸체다. 좋은 물이 아니면 그 신을 드러낼 수가 없고, 정갈한 차가 아니면 그 체에 들어가지 못한다(註 : 茶書泉品云: 茶者水之神, 水者茶之體, 非眞水莫顯其神, 非精茶莫窺其體)." / 11. 나쁜 기운 사라지고 정기가 들어오니(麤穢除盡精氣入) / 12. 큰 도를 얻어 이루기 어찌 멀다 하겠는가(大道得成何遠哉) / 13. 영산으로 가져와 부처님께 올리고(持歸靈山獻諸佛) / 14. 차 달임 더욱 살피며 범률[392]을 생각하네(煎點更細考梵律) / 15. 차의 진체는 신묘한 근원에 닿아 있고(閼伽眞體窮妙源) / 주 : 범어로 '알가화'는 차를 말한다(註 : 梵語閼伽花言茶). / 16. 신묘한 근원은 집착 없는 바라밀[393]의 길일세(妙源無着波羅蜜) / 주 :『대반야경』에 말했다. "일체의 법에 집착하는 바가 없기 때문에 바라밀이라 한다(註 : 大般若經云 於一切法無所執着, 故名波羅蜜)." / 17. 아아! 나는 삼천 년 뒤에 태어나(嗟我生後三千年) / 18. 물결 소리 아득하게도 선천(先天)과 멀구나(潮音渺渺隔先天) / 19. 묘한 근원 묻고

---

392 부처님의 가르침.

393 불교에서 열반(涅槃)에 이르고자 하는 보살의 수행을 말함. 생로병사하는 현실의 괴로움을 벗어나 번뇌와 고통이 없는 피안의 세계로 건너간다는 뜻이다. 도피안(到彼岸)과 같은 뜻으로서 산스크리트어 'Pāramitā'의 음역어이다.

자 해도 답 얻을 곳 없어(妙源欲問無所得) / 20. 부처님 열반 전에 나지 못함 길게 한탄하네(長恨不生泥洹前) / 주 : 니원(泥洹)은 열반과 뜻이 같다(註 : 泥洹涅槃義同). / 21. 오래껏 차 사랑 씻을 수 없어(從來未能洗茶愛) / 22. 우리 땅에 가져와 스스로 속 좁음 웃어 보네(持歸東土笑自隘) / 23. 옥그릇에 비단 두른 봉함 풀어(錦纏玉壜解斜封) / 24. 친구에게 먼저 보내 단세[394]를 바치구려(先向知己修檳稅).

이 시의 체제는『동다송』과 유사하다. 먼저 제1행~제4행에서 '무사(無邪)' 및 '설령채노아(雪嶺探露芽)'라는 말로써 차의 덕성과 수기(秀氣)를 강조하고, 제4행~제8행에서는 채다와 제다 및 포법을 말하고, 제9행 이후에서는 '음다의 경지'를 읊었다. 이 시에서는 무엇보다도 수행의 원리를 터득하고 있는 초의의 다도관을 볼 수 있다. 따라서 이 시는『동다송』과의 관계에 있어서 한재 이목의『다부』에 대한『허실생백부』와 같은 역할을 한다고 하겠다.

더 상세하게 들여다보자면, 먼저 제1, 2행에서는 차의 덕성을 '무사(無邪)'로 규정하고 있다. 여기에서 '사(邪)'는 '그릇됨' 또는 '망(妄)'과 같은 뜻으로서 '정(正)' 또는 '성(誠)'과 반대되는 개념이다. 제9행~제12행에서 초의는 기(氣)를 '도를 얻어 이루는 일'과 연계하여 거론하고 있다.

9. 경연수 깊이 길어 한 모금 마시자(深汲輕軟一試來) / 10. 참된 정기 알맞아 체와 신이 열리는구나(眞精適和體神開) / 11. 나쁜 기운 사라지고 정기가 들어오니(麤穢除盡精氣入) / 12. 큰 도를 얻어 이루기 어찌 멀다 하겠는가(大道得成何遠哉)

---

394 불단에 바치는 공양물.

순수한 물(경연수)로 우려낸 차를 마시니 차의 참된 정기가 발현되어 물(체)과 차(신)가 서로 잘 아우러진다. 물(체)의 건건(健健)함과 차(신)의 신령함이 잘 아우러진 기운의 차를 마셔서 나의 체·신 또한 조화롭게 열려 육신에서 나쁜 기운이 사라지고 그 자리에 차의 정기(精氣)가 채워지니, 이 차의 정기에 의해 우주 자연의 본원에 이를 수 있겠다. 제10행 '眞精適和體神開'는 『동다송』 제58행 '참된 정기는 체와 신이 나뉘지 않게 하네(眞精莫敎體神分)'와 상응하는 말이다.

　이 제9행~제12행에서는 '음다의 경지'를 논리적으로 상세히 묘사하고 있다. "경연수 깊이 길어 한 모금 마시자 참된 정기 알맞아 체와 신이 열리는구나."라는 말은 한편으로 『다신전』의 '음다(飮茶)'조와 『동다송』의 주석 '음다지법(飮茶之法)'에서 말한 '독철왈신(獨啜曰神)'의 신(神)이 열리는 장면을 설명하고 있다고 볼 수 있다. 『동다송』에서는 물과 차를 체와 신으로 말하고 있지만 이 시에서는 끽다의 주체인 내가 심신일여, 물아일여의 세계로 들어가고 있음을 비유하여 말한 것이다. 이때의 신(神)은 단순한 정신이 아니라 자연(우주)의 기와 감응하는 고도화된 기(氣)임을 제11행과 12행에서 설명하고 있다.

　즉 '나쁜 기운 사라지고 정기가 들어오니 큰 도를 얻어 이루기 어찌 멀다 하겠는가'라는 말은, 차를 마심으로써 차의 다신이 내 안에 들어와 나와 우주 자연을 본원적으로 이어 주는 역할을 하게 되니 그것이 득도의 길이라는 것이다. 나와 우주적 본원을 이어 주는 역할을 하는 것이 기가 발휘하는 신통력으로서 신(神)이다. 즉 세계는 일기(一氣)로 구성돼 있고 이 기가 발휘하는 신통력(神通力, 神明)에 의해 전일적으로 공명, 소통된다. 이는 초의 다도의 수양론적 측면이 기론적 세계관에 입각해 있음을 말해 준다. 그러나 '큰 도를 얻어 이루기 어찌 멀다 하겠는가'라는 표현으로 보아 초의가 다도로써 아직 득도의 경지에 이르지는 못했음을 알 수 있다.

다도를 통한 득도의 문제를 살펴보자면, 초의는 제14행~제19행에서는 선승(禪僧)의 면모를 발휘하여 다도를 불가 수행의 문제로 가져가고 있다. 차를 달이는 일에서 부처님의 가르침을 생각하게 되는데(煎點更細考梵律), 차의 진정한 모습은 신묘한 근원에 닿아 있을 터(闕伽眞體窮妙源). 그 신묘한 근원은 집착이 없는 수행과 같은 것 또는 그러한 수행으로써 닿을 수 있는 것이다(妙源無着波羅蜜). 그러나 아직 득도를 하지 못한 처지에서는 알 수 없는 것이어서 부처님께 물었으면 하나 마땅한 답을 들을 곳이 없어(妙源欲問無所得) 부처가 열반하신 지 3천 년 뒤에 태어난 것을 한탄할 뿐이다(長恨不生泥洹前). 그러하니 '신묘한 근원에 닿아 있는' 차를 마시며 도를 닦을 일이다(21행 이하 끝까지)라고 말하고 있다.

3) 『동다송』의 다도정신 '성(誠)'

다산(茶山) 정약용은 『중용』 제1장 '喜怒哀樂之未發 謂之中發而皆中節 謂之和 中也者 天下之大本也 和也者 天下之達道也 致中和 天地位焉 萬物育焉'과 관련하여 중(中)과 화(和)를 수양의 차원에서 신독의 결과로 해석하고, 계신공구(戒愼恐懼) 및 신독(愼獨)의 수양 공부를 지성(至誠)과 동일시하였다. 이에 근거하여, 혹자들이 『동다송』의 다도정신으로 '중정'을 주장하는 것은 적절치 않다는 게 필자의 생각이다.

중정은 수양 실천의 결과이고 수양은 '과정'에 해당하기에 수양론의 견지에서는 수양의 내용인 지성(至誠), 곧 '성(誠)', '성지(誠之)' 또는 성지와 같은 의미인 '경(敬)'이 중요한 가치라고 할 수 있다. 『동다송』에서 문맥상 '중정'의 정확한 의미는 '차탕에서 찻물과 차의 양이 각각 적절하여 차의 정기(茶神)가 물의 기세를 제압하거나 그것에 제압당함이 없이 상호 양적·질적으로 조화를 이루어 물의 건강성과 차의 신령함이 함께하는 상태'이다. 그렇게 되어야 끽다를 통해 차의 정기가 순조롭게 끽다인에게 전이되어 그것(다신)에 의한 다도 수양이 이루어질 수 있다.

따라서 다도를 수양론으로 보는 견지에서는 '중정'이라는 중간 결과 또는 차탕의 상태가 다도의 전부이거나 다도정신일 수는 없다. 그러한 차탕을 만들어 내는 과정의 실행 및 그 차를 마시고 득도의 경지에 이르고자 하는 노력이 모두 다도 수양에 해당한다. 앞에서 『동다송』의 다도를 '전일다도'라고 말한 것은 『동다송』에서 다도로 규정한 '채다~포법'의 '과정'과 그 규정 바깥에 따로 둔 음다의 경지(獨啜曰神)를 연속 구조의 통합으로 파악하자는 취지였다. 이렇게 볼 때 『동다송』의 전일다도에서는 '채다~포법'의 '과정'과 음다의 '경지'를 관통하는 하나의 다도정신을 찾아낼 수 있다.

혹자들은 『동다송』이 『다신전』에 이어 중국 다서와 고사들을 인용하는 데에 지나치게 의존하여 독창성이 미흡하다고 비판한다. 이러한 비판의 근거를 부인하기는 어렵다. 그럼에도 불구하고 『동다송』이 한국 차문화사에서 가치를 지닐 수 있고 그에 따라 초의가 평가를 받을 수 있는 근거는 이 '전일다도'의 구조 속에 '경(敬)'과 '성(誠)'을 다도정신으로 장착시킨 것이라고 하겠다.

敬·誠은 성리학(주자학)의 수양공부법인데 선승인 초의가 이를 생각한 이유는 『동다송』이 유가 지배층인 홍현주의 다도 질의에 대한 답변서라는 데 있다. 그뿐만 아니라 초의는『동다송』10행[395]에서도 '성(誠)'을 말하였고,『奉和山泉道人謝茶之作』에서도 '茶性無邪' 즉 차의 성(性)이 '성(誠)'임을 피력하여 성리학의 최고 이념인 성(誠)을 다도정신으로 삼기에 주저하지 않았다.

수양론적 맥락에서의 中의 의미는 공자의 말에서도 알 수 있다. 공자는 중궁(仲弓)이 仁에 대하여 묻자 "出門如見大賓, 使民如承大祭, 己所不欲 勿施於人(『논어』「顔淵」)"이라고 했다. 이 말 앞부분 '出門如見大賓, 使民如承大祭'은 한마디로 '忠'이다. '出門如見大賓'은 공경하고 삼감(敬), '使民如承大祭'은 정성을 다히여 받듦(誠)을 의미한다. 이 두 구절은 공경스럽고(敬) 성실한 태도(誠)를 나타낸다. 공경스럽고 성실한 태도는 바로 자신의 마음을 극진히 하는 것(忠)이다. 따라서 忠의 세부 내용은 敬과 誠이다.

윗글의 뒷부분(己所不欲 勿施於人)은 자신을 미루어 남을 생각하는 '恕'(推己之謂)에 해당한다. 앞에서 忠과 恕는 仁을 기르는 공자의 수양법임을 알 수 있었다. 忠의 정신적 내용인 誠·敬은 宋代에 들어와 朱子의 수양론으로 채택되었다. 忠은 글자 뜻대로 '마음(心)의 중(中)을 확보하는 일'이다. 우리는 여기에서 마음의 중심인 忠이나 中은 마음의 상태를 나타내는 말이고, 그것을 확보하려는 誠·敬이 수양론적 정신 작용 또는 마음 자세임을 알 수 있다.

『동다송』의 다도에서는 경(敬)과 성(誠)이라는 형이상학적 가치가 차(茶)라는 실물을 통해 구현된다는 점에 의의가 있다.『동다송』의 다도에서 성(誠)·경(敬)의 개념을 파악하기는 어렵지 않다. 그 단초가 되어 주는 대목은 제60행에 붙인 주석이다.

---

395 知爾爲物誠奇絕. 너(차)의 됨됨이 성실하여 매우 신기함을 알겠구나.

포법에 이르기를 "물이 완전히 끓으면 곧 화로에서 내려 먼저 다관 안에 조금 부어 냉기를 씻어 쏟아 버리고 차의 많고 적음을 가늠하여 적당하게 하되 중(中)을 지나쳐 정(正)을 잃어서는 안 된다. 차가 많으면 맛이 쓰고 향기가 가라앉으며 물이 많으면 맛은 떨어지고 빛깔이 엷어진다. 다관은 두 번 쓴 뒤 또 냉수로 씻어서 깨끗하게 한다. 그렇지 않으면 차의 향이 줄어든다. 다관의 물이 너무 뜨거우면 다신(茶神)이 온전하지 못하고 다관이 깨끗하면 물의 성품이 신령해진다. 점차 차와 물이 충화하기를 기다린 연후에 마포 같은 베에 걸러 마신다. 거르기가 빨라도 마땅치 않고 마시기가 늦어도 마땅치 않다. 빠르면 다신이 우러나지 않고 늦으면 오묘한 향기가 먼저 소실된다." 하였다. 평하여 말하자면, 찻잎을 딸 때에는 차의 신묘함을 보전해야 하고 차를 만들 때는 차의 정기를 잘 간수하여야 하고, 물은 진수를 얻어야 하고, 차 우리기에서는 적정함(중)을 얻어야 한다. 체(體)와 신(神)이 조화되면 건(健)과 영(靈)이 함께 아우러진다. 여기에 이르면 다도(茶道)를 다했다 할 수 있을 것이다.[396]

이 글에서 지시하는 구체적인 행동에 일관되게 요구되는 자세는 조심스러움과 주의(敬), 그리고 정성스러움(誠)이다. 초의가 이 주석을 붙인 이유를 생각해 보자. 예전처럼 요즘에도 찻자리(茶席)에서 차를 우려내는 일(泡法)을 다도의 전부인 양 생각하는 경향이 있다. 이는 차를 우려내는 사람을 팽주

---

396 泡法云 探湯 純熟便取起 先注壺中小許 盪祛冷氣 傾出然後 投茶葉多寡宜的 不可過中 失正 茶重則味苦香沈 水勝則味寡色淸 兩壺後 又冷水盪滌 使壺凉潔 不則減茶香 罐熱 則茶神不健 壺淸則 水性當靈 稍候茶水沖和然後 分釃布飮 釃不宜早 飮不宜遲 操飭茶 神不發 遲則妙馥先消. 評曰 采盡其妙 造盡其精 水得其眞 泡得其中 體與神相和 健與 靈相倂 至此而茶道盡矣.

(烹主)라고 부르며 다도의 주인공으로 간주하는 데서도 드러난다.

　초의는『다록』의 다도 규정인 '造時精 藏時燥 泡時潔'을『다신전』에 인용하면서 제목을 '다위(茶衛)'라고 붙였다. 애초에 '泡時潔'이 '藏時燥'의 뒤에 놓인 것이나 초의가 '潔'자에 유의하여 '茶道'를 '茶衛'로 바꾼 것 역시 포법(泡法)의 강조라고 볼 수 있다. 또 위 주석에 있는 '중'과 연계되어 제59행에 나온 '중정'이라는 말이 오늘날 '한국의 다도정신'으로 일컬어지게 된 연유도 '중정'이 포법의 용어라는 점에서 초의의 생각과 궤를 같이하는 것으로 보인다.

　그런데 초의는 왜 주석의 내용을 포법까지에서 그치지 않고 자신의 견해인 '평왈(評曰)'을 덧붙여 '채다'에까지 소급하여 늘여놓을 생각을 했을까? '평왈' 이전은『만보전서』와 그것을 베껴서 쓴『다신전』에 있는 내용이다. 그것만을 다시『동다송』에 옮겨 적고 만다면 다도에 관한 물음에 불성실한 답변이 된다. 초의는 최고위층인 홍현주가 다도를 물어온 데 대해 다도의 핵심이라고 여긴 포법에 대해 주석을 붙여 상세히 설명하다가, 이미 소개한 자료들을 이용하여 그러한 포법에 연계된 시원(始原)까지를 포함시켜 더 완벽한 다도를 정리하고자 하는 데 생각이 미쳤을 것이다.

　'평왈(評曰)'은 제55행~60행에서 말한 '채다~포법'의 과정에서 다신(茶神)을 보전해 내는 일에 대해 더 상세히 그 중요성과 수양론적 의미를 강조하기 위해 붙인 '다도' 규정이다. 이는 초의가 지금까지 자신이 직접 체험하거나 훈습한 차와 '채다~포법'의 찻일에 관한 지식에 경학적 이해를 더한 것으로서,『동다송』의 핵심이자 초의가 '한국의 다성'으로 일컬어지게 되는 데에 결정적 역할을 하는 대목이다.

　'평왈(評曰)'의 내용과 관련하여 눈에 띄는 것은『다신전』의 다도 규정에는 들어 있던 '차의 저장'³⁹⁷에 관한 언급을 뺀 것과 '음다의 경지'를 넣지 않았다는 것이다. '차의 저장'은 '포법'의 찻일 현장에 직접 관계되지 않는다는 점, '음다의 경지'는 '다선일미'의 참선 수행을 구도의 장으로 보는 선승 초의로서 유가 쪽에 불가다도의 '경지'를 설명하여 권하기가 편치 않았기 때문이었을 것이다.

다음으로 초의의 다도 규정 내용을 상세히 살펴보겠다. 초의의 다도 규정 맨 첫머리에 나오는 '采盡其妙'라는 말은 제55행~56행의 주석을 요약한 것으로서, 찻잎을 딸 때 차의 신묘함을 보전하라는 요지이다. 즉 여기에서 '妙'는 차의 신묘함이자 그 묘를 보전하기 위해 찻잎을 따는 시기, 찻잎을 따는 날의 날씨와 때를 정하는 데 요구되는 경(敬)과 성(誠)을 의미한다.

또 '造盡其精'이라는 말은 제57행(中有玄微妙難顯)³⁹⁸ 및 그에 대한 주석인 '造茶篇云…'을 요약한 것으로서, 차를 만들 때 차의 정기를 잘 갈무리하는 데 정성을 기울이라는 말이다. 여기에서 '精'은 차의 '정기'이자 그 정기를 보전하기 위해 제다에 있어서 화후의 조절 등에 기울이는 정성(精誠)을 의미하는 것으로 이해된다. '采盡其妙 造盡其精'은 한마디로 찻잎을 따고 차를 만들 때에 경외(敬畏)의 자세로써 정성을 다해야 한다는 의미이다. '采盡其妙 造盡其精'의 근거는 『동다송』 제9행과 제10행 '天仙人鬼俱愛重 知爾爲物誠奇絶'³⁹⁹에서 찾을 수 있다. '차의 물건 됨이 성실하여 매우 뛰어나다(爾爲物誠

---

397 『다신전』 「다위(茶衛)」 항에서 '차를 만들 때 정성스럽게 하고, 저장할 때 건조하게 하며, 우릴 때 청결하게 한다. 정성·건조·청결이면 다도는 다한 것이다(造時精 藏時燥 泡時潔 精燥潔 茶道盡矣).'라고 했다.

398 그 가운데 현미함 있어서 그 묘경 드러내기 어렵네.

399 하늘 신선 사람 귀신 모두 중히 아끼나니 너(차)의 물건 됨이 성실하여 참으로 뛰어남

奇絶)'는 것은 차가 천도의 내용이자 원리인 '성(誠)'을 품부 받았음에 대한 감탄이다.

따라서 '채다'에서는 차의 성품인 성(誠)이 손실되지 않도록 찻잎을 따는 환경 선택에 두렵고 조심스러운 마음으로 정성을 다해야 하고, 제다에서는 차의 정기(精氣)인 성(誠)을 손상시키지 않고 완제품에 잘 담아내도록 찻잎 덖는 솥의 불기운 조절 등에 조심스럽게 정성을 기울여야 한다. 더 구체적으로 보면, 먼저 찻잎을 따면서 찻잎의 자태와 생향(生香)에서 차의 성품인 성(誠)을 만나고, 그 성(誠) 즉 차향을 온존시켜 완제품에 담아내기 위해 채다와 제다 과정에서 경(敬)의 마음과 자세로 '성지(誠之)'[400]를 해야 한다.

'采盡其妙 造盡其精'의 또 다른 근거로서 제55행~제56행에 붙인 주석과 제45행 '又有九難四香玄妙用' 및 그 주석을 연계시켜 해석해 볼 필요가 있다. 앞에서 '采盡其妙'는 차를 따는 시기 및 날씨와 하루 중의 따는 시간을 결정하는 데에 정성을 들여(묘를 발휘하여) 찻잎의 신묘함을 보전하라는 의미라고 말한 바 있다. 여기에서 차의 신묘함이란 차의 기운(氣韻)으로서 주로 차의 향(香氣)을 말한다. 이는 제45행의 주석 '차향의 4종류'에 대한 설명에서 '雨前神具曰眞香(곡우 전 신묘함이 갖춰진 것을 진향이라 한다)'이라고 한 데서 알 수 있다.

'采盡其妙'는 이처럼 곡우 전 신선한 기운을 지닌 찻잎을 따기 위해 날짜와

을 알겠노라.

400 정호(程顥)에 따르면, 경(敬), 즉 '성지(誠之)'의 공부는 마음을 안정시켜 성(誠)을 구체화하려는 시도이다. 경의 상태를 유지하는 방법으로 정호는 정좌를 권장했다. 다도에서는 채다~제다의 과정에서도 오로지 차에 관한 주일무적, 정제엄숙의 경의 자세, 곧 정좌 때와 같은 마음자세가 필요하다.

378 · III 한국수양다도(韓國修養茶道)

날씨와 따는 시간을 잘 가늠하여 결정하라는 의미이다. 그러기 위해서는 날마다 마음을 죄어 가며 성실하게 찻잎의 성장 상태를 관찰하고 찻잎을 따서 향을 점검하며 밤새 또는 새벽 일찍 날씨를 점검해야 한다. 이는 곧 자연의 묘용과 감응하기 위한 경·성(敬·誠)의 자세이자 실천이라고 할 수 있다.

여기에서 묘(妙)자를 쓴 것은 동식물의 생태에 영향을 미치는 일 년 중의 절기(節氣)와 하루 중의 때(時)가 자연 운행의 묘(妙用)에 따라 결정되기 때문에 그 묘용을 잘 살피라는 의미로 해석된다. 여기에서 기(其)는 '자연(우주)' 또는 '차를 따는 사람'이다. '기묘(其妙)'는 자연(차)과 차를 따는 사람 양자 간의 신묘한 작용(묘용)에 의한 감응을 가리킨다고 할 수 있다. 따라서 '盡其妙'는 그러한 기(氣)의 작용이 극진히 되도록 하는 것이니 곧 '성지(誠之)'이다. 초의가 '盡其妙'에 따라 체득한 경험상 우리나라 차를 따는 시기는 이전의 다른 차서에서 이른 것과 달리『동다송』에서 말한 '입하 후'가 적당하다.

제56행의 주석에서 '三昧手'는 '點茶三昧手'로 표기돼 있으나 채다와 제다와 점다 모두를 포함한 일에서의 삼매수로 파악하는 게 좋겠다. 제56행 본문의 '기이한 향기(奇芬)'는 먼저 채다 및 제다의 과정에서 결정적인 영향을 받기 때문이다. 차향을 결정히는 데 제나의 역할이 중요함은 제45행의 주석에 나온다.

『다경』에 이르기를 "차에는 아홉 가지 어려움이 있으니 첫째는 차를 만드는 일, 둘째는 차의 품질 식별, 셋째는 찻그릇, 넷째는 불, 다섯째는 물, 여섯째는 차 굽기, 일곱 째는 가루내기, 여덟째는 물 끓이기, 아홉째는 차 마시기이다. …"라고 하였다. …『만보전서』에 "차에는 진향, 난향, 청향, 순향 등 네 가지 향이 있다. 겉과 속이 한결같은 것은 순향이고, 너무 설지도 너무 익지도 않은 것은 청향, 불

기가 고루 든 것은 난향, 곡우 전에 신선함이 갖춰진 것은 진향이라 한다." 이것
을 네 가지 향기라고 하였다.[401]

이 가운데 '造盡其精'의 근거는 아홉 가지 어려움 중에서 '차를 만드는 일'
을 첫 번째에 둔 것과 네 가지 향을 보전하는 방법을 상세히 밝힌 것이다.
네 가지 향을 보전하는 방법 가운데 진향을 제외한 나머지 세 향은 진향이
제다 과정의 불기운(火候)에 따라 나타나는 모습이다. 이 '화후' 역시 자연의
묘용이어서 사람의 기운으로써 이에 상응하는 데는 각별한 주의와 정성이
요구된다.

화후 조절 등 제다 과정에서 정성을 다해야 하는 이유는 제57행 '(그) 가운
데 현미함이 있으나 묘해서 드러내기가 어렵다(中有玄微妙難顯).'는 말과 제
58행의 주석[402]에 나와 있다. 차의 현미함을 드러내는 일이 제다에서 결정되
는데, 이를 위해서는 솥의 불기운에 조심하고 때에 맞게 찻잎을 솥 안에 넣
고 꺼내기를 하여 잘 비벼서 다시 솥에 넣고 점점 불을 줄여 가면서 알맞게
불에 말린다. 그럼에도 불구하고 "그 가운데 현미함이 있으니 말로 나타내

---

401 『茶經』云 茶有九難 一曰造 二曰別 三曰器 四曰火 五曰水 六曰炙 七曰末 八曰煮 九曰
飮. 飛湍壅潦 非水也 …『萬寶全書』云 茶有眞香 有蘭香 有淸香 有純香. 表裏如一曰純
香 不生不熟曰淸香 火候均停曰蘭香 雨前神具曰眞香 此謂四香.

402 「만보전서」의 조차편에 이르기를 "새로 딴 잎은 쇤 것을 가려내서 버리고 뜨거운 솥에 말
린다. 솥이 매우 뜨거워질 때를 살펴서 차를 넣기 시작하면 빨리 덖어야 하며 불길을 늦춰
서는 안 된다. 차가 익기를 기다렸다가 바야흐로 불을 물리고 체 속에 거두어 넣고 가벼운
덩어리를 몇 번 비빈 후에 다시 솥에 넣고 점점 불을 줄여 알맞게 말린다. 그 가운데 현미
함이 있으나 말로 나타내기는 어렵다."고 하였다(造茶篇云 新採揀去老葉 熱鍋焙之 候鍋
極熱 始下茶急炒 火不可緩 待熱方退 撤入筵中 輕團挪數遍 復下鍋中 漸漸減火 焙乾爲度
中有玄微 難以言顯. 品泉云 茶者水之神 水者茶之體 非眞水 莫顯其神 非眞茶 莫竆其體).

기는 어렵다."고 했으니, 제다의 과정에서 정성을 다하는 일이 얼마나 막중하고 어려운 일인지 알 수 있다. "그 가운데 현미함이 있다."는 말은 제다에서의 성지(誠之)에 따라 차의 현미함(誠), 곧 차의 신령함인 진향(眞香)의 발현 정도가 결정된다는 의미이다.

경·성(敬·誠)을 요하는 다도의 그 다음 과정은 '물은 진수를 얻고 차를 우려냄에서 중을 얻는 일(水得其眞 泡得其中)'이다. '水得其眞'의 근거는 위 제49행의 주석에서 '茶有九難' 중의 '五曰水'와 '쏟아지듯 급하게 흐르는 물과 막혀서 고인 물은 물이 아니다(飛湍壅潦 非水也).'라는 문구 및 제57행의 주석에 나오는 '참된 물(眞水)이 아니면 차의 신령함이 나타나지 않는다(非眞水莫顯其神).'이다. 또 '泡得其中'의 근거는 제59행~제60행 '體神雖全猶恐過中正, 中正不過健靈倂' 및 '泡得其中' 바로 뒤에 이어지는 '體與神相和 健與靈相倂'이다.

여기에서 '泡得其中'의 '中'은 차를 우릴 때 물에 넣는 차의 분량이 적정해야 함을 말한다. 제59행의 주석에 '차의 많고 적음을 헤아려야 하며 중(中)을 지나쳐 정(正)을 잃어서는 안 된다(多寡宜酌 不可過中失正).'는 대목이 또한 그 근거이다. '중을 지나쳐 정을 잃는다(過中失正).'라는 말은 차의 분량이 과불급하여 차의 신(신령함)인 진향, 곧 다신을 잃는다는 의미이다.

그러므로 '水得其眞 泡得其中 體與神相和 健與靈相倂'의 수양론적 의미 역시 中의 내용인 '健靈相倂'을 마련해 내기 위한 '得'에 함의된 경(敬)과 성(誠)으로 볼 수 있다. 진수를 감별하여 선택하는 노력과 능력, 차를 우릴 때 차의 향, 색, 맛의 바름(正)을 얻기 위하여 차의 적정량(中)을 정확히 가늠하는 일, 그리하여 물과 차가 조화를 이루어 차탕에 물의 건실함과 차의 신령함이 함께하도록 하는 일 또는 그러한 마음의 자세가 곧 경(敬)과 성(誠)이라고 할 수 있기 때문이다.

'採盡其妙 造盡其精 水得其眞 泡得其中'의 '其妙', '其精', '其眞', '其中'은 찻 잎을 따서 차를 만들고 물을 끓여 차를 내는 사람의 입장에서는 목적어에 해당한다. 이때 '其妙'는 찻잎을 따는 행위의 묘가 아니라 찻잎에 담긴 다신 (茶神)[403]의 신묘함을, '其精'은 제다를 하는 사람의 정성이 아니라 찻잎에 들 어 있는 다신으로서의 정기(精氣)를, '其眞'은 찻물을 구하는 사람의 목적성 을, '其中'은 찻잎에 들어 있는 신령한 정기를 발현해 내기 위해 찻물에 적 절한 양의 차를 넣어 우려낸 이상적인 상태를 각각 가리키는 것이라고 해 석된다.

따라서 '採盡其妙 造盡其精 水得其眞 泡得其中'은 '찻잎을 딸 때 찻잎의 신 령함을 보전하고, 제다에서는 찻잎에 담긴 그 정기를 다 담아내야 하고, 찻 물은 참된 물을 얻고, 차 우리기에서는 차의 적정량을 잘 가늠하여 넣어 차 의 신령함을 발현시켜 내도록 해야 한다'라고 해석된다. 여기에서 다도 주체 의 경건함과 정성스러움이 요구되는 실천인 진(盡)·진(盡)·득(得)·득(得)은 바로 경·성(敬·誠)의 문제로 귀결된다.

이러한 노력은 '채다'에서 생찻잎의 향과 생태를 성(誠)의 모습으로 지각하 는 데서 비롯되어 '포법'의 '中'의 상태에서 차탕에 최적으로 그 다신을 구현 해 내는 것으로 결실된다. 그렇다면 다도 수양이나 초의 다도의 목적이 여 기에서 끝나는가? 이는 최적의 다신이 구현된 차를 왜 마시느냐의 문제로

---

[403] 이 '신(神)'은 『동다송』 제56행 뒤 주석에 나오는 '遲則神散(찻잎 따는 시기가 너무 늦 으면 차의 신령함이 흐트러진다)'의 神과 제45행 뒤 주석에 나오는 '雨前神具日眞香 (곡우 전 신령함을 갖춘 것을 진향이라 한다)'의 神을 말하는 것으로서 '차의 신령함' 곧 차의 향기(香氣)에 들어 있는 신령스런 기운을 말한다.

다시 이어진다. 차를 향, 색, 맛으로써 완미 완상하는 것만이 목적이라면 포법에서 이미 목적은 이루어졌고 이제 그러한 차를 마시기만 하면 된다.

그러나 차의 향, 색, 맛을 '다신'으로 보는 수양다도의 견지에서는 '채다~포법'의 과정은 차탕에 다신을 구현해 내는 준비 과정이고, 여기에서 발현된 다신으로써 득도에 이르는 '음다의 경지'가 남아 있다. 그것은 다음에 논할 '독철왈신(獨啜曰神)'이다. 이렇게 보면 『동다송』의 수양론적 다도정신은 경(敬)·성(誠)이라고 할 수 있는데, 성리학 수양론에서 경(敬)은 우주의 원리이자 인간의 자질인 성(誠)을 터득하기 위한 마음자세이므로 『동다송』의 알짜 다도정신은 성리학의 이념인 성(誠)으로 간추려진다.

지금까지 『동다송』의 다도 규정인 '채다~포법'의 과정에서 일관되게 흐르는 경(敬)·성(誠)의 함의를 살펴보았다. 이처럼 '채다'의 단계에서부터 다도의 수양론적 의미를 추출해 낼 수 있도록 되어 있는 경우는 여느 다서나 다도사상에서도 보이지 않는다. 물론 제55행 '吸盡瀼瀼淸夜露(송송 맑은 밤이슬을 죄다 빨아들인 잎에)' 및 56행 '三昧手中上奇芬(삼매 솜씨 거치니 기이한 향 올라온다)'의 뒤에 다른 다서를 인용한 주석을 붙여 먼저 '채다'의 중요성과 주의점을 말했고, '제다'에 관해서는 앞서 『다신전』 「다위(茶衛)」 항에서 '조시정(造時精)'을 언급한 바 있으며, 포법(泡法)에서 '중'을 언급한 것도 『다신전』에 이미 나와 있는 내용들이다.

『동다송』 다도의 의의는 초의가 그러한 전술(前述)을 정리하고 의미를 확장시켜 그것을 '채다~포법'의 과정에 포장하여 담음으로써 거기에 담지된 '성(誠)'·'경(敬)' 및 '신(神)'의 의미를 후대로 하여금 '수양다도'의 다도정신으로 해석할 수 있는 여지를 마련해 두었다는 데에 있다.

4) '독철왈신(獨啜曰神)'과 '신(神)'

'獨啜曰神'이라는 말은『다신전』에도 나오는 것으로 보아『다신전』의 원전인 중국의『만보전서』와 그것의 원전인『다록』에 있는 것을 초의가『동다송』에 그대로 옮겨 놓은 것이라 하겠다. '다신(茶神)전'이라는 책 이름에 들어 있는 '神'도 '獨啜曰神'의 '神'과 동일한 맥락의 의미이다. 초의는 이 음다법이 시사하는 정신성, 즉 수양론적 함의를『동다송』의 다도[404]에 직결시키지는 않았다.

그러나『동다송』의 다도를 '채다~포법'까지의 '과정' 및 '음다의 경지'로 이루어진 '전일다도'로 파악할 경우에는 '음다의 경지'인 이 대목이 다도의 종결에 해당된다. '채다~포법'까지의 '과정'이 경건(敬)과 성실(誠)의 자세로 임하는 실천적 수양의 과정이라고 한다면 '독철왈신'의 경지는 앞에서 실천을 통해 체득(體得)한 성(誠)을 끽다 명상을 통해 존재론적인 성(誠)으로 존양, 체인하는 단계라 할 수 있다.

초의는 제67행과 제68행에서 '白雲明月爲二客 道人座上此爲勝'이라고 하여 구름과 달이라는 자연을 객으로 의인화하고, 도인과 이객(二客)이 마시는 찻자리여서 훌륭하다(勝)고 했다. 그러나 이 경우는 사실 자연을 벗하여 '나 홀로' 마시는 '독철왈신'의 '신(神)'의 경지이다. 이 신(神)의 경지에 있는 사람

---

404 評曰 采盡其妙 造盡其精 水得其眞 泡得其中 體與神相和 健與靈相幷 至此而茶道盡矣 : 평하여 말하자면, 차를 딸 때에는 묘함을 다해야 하고 차를 만들 때는 정성을 다해야 한다는 것이다. 물은 진수여야 하고 달이기는 중을 얻어야 한다. 그렇게 하면 체(體)와 신(神)이 조화되고 건(健)과 영(靈)이 함께 어우러진다. 여기에 이르면 다도(茶道)를 다했다 할 수 있을 것이다.

을 도인(道人)이라고 표현한 것은 '신(神)의 경지'를 '도(道)의 경지'로 봤다는 의미이다. 초의는 애초에 차의 '神'을 강조하는 뜻을 『동다송』 50행 및 51행[405]에 적었다.

최영성은 초의의 다도철학에서 중요 개념을 '신기(神氣)'로 보고, 이는 다도를 신기와 관련시켜 논의를 펼친 『다록』의 영향이라고 주장한다. 그는 "『다록』에는 '신(神)'자가 유독 많이 등장한다. 또 중요시하는 정도가 크다. 찻잎을 가리키는 것으로서의 '다신(茶神)'이란 말이 나오는가 하면, 차가 지닌 신령한 기운으로서의 '다신'이란 말도 나온다. 또 '신기'를 줄여서 '신'이라 하기도 한다. 초의가 『다록』을 베껴 쓴 뒤 '다신전'으로 이름을 고친 이유를 짐작할 만하다."[406]고 말한다.

수양론의 견지에서 볼 때 '독철왈신'의 '신'은 홀로 차를 마실 때 차의 청신한 기운에 의해 온갖 잡념, 사념, 번뇌가 사라져서 우주 자연 합일의 소통력을 갖는 정신 상태에 이른 경지를 말한다. 기론(氣論)에서 氣는 수양이나 수행 등 단련에 의한 기화(氣化)의 정도에 따라 '精 → 氣 → 神'의 층위로 고도화된다. 여기서 精과 氣는 물질 차원이고 神은 신통력(神通力)을 갖는 정신 차원이다. 따라서 '獨啜曰神'은 둘 이상이 마시는 '훌륭함(二曰勝)'이나 '아취(趣)'를 즐기는 완상(玩賞) 차원의 음다와는 다르므로 수양다도의 범주에 넣어야 한다. 여기에서 신(神)의 의미를 고전에 나오는 언급들을 중심으로 수양론적 관점에서 더 살펴보겠다.

---

405 聰明四達無滯壅 矧爾靈根托神山. 총명함이 사방에 통달하여 막힌 곳이 없다. 하물며 너(차)의 신령스런 뿌리는 神山(지리산)에 의탁하였네.

406 최영성, 『사상으로 읽는 전통문화』, 444쪽.

『중용』제16장 제3절에 '시경에 가로되 신(神)의 다다름(格)을 가히 헤아리지 못하는데, 하물며 감히 싫어할 수 있겠는가? 대저 은미한 것이 나타나니, 성(誠)을 가히 가리지 못함이 이와 같도다(詩曰 神之格思 不可度思 矧可射思 夫微之顯 誠之不可揜 如此夫).'라 하고, 주자(朱子) 주(註)에 '성(誠)은 진실하고 망령됨이 없음을 이른다. 음양의 합하고 흩어짐이 진실 아님이 없다. 그러므로 나타나 보임을 가릴 수 없음이 이와 같은 것이다(誠者 眞實無妄之謂. 陰陽合算 無非實者 故其發見之不可揜如此).'라 했다. 여기에서 '부미지현 성지불가엄 여차부(夫微之顯 誠之不可揜 如此夫)'는 '진실무망의 성(誠)은 신의 이름처럼 가리어 덮을 수는 없다'는 뜻이다. 곧 '미지현(微之顯)'을 강조하여 "초감각적인 신(神)도 정성을 다하면 임격(臨格)하리라"는 뜻이 된다.[407]

주자의 주와 남동원의 해석을 참고하여 "神之格思 不可度思 矧可射思 夫微之顯 誠之不可揜 如此夫"를 재해석하면 "성(誠)의 진실무망함은 음양의 합하고 흩어짐의 진실무망함과 같다. 음양의 합하고 흩어짐(조화)은 신(神)이다. 고로 성(誠)은 곧 신(神)과 같다. 음양의 조화인 신(神)은 늘 우리와 함께 있기에 언제 이른다고 헤아릴 수 없다. (신의) 진실무망함은 이렇게 미묘하게 나타나 보임을 가릴 수 없으니, 진실무망함인 성(誠)을 가릴 수 없음도 그와 같다."가 된다.

『중용』제24장도 성(誠)의 신령스런 성격 및 신(神)과의 관계를 말하고 있다.

지극한 성(誠)의 도(道)는 가히 앞일을 알 수 있으니, 국가가 장차 흥함에 반드시 상서로움이 있으며, 국가가 장차 망함에 반드시 요망함과 재앙이 있어서 시초

---

407 남동원, 『주역해의 Ⅲ』, 나남출판, 2005, 106쪽.

점과 거북점에 나타나며, 사지에 움직이니라. 화와 복이 장차 이름에 선함을 반드시 먼저 알며, 선하지 못함을 반드시 먼저 알지니, 그러므로 지극한 정성은 신과 같으니라.[408]

즉, 성(誠)의 지극함(至誠)은 미래를 훤히 아는 신통력(神)과 같다는 뜻이다. 이 두 장(제16장, 제24장)에서는 성(誠)과 신(神)이 같거나 성(誠)에 의해서 신(神)에 이르게 될 수 있음을 설명하고 있다. 이런 관계는 『주역』 「계사전(繫辭傳)」 제4장 '정기가 모이면 물건이 되고 혼이 놀면 변화가 되니 여기에서 귀신의 정상을 알 수 있다'[409]의 의미에서도 알 수 있다. 곧 정과 기가 모여서 물건이 되고 혼이 놀아서 변화가 되는 실질은 곧 지극한 정성(至誠)으로 발현되어 나오는 신명한 기운에 의한 것이다.

『주역』 「계사전」과 『중용』에 나오는 이런 구절은 성(誠)이 극진하게 되면 신명한 기운(氣運, 즉 神氣)이 발현되어 나올 수 있다는 뜻으로, 모두 우주 자연의 성(誠)과 신(神)의 현상 및 그 둘의 관계에 대해 설명하고 있다. 성(誠)은 기론에 따르자면 기(氣)가 이상적으로 운행되는 모습이다. 신은 기가 고도화되어 발휘된다. 여기에서 지성(至誠)은 기의 고도화이고, 위에서 말한 '지극한 정성으로 발현되어 나오는 신명한 기운'은 기가 고도화되어 발휘하는 것임을 알 수 있다.

'독철왈신(獨啜曰神)'에서 '신(神)'은 홀로 차를 마셔서 이르게 되는 징신석

---

408 至誠之道 可以前知 國家將興 必有禎祥 國家將亡 必有妖孽 見乎蓍龜 東乎四體 禍福將至 善必先知之 不善必善知之 故至誠如神.

409 精氣爲物 遊魂爲變 是故知鬼神之情狀.

경지이다. '독철왈신'의 '신'은 발원이 차를 마시는 개인이다. 이 '신'은 개인
에서 시발하여 우주와 연계를 맺는 어떤 기운이나 정신적 상태일 것이므로,
이 '신'의 문제는 '우주와 인간' 또는 소우주인 몸과 대우주인 자연과의 관계
에 관한 문제이다. 따라서 이제는 인간 또는 인간의 몸과 관련되는 '신(神)'은
어떤 의미인지 살펴볼 필요가 있겠다.

　수양다도의 주제가 될 수 있는 '신(神)'에 관한 논의는 이미 춘추전국시대
에 기론(氣論)의 토대가 된 『관자』에 자주 나온다. 『관자』 4편의 기론(氣論)은
수양에 있어서 기의 역할 및 기와 신의 관계, 신의 기능을 명료하게 밝혀 주
고 있다. 『관자』 4편에서 언급되는 신(神)은 모두 인간의 마음이나 수양과 관
련되는 것이어서, 앞서 살펴본 『주역』 및 『중용』에서 우주적 에너지로서의
신과 함께 그 내용이 『동다송』에서의 '독철왈신'의 신에 비유될 수 있다. 『관
자』 4편의 기론 중 여기에서는 '독철왈신'과 관련되는 부분을 다시 발췌하여
'독철왈신'의 신의 해석에 응용해 보고자 한다. 또 『관자』 4편에서 토대를 얻
은 기론(氣論)은 『장자』에 와서 각종 우화의 형식을 빌려 구체화된다. 특히
『장자』 「양생주」편에 나오는 '포정해우(庖丁解牛)'의 고사는 '신(神)의 경지'를
절실하게 보여 주고 있어서 『동다송』의 '독철왈신'의 '신'을 해석해는 텍스트
가 될 만하다.

　먼저 『관자』 4편 중 「심술상」에 나오는 '신(神)' 관련 문구를 보자.

　도는 멀리 있지 않지만 도달하기 어렵고, 사람과 함께 머물러 있지만 터득하기
어렵다. 그 욕심을 비우면 신(神)이 들어와 자리하고, 깨끗하지 못한 마음을 말끔

히 씻으면 신이 머문다. … 허무와 무형을 도라 한다(「심술 상」).⁴¹⁰

윗글은 도(道)와 신(神)의 관계 및 수양에 대해 말하고 있다. 마음이 비워진 자리에는 청신(淸新)한 기(氣)가 들어와 자리한다. 그것이 신(神)이다. 마음의 허명(虛明)한 자리에 신이 들어선 상태를 도(道)라 한다. '독철왈신'은 홀로 차를 마셔서 마음의 허명한 자리에 다신(茶神)이 들어서서 도를 이룬 상태다. 이러한 신의 경지에 이르는 과정이 수양이다. '독철왈신'에서 수양은 차를 마셔서 마음을 비우는 일이고, 차를 마심으로써 마음이 비워지면 그 자리에 차의 신령한 기운(茶神)이 들어선다. 그리하여 음다 명상의 결과 도달한 도(道)의 상태가 신(神)인 것이다.

「심술 하」에는 이런 말이 나온다.

뜻이 전일하고, 마음이 한결같고, 눈과 귀가 바르면 멀리 떨어진 증험을 안다. 전일할 수 있는가? 집중할 수 있는가? … 그러므로 "깊이 생각하라. 깊이 생각해도 터득하지 못하면 귀신이 가르쳐 준다."고 한다. 이는 귀신의 힘이 아니라 그 정기가 지극해진 탓이다. … (「심술 하」)⁴¹¹

마음을 비워 허·정·일(虛·靜·一)의 상태가 되면 정기가 들어서 지극해져서 신통력을 발휘하게 된다. 이때 마음에 들어선 기는 기의 전일성 측면에

---

410 道, 不遠而難極也. 與人並處而難得也. 虛其欲, 神將入舍, 掃除不潔, 神乃留處. … 虛無無形謂之道. (「心術上」).

411 專於意, 一於心, 耳目端, 知遠之證. 能專乎? 能一乎? … 故曰 思之, 思之不得, 鬼神敎之. 非鬼神之力也, 其精氣之極也. 一氣能變曰精(「心術下」).

서 보면 앞서 『주역』과 『중용』에서 말한 우주적 신(神)의 연장이라고 할 수 있다. 이를 다도 수양에 한정하여 말하면, 마음을 정화하여 그 자리를 채우고 몸과 마음을 전일하게 하는 것은 우주의 정기로서 마음에 들어서 다신(茶神)이다. 이는 마음을 우주와 감응하게 하는 신통력을 발휘한다. 이로써 소우주인 나와 대우주가 연결된다. 그러므로 '독철왈신'의 '신의 경지'는 우주와 감응하는 득도의 경지이다. 「내업」에는 신과 득도 및 수양에 관한 언급이 한층 상세히 나온다.

형체를 바르게 하고 덕을 정돈하며, 하늘의 어짊과 땅의 의로움을 본받으면 저절로 신명의 경지에 이르러 만물을 밝게 안다. 마음을 지켜 잘못되지 않도록 하면, 사물에 의하여 보고 듣는 감각 기관이 어지럽혀지지 않고, 감각 기관에 의하여 마음을 어지럽히지 않으면, 이를 마음을 깨우친 것[412]이라고 한다.[413]

위 문구에서 알 수 있는 것은, 정제엄숙(整齊嚴肅)하여 경건한 마음으로 천지의 덕을 본받으면 저절로 신명의 경지에 이르게 된다는 것이다. 즉, 신의 경지에 이르는 데 있어서 경(敬)과 성(誠)의 자세를 요구하고 있는 것이다. 마음을 지켜 잘못되지 않도록 한다는 것은 감각기관에 의한 분별지를 없애라는 말이다. 차를 마시면 다신이 마음을 정화하여 비우고 그 자리에 들어서 마음을 우주의 기운과 감응토록 하여 만물을 밝게 알 수 있게 한다. '독철

---

412 중득(中得)은 마음에 실제로 얻은 바가 있는 것으로 득도(得道)한 상태를 말한다.
413 正形攝德, 天仁地義, 則淫然而自至神明之極, 照乎知萬物. 中守不忒, 不以物亂官, 不以官亂心, 是謂中得.

'왈신'의 신은 이러한 득도의 경지이다.

'독철왈신'의 신은 『장자』의 이야기들을 통해서도 이해할 수 있다. 『莊子』「人間世」편 공자와 안회(顔回)의 문답에서 '심재(心齋)'는 감각이나 인식을 단절시켜 마음을 허(虛)하게 하는 것이다. 그런 경지는 또한 텅 빈 방(虛室)에 햇빛이 비쳐 환히 밝아지는 것과 같다. 빈방이 밝아지는 것은 그 허(虛)를 채운 기(神)가 신통력(神通力)을 발휘하는 공효(功效)이다. 여기에서 '허실생백'은 '마음 비움'과 기의 역할에 대한 수양론적 함의를 상징하는 말로서 '독철왈신'의 '신'과 의미가 상통한다.

『장자』「양생주」편 '포정해우(庖丁解牛)'에서 포정의 말은 신(神)의 의미를 직설로 설명해 준다. 그 가운데 "요즘 저는 신(神)으로 소를 대하고 눈으로 보지는 않습니다. 눈의 작용이 멈추니 신의 자연스런 작용만 남습니다."라는 대목은 감각기관을 비롯한 온몸을 기화(氣化)했을 때 발현되는 신의 작용을 설명하는 것이다. 포정은 신(神)으로 대상을 대하는 것이 천리(天理)에 따르는 것이며, 그것이 바로 도(道)라고 말하고 있다.

'포정해우'는 양생(養生)의 비결이 자연과 합일하는 것임을 알려 주는 이야기이지만, 다도수양의 견지에서는 거기에 나오는 '도(道)'와 '신(神)'의 수양론적 함의에 주의를 기울여 볼 만하다. 포정이 소를 신(神)으로써 대하는 것은 『莊子』「人間世」편에서 공자가 기(氣)로써 들으라고 한 것과 뜻이 같다. 이는 몸과 감각기관의 기화(氣化)를 통해 대상의 기와 공명함으로써 주객일체가 되라는 의미이나. 포정은 신(神)으로써 소와 공명한다. 신은 기가 발휘하는 신묘한 작용이다. 포정이 달마다 칼을 바꾸다가 1년 만에 칼을 바꾸는 단계를 거쳐 19년이나 되었어도 칼을 바꾸지 않는 득도의 경지에 이르기까지의 과정이 마음을 비우고 고요하게 하고 전일하게 하여(虛·靜·一) 기를 고도화하는 수양이다.

'독철왈신'의 신이 포정의 신과 같은 수준이라면 그것 역시 수양의 과정을 거쳐서 도달한 것이어야 한다. 그 과정은 일차적으로『동다송』다도의 '채다 ~포다'의 '과정'이고, 이어서 최종적으로 신에 이르는 '독철'이라는 끽다명상 과정이다. 이렇게 볼 때『동다송』에 표출된 초의의 다도는 초의가 다도의 범위로 규정한 '채다~포다'의 '과정'과 초의가 다도 외적인 '음다지법'으로 말한 '음다의 경지' 즉 '독철왈신'이 하나의 구조로서 전일성을 확보할 때 수양다도(修養茶道)로서 완결된다고 할 수 있겠다. 그리고 이 '독철왈신(獨啜曰神)'을 정신 수양의 차원에서 더 깊고 상세히 설명한 것이 한재 이목이『다부』에서 말한 '오심지차(吾心之茶)'의 개념이다. 그리하여 초의의 '과정'의 다도와 한재의 '경지'의 다도가 합하여 완벽한 '한국수양다도'가 완성되는 것이다.

초의는 신(神)의 경지가 될 만한 광경은 제61~62행에 이미 밝혀 놓았다. 제61행 '一傾玉花風生腋(한 번 옥화 기울이자 겨드랑이 바람 일고)'과 제62행 '身輕已涉上淸境(어느새 몸 가벼워 상청경을 노니누나)'이 그것이다. 여기에서 상청경(上淸境)은 도가 수양론에서 선인(仙人)들이 머무는 곳이다. 이 경우뿐만 아니라 노동의 「칠완다가」나 한재의 「칠완다가」에도 끽다(喫茶)의 절정 무렵에 신선이 머무는 '봉래산'이 나온다. 이는 다도수양론이 차의 수양론적 특성인 차의 기(香氣, 氣色, 氣味)를 수양의 기제로 삼는 데서 도가 수양론의 양상을 빌리게 되었음을 말해 준다.

이때 기(氣)이면서 한층 고도화된 정신적 차원의 기로서 발현되는 신(神)은 차에서 '다신(茶神)'으로 상징됨을 주목할 필요가 있다.『다신전』과『다록』의 「香」 항목에 네 가지 차향을 설명하는 말 가운데 '곡우 전 신을 고루 갖춘 것을 진향이라 한다(雨前神俱曰眞香)'라는 구절이 나온다. 이 말은 곧 다신(茶神)

은 차향(眞香)에 갖추어져 있다는 뜻이자, 차향은 다신이라는 말이 된다. 그러고 보면 초의가 『만보전서』에 실린 『다록』의 내용을 옮겨 적어서 만든 책의 이름을 『다신전』이라고 한 것은 차향에 들어 있는 차의 신령스런 기운을 중시한 것이라고 볼 수 있다. 이러한 사실은 『다록』과 『다신전』에 나와 있는 '다도'의 규정에서도 확인할 수 있다. 『다록』과 『다신전』의 다도란 곧 차향을 잘 보전하여 발현해 내기 위한 노력을 말한 것이다.

『다신전』 「湯用老嫩」에 '이에 차탕은 모름지기 순숙이라야 본래의 차의 신이 비로소 일어난다(此湯須純熟 元神始發也).'라는 문구가 있다. 이 문구 뒤에 '차의 세 가지 특성이 모인다(茶奏三奇).'라는 말이 이어지는 것으로 보아 여기에서 다신은 차의 3요소인 색, 향, 맛을 가리키는 것으로 보인다. 또 '포법(泡法)' 말미에서는 '차를 걸러냄이 빠르면 신이 발생하지 않고 마시기를 지체하면 오묘한 향이 사라진다(早則茶神未發 遲則妙馥先消).'라고 하였다. 다신과 묘복을 대비시켰으니 여기에서는 다신(茶神)을 차향(茶香)으로 본 것이다.

『동다송』 제45행에서는 '又有九難四香玄妙用(또한 차에는 아홉 가지 어려움이 있어서 네 가지 향기가 매우 묘하게 작용하네)'라고 하여, 차의 네 가지 향기가 찻일의 아홉 가지 어려움의 여하에 따라 현묘하게 발현됨을 말하고 있다. 즉, 찻일의 모든 어려움은 차향을 잘 보전해 내기 위한 관건이라는 의미이다. 이 맥락은 제47~48행에 이어져서 '九難不犯四香全 至味可獻九重供(구난을 어기지 않아서 네 가지 향기가 보전되어 최고의 맛있는 차는 구중궁궐에 드려진나)'이라고 했다.

『동다송』 제51행~56행은 제51행의 '신령스런 차의 뿌리' 및 '신산(神山)'의 이미지를 제56행의 '삼매 솜씨에 의해 올라오는 기이한 향기'와 연결시켜서 차향이 곧 신(神)임을 다시 한 번 강조하였다.

51. 신령스런 네 뿌리를 신산에 의탁하니(矧爾靈根托神山) / 52. 신선 풍모 옥 같은 뼈 저절로 별종일세(仙風玉骨自另種) / 53. 초록 싹과 자줏빛 순 구름 뿌리 뚫고 나니(綠芽紫筍穿雲根) / 54. 되놈 신발 물소 가슴 주름진 물결무늬(胡靴犎臆皺水紋) / 55. 송송 맑은 밤이슬을 죄다 빨아들인 잎에(吸盡瀼瀼淸夜露) / 56. 삼 매 솜씨 거치니 기이한 향 올라온다(三昧手中上奇芬)

그리하여 지금까지 강조된 차향의 정체와 기능을 제57행~60행에서는 '다 도'로써 해석한다. 먼저 제57행과 제58행에서 차향의 현미함을 말하고, 제 59행과 제60행에서는 차향 발현의 중요성을 '중정'으로 제시하여 강조하고 있다. 또 제61행~68행에서는 향이 잘 발현된 차탕을 홀로 마셔서 차향의 기운을 통해 '흰 구름과 밝은 달'로 상징되는 우주 자연과 합일되는 경지를 묘사하고 있다.

여기에서 '자연합일'이란 다도 수양을 통해 얻는 체득(體得)으로서, 유가의 수양론으로 해석하자면 공자의 자각 내용인 현실의 도덕적 가치로서의 인 (仁)이요, 성리학적 시각으로는 천(天)의 본연이자 나의 본성인 성(誠)의 동 질성에 대한 인식이다. 또 불가적 수행론 및 현대 체계이론의 원리로써 말 하자면 연기(緣起)의 원리, 즉 공(空) 및 '상호의존성'에 대한 깨달음이고, 도 가적 수양론으로 해석하자면 기(氣)의 작용에 의한 우주와의 공명·감응 즉 '득도'이다. 이 모두의 속성은 결국 동일한 하나인 것으로 감지된다.

다만 유가 사상은 우주 자연의 모습을 인간의 윤리 도덕의 지침으로, 불 가 사상과 현대의 체계이론은 우주 자연의 모습을 '상호의존 관계'의 존재론 으로, 도가 사상은 상호의존적인 우주 자연의 존재방식과 운영의 기제를 기 (氣)에 초점을 맞춰 탐색해 냈다는 시각의 차이가 있을 뿐이다.

5) 초의의 불가다도 정신 '묘원무착바라밀(妙原無着波羅蜜)'

『동다송』 저작이 유가 지배층인 홍현주의 요청에 의한 것이었음은 앞에서 살펴본 바 있다. 당시 초의와 홍현주의 신분 관계나 숭유억불이라는 엄혹한 사회 분위기상 초의가 비록 불가의 고명한 선승이었더라도『동다송』에서 불가적 세계관이나 다도정신을 표출하기는 힘들었을 것이다. 초의가『동다송』을 지으면서 홍현주에게 보낸 아래 편지글을 보면 그런 사정이 여실히 드러나 있다.

산에 사는 초의 아무개는 삼가 해거도인이 앉으신 은궤(隱机) 앞에 두 번 절하고 글을 올립니다. 우러러 귀하신 체후 만안하신지 문안합니다. 돌이켜 보면 지난 신묘년(1831)에 청량사의 송헌(松軒)에서 가까이 모신 기회를 얻었던 일이 떠오릅니다. … 근자에 북산도인의 말씀에, 다도(茶道)에 대해 물으시는 분부 받들었다 하옵기에, 마침 옛사람들이 전해 준 뜻에 따라 삼가 「동다행(東茶行)」한 편을 지어 올립니다. 말이 분명하지 않은 곳에는 본문을 베껴 보여 물음 내리신 뜻에 대답합니다. 장황한 말로 어지럽고 번거롭게 하여 듣고 싶어 하시는 바에 욕되어 드리지 않나 주군 모시는 신하처럼 조심스럽습니다. 혹 남겨 둘 만한 구절이 있다면 꼭 한 차례 짚어 주시는 노고를 아끼지 마십시오.[414]

---

414 류건집,『東茶頌 註解』, 이른아침, 2009, 352~355쪽: 草衣山人某, 謹再拜上書于海居道人隱机座前. 仰問尊候萬安. 憶昔辛卯, 獲奉巾拂於淸凉松軒, … 近有北山道人承敎, 垂問茶道. 遂依古人所傳之意, 謹述東茶行一篇以進獻. 語之未暢處, 抄列本文而現之, 以對下問之意. 自伵陳齺觸亂煩, 冒瀆鈞聽, 極切主臣. 如或有句可存者, 無惜一下金箆之勞.

이러한 연유에서도『동다송』의 다도정신이 유가(성리학)의 최고 이념인 誠이라는 사실은 자연스런 귀결이다. 그렇다면 선승 초의가『동다송』을 쓸 때 혀를 억누르면서 말하지 못한 불가적 다도정신은 무엇일까? 답은 초의의 시「奉和山泉道人謝茶之作」에 담겨 있다.

古來賢聖俱愛茶(예로부터 성현은 모두 차를 아꼈나니) / 茶如君子性無邪(차는 마치 군자 같아 성품에 삿됨 없네) / 人間艸茶差嘗盡(세상의 풀잎 차를 대충 맛을 다 보고서) / 遠入雪嶺探露芽(멀리 설령에 들어가서 노아차를 따왔다네) / 法製從他受題品(법제에 따라 등급이 정해져서) / 玉壜盛裏十樣錦(옥그릇에 갖은 비단 감싸서 담았다네) / 水尋黃河▨上源(황하의 맨 위 근원 그 물을 찾고 보니) / 具含八德美更甚(여덟 덕을 두루 갖춰 더욱더 훌륭하네) / 深汲輕軟一試來(부드럽고 가벼운 그 물 길어 한번 맛보니) / 眞精適和體神開(참된 정기 마침 맞아 체와 신이 열리누나) / 麤穢除盡精氣入(나쁜 기운 사라지고 精氣가 들어오니) / 大道得成何遠哉(큰 도를 얻어 이룸 어이 멀다 하리오) / 持歸靈山獻諸佛(영산으로 가져와서 부처님께 올리고) / 煎點更細考梵律(끓이면서 다시금 梵律을 헤아려 본다) / 閼伽眞體窮妙源(차의 진체는 묘원에 닿아 있고) / 妙源無着波羅蜜(묘원은 곧 무착 바라밀(피안)이라오)(집착 없는 수행으로 닿는다네) / 嗟我生後三千年(아아! 나는 삼천 년이 지난 후에 태어나) / 音渺渺隔先天(물결 소리 아득해라 선천(先天)과 막혔구나) / 妙源欲問無所得(묘한 근원 묻자 해도 물을 곳이 없어) / 長恨不生泥洹前(부처님 열반 전에 나지 못함 한탄했지) / 從來未能洗茶愛(이제껏 차 사랑을 능히 씻지 못하여서) / 持歸東土笑自隘(우리 땅에 가져오니 스스로 편벽됨을 웃는다오) / 錦纏玉壜解斜封(비단으로 싼 옥병을 풀고 봉지를 뜯어) / 先向知己修檀稅(먼저 지기(知己)를 향하여 시주한다오).

이 시는 1850년 추사의 동생 산천 김명희가 초의의 차를 받고 감사하는 시(『사차(謝茶)』)에 초의가 답한 시로서, '제2의 다송(茶頌)'이라 일컬어질 정도로 초의의 차지식 및 차정신을 잘 담고 있다. 초의가 『다신전』을 쓴 지 20년, 『동다송』을 쓴 지 13년 뒤에 쓴 것이어서 그동안 무르익은 초의의 차지식과 다도관이 담겨 있다고 볼 수 있다. 글을 보내는 상대와의 관계도 앞의 홍현주에게 보내는 서신에서와 같은 '주군 모시는 신하'격의 관계가 아니라 동갑내기 친구인 추사의 동생임에랴.

이 시의 핵심 구절이면서 초의의 불가 수행다도 정신이 드러나는 곳은 "차의 진체는 신묘한 근원에 닿아 있고(關伽眞體窮妙源) / 신묘한 근원은 집착 없는 바라밀일세(妙源無着波羅蜜)."이다. 모름지기 유가적 수양다도의 정신이란 다도수양을 통해 구현하고자 하는 유가의 최고 이념이어야 하고, 불가적 수행다도의 정신이란 수행을 통해 얻는 불가적 깨달음의 내용이어야 한다. 그런 맥락에서도 앞에서 말한 『동다송』의 수양다도 정신은 '성(誠)'이어야 한다. 또 그런 의미에서 불가 수행다도의 정신은 '견성(見性)'과 같은 것이어야 한다.

이런 맥락에서 '關伽眞體窮妙源 / 妙源無着波羅蜜'은 바로 불가다도 정신을 말해 준다. 특히 '차의 진정한 모습(眞體)이 신(神)의 작동(妙)의 근원(妙源)에 닿아있다'는 말은 다도 수양의 목적성을 확연히 밝혀 준다. 범어(梵語)인 알가(關伽)는 '차'이면서 '시원' 또는 '본래의 마음'을 의미한다. '妙원은 집착 없는 본래의 마음(妙源無着波羅蜜)'이라는 말은 차가 그런 것이라는 의미이자, 그런 차를 마시는 음다 수행으로써 본래 마음(아뢰야식)을 깨달을 수 있다는 의미이다. 불가에서는 이 세계가 본래의 마음인 제8식(아뢰야식)이 그려내는 환상이라고 보고, 그 심층마음을 깨닫는 것을 수행의 목표로 삼는다. 또 기론으로 볼 때 환상의 세계를 그려내는 심층마음의 활동성이 바로 신묘(神妙)이고 심층마음은 묘원(妙源)이다. 곧 '閼伽眞體窮妙源)/ 妙源無着波羅蜜'은 차(녹차)를 마셨을 때 다신(茶神)의 '신통묘용(神通妙用)' 작용으로 자의식이 없는 내(吾)가 본래의 마음과 합일하고 그것에 바탕하여 세계의 진상을 통찰하는 지혜를 갖게 된다는 의미이다.

"차의 진정한 모습은 묘원에 닿아 있고, 그 묘원은 집착 없는 수행으로 닿는 피안이다."에서 피안의 세계는 空이고 온갖 번뇌의 寂滅이고 진리 그 자체인 眞如이다. 이것을 유가적 세계관인 誠으로 해석할 때, 인드라망의 서로 얽혀진 모습의 성격은 한 치의 어긋남이 없는 지성(至誠)이라고 할 수 있다. 이 지점에서『동다송』의 유가적 수양다도 정신과 초의의 불가적 수행다도 정신은 誠과 空(無着波羅蜜)으로 상통한다.

혹자는 초의의 다도정신을 '다선삼매(茶禪三昧)' 또는 '선다(禪茶)'라고 말한다. 다도정신 구명(究明)에 있어서는 먼저 그 다도가 유·도·불 중 어느 사상 노선을 따르는 것인지를 판별하고, 그 노선이 좇는 이념을 다도정신으로 파악해야 한다. 예컨대 유가적 다도이면 그 다도정신은 유가(성리학)의 이념인 '誠', 도가적 다도이면 그 다도정신은 도가의 이념인 '虛' 또는 無爲自然, 불가적 다도이면 그 다도정신은 '空'과 같은 것이 될 것이다.

초의의 다도정신을 '茶禪三昧'라고 하는 이들은 초의가 선승임을 감안하여 송대 원오극근 선사가 말했다는 '茶禪一味'나 초의의 시에 나오는 '三昧手' 등의 단어를 끌어다 '다도정신'이라고 이름을 붙였을 것이다. 다선삼매라는 말은 차를 마시고 참선하면서 정신집중 상태에 있음을 설명하는 형용어이니 정신이나 사상 또는 이념을 의미하는 말은 아니다. 또 '禪茶'란 '선을 하면서 마시는 차'이니 그것이 어떻게 다도정신이 될 수 있는가?

6. 한국수양다도의 완성과 생활화

한국수양다도 완성의 필요성

한·중·일 3국은 개략적으로 동일한 동양 사상(儒·道·佛) 및 다도(茶道) 문화 권역(圈域)에 있으면서 각기 정서적 기능적으로 미묘한 차이를 드러내는 차문화를 형성해 왔다. 중국에서는 당대(唐代)에 육우(陸羽)가 『다경』을 저술하면서 벌써 '다도(茶道)'와 차에 의한 '득도(得道)' 개념이 발아했지만, 이후 다양한 차종류의 등장과 더불어 차가 기호품으로 전이(轉移)되면서 '다도'는 도가적 수양의 한 지엽적 양상으로서 소멸되다시피 했고 실기(實技) 위주 행다술(行茶術)인 '다예(茶藝)'가 개발되었다. 반면 일본은 당대의 중국 차문화를 받아들여서 이를 바탕으로 고유의 '일본다도(日本茶道)'를 창안하여 국민적 심성 수양책으로 삼아왔다. 한편 이 둘의 중간 지대에서 한국 차계는 행다의 기예도 아니고 수양법도 아닌, 형식에 치우친 국적 불명 정체 불명의 상품성 '다례(茶禮)'를 시연하거나 가르치고 있다.

그러나 한국엔 '일본다도' 창안 보다 앞선 시기인 조선 전기때부터 조선 후기에 이르기까지 중국이나 일본에 앞서는 수양론적 다도가 있었음을 앞 장에서 한재(寒齋)의 『다부』와 초의(草衣)의 『동다송』을 통해 알 수 있었다. 그럼에도 불구하고 한국의 '다도' 자리에 '다례'가 들어서 다도인 양 행세하게 된 탓은 한국 차계와 차학계에 있다고 할 수 있다. 그동안 한국 차계와 차학계는 '다도'다운 정체성의 한국 다도를 구현해 내거나 학문적 성과로 정리해 내지 못했다. '다도'다운 정체성의 다도란 '도(道)'라는 말이 지닌 본래의 수양론적 함의를 살려 내는 다도를 말한다. 한국 차계와 차학계는 다도는 수양론이라는 견지에서 동양 사상 수양론에 입각한 다도이론을 계발(啓發)하거나 산재한 기존의 다도 이론에서 수양론적 맥락을 간추려 내지 못했다. 그것은 동양 사상 수양론이 기론(氣論)을 바탕으로 하고, 한국에 기론에 근거한 수양다도로서 한재와 초의의 다도가 있다는 사실을 인식해 내지 못했기 때문이다.

한국의 선각자적 차인이자 도예가인 무초(無草) 최차란(崔且蘭, 1926~2018)은 '다례'와 '다도'의 구별 및 한국의 수양론적 '다도'(다도 교육) 정립 필요성에 대해 이렇게 말했다

흔히 다도는 다구를 갖추고 그 순서를 지켜서 천천히 그 맛을 음미하며 차를 마시는 예법쯤으로 여긴다. 그것은 다례이지 다도는 아니다. 우리나라에서는 예부터 다례가 발달했지만 다도라는 말은 사용하지 않았다. 다도는 일본 사람들이 붙인 말로, 다도라고는 하지만 일본의 다도 역시 단지 룰에 따라 차례를 지켜 행하는 다례일 뿐이었다. [415]

오늘날 세상에 질서가 없고 어지러운 것은 도가 없기 때문이라고 여긴 나는 다도의 실행에서 그 해결책을 찾을 수 있다고 생각했다. 다도 교육은 사람에게 우주의 원리를 일깨워 주는 역할을 한다. … 일본이 지금 세계적으로 강대국이 된

---

415 최차란, 『막사발에 목숨을 쏟아놓고』, 화산문화, 2008, 117쪽.

것은 바로 다도가 바탕이 된 데 있다고 생각한다. 그러나 일본도 쇠락할 것이라고 보는데, 이는 지금 일본인들은 다도를 하지 않기 때문이다. 그러므로 우리나라에 다도를 보급해 우리 민족이 세계로 발돋움하는 데 정신적인 밑바탕을 갖추어야 한다는 생각을 하게 되었다.[416]

이어서 그는 한국차인회 설립 배경 및 한국에서 '다도'가 '다례'로 하향 변질된 경위에 대해 아래와 같이 설명한다. 한국 차문화가 본말전도되어 오늘의 일그러진 모습이 된 데 대한 역사적 증언이자 한국 사회 부조리의 일단을 생생하게 고발하는 내용이어서 상세히 소개한다. 그는 40여 년 전에 이미 한국의 차계가 차의 본질을 외면하고 이기심(명예욕)으로 오염되기 시작했음을 지적하고 있다.

한번은 박동선 씨가 우리 집을 방문했다. 골동품 도자기에 차를 대접했는데, 그때 그가 차에 대해 관심을 가지고 있다는 사실을 기억해 내고 그를 만난 것이다. " 박 선생, 우리나라는 아주 오래전부터 차문화가 발달해 왔는데, 오늘날에 와서는 그 맥이 끊어졌습니다. 내가 일본에 가서 다도를 배웠는데, 그것이 거의 우리나라에 뿌리를 두고 있더군요. 우리나라는 예부터 동방예의지국이었는데, 지금은 예가 없어졌어요. 예를 되찾기 위해서는 다도를 해야 합니다. 함께 다도회를 설립해 다도를 보급하고 일상생활 속에서 사람들이 다도를 행함으로써 생활의 질서를 바로잡아 가게 하는 것이 어떨까요?" 가만히 듣고 있던 박동선 씨는 무언가 생각하더니 아무 말이 없었다. 몇 달 뒤, 박동선 씨가 전라도의 차밭을 사들

---

416 위의 책, 127쪽.

였다는 소식을 듣게 되었다. 그리고 1979년 1월 20일, 한국차인회가 발족되었다는 소식을 접하게 되었다. 박동선 씨는 고문을 맡았고, 회장에는 이덕봉 씨, 부회장에는 삼릉시멘트 회장 부인인 김미희 씨, 박종환 씨가 선정되었다. 박동선 씨는 나에게 경주 지회장을 맡으라고 하면서 차인회 일을 의논했다. 차인회를 설립했으나 다도에 대해 아는 사람이 아무도 없었기 때문이다.[417]

그러나 한국차인회는 오래 가지 않아 사분오열(四分五裂)의 기미가 보이기 시작했다. 사람들은 진정한 다도의 철학을 추구하지 않고 서로 자신의 명예만 추구하려고 한 것이다. 그러다 보니 차인회라는 이름의 단체가 우후죽순처럼 생겨났다. 어디서 차 한 잔 마셔 본 사람은 모두 다도인이 되었고, 각자 자신의 이름을 붙여 무슨무슨 다인회, 차인회라고 부르면서 혼돈과 착각 속에서 자신의 사상을 정립해 버리는 것이었다. …

한국차인회가 맥을 잡지 못하고 갈팡질팡하는 인상이 들자 나는 그것을 수습해 보고자 했다. 개인이 무슨무슨 다도라고 하기 보다는 '한국 다도'라고 하여 통일된 룰을 정하기를 바랐다. 그러던 어느 날, 차인회 간부 일을 맡고 있는 K씨가 나와 차인회 고문이던 박태영 씨, 그리고 당시 경주 기림사 주지인 무착 스님을 초대했다. 그 자리에서 K씨에게 말을 꺼냈다. "지금 다인회가 통일되지 못하고 여러 다도가 우후죽순처럼 생기고 있어요. 이를 통일해 '한국다도'라고 정립을 하는 게 어떻는교?" 당시 K씨는 M다도라는 것을 나름대로 정립했던 터였고, 우리를 저녁식사에 초대한 것은 자신의 다도를 인정받고 싶어서였다. "나는 새등이 다도라는 이름을 버릴테니 당신도 M다도를 버리고 한국 다도로 하는 게 우리나라의

---

417 위의 책, 127−129쪽.

다도 문화를 위해 바람직하다는 생각이니더." "나는 우리 다도의 이름을 절대로 버리지 못합니다." "그래요? 그럼 당신네 다도를 어디 한번 봅시다. 만일 그것이 도(道)에 마땅하면 그 이름을 넣어도 괜찮겠지요. 또 그렇다면 나도 따르겠어요." 그러나 K씨는 자기의 다도를 보여 주지 않으면서 끝내 이름은 버리지 못하겠다고 고집했다. "나는 그렇다면 이 저녁 식사를 할 필요가 없겠네예. 그만 가겠습니더. 그리고 다도를 공개하세요. 반드시 평론이 일어날 것이오."[418]

그는 특히 한국차인회의 파행 및 이를 바로잡기 위한 '한국 다도'의 정립 필요성에 대하여 이렇게 주장했다.

한국차인회 설립 이후 두 번째의 발표회가 있었다. 이때는 이미 차인연합회라는 이름 아래 여기저기 다인회가 우후죽순처럼 나타나 서로 다도라고 하는 게 제 눈에 안경 격이었다. 나는 박동선 씨에게, "이는 다도라고 하면 틀립니다. 다례라고 하시오."라고 이르면서 한국 다도를 정립할 필요가 있다고 했지만, 이미 다도는 중구난방이 되어 있었다. … 그 모든 것이 본질을 보지 못하고 현상에 집착하는 데서 나오는 일이었다. 이후 차인회는 점점 그 난맥상을 더해 갔다. 그러다 보니 잡차(雜茶)가 성행하게 된 것이다. 여기서 잡차라고 하는 것은 다도의 본질적인 의미를 젖혀 둔 채 형식에만 얽매이는 것을 두고 이른다. 도의 의미를 모르고는 다도를 논할 수 없는 것이다. 값비싼 다구 세트를 갖추고, 향과 맛을 음미하는 것이 마치 다도의 전부인 양 착각을 하고 있는 경우도 종종 있다. 하지만 형식은 본래 의미를 다 알고 나면 무의미한 것이다. 다도에 있어 룰을 지키는 것은 그 룰

418 위의 책, 130-133쪽.

을 지킴으로써 차의 중용을 배우고 우주의 원리를 깨닫는 것이 본질적인 것이지, 그것을 모를 때는 형식이라는 것은 아무 의미가 없는 일이다.[419]

　수양의 과정이 지극히 개인의 내성적(內省的)·창발적(創發的)·자력적인 노력이라는 점, 수양의 내용과 성취가 누구도 대신하거나 가시적으로 표현할 수 없는 개인 특유의 자각적 얻음이라는 사실에서 수양론으로서의 다도는 타자간 거래를 위한 상품이나 공연물이 될 수는 없다. 수양론 본연의 모습이어야 할 다도가 한국 차계에서 '다례'로 인식되거나 상품성 경향을 띠는 것으로 왜곡 변질돼 있다면 한국 차문화와 차산업의 앞날에 불행한 일이어서 한국 차인들 스스로의 깊은 성찰이 요구된다.

　최차란도 말했듯이 차는 다도(茶道)라는, 다른 음료가 갖지 못한 각별한 수양론적 문화 양상을 동반한다는 점에서 차별성과 경쟁력을 확보한다. 그러나 다례(茶禮)는, 굳이 의미를 부여하자면, 현실적 질서와 조화를 중시하는 입장의 성악설 기반 예치(禮治)적 의례(儀禮) 행위로서, '예(禮)'라는 외재적 규제 수단으로써 행위의 교정을 통해 심성을 교화하고자 하는 일종의 피동적 교육 방법이라고 할 수는 있으나, 선(善)한 품성(稟性))의 함양 및 발현(유가)이나 득도(得道)(도가) 또는 초월적 깨달음(불가)을 지향하는 내성적 수양은 아니다. 즉 다도는 주체적으로 내성적 심성 고양(高揚)을 추구한다는 점에서 다례와 다르다.

　오늘날 한국 차와 차문화, 차산업이 위기에 처해 있다면 한국 차가 갖는 월등한 경쟁력인 수양론적 다도 본연의 문화적 의미와 스토리텔링 원천을

───

419　위의 책, 133-134쪽.

살려 내지 못하고 있다는 데에 전적으로 기인한다. '차-차문화-차산업'이 공동 운명체임은 일본다도가 일본 국내 소비기반 확충의 디딤돌이 되고 나아가 일본 그린티를 글로벌 브랜드로 성장시킨 일에서 알 수 있다.

한국수양다도의 완성

이제 다도 본래의 기능인 수양론적 정체성의 한국다도를 확립하는 일이 한국 차, 차문화, 차산업을 되살릴 수 있다는 관점에서 한국다도를 '한국수양다도(韓國修養茶道)'[420]라 이름하고 한국수양다도의 완성과 생활화를 말해 보고자 한다. 한국수양다도의 완성은 그것의 생활화를 통해 한국 차문화와 차산업을 일으키는 원동력이 될 뿐만 아니라, 우리 주변에 프레임론이나 몰입이론 등 서양식 심리치유책들이 무성한 오늘날 원천적 국민 심성 수양의 현실적이고 효율적인 대안이 될 수 있다는 점에서 중요성과 의미가 크다고 할 수 있다.

한국수양다도의 완성이란 앞 Ⅰ·Ⅱ장에서 상술한 내용을 이론적 기반으로 하여 Ⅲ장에 있는 『동다송』과 『다부』의 '수양다도' 내용을 오늘의 환경에 맞게 간추려 합하는 것이다. 지금까지 이 책 첫 장의 '동양 사상 수양론' 고찰에서 결론부에 해당하는 '한국수양다도'론에 이르기까지 '수양론 → 차의 수양론적 특성 → 수양다도'라는 여정을 걸어왔다. 이 여정의 실제 종착지는 '한국수양다도'로서, 한재(寒齋) 이목(李穆)이 『다부(茶賦)』에서 말한 '오심지차

---

420 '일본다도'와 구별하고 다도의 심신 수양 기능을 강조하는 의미의 이름이다.

(吾心之茶)'라는 '경지(境地)의 다도'와 초의(草衣)가 『동다송(東茶頌)』에서 '다도 진의(茶道盡矣)'로 규정한 '채진기묘(採盡其妙) → 조진기정(造盡其精) → 수득 기진(水得其眞) → 포득기중(泡得其中)'[421]의 '과정(課程)의 다도'가 만나는 지점 이다.

'오심지차'는 『茶賦』에 표현됐듯이 차를 마셔서 이르게 된 '신동기입묘(神動 氣入妙)'의 도가적 득도의 경지[422]이다. 일본다도나 중국 다예 등 여느 나라의 차문화에서도 차를 마셔서 득도에 다다른 경지를 기론(氣論)에 입각하여 이 처럼 논리적으로 명쾌히 설명한 대목은 찾아보기 어렵다. 또 초의의 '採盡其 妙 → 造盡其精 → 水得其眞 → 泡得其中'은 한재의 '오심지차'의 경지가 가 능하도록 '차의 신묘한 기운이 상실되지 않게 진중히 찻잎을 따서, 제다 과정 에서도 차의 그런 정기가 보전되도록 정성껏 차를 만들고, 차의 정기를 차탕 에 구현해 낼 수 있는 좋은 물을 골라, 차의 양과 물의 양이 과부족하지 않도

---

421 『동다송』 제60행에 대한 주석으로 "찻잎을 딸 때 (찻잎이 품고 있는) 신묘함(정기)을 보전하는 데 정성을 다하고, 차를 만들 때(제다) 찻잎의 그 정기가 완제된 차에 잘 담 기도록 정성을 다하고, 찻물은 (차의 정기를 잘 구현시키는 데) 알맞은 물을 구해서, 차를 우릴 때는 차의 양과 물의 양을 서로 과부족 없이 적절히 하여(得其中), (차탕에 차향이 이상적으로 발현되게 하면 다도는 다 된 것이다)"라는 의미이다.

422 이를 추사가 초의에게 써 보낸 시구 '靜坐處茶半香初 妙用時水流花開'를 응용하여 유 가적 다도수양의 '경지'로 해석할 수 있다. '정좌 수양 자리에 차는 잔을 반 채우고 그 위에 차향이 가득한데(靜坐處茶半香初 : 감정 未發時), (이를 마셔서) 묘한 작용이 일 어나니(妙用時 : 未發→已發)(즉 한재가 『다부』에서 말한 神動氣入妙, 茶神인 차향이 내 심신의 氣를 자극하여 情을 순수 순연하게 발동시키니), 우주 자연이 조화롭고 진 실하게 운영, 전개되는 모습(水流花開)(이 느껴지누나)'로 해석된다. 여기에서 '오심 지차'의 유가적 경지에 해당되는 곳은 '묘용시수류화개'이다. 즉 "차를 마시니 내 마음 이 신묘한 상황으로 발동되어(妙用時) 우주 자연이 조화롭고 진실되게(誠) 펼쳐지는 원리(水流花開)가 터득된다."고 해석할 수 있다.

록 하여, 궁극적으로 차탕에 찻잎이 품고 있던 우주적 생명력으로서의 신묘한 정기가 이상적인 차의 향, 색, 맛으로 발현되도록' 정성을 다하라는, 기론(氣論)에 입각한 '성·경(誠·敬)'의 성리학적 수양 원리를 강조하는 내용이다.

『다신전』이 명대(明代) 장원(張原)의 『다록(茶錄)』을 원전으로 삼은 모사품인 것과 달리 『동다송』에서 초의의 '채진기묘~포득기중'의 다도는 초의가 직접 차나무를 길러서 찻잎을 따고 제다하여 그것을 우려내기까지, 생생한 현장 체험을 바탕으로 창안한 것이어서 여느 외국의 예를 찾을 수 없는 현장다도이자 실생활 수양다도이다. 예컨대 일본다도에서 채다에서부터 포다에 이르는 과정에 대한 언급이 없는 것은 센리큐 등 일본다도 건립자들이 방안 다례에만 몰두했지 차밭이나 제다 현장에서의 수양이나 격물치지 경험 및 기론(氣論)에 대한 형이상학적 이해가 부족한 탓이라 생각된다.

한국수양다도라 함은 초의의 이 '과정'의 유가적 수양다도와 그것에 이어지는 한재의 도가적 '경지'의 수양다도를 합한 것이다. 초의는 '채진기묘~포득기중'의 뒤에 '독철왈신(獨啜曰神)'[423]을 최선으로 삼는 음다법을 인용해 놓음으로써 한재의 '오심지차'로 이어지는 다리를 앉혀 놓았다. 즉 한국수양다도의 내용은, 먼저 '채진기묘(채다)~조진기정(제다)'의 과정에서 차를 대하면서 찻잎이 '신선한 정기'로서 품고 있는 우주의 원리이자 인간의 품격인 '성(誠)'을 인지하여 함양하고, 그 차의 정기를 차탕에 구현(具顯)시킴(수득기진~포득기중)에서 우주적 원리(天道)와 나의 품격인 誠(人道)을 학인·체득(體得)하고, 그 차를 홀로 마시는(獨啜) 명상을 통해 우주 자연의 원리(誠)와 합일하는 터득(攄得)의 경지(獨啜曰神·吾心之茶)에 드는 것이다.

---

423 '혼자 마시는 것을 우주 자연과 합일하는 신통력을 갖는 경지라 한다.'의 의미.

한국수양다도를 특정한 종파적 수양으로 한정할 필요는 없다. 앞에서 살펴보았듯이 儒·道·佛家의 사상은 상호 경쟁과 보완의 관계에서 공존해 왔다. 유가가 경세(經世)를 중시하고, 도가는 탈속((脫俗) 무위자연(無爲自然)을, 불가는 초월(超越)적 깨달음에 초점을 맞추고 있다. 인간의 삶은 유가적 현실의 장에서 영위되고 있고, 한편으로 인간은 심신(心身)에 도가적 '자연'이라는 본래성을 타고났으며, 인간의 마음 바탕엔 현실적 경험을 초월하는 심층마음이 있다는 점에서, 儒·道·佛家의 수양론은 각기 맡은 바 고유의 영역이 있다고 하겠다.

한국수양다도의 생활화

이런 맥락에서 한국수양다도를 생활화할 경우, 개인적 성정(性情)의 안정과 원만한 삶 및 조화로운 공동체 운영을 위해서는 유가적 수양(修養)다도를, 자연으로부터의 일탈에 따른 심신의 고달픔을 덜고 우주적 생명력 충전을 위해서는 도가적 수양·양생(養生)다도를, 인간세와 자연에서 해결 불가한 근본적 마음고통을 해결하고 생사 초탈의 경지에 가 닿기 위해서는 불가적 수행(修行)다도를, 또는 모두를 적절히 섞어 동시적으로 실천하는 게 바람직하다.

또 한국수양다도의 최종 단계인 '경지'를 유·도·불가의 수양(수행)론에 각각 적용하여 보자면, 유가적 한국수양다도에서는 추사가 초의에게 써 보낸 문구 '정좌처다반향초 묘용시수류화개(靜坐處茶半香初 妙用時水流花開: 정좌명상하는 곳 반쯤 고인 찻잔에 비로소 차향이 이니, 마음에 정기가 발동하면서 우주 자연의 아름다운 모습과 작동을 느끼게 되누나)'의 경지가, 도가적 한국수양다도에서는 한재가 말한 '신동기입묘(神動氣入妙: 다신이 나의 기를 정화하여 발동시켜 묘경에 들게 하도다)'의 '오심지차'의 경지가 될 것이다. 또 불가적 한국수양다도에서는, 좀 더 과학적으로 설명하자면, 차를 마시면 차의 테아닌 성분이 뇌파를 베타(β)파에서 알파(α)파로 쉽게 안정시켜 주고, 이에 힘입어 계속 끽다 명상을 수행하여 최적의 안정 뇌파인 델타(δ)파(숙면 상태)에 이르도록 한다. 그러나 이때는 차의 카페인 성분의 각성 효과로 인해 숙면에 들지는 않고 델타파의 뇌파를 유지하면서 지눌(智訥)이 말한 또렷한 정신상태이자 깨달음의 경지인 '적적성성(寂寂惺惺)'의 단계에 들게 된다.

한국수양다도는 유가의 수양처럼 향교나 서원에서, 도가의 수양처럼 특별히 마련된 도장(道場)이나 중국 종남산(終南山)과 같은 깊은 산중에서, 불가의 참선 수행처럼 절간 선방에서만 할 수 있는 게 아니라 차를 매개로 도심의 아파트 거실이나 오피스텔에서, 농촌 들녘의 소나무 아래 등지에서 장소에 구애되지 않고 수행할 수 있으며, 일본다도나 다례처럼 집체화하지 않고 '獨啜曰神'의 자연원리에 따라 형식에 구애받지 않고 홀로 자유롭게 실천할 수 있다는 장점이 있다.

다도수양은 시간에도 구애됨 없이 자유롭게 할 수 있어야 하지만, 초의는 『동다송』에서 다산의 「걸명소(乞茗疏)」를 인용하여 '차 마시기 좋은 때'를 '계호조화시기(泊乎朝華始起: 아침에 꽃이 갓 필 때)', '부운효효어청천(浮雲晶晶於晴天: 갠 하늘에 구름이 선연히 떠갈 때)', '오수초성(午睡初醒: 낮잠에서 막 깨어날 때)', '명월리리호벽간(明月離離乎碧澗: 밝은 달빛이 점차 산 개울에서 멀어져 갈 때)'라고 했다. 이는 다산이 강진읍 뒷산 작은 절 고성사 보은산방에 거처하며 『주역사전(周易四箋)』을 저작할 때의 정경임을 감안하면 모두 자연의 기운

(氣韻)과 동화하기 좋은 때를 말한 것으로 생각된다. 차가 다신(茶神)을 통해 우리 심신을 우주자연의 기(氣)와 동조화 시킴으로써 자연합일을 이루게 해 준다는 점에서 차 마시는 때의 적절함을 말해 주는 대목이다.

한국수양다도의 구체적인 실천 모습을 말하자면 이렇다. 먼저 '과정의 수양다도'로서 초의가 규정한 '채진기묘 → 조진기정 → 수득기진 → 포득기중'을 가능하면 봄철 야생다원에서 실천한다. 이 과정에서 요구되고 터득되는 몸가짐과 정신자세는 誠과 敬이다. 찻잎을 따는 순간부터 누구나 오로지 성실한 자세로 임할 수밖에 없다. 차에 들어 있는 '성(誠)'이라는 자연의 원리를 체득하겠다는 심정으로 찻잎을 따고, 차를 만들고, 좋은 찻물을 구하고, 차탕에 차의 신묘한 정기(茶神)가 이상적으로 우러날 수 있도록 물과 차의 양을 조절하여 정성껏 차를 우린다. 다만 여기서 '채진기묘 → 조진기정'의 과정은 봄철 차밭이 있는 환경에서만 가능한 일이므로, 그런 여건이 갖춰지지 못한 경우엔 이 과정의 '좋은 차 만들기' 함의를 '좋은 차 고르기'의 심평(審評) 개념인 '차득기진(茶得其眞)'으로 바꾸어 '차득기진 → 수득기진 → 포득기중'으로 과정을 수정·보완하여 실행한다.

이 과정에 해당되는 내용을 설명하자면, '차득기진'과 관련하여 이때의 차는 녹차이어야 한다. 녹차는 다도수양에 필요한 테아닌과 카페인 성분을 적절히 품고 있을 뿐만 아니라 항산화작용으로 건강 효능을 발휘하는 카테킨 성분도 가장 많이 품고 있기 때문이다. 좋은 차(녹차)란 향, 색, 맛이 온전한 것으로서, 덖은 찻잎이 맑은 비취빛에 분을 바른 것처럼 융모가 뽀얗게 표면을 감싸고 모양이 일정하고 단정한 것이어야 덖음과 비비기가 제대로 된 것이다. 여린 찻잎의 탕색은 투명한 선녹색 또는 녹황색이며 우려낸 찻잎 또한 튼실하고 윤기가 흐르는 것이어야 한다. 맛에 있어서는 찻잎의 겉과 속까지 불길이 고루 미쳐 안팎이 고루 잘 익어야 매끄럽고 부드러우며 거스르지 않는 담미(淡味)의 순향(純香)이 나며, 찻잎의 상태에 따라 적절한 온도에 잘 덖어 설익거나 타지 않아야 입안이 상큼하고 환해지는 청향(淸香)을 얻을 수 있다. 또 솥에서 덖음을 적절히 멈춘 것이어야 모자라거나 지나치지 않아서 단맛을 혀끝에서 느낄 수 있으며 잘 익어 부드러운 난향(蘭香)이 난다. 여기에 여린 찻잎의 차는 '녹색 향기'로 일컬어지는 진향(眞香)을 본래 갖췄기에 차의 4향(진향, 순향, 청향, 난향)이 난다. '수득기진'과 관련하여 찻물로서는 ph 7~8 정도의 약알칼리성 경수(硬水: 칼슘과 마그네슘 함유량 120mg/L 이상)가 좋다고 알려져 있다. 예로부터 좋은 물의 조건으로 '맑고, 차고, 가볍고, 부드럽고, 아름답고(샘의 자연미), 무색, 무미, 무취'일 것이 거론되기도 했다. '포득기중'에 있어서는 『동다송』의 설명대로 차의 양과 찻물의 양을 상호 과부족 없이 적정하게 맞추는 게 중요하다. 1인분 기준으로 차 2~3g(1티스푼은 약 2g)을 약 50ml의 물에 우리는데 이때 물은 막 끓기 시작하여(純熟) 식은 섭씨 60도 안팎이 좋다. 그렇게 하면 우리고 찻잔에 따르는 동안 식어서 마시는 순간엔 섭씨 40도 정도로서 피부에 와 닿기에 적정한 좋은 욕탕의 물 온도와 같아진다. 우리는 시간은 첫째~셋째 탕은 15초 안팎, 그 이후는 탕색을 봐 가며 시간을 늘여 간다.

다음은 끽다(喫茶)를 통한 '경지의 수양다도' 과정으로, '독철왈신'의 원칙에 따라 홀로 고요히 차를 마시면서 차의 향, 색, 맛에 실려 오는 지연의 정경과 기운(氣韻)을 생각하며 명상에 잠기면 차명상과 차의 성분(테아닌과 카페인)이 발휘하는 효능으로 인해 '적적성성(寂寂惺惺)'한 '오심지차'의 경지에 이르게 된다.

이때의 끽다명상은 내단 기공의 원리를 차용하여 토고납신(吐古納新)의 호흡과 '練氣化精 → 練精化炁 → 練炁化神 → 練神還虛'의 단계를 밟으면 더 효과적일 수 있다. 토고납신의 호흡 시작 단계에는 '축기(築基)'라 하여 잡념을 없애고 호흡을 가지런히 하는 준비 과정이 있다. 이때는 잡념 제거와 다도수양의 효과 증진을 위한 준비로서 차의 향, 색, 맛을 보고 그 기운을 흡입하면서 그것에 실린 우주의 청기가 심신에 들어와 심신을 정화하고 내단 재료로서 임·독맥을 통해 몸 안을 돌고, 종국엔 '다신(茶神)'으로서 나의 '신(神)'을 동화하여 '練神還虛'의 '묘경(妙境)'에 들게 한다는 데에 생각의 초점을 두는 게 좋겠다.[424]

한국수양다도에서 좋은 성과를 얻기 위해서는 불가 수행의 '信-解-行-證'의 원칙을 준수하는 것도 바람직하다. 여기서 信은 기독교의 神에 대한 무조건적인 믿음과는 다르다. 인간인 부처, 공·맹, 노·장이 터득하여 우리에게 밝혀 준 空과 唯識, 仁義禮智와 誠, 道의 개념을 인간적 차원에서 인지(人智)로서 믿는 것이다. 이어서 그것을 논리적 이성적으로 이해하고, 수양(수행) 실천을 하여, 드디어 깨달음에 이르게 된다는 원칙이다.

한국수양다도에 '수승화강(水昇火降)' 원리를 응용하면 효율적인 하단전 보강법이 될 수 있다. 하단전이 잘 단련되어 있으면 하단전의 열이 콩팥을 뜨겁게 하여 수기를 올리고(水昇), 올라간 수기가 심장을 차게 하면 심장의 화기가 빠져나가 단전으로 내려간다(火降). 이때 수기는 독맥을 따라 올라가고 화기는 가슴의 임맥을 따라 배로 내려온다. 그런데 평상시에 하단전에 화기를 잡아 둘 만큼 단전이 단련되어 있지 않거나 스트레스 등으로 임맥과 독

---

424 한재 이목이 『다부』에서 자신의 다도수양 체험을 '神動氣入妙'라고 한 원리에 따른 것이다.

맥이 막혀서 기 운행이 제대로 되지 않으면 수승화강도 제대로 이루어지지 않는다.

그렇게 되면 찬 수기(水氣, 精)가 내려가 精의 에너지가 성기를 통해 빠져나가고, 더운 화기(火氣, 神)가 위로 올라가 마음이 들뜨게 된다. 차를 마시며 차향 등 차의 기운(茶神)을 흡입하는 단전호흡을 하면 하단전에 다신(茶神)의 정기를 채워 수승화강을 원활하게 할 수 있다. 다신으로써 마음이 차분해지고 단전이 뜨거워지면 그 열로 신장의 물이 데워져서 수증기가 되어 상승한다. 그렇게 해서 精이 무형의 에너지인 氣로 전환된다.

이 과정에서 무엇보다도 중요한 것은 '한국수양다도'가 그 이름이 말해 주듯이 차와 함께 수행된다는 점이다. 수양(修養)과 수행(修行)이 일차적으로는 잡념·사념·번뇌를 제거하는 일인데, 그 일의 어려움 때문에 수양 자체가 어렵게 느껴진다. 예로부터 차는 잡념과 번뇌를 없애 주는 기능으로써 '다도'를 가능하게 하여 선현들의 칭송을 받아 왔다. 그러한 차와 함께 명상 수양을 하면서 차향이 가져다주는 우주 자연의 청신한 기운(氣韻)을 심신으로 전이받아 체득하고, 그러한 차향, 차맛, 차색을 매개로 우주 자연과 하나가 되는 체험, 이것이 우리가 때와 장소를 가리지 않고 일상에서 여느 수양법보다도 쉽고 효과적으로 참여해 볼 수 있는 한국수양다도의 진면목이다.

한국수양다도 내용 일람표

구분		과정(課程)의 다도	경지(境地)의 다도	유·도·불 구분	실생활에서의 효용
여건	제다철	채진기묘 → 조진기정 → 수득기진 → 포득기중	오심지차 (吾心之茶)	공통	심신(心身)과 성정(性情)의 안정(安靜)·고양(高揚). '인간세→자연→초월'의 이상적 경계 관통
	평상시	차득기진 → 수득기진 → 포득기중			
내용		敬(정신집중). 性(誠)의 함양(未發) (靜坐處茶半香初)	性(誠)의 발현·체인(已發) (妙用時水流花開)	유가 (성리학) 수양 다도	개인 성정(性情)의 중용(中庸). 성인(聖人)적 인품(仁稟) 양성. 대동사회 구현
		茶神의 보전·발현 허실(虛室)	득도, 자연합일 (神動氣入妙) 생백(生白)	도가 수양· 양생다도	현실사회의 자연결핍증 치유. 우주의 생명원리에 순응하는 건강한 삶
		정신집중. 번뇌 제거 止·定(사마타)	깨달음 觀·慧(위빠사나)	불가 수행 (修行) 다도	생사초탈. 동체대비(同體大悲)의 종교적 삶
출전(出典)		『동다송 (東茶頌)』	『다부(茶賦)』		

7. 한국수양다도와 일본다도의 수양론

한국수양다도는 조선 전기 한재(寒齋) 이목(李穆)과 조선 후기 초의 선사(草衣 禪師)가 각각 『다부』와 『동다송』에서 '오심지차(吾心之茶)'라는 개념과 '다도진의(茶道盡矣)'라는 말에 실어 후세에 전한 '과정의 다도'와 '경지의 다도'를 합할 때 자연스럽게 성립된다. 일본다도는 전국(戰國) 시대 무사(武士) 지배기에 정치적 인위적 요소가 개입된 측면이 강하다. 다도가 수양론이라는 관점에서 한일 양국 다도의 속성을 견주어 보고자 한다. 먼저 일본다도의 성립 배경과 과정 및 내용을 살펴본다.

일본의 차문화는 헤이안 시대에 에이사이가 송나라에서 차 씨앗을 들여오고 『끽다양생기』를 지으면서 차를 약용하는 것으로 시작되었다. 막부시대에 들어서는 부와 권력을 쥔 무사들이 차를 호화 방탕스런 분위기에서 사치 기호품으로 즐기는 풍조가 팽배한 가운데 무로마치 시대에 禪宗에 귀의한 무라다 주코가 차에 禪 관념을 결부시키면서 '일본다도'의 문을 열었다.

주코는 차의 이상으로 고담(枯淡)을 주장하고 '다다미 넉 장 반'의 소박한 다실을 '겸허'의 상징으로서 찬양했다. 그러나 주코는 선원(禪院)에서 받상되어 종교적 의도에 따라 발전한 서민적인 불가다도를 진행하는 한편 대저택에서 명기나 보물을 장식하여 호화롭게 진행하는 서원(書院)식 다도도 병행하려고 했다. 이처럼 주코가 무로마치 시대 이후 귀족과 서민 사회의 다도를 종합한 이원적 원류는 오늘날의 일본다도 저변에 남아 있다.

주코의 차문화 개혁에 대한 견해는 사카이(堺)의 상인 출신 다케노 조오로 이어지면서 차문화가 좀 더 대중적인 멋이 더해지는 쪽으로 전개되었다.

(조오는) '우아하고 정취 있는 풍류'를 다도의 주안점으로 삼아 강조했다. '주인과 손님이 함께 이루고자 하는 다도'의 이상은 마치 장엄한 사원을 건립하고자 한 자리에 모여 기원하는 이른바 '일좌건립(一座建立)' 정신과 통하는 것이었다. 일단 다회에 초대받으면 '일생에 단 한 번밖에 없는 소중한 자리(一期一會)'라고 생각하며 주인을 공경하고, '세상의 속된 일'을 모두 잊어야 한다고 생각했다.[425]

조오는 주코의 '고담'에 대하여 '와비사비'[426]가 바탕이 되는 차가움, 슬픔, 외로움, 세련됨 등의 분위기를 담은 다도를 주장했다. 이에 따라 '다도를 즐기려는 풍류 있는 마음'을 스키(數寄), 그런 사람을 스키샤(數寄者)라고 불렀다. 스키샤는 다도를 통해 은둔자의 심정과 자비로운 마음으로써 자연스런 쓸쓸함을 즐기고 禪法을 깨달으려 하는 사람을 말한다. 이로써 무로마치 시대의 일본 차문화는 그 전의 헤이안 시대나 가마쿠라 시대의 차에 비하여 종교성과 미학적 가치가 더해졌음을 알 수 있다. 더불어 다회의 장소, 주객의 예절, 다도구와 회석(會席)의 방식에도 이러한 철학성을 바탕으로 체계화가 이루어지기 시작했다.

주코에 이어 조오에 의한 일본다도의 진화는 무로마치 시대 도요토미 히

---

425 센겐시쓰(天玄室) 지음, 박전열 번역, 『일본다도의 정신』, 시사출판, 2008, 193쪽.
426 わび·さび(侘·寂). 幽閒寂寂으로 한역된다. わび(侘び)는 단순미(Beauty in Simplicity), さび(寂び)는 쇠락미, 허무미(Beauty in Decay)를 의미하고, 와비는 공간적, 사비는 시간적 개념으로 일컬어진다.

데요시 지배하에서 센리큐에 의해 미학을 겸비한 다도철학으로서 완성되었다. 다다미 한 장 반의 '초암 다실'로 상징되는 센리큐의 다도 이상은 부처님의 가르침에 따라 수양하며 깨달음을 얻으려는 것이었다.

다도는 수행하여 깨달음을 얻음이 가장 중요한 목적이며, 모두는 스승의 행적을 배우는 일이 아니면 안 된다고 설명한다. 부처님께 바치는 일이 첫째이며, 그러한 심정이 바탕에 깔려 있을 때야말로 비로소 손님에게도 차를 대접할 수 있고 이윽고 나도 마실 수 있다는 것이다.[427]

여기서 일본다도의 이행(履行) 과정을 살펴본다. 일본다도가 행해지는 다회 장소는 바깥 정원인 로지(露地)와 다실인 초암(草庵)으로 이루어져 있다. 로지 입구엔 사립문이 있어서 로지를 밖의 '세속'으로부터 '탈속된 공간'으로 분리시켜서 안과 밖의 정신적 차원의 차이를 관념적으로 의식케 한다. 사립문을 열고 들어서면 쓰쿠바이(蹲踞, 蹲)[428]가 있다. 여기에서 물을 떠서 손을 씻고 입을 헹군다. 이 행위 역시 '탈속'의 관념화이며, 로지라는 공간에서 이루어지는 세속과 탈속이라는 시간적 질적 전환을 기하는 일종의 조작이다.

객(客)은 로지에서 잠깐 머물러 속진(俗塵)을 털어 내는 마음가짐을 유지하다가 니지리구치(躙口)를 통해 초암다실로 들어간다. 그런데 일단 초암 앞에

---

427 위의 책, 197쪽.
428 신성한 장소의 입구에 설치된 세면대이다. 이러한 세면 의식은 다도 참가자나 절 순례객을 위한 관습이다. 쓰쿠바이라는 말은 겸손을 나타내는 행위인 '웅크리다'라는 의미의 '쓰쿠바우(蹲う)'에서 유래하였다. 쓰쿠바이는 주로 돌로 제작되며, 위에는 작은 대나무 바가지가 놓여 있다. 물은 '가케(筧)'라고 불리는 대나무 관으로 공급된다.

서면 귀천이나 상하의 차별은 모두가 '세속의 티끌'로서 버려진 상태여야 한다. 무사라고 해도 차고 있던 칼을 풀어놓아야 하고, 서민도 평등하게 이 초암에 들어가 앉을 수 있다. 모두 불도를 깨우치기 위해서 세속을 부정하는 정신을 가져야 한다.

초암에서는 먼저 주인이 간단한 식사인 '회석(懷石, 카이세키)'[429]을 제공한다. 회석 식사가 끝나면 차맛을 돋우기 위한 다과(和菓子)를 먹는다. 이것으로 전석(前席: 다회는 전후 2부로 구성된다)이 끝난다. 전석 뒤 중간 휴게시간에는 로지에 나가서 쓰쿠바이의 물로 입을 헹구고 심신을 새롭게 한 뒤에 농차를 마시는 순서인 후석(後席)에 들어간다. 후석에서는 주인이 내주는 말차를 여러 사람이 돌려 가며 마시고[430] 찻잔 등 다도구 감상의 여가를 갖는다.

찻자리에서 손님은 다도구를 통해서 표현하려고 하는 주인의 마음을 헤아려 이해해야 한다. 그러기 위해서 우선 혀로 맛보고, 눈으로 관상하고, 상대의 진실한 마음을 읽어 낼 수 있어야 한다. 그러한 다회가 진행되는 가운데 자유로운 세계를 즐기며 다도의 궁극적인 이상이 실현된다고 한다.[431]

데마에(点前) 작법[432]에서는 위치, 동작, 순서를 3요소로서 중시한다. '위치'는 다도구 배치와 장식물의 배열을 말하는데, 그것들의 분위기나 장엄미를

---

429 선승이 좌선 수도할 때 저녁을 굶는 공복을 이겨 내기 위하여 따뜻한 돌을 배에 품는 관습에서 유래한 것으로, 선종의 점심(點心) 등을 참고로 국 한 그릇, 나물 세 접시로 이루어진 소박한 식사이다.

430 이를 노미마와시(のみまわし, 飮(み)回し)라고 하며, 일체감을 강조하는 방법이다.

431 위의 책, 202쪽.

432 순서에 따라서 차를 마실 수 있도록 손님 앞에 내어놓기 위한 바른 방식.

통해 와비의 경지에 몰입할 수 있도록 하는 것이다. '동작'은 데마에 작법에서 가장 중요한 요소로, 앉고 일어서는 일거수일투족의 모든 동작에서 아름다움을 추구하는 것이다. 이는 '동작의 아름다움이란 마음의 표현'이라는 인식에서 정성과 깊이 있는 마음을 동작으로 표현하는 것이 와비를 표현하는 데마에라고 여겨진 데 기인한다. 다석의 이러한 와비적 분위기를 돋우기 위해 도코노마(床の間)엔 야생화 한 송이와 '茶禪一味'처럼 고명한 도인이나 선사들이 쓴 족자를 걸어 둔다.

이러한 일본다도를 관통하여 흐르는 이념, 곧 일본다도의 정신은 센리큐가 제창한 '화·경·청·적(和·敬·淸·寂)'[433]이다. '和·敬'은 유교의 덕목으로서 사람과 사람 사이의 윤리를 의미한다. '淸·寂'은 개개인이 가져야 할 마음자세이다. 和는 사람들 사이의 질서 속 조화를 의미한다. 센리큐의 시대에 다도를 배우려고 한 사람들은 주로 영주나 귀족, 사무라이 혹은 부유한 상인들이었다. 또한 "히데요시는 전국시대 이래로 불안해진 인심을 안정시키고, 거칠 대로 거칠어진 무사들의 기질을 부드럽게 하여, 무사와 백성을 융화시키는 데 다도를 이용하고자 했고, 센리큐는 히데요시의 이러한 의도를 이해하고 협력한 것이다."[434] 이처럼 다도를 이용하여 상하의 융화를 시도한 것이 和이다.

경(敬)은 존경, 겸손, 삼가다의 의미이다. 니지리구치(躪口)에 들어가는 것과 한 잔의 차를 양손으로 받쳐 들고 마시는 것이 敬의 표현이다. 주인은 손

---

433 '和·敬·淸·寂'은 宋代 중국 백운산의 守端 禪師의 제자 元甫가 최초로 다도회를 조직하면서 다도의 도리로 정한 것이라고 한다.

434 위의 책, 151쪽.

님을 존경하고 손님은 주인을 존경하여 '일기일회(一期一會)'의 마음을 갖는 것도 敬의 표현이다. 별것 아닌 다도구에서 아름다움을 찾아내는 심미안도 이 敬을 통해서 길러진다. 敬은 和로 이어진다.

淸은 맑고 깨끗함을 유지하는 마음으로서, "다도에 있어서 가장 일본적인 요소이자 신도(神道)라는 종교 정신과 상통하는 바가 있다."[435] 淸은 속세의 더러움을 씻어 내어 청결하게 한다는 의미도 갖는다.

寂은 일본다도의 가장 이상적인 경지이다. 寂은 불가 용어로서 적멸(寂滅)을 의미한다. 적멸은 온갖 번뇌와 정신적 고통을 여읜 상태를 말한다. 센리큐가 차의 마음에 대해서 "다도는 첫째 불법으로써 수행하며 득도하는 일이다."라고 했다고 한다. 일본다도의 목적이 불가의 '깨달음'과 같은 것이라는 말이다. 寂은 이러한 일본다도 정신에서 美적 개념으로 연변되어 '와비 사비'라는 의미로 확장되면서 시공간적으로 단순, 조촐, 허망, 불완전함의 아름다움을 추구하는 용어로 쓰이게 되었다.

위에서 살펴본 일본다도의 전개 양상과 내용 및 다도정신을 한국수양다도의 그것과 함께 걸어 두고, 각각 그 안에 들어 있는 수양론적 맥락을 더듬어 보고자 한다. 일본다도는 무로마치 시대 선원(禪院)의 끽다풍에서 발전되어, 귀족·무사계급의 호화풍으로 이어지던 서원(書院)식 다도의 계류와 만나고, 이 둘의 잔영이 무로마치 말기 무라다 주코(村田珠光, 1423~1510)에 의하여 좀 더 검소하고 대중적인 '와비 다도' 지향으로 지양, 정리되었다가, 다케노 조오를 거쳐 센리큐에 의해 '불가다도의 세속화'의 형태로 완성되었다.

일본다도 정신 '和·敬·淸·寂'은 불교적 이념인 '淸·寂'과 인간세의 윤리

---

435 위의 책, 20쪽.

개념인 '和·敬'으로써 유교적 윤리 실천과 불교적 수행의 목적을 겸하고 있다. 그런데 '和·敬'의 원래 유가 수양론적 의미는 일본다도 정신에서 말하는 의미와 다르다. '和'는 『중용』의 중화론(中和論)에서 알 수 있듯이 인간의 감정이 발동되어 모두 절도에 맞아 태평한 상태, 즉 감정 조절의 과제[436]를 말한다. 또한 '敬'은 성리학 수양론에서 '정신 집중(主一無適)'의 의미이다. 둘 다 개인적인 마음 수양의 개념인데 일본다도에서는 이를 인간관계의 윤리적인 개념으로 변용(變用)하고 있다.

그렇게 된 사유는 일본다도가 원래적 의미의 수양에 치중하기보다는 주-객 관계의 '접빈 다례(接賓 茶禮)'[437] 성격이 강한 데다 형성 과정에서 정치·사회적 영향을 받았던 데에 기인하는 것으로 생각된다. 여기서 정치·사회적 영향이란 센리큐가 '전국시대 이래로 불안해진 인심을 안정시키고, 거칠 대로 거칠어진 무사들의 기질을 부드럽게 하여, 무사와 백성을 융화시키는 데 다도를 이용하고자 했던' 히데요시의 의도를 받아들인 것을 말한다. 특히 和는 일본 헌법에 명시(明示)될 정도로 전국 시대의 격심한 전란을 겪었던 일본에서는 중시되는 개념이다.

또 유가의 형이상학적 수양론 개념인 敬이 형이하학적 실천윤리를 실현하는 내용으로 바뀐 데는 일본의 정서적 경향에 따른 일본 주자학의 변용(變容)과 관계가 있다. 일본 주자학은 한국의 퇴계학을 수용하면서 출발하였기 때문에 敬이 처음엔 수양론적 개념이었다. 그러나 일본에서는 주자학 도입

---

436 '(喜怒哀樂之)已發而皆中節謂之和'(『중용』 1장).

437 경주 새등이요(史等伊窯) 최차란(崔且蘭, 1926-2018)은 "다도라고는 하지만 일본의 다도 역시 단지 룰에 따라 차례를 지켜 행하는 다례일 뿐이었다."고 했다(최차란의 저서 『막사발에 목숨을 쏟아놓고』, 117쪽).

이후 주자학에 대한 비판이 古學이라는 이름으로 나타났고, 고학의 대표자 이토 진사이(伊藤仁齋, 1627~1705)에 이르러 주자학의 형이상학적 세계관이 부정되며 기일원론이 확립되었다. 이에 따라 퇴계학 수양론의 핵심 과제였던 敬의 내용이 수양이라는 대자적(對自的) 개념에서 타인을 공경한다고 하는 대타적(對他的) 윤리 개념으로 바뀌게 되었다.

이기동은 일본 유학이 이러한 과정을 거치게 된 근본 원인을 이렇게 분석한다.

아마도 그것은 일본인들이 형이하학적 체계를 수립하는 데는 대단한 능력을 가지고 있다 하더라도 형이상학적 요소를 이해하는 능력은 부족하고 따라서 그것을 받아들일 필요성을 감지하지 않았던 데 원인이 있을 것이다. 대륙의 선진 문화인 주자학을 접한 일본의 지식인들은 처음에는 그 형이상학적 요소를 이해하지 못해 갈등했을 것이다. … 각고의 노력을 기울였지만 그들은 유학의 형이상학 그 자체를 수용하지 못했고, 결국 자신들의 정서에 맞게 형이하학적 체계로 변용하고 말았다.[438]

이렇게 볼 때 일본다도 정신에서 和·敬은 일본다도가 순수 수양론이라기보다는 代他的 윤리관으로서 '접빈 다례' 성격이 강하다는 인상을 강하게 남긴다.

이 점은 '淸·寂'에 있어서도 크게 다르지 않다. '淸·寂'은 원래의 불교적

---

438 韓國日本學會 일본연구총서 간행위원회 編, 『日本 思想의 理解』, 시사일본어사, 2002, 88쪽.

개념으로는 속세와 절연(絕緣)하고 일체의 분별심이나 번뇌를 끊는다는 수행론적 의미를 갖는다. 이를 일본다도에서는 청정한 마음을 갖기 위해 주변을 깨끗이 하고(清), 다실 장식과 차를 내고 대접하는 솜씨를 통해 寂(さび, beauty in decay, 오래되어 낡고 쓸쓸함)의 정서를 보여 주는 의미로 설명된다.

'和·敬'의 윤리적 성격과 함께 속세 절연의 수양론으로서 개인적인 마음가짐이어야 하는 '清·寂'의 개념이 대인 관계성을 띠는 것은 일본다도가 근본적으로 '다회(茶會)'라는 모임체를 통해서 구현된다는 한계에 기인한다. 이렇게 볼 때 일본다도의 정체성은 다도 본래의 속성인 수양(修養)의 의미를 갖는 순수 다도라고 하기보다는 수양을 표방하는 관념적 연희(演戲)로서의 '집단 접빈 다례(集團 接賓 茶禮)'로 볼 수 있다. 특히 일본 유학이 기일원론으로 정리되었는데도 일본다도 정신에서 동양 사상 수양론의 기반인 氣論의 精·氣·神(茶神) 개념이 일절 언급되지 않은 점은 일본다도가 순수 수양론 이론과 거리가 멀어 보이는 근거이다. 이는 일본다도가 수양론적 이론 탐구보다는 불가 다도의 관념과 형식을 취했기 때문이라 생각된다.

이와 같은 현상은 형이상학적 이해에 불편을 겪는다는 일본인들이 '天皇'을 신의 아들로, 국민을 신의 자손으로 보고, 죽으면 모두 신이 된다는 관념을 갖는 '일본 神道주의' 사상 위에서 氣論의 '神' 개념을 마땅히 정리하지 않은 결과라고도 할 수 있다. 그렇다 보니 차(茶)의 氣的 기능이 수양의 원리(機制)로 작동하는 茶道에서 차는 그런 기능이 무시된 채 한낱 연희(演戲)의 소도구 역할에 그친 것이 일본다도에서 차의 모습이다.

일본다도가 기론에 입각한 수양론일 수 있되 정비된 이론을 갖추지 못했음을 시사하는 주장도 있다. 일본 현대미술가이자 소설가인 아카세가와 겐페이(赤瀬川原平, 1937~2014)는 『침묵의 다도, 무언의 전위』에서 "보이지 않는 기를 몸짓을 통해 표현해 보이는 행위가 다도의 세계에 있었을 것이다."[439] 라고 말하고, 그 기를 '다기(茶氣)'라고 표현했다. 그는 다도가 기공술(氣功術)과 같은 것으로서 '리큐가 살았던 시대의 미분화된 범예술 상태'의 한 양상이라고 말하는 데 그쳐서 일본다도가 기론의 수양원리를 포함하고 있는지를 밝혀내지는 못했다.

일본다도의 데마에 작법의 엄격한 의식(儀式)에서는 일본다도 특유의 수양론적 측면을 엿볼 수 있다. 인사의 타이밍, 인사할 때 몸의 각도, 대화의 타이밍과 화제의 내용 등에 이르기까지 여러 가지 질차를 엄격히 지킴으로써 정신을 수양하고 어떤 상황에서도 냉정하게 행동할 수 있도록 스스로를 단련시킨다는 게 데에마 작법의 목적이다. 그런데 이론적으로 보자면 이는 고학자(古學者) 오기유 소라이(雙松, 1666~1728)가 건립한 예치 사상(禮治思想)과 맥을 같이하는 것으로 보인다.

일본 주자학은 형이상학적 성격을 부정하고 나름대로의 형이하학적 체계를 수립하는 과정이었으며, 그 내용은 인간 존재의 본질을 물질적·육체적·개체적 존재로 확립하고 이에 바탕을 둔 윤리 사상을 모색하는 과정이었다. … 소라이는 인간의 본질을 기질적 존재로 확정하고, 이 기질적 존재는 바꿀 수 있는 것이 아니라고 명언한다. … (사회의 안정과 질서를 확립하는 데 있어서) 소라이는 인성의 도덕적 지향성을 인정하지 않기 때문에 강제력이 있는 예(禮)를 가지고 인심을 객관적으로 제어해야 한다고 하는 예치사상을 제창했다. 주자학의 형이상학

---

439 아카세가와 겐페이 지음, 이정환 옮김, 『침묵의 다도, 무언의 전위』, 안그라픽스, 2020, 22쪽.

적 요소를 수입하여 형이하학적 형태로 변환시킨 일본의 주자학은, 그 내용을 단적으로 말하면 성선설적 사유를 성악설적 사유 형태로 변환시킨 것이라고 말할 수 있다.[440]

이런 맥락에서 볼 때 일본다도의 수양론은 개인의 창발적 노력에 의한 '자력적 기질개선'이라는 주자학 본래의 수양론이라기보다는 '예치(禮治)'라는 외부의 강제에 의한 교육론의 성격이 강하다. 일본다도 성립 과정에서 전란으로 인한 민심의 불안 및 사무라이들의 거친 품성을 도야(陶冶)하려는 목적이 개입된 것은 성악설의 견지에서 예치사상이 도입된 일본 주자학의 전변(轉變)과 궤를 같이한다고 볼 수 있다. 이런 경향을 서양 교육학에서는 행동주의 학습이론이라고 한다. 파블로프(Pavlov)와 스키너(Skinner) 등이 주장한 이 이론은 인간을 주관적 사유가 없이 외부의 자극에 수동적으로 반응하는 존재로 보고 적절한 자극에 의한 행동의 변화를 교육의 목적으로 삼는다.

그러나 일본다도를 '관념적 집단 演戱' 성격의 '接賓 茶禮'로 보는 견해는 일본다도의 또 다른 특징이자 장점인 일본다도의 미학적 파생에 설득력을 부여한다. 위에서 언급한 바와 같이 일본다도는 예치사상에 입각한 대중 교화의 목적에서 엄격한 형식을 갖춘 인위적 측면이 있다. 단순한 순수 수양론이라면 지극히 개인적이고 내성적인 문제이기에 수양론 그 자체의 범주를 벗어나기는 어렵다. 그것은 불가의 침신 수행, 유가의 정좌, 도기의 죄망이 본질적으로 다른 부수적인 문화 양상을 파생시키기 어렵다는 점에서 알 수 있다.

여기에는 유·도·불가의 수양(수행)에서 '깨달음'이나 '득도'는 가르치거나

---

440 위의 책, 56~57쪽.

배워서 할 수 있는 일이 아니라는 사실도 작용한다. 그러나 일본다도는 '대인 관계적 다례'의 특성상 '개인적 깨달음'과는 거리가 멀어졌지만 대인 관계에서의 공손한 예절과 성실함, 쓰나미와 같은 대재앙 앞에서의 국민적 침착성과 일치, 은근하고 심원함(澁さ)을 추구하는 심미안 등 수준 높은 공공 예절과 생활미학을 계발해 냈다. 또 일본다도의 엄격하고 세련된 형식은 그 자체가 하나의 형이하학적 문화 현상으로서 대중이 공유하기 쉬운 장점을 지니고 있기도 하다.

그런데 무엇보다도 '接賓 茶禮'로서 일본다도가 이룩한 가장 빛나는 문화 업적은 '와비 사비'와 '一期一會' 정신의 확립이라고 생각된다. '와비 사비'와 '一期一會'는 일본다도가 집단 접빈다례의 형식 속에 앉혀놓은 예술적 수양의 장치이다. 원래 와비(わび, 侘)는 '자연에서 홀로 지내는 참담함과 허탈함, 생기 없는 감정'을 나타내고, 사비(さび, 寂)는 '쓸쓸하고 수척하며 메마른 것'을 나타냈다. 초기 와비·사비는 도교와 선불교의 소박함과 자연스러움, 현실을 수용하는 태도 및 9~10세기 중국의 시와 수묵화에서 느껴지는 적막함과 우수, 미니멀리즘적 감각에서 기인했다.

이런 요소들이 16세기에 일본풍의 와비·사비로 통합되면서 다도에서 가장 포괄적으로 실현되었고 센리큐(千利休)에 의해 그 정신이 확립되었다. 센리큐는 중국식의 화려하고 완벽한 보물을 가치 있게 보던 미적 관념에서 벗어나 조선의 막사발에서 아름다움을 느끼고 농촌의 오두막을 원형 삼아 모든 사람이 평등하게 온전히 자신과 마주할 수 있는 한 평짜리 다실로 와비 사비 미학을 완성했다. 그렇기에 『와비 사비』의 저자 레너드 코렌은 책의 서문에서 조선의 막사발이 없었다면 와비사비가 시작되지 못했을 것이며 와비 사비는 한·중·일의 아름다움이라고 말한다.

일본다도 참가자들은 다도 진행 과정과 다구와 다실이 주는 분위기에서 와비사비의 심성을 고양시키고 그것을 '일기일회(一期一會)'의 정신으로 마무리한다. 일기일회는 불가 사념처수행처럼 '지금, 여기'에 집중하여 번뇌의 실마리를 차단하는 수양법이다.

일본다도는 '차'라는 자연물을 매개로 하여 차 안에 들어 있는 우주 생명원리인 '성(誠)'의 모습을 행다(行茶)의 여러 모습을 통해 구체적으로 보여 주는데, 그 방법의 하나가 바로 '일기일회'이기도 하다. '일기일회'는 "늘 처음이자 마지막으로 만나는 사람처럼 대하라.", "대상을 다시는 사랑하지 못할 것처럼 사랑하라."라고 말해 주는 것 같다. 오늘날 일본인들의 심성과 생활이 '성(誠)'을 중심축으로 하여 영위되고 있다면 이는 일본다도의 '일기일회' 정신이 가져다준 축복이라고 할 수 있다. 그리고 '일기일회' 정신이 단지 사람 간의 만남에만 해당되는 가치가 아니라 세상 만물, 우주 자연 현상 전반에 해당하는 소통과 공감의 기반으로 확대될 때 바로 공자의 仁, 노자의 道의 정신으로서 더욱 빛을 발휘하게 될 것이다.

문화의 특징적인 양상을 우열의 문제가 아니라 정체성의 문제로 파악할 때, 수양론의 관점에서 한국수양다도[441]는 다음과 같은 이유에서 일본다도와 대비된다.

첫째, 한국수양다도는 정치·사회적 영향력의 의도적 개입 없이 선현들의 지각에 따라 지생적으로 창발되었다. 즉, 한국수양다도의 두 요소인 한재(寒齋)의 '오심지차'는 개인적 수양이 도달한 도가적 깨달음의 경지를, 초의의

---

441 필자가 수양론 측면을 강조하기 위해 '수양'이라는 말을 붙였으나 그냥 '한국다도'라고 해도 무방하다.

'채진기묘(採盡其妙) → 조진기정(造盡其精) → 수득기진(水得其眞) → 포득기중(泡得其中)'은 유가적 이념인 '성(誠)'을 배양해 가는 수양의 과정을 한재와 초의가 각각 실천 자득한 내용을 바탕으로 표출한 것이다.

이러한 한국수양다도의 내용과 정신은 동양 사상 수양론의 원천인 기론(氣論)에 바탕하고 있다. 이와 달리 일본다도는 형성 과정에서 센리큐가 도요토미 히데요시의 주문에 따라 다회를 주관하고 그의 명령에 따라 할복을 해야 했던 일에서 볼 수 있듯이, 무사정권 시절 불안한 민심과 사무라이들의 서친 성정 교화 및 정치적 역학관계 조절 등의 목석성을 띤 통제 수단의 잔영(殘影)을 내함하고 있다.

둘째, 다도 실천의 방법과 형식에 있어서, 일본 다도가 타인을 대상으로 형식이 강조된 집단 다례나 다회로서 성악설에 기반한 인위적 '교육'의 성격을 갖는다면, 한국수양다도는 '수양'이라는 말이 의미하는 자력적이고 창발적인 개인 수양 양식으로서 특정의 인위적 형식을 취하지 않고 '독철왈신(獨啜曰神)'의 자연원리에 따른다.

수양론의 측면에서 일본다도가 위 센리큐의 말에서 알 수 있듯이 '세속화(世俗化)한 불가다도(佛家茶禮)'라고 한다면 한국수양다도는 '탈속 지향의 도가다도(脫俗 指向의 道家茶道)'라고 할 수 있겠다. 그러나 일본다도는 예능 전수 시스템인 이에모토(家元) 제도를 도입하여 진입벽을 만들고 다도를 하나의 '기능'으로서 상품화하였다. 수양을 자력적 창발적 내성적인 개인 행위라고 볼 때 이러한 일본다도는 순수한 수양론과는 거리가 멀고 불가적 수행과도 거리가 있어 보인다. 다만 일본다도가 '부처에게 차를 바치듯 수행함'을 목표로 하여 로지(露地) 안에서 상하 귀천의 차별을 '세속의 먼지'로서 털어 내도록 한 점 등은 계급편향적인 한국의 '○○다례'류와는 비교된다.

| 참고 문헌 |

1. 단행본

- 고익진,『불교의 체계적 이해』, 광륵사, 2015.
- 김명배,『다도학 논고』, 대광문화사, 1996.
- 김운학,『한국의 차문화』, 이른아침, 2004.
- 김영주,『신기론으로 본 한국미술사』, 나남, 1992.
- 김필수 외 3인 옮김,『관자』, 소나무, 2012.
- 고산,『茶道儀範』, 성보문화재연구원, 2008.
- 고형곤,『禪의 世界』, 동국대학교출판부, 2005.
- 구마쿠라 이사오 엮음,『야나기 무네요시−다도와 일본의 美』, 김순희 옮김, 한림대학 일본학연구소, 2010.
- 남회근 지음 최일범 옮김,『참동계 강의 (상, 하)』, 2019, 부키.
- 勞思光,『中國哲學史』고대편 · 한당편, 鄭仁在 譯, 探求堂, 1990.
- 라이용하이(賴永海),『불교와 유학』, 金鎭戊 역, 운주사, 2010.
- 류건집,『한국차문화사』, 上, 이른아침, 2007.
- 리우샤오간,『莊子哲學』, 최진석 옮김, 소나무, 1998.
- 미셸 푸코,『비판이란 무엇인가』, 오트르망 · 심세광 · 전혜리 옮김, 동녘, 2017.
- 박동춘,『초의선사의 차문화 연구』, 일지사, 2010.
- ＿＿＿,『추사와 초의』, 이른아침, 2014.
- 서울대학교철학사상연구소 엮음,『마음과철학−서양편 상 · 하』, 서울대학교출판문화원, 2015.
- ＿＿＿＿＿＿＿＿＿＿＿＿＿＿＿＿,『마음과 철학−유학편』, 서울대학교출판문

화원, 2015.

- _____, 『마음과 철학-불교편』, 서울대학교출판문
  화원, 2015.

- 센겐시쓰(天玄室) 지음, 박전열 번역,『일본다도의 정신』, 시사출판, 2008.

- 손병석 외 11,『동서 철학 심신수양론』, 한국학술정보, 2013.

- _____,『동서 철학 심신관계론의 가치론적 조명』, 한국학술정보, 2013.

- _____,『동서 철학 심신가치론과 현대사회』, 한국학술정보, 2013.

- 송재소 외 4,『한국의 차문화 천년 3』, 돌베개, 2012.

- 송재소 외 2,『한국의 차문화 천년 4』, 돌베개, 2012.

- 송해경,『동다송의 새로운 연구』, 지영사, 2009.

- 수인,『청규와 차』, 동국대학교출판부, 2010.

- 아라키 겐코,『불교와 유교』, 심경호 옮김, 예문서원, 2000.

- 아르데 네스, 존 시드, 조애나 메이시, 팻 플래밍,『산처럼 생각하라』, 이한중
  옮김, 소동, 2012.

- 아카세가와 겐페이 지음,『침묵의 다도, 무언의 전위』, 이정환 옮김, 안그라픽
  스, 2020.

- 안도 오사무,『명상의 정신의학』, 김재성 옮김, 민족사, 2009.

- 안동림 역,『莊子』, 현암사, 2002.

- 오카쿠라 텐신,『차의 책』, 정천구 옮김, 산지니, 2009.

- 유아사 야스오,『몸과 우주』, 이정배 · 이한영 옮김, 지식산업사, 2011.

- 은정희 역주,『원효의 대승기신론 소 · 별기』, 一志社, 1991.

- 이기동,『서경강설』, 성균관대학교출판부, 2011.

- 이동식,『도정신치료입문』, 도서출판한강수, 2013.

- 이성희, 『빈 중심의 아름다움 : 장자의 심미적 실재관』, 한국학술정보, 2008.

- 이시다 히데미, 『氣 흐르는 신체』, 이동철 옮김, 열린책들, 1996.

- 이죽내, 『융심리학과 동양사상』, 도서출판 하나의학사, 2005.

- 이토 고칸(伊藤古鑑), 『차와 선』, 김용환·송상숙 옮김, 산지니, 2016.

- 일지(一指) 저, 『중관불교와 유식불교』, 세계사, 1992.

- 에리히 프롬, 『사랑의 기술』, 황문수 옮김, 문예출판사, 2013.

- 장현갑, 『마음 vs 뇌』, 불광출판사, 2009.

- 장 파, 『동양과 서양, 그리고 미학』, 유중하·백승도·이보경·양태은·이용재 옮김, 푸른숲, 2015.

- 정 민, 『새로 쓰는 조선의 차문화』, 김영사, 2011.

- 정성본·김명희, 『선과 다도』, 민족사, 2014.

- 정영선, 『한재 이목−다부(茶賦)』, 너럭바위, 2011.

- _____, 『한국차문화』, 너럭바위, 1992.

- _____, 『다도철학』, 너럭바위, 1996.

- 정우진, 『感應의 哲學』, 소나무, 2015.

- 정은해, 『유교 명상론』, 성균관대학교출판부, 2014.

- 조애너 메이시, 『불교와 일반시스템이론』, 이중표 역, 불교시대사, 2004.

- 주량즈, 『인문정신으로 동양예술을 탐하다』, 서진희 옮김, 알마, 2015.

- 韓國日本學會 일본연구총서 간행위원회 編, 『日本 思想의 理解』, 시사일본어사, 2002.

- 한자경, 『명상의 철학적 기초』, 이화여자대학교출판부, 2011.

- _____, 『대승기신론 강해』, 불광출판사, 2014.

- _____, 『심층마음의 연구』, 도서출판 서광사, 2016.

• 한재 이목, 『茶賦 註解』, 류건집 주해, 이른아침, 2012.

• 차우치핑, 『茶經圖說』, 김봉건 옮김, 이른아침, 2005.

• 최범술, 『韓國의 茶道』, 보련각, 1973.

• 최영성, 『사상으로 읽는 전통문화』, 이른아침, 2016.

• 최영성 편역, 『국역 한재집』, 도서출판문사철, 2012.

• 최영진, 『한국철학사』, 새문사, 2013.

• 최차란, 『막사발에 목숨을 쏟아놓고』, 화산문화, 2008.

• ＿＿＿, 『한국의 차도』, 화산문화, 2012.

• 湛若水, 『氣的原理』, 商周出版(台北), 2014.

• 카렌 암스트롱, 『축의 시대 − 종교의 탄생과 철학의 시작』, 정영목 옮김, 교양
  인, 2014.

• 풍우란, 『중국철학사』 上, 박성규 옮김, 까치, 2011.

• 프라초프 카프라, 『새로운 과학과 문명의 전환』, 구윤서 · 이성범 옮김, 범양사,
  2009.

2. 학위논문

• 金洛必, 「權克中의 內丹思想」, 서울대학교 박사학위논문, 1990.

• 김명희, 「朝鮮 前期 선비들의 茶精神−茶詩를 中心으로」, 원광대학교 석사학위
  논문, 2006.

• 朴南植, 「韓國의 茶道에 나타난 曉堂의 茶道精神」, 성균관대학교 석사학위논문,
  2005.

• ＿＿＿, 「寒齋 李穆의 茶道思想 研究−哲學的 基盤을 中心으로」, 성균관대학교
  박사학위논문, 2012.

- 박동춘, 「草衣禪師의 茶文化觀 研究」, 동국대학교 박사학위논문, 2010.
- 송해경, 「艸衣意恂의 茶道觀 研究: 東茶頌을 중심으로」, 원광대학교 박사학위논문, 2008.
- 廉淑, 「寒齋 李穆의 道學思想과 茶道思想」, 원광대학교 박사학위논문, 2007.
- 이현정, 「한국 전통제다법에 대한 융복합연구」, 목포대학교 박사학위논문, 2018.
- 이혜자, 「韓國古典詩歌 속의 茶道사상」, 숙명여자대학교 교육대학원 석사학위논문, 1994.
- 曹圭洪, 「心齋와 洞察治療의 比較分析」, 강원대학교 박사학위논문, 2007.
- 조민환, 「老莊의 美學思想에 관한 研究」, 성균관대학교 박사학위논문, 1990.
- 崔英辰, 「易學思想의 哲學的 탐구」, 성균관대학교 박사학위논문, 1989.
- 崔一凡, 「儒敎의 中庸思想과 佛敎의 中道思想에 관한 연구」, 성균관대학교 박사학위논문, 1991.
- 黃玉伊, 「寒齋 李穆『茶賦』의 분석적 고찰」, 성균관대학교 석사학위논문, 2011.

3. 학술지 논문
- 김낙필, 「도교수행론에서의 심과 기」, 『도교문화연구』 제33권, 한국도교문화학회, 2010.
- 김상현, 「艸衣禪師의 茶道觀」, 『사학지』 10, 단국사학회, 1976.
- 김태영, 「한국 유학에서의 성경사상」, 『오서문화연구』 제3호, 호서문화연구소, 1983.
- 김희정, 「관자 四篇의 구원론으로서 治身思想」, 『도교문화연구』 제18집, 한국도교문화협회, 2003.
- 박영식, 「한중일 다도정신 비교연구」, 『차문화 · 산업학』, 제20집국제차문화학

회, 2011.

- 이병인, 「한재 李穆의 茶賦 研究」, 『한국차학회지』 제16권 3호, 한국차학회, 2010.
- 李相殷, 「人心 道心의 原始解釋」, 『철학』 제1집, 한국철학회, 1995.
- 이승환, 「정문(程門)의 '미발'설과 '구중(求中)' 공부」, 『철학연구』 제38권, 고려대학교 철학연구소, 2009.
- 임채우, 「老莊의 세계이해 방식」, 『도교문화연구』 제13권, 한국도교문화학회, 1999.
- 정우진, 「관자와 장자 수양론의 연원에 관한 연구」, 『동양철학』 제41집, 한국동양철학회, 2014.
- 최성민, 「『다부』와 『동다송』에 내재된 다도정신의 특성 고찰」, 『한국차학회지』 제23권 제1호, 2017.
- _____, 「한국 제다의 전승 및 제다 문화재 지정에 관한 인문학적 고찰」, 『차문화·산업학』, 국제차문화학회, 2016.
- 崔英成, 「寒齋 李穆의 茶賦 연구」, 『한국사상과 문화』 제19집, 한국사상문화학회, 2003.
- 崔一凡, 「한국 다도문화의 철학적 해석」, 『동양미학과 문화사업의 발전』, 산동대학교 문예미학연구소, 성균관대학교 동양철학과 BK21사업단, 2007.

4. 기타
- 이환규(李桓圭), 「日茶의 융합적 통찰」